言不褻不笑

近代中國男性世界中的諧謔、情慾與身體

黃克武

目次

附錄

導論

一場男性心靈的狂歡節

小說以勸懲為主，然非風流跌蕩，不能悅觀者之目，非謔浪詼諧，不能解聽者之頤。此書一出，天下無愁人矣。（《肉蒲團》扉頁題辭）[1]

近年來受到性別（gender）觀念的影響，性別史成為中國歷史研究中一個新興的領域，然而多數中國性別史的作品集中於女性史（或稱婦女史），只有少數人關注男性史（history of man as man）、男同志或男性氣概（masculinity）的研究，或者承認「男性史」與「女性史」有同等的重要性[2]。本書是以歷史與文學材料來探究明朝末年至民國初年之間，男性的情緒、慾望、身體與私人生活，分為諧謔、情慾與現代轉型等三篇。書中處理的素材主要為明清以來的笑話書、俗曲、小說（主要是豔情小說，或稱為色情小說、性小說、性愛小說）與民初報紙的醫藥廣告等，而關懷的焦點是近代中國在傳統至現代的轉換中，男性世界中幽默感、情慾表達與身體觀念之間的關係。這三者構成了男性生活與思想的重要面向，而聚焦於《金瓶梅》中所謂「言不褻不笑」，亦即以有關身體、情慾相關的「猥褻」話題作為談笑之資[3]。

上述這些文本雖不乏女性讀者，且部分文本亦描寫女子之情緒、感受，又涉及男女之互動，然筆者認為明清諧謔書刊與豔情小說主要反映了男性中心的社會中，男性菁英分子所塑造出來的對身體、情慾與兩性關係的看法。這些看法一方面狂野大膽、繽紛多彩，以「謔浪詼諧」之手筆書寫情慾活動與身體感受，另一方面則與儒家倫理、道家養生與佛教果報等理念交織在一起，企圖醒世覺

1 （清）情隱先生編次，《肉蒲團》（台北：台灣大英百科公司，一九九四），頁一九。

2 Susan Mann, "The Male Bond in Chinese History and Culture," *American Historical Review*, 105.5（2000）, p. 1600. 在 Peter Zarrow, "The Real Chinese Man: Review Essay," 《近代中國婦女史研究》，第十一期（二〇〇三），頁三五一—三七二文中介紹了英文學界有關中國與日本 masculinity 的兩本書：Kam Louie（雷金慶）, *Theorizing Chinese Masculinity: Society and Gender in China*（Cambridge: Cambridge University Press, 2002）與 Kam Louie and Morris Low, eds., *Asian Masculinity: The Meaning and Practice of Manhood in China and Japan*（London: Routledge Curzon, 2003），並指出雷金慶認為中國的男性氣概可以從「文」與「武」來界定，一個理想的男性應結合「英雄、好漢」與「文人、才子」，見該文頁三五二。有關台灣學界男性身體文化之研究參見 Ping-Chen Hsiung, "Recipes of Planting the Seeds and Songs of Sleeping Alone: A Profile of Male Body Culture in Ming-Ch'ing China," 收入熊秉真編，《欲掩彌彰：中國歷史文化中的「私」與「情」——私情篇》（台北：漢學研究中心，二〇〇三），頁三四九—四一〇。男性氣概的研究，參見王詩穎，《國民革命軍與近代中國男性氣概的形塑（一九二四—一九四五）》（台北：國史館，二〇一一），本書探討戰爭和男性之間的關係，作者認為中國近代中國男性氣概是透過國家（軍隊）、知識分子、軍人自身以及女性角色的多方形塑而成。

3 「言不褻不笑」一語見《金瓶梅詞話》第六七回：「伯爵道：『在下號南坡』。西門慶戲道：『老先生你不知他家孤老多，到晚夕桶子掇出屎來，不敢在左近倒，恐怕街坊人罵，教丫頭直掇到大南首縣倉牆底下那裡潑去，因起號叫做南潑。』溫秀才笑道：『此坡字不同。那潑字乃是點水邊之發，這坡字卻是土字旁邊著個皮字。』西門慶道：『老先兒倒猜得著，他娘子鎮日著皮子纏著哩。』溫秀才笑道：『豈有此說？』伯爵道：『葵軒，你不知道，他自來有些快傷叔人家。』溫秀才道：『自古道，言不褻不笑。』」笑笑生，《金瓶梅詞話（明萬曆本）》（東京：大安株式會社，一九六三），第六七回，頁一一上。

民。清末民初報紙的醫藥廣告主要處理身體與情慾面，與人們對性的困擾，而較不談諧謔。這些醫藥廣告反映在二十世紀初年之後，傳統的身體觀、情慾觀在西方現代醫學、國族主義、跨國公司全球市場、新興媒體的衝擊之下所發生的變化。直至今日這些文本仍廣泛地流傳於中文世界，而其中所反映出來的「縈繞於心的性幻想與性恐懼」以及「言不褻不笑」等心態亦仍普遍地存在，構成中國文化圈中男性對於性別認知（尤其是對「男性氣概」的界定）、情慾表述與隱私觀念的重要基礎。最後一章則處理近代中國私領域與隱私觀念的出現，及其所造成的影響。

本書各章及附錄的幾篇短文，構思與寫作的時間從一九八〇年代後期開始，迄今近三十年。在寫作之時我並不意識到我處理的課題與男性史之間的關聯，而主要受到學界中「文化轉向」、「新文化史」等趨勢的影響[4]。二〇一四年我開始將這些文章整合成一本專書時，才逐漸領悟到我所寫的其實不是普遍的「歷史」（History），而只是「他的故事」（his story）。這是性別意識對我治史觀念的一大衝擊。

從文藝理論的角度來看，本書所分析的幾類文本：豔情小說、俗曲、笑話書與醫藥廣告等可謂一場男性心靈上的「狂歡節」，可稱之為「狂歡節話語」。「狂歡節話語」（"Carnivalesque" discourse）是一個源於俄國學者巴赫汀（Mikhail Bakhtin）的觀念，意指以幽默、混亂來顛覆主流論述的一種文本模式（literary mode）。在西方世界狂歡節（亦稱「嘉年華會」）期間，傳統的日常生活、社會規約與階級劃分都被打破，簡單地說是將傳統秩序徹底翻轉，並對所有習以為常的觀念加以抨擊[5]。根據巴赫汀所述，「狂歡節話語」把「肉體的低下部位」和「肉體的物質性原則」提得很高，「是對肉體感性慾望的正面肯定和讚美」；「將一元統一的官方語言所掩蓋和壓制的眾聲喧譁現象昭然於眾」，並「讓溫文爾雅、矯揉造作的官方和菁英文化尷尬」，因而展現了大眾文化的革命性格。「狂歡節話語」和巴赫汀「醜怪」（grotesque）的觀念有密切的關係。「醜怪」是一種相對於官方主流文化的一種狀態。官方文化強調的是一種嚴肅、完整、永恆、秩序、一致，和循規蹈矩的生活與理念，「醜怪」則企圖解除這類規約，是一種對國家或教會權力的僭越、質疑、抗拒和解構。它使身體和生活能在大吃大喝、大笑大鬧中獲得紓解與再創造，並使社會獲得一種新的活力[6]。如果借用巴赫汀的觀念，本文所分析的明清以來中國的笑話書刊、豔情小說與醫藥廣告等，

---

4 參見 Lynn Hunt, *The New Cultural History*（Berkeley: University of California Press, 1989）中譯本為林亨特著，江政寬譯，《新文化史》（台北：麥田出版，二〇〇二）；Lynn Hunt, ed., *The Invention of Pornography: Obscenity and the Origin of Modernity, 1500-1800*（New York: Zone Books, 1996），以及 Victoria E. Bonnell and Lynn Hunt, eds., *Beyond the Cultural Turn*（Berkeley: University of California Press, 1999）。有關台灣學界轉向文化史的研究取向，可參考王晴佳，《台灣史學五〇年：傳承、方法、趨向》（台北：麥田出版，二〇〇二），頁一八三—二一二。

5 「狂歡節」（英語：Carnival）是為期數星期至數月的重要天主教和東正教節日，信徒化裝或打扮後巡遊慶祝，帶有街頭派對氣氛。此一節日之方式與時間依各國風俗而異，主要的舉辦時間集中於二、三月。參見維基百科的說明：http://en.wikipedia.org/wiki/Carnival。（點閱時間：二〇一四年三月三日）

6 Mikhail Bakhtin, *Rabelais and His World*（Bloomington: Indiana University Press, 1984）.有關「醜怪」的詮釋

一方面具有諧謔、逗趣之性質，另一方面則公開述說身體、情慾之私密感受，並對禮教加以嘲諷（可謂「白晝宣淫」），都可以屬於具有「醜怪」性質的「狂歡節話語」。我們也可以將此類文本比擬為一場「社會的夢」，其內容部分為男性集體心態之展現。這些文本中的內容是以折射、扭曲、誇大的方式表達出受到禮教與法律所壓抑的各種慾望，因而具有「反社會性」。難怪有學者認為晚明俗文學興起的精神背景是出於一種「真」的追求，表現出一種「自由的精神面貌，沒有任何道統規範，可以隨心所欲地戀愛，或表現慾望的純潔無垢」[7]。不過我們也不宜過度強調近代中國「狂歡節話語」的批判性與革命性，這些文本的創造者（與讀者）主要為男性菁英階層，而且他們一方面固然以大膽的諧謔想像挑戰了既有的社會規範，但另一方面，這些光怪陸離、驚世駭俗的挑戰並非全然背離現有秩序，反而有一部分是維護既有的男性中心的體制，造成情慾與禮教、私情與公義之間的拉扯與較勁。

這種近代中國男性「狂歡節話語」中既革命、又保守的性格，以及人類情緒、感受的歷史與文化面向，是本書關懷的重點。傳統歷史學比較重視人類生活中公共面與理智面，而不處理私人生活中的情緒與身體等課題。這一部分是因為許多人認為這兩個領域都受生理影響，有較強的普遍性，因而可由科學來研究，或文學與藝術來反映。然而，隨著法國年鑑學派對「心態史」之提倡、人類學中「文化」觀念對歷史學的衝擊，以及史學界所發生的「文化轉向」等，性別史、情緒史與身體史逐漸變成歷史研究之課題，並儼然躍升為非常熱門的研究題目[8]。

筆者對文化史的興趣源於一九八一—一九八二年筆者在東海大學參與高承恕、林載爵、蔡英文等先生主持的「科際整合討論會」（一九七九—一九八三），該會之參與者有社會、政治、經濟與歷史系的老師與學生。當時高承恕教授帶著學術研究本土化的夢想，遵循「不離事而言理」的古訓，帶領大家「一頭跳進歷史之中」。讀書會的成員開始從英法歷史的比較來思索「西方之所以成

可參考：黃金麟，〈醜怪的裝扮：新生活運動的政略分析〉，《臺灣社會研究季刊》，第三〇期（一九九八），頁一六三—二〇四。此文利用巴赫汀 Grotesque（醜怪）的觀念來研究新生活運動如何將俗民生活醜怪化，並將醜怪的建構作為國家規訓人民的一種藉口。

7 大木康，〈晚明俗文學的精神背景〉，收入胡曉真主編，《事變與維新：晚明與晚清的文學藝術》（台北：中央研究院中國文哲研究所籌備處，二〇〇一），頁一二一—一二三。

8 有關身體史的介紹可參考：Roy Porter, “History of the Body,” in Peter Burke, ed., *New Perspectives on Historical Writing*（University Park, Pennsylvania: The Pennsylvania State University Press）, pp. 193-205. 費俠莉，〈再現與感知——身體史研究的兩種取向〉，《新史學》，十卷四期（一九九九），頁一二九—一四一。以及栗山茂久著，陳信宏譯，《身體的語言：從中西文化看身體之謎》（台北：究竟出版社，二〇〇一）。情緒史的研究則可參考：Peter N. Stearns and Carol Z. Stearns, “Emotionology: Clarifying the History of Emotions,” *American Historical Review* 90.4（1985）, pp. 813-836. Carol Z. Stearns and Peter N. Stearns, *Anger: The Struggle for Emotional Control in America's History*（Chicago: The University of Chicago Press, 1986）. Peter N. Stearns, *Jealousy: The Evolution of an Emotion in American History*（New York: New York University Press, 1989）. Peter N. Stearns and Jan Lewis, eds., *An Emotional History of the United State*（New York: New York University Press, 1998）.

為今日之西方」。接著又從歷史與社會之接榫點走向年鑑學派的作品。在這期間，討論會中大家不但閱讀華勒斯坦（Immanuel Wallerstein, 1930-）、布勞岱（Fernand Braudel, 1902-1985）與其他有關西方歷史文化的書，一起吃喝談笑，也因為翟本瑞、陳介玄的關係，我接觸到佛洛依德（Sigmund Freud, 1856-1939）的精神分析學與布紐爾（Luis Buñuel, 1900-1983）的超寫實主義電影。其中布紐爾的《青樓怨婦》（*Belle de Jour*, 1967）、《布爾喬亞拘謹的風采》（*The Discreet Charm of the Bourgeoisie*, 1972）、《自由的幻影》（*The Phantom of Liberty* , 1974））等片讓筆者留下了深刻的印象。這些電影的共同主題即是慾望、道德、諧謔、嘲諷等心靈現象。對布紐爾來說，性的本身並不獨立存在，它一方依賴道德與罪惡感而生，另一方面，在慾望舒展的心理過程之中，真實與虛幻很難區別。

然而這些西方作品所展現的心靈世界與中國歷史、文化中的狀況有何異同？我們應如何借用西方經驗的靈感來反思中國？好友翟本瑞也因此開始研究動物分類、笑話書、春宮畫等[9]。在這些想法的激勵之下，在我心中浮現的不但是「西方之所以成為今日之西方」，也是「中國之所以成為今日之中國」。

一九八八年我赴英國牛津大學讀書，指導老師是專門研究道教與戲曲史的龍彼得（Piet Van der Loon）教授，以及研究中國近世經濟史、文化史的專家伊懋可（Mark Elvin）教授。龍教授為我奠定漢學研究的基礎，也讓我一窺中國庶民生活中的戲曲、宗教世界。伊懋可教授對我的影響更大，那時他正在撰寫 *Changing Stories in the Chinese World* 一書稿[10]。該書研究十九世紀初葉以來的一些文本，如李汝珍的《鏡花緣》、張應昌編輯的《清詩鐸》、網珠生的小說《人海潮》、浩然的小說《西沙兒女》、司馬中原的小說《孽種》等，處理中國在不同時期的價值與情感，及其所映現的歷史世界。在他的鼓勵下，我開始研究《鏡花緣》的幽默。同時，伊懋可教授介紹我閱讀當時同樣在牛津大學教書的法國史家 Theodore Zeldin 教授有關法國情緒史的作品，以及當時劍橋大學出版社剛出版的一本法國中古以來清潔觀念的歷史著作。Theodore Zeldin 的書處理一八四八—一九四五年間的野心、愛情、憤怒、驕傲、品味與焦慮等課題[11]。Georges Vigarello 的 *Concepts of Cleanliness: Changing Attitudes in France since the Middle Ages* 則研究過去一千年來法國人對清潔、健康與衛生的看法[12]。這兩本書都對我有所啟發。一九九四年我返回台灣，從一九九九年到二〇〇二年，我參加了由熊秉真教授主持的中央研究院主題計畫「明清社會文化中的情、欲與禮教」，又主持了國科會計畫「明清豔情小說的文化史分析」（由李心怡、黃夙慧等人擔任助理）。在這些計畫之中我的研究主題以「幽默史」為中心，拓展到與幽默相關的身體與情慾等課題，本書的多篇文章是上述主

---

9 翟本瑞，《思想與文化的考掘》（嘉義：南華大學，一九九九）。

10 Mark Elvin, *Changing Stories in the Chinese World*（Stanford: Stanford University Press, 1997）.

11 Theodore Zeldin, *A History of French Passions, 1848-1945*（Oxford: Oxford University Press, 1973-1977）.

12 Georges Vigarello, *Concepts of Cleanliness: Changing Attitudes in France since the Middle Ages*（Cambridge: Cambridge University Press, 1988）.

題計畫與國科會計畫的產物。這些文章的完成也得力於一九九五年陳慶浩與王秋桂所編輯的《思無邪匯寶》的出版，這一套書廣泛蒐羅了全世界各圖書館所藏豔情小說之善本，為此一研究奠定重要的文本基礎。

我的核心問題是「幽默感」與「身體感」所交織而成的明清以降中國男性的心態史，亦即男性談笑之內容如何隨著時代的變遷而發生變化？而不同時期之笑話、小說如何表現出人們身體感、情慾觀？眾所周知，笑是人類的一種本能，也是一個複雜的文化現象，長久以來笑話成為學術研究的對象。例如佛洛依德、柏格森（Henri Bergson）等有關笑話理論的研究，探究為何笑話可笑，以及其背後之心理與語言機制。至於社會學、政治學、人類學、哲學的研究視角，則探討幽默的社會、政治、思想功能與運作。例如，人類學者強調：笑話與文化背景之關聯[13]；政治學者與社會學者則處理族群笑話（愛爾蘭人、波蘭人、蘇北人）、政治卡通、幽默與人際溝通（例如注意以幽默化解人際之緊張的社會功能）；哲學家探究幽默與哲思之關聯（如禪宗的話頭如何啟發智慧）等。文學領域（尤其通俗文學）之中，笑話研究為一重要課題，例如在西方有不少學者研究莎士比亞的幽默。

在中國研究的範疇內，笑話主要是由文學研究者擔綱，如周作人、婁子匡、王利器、趙景深、黃慶聲、陳萬益、林淑貞等人作了大量的有關中國笑話史的研究[14]。此一研究取向有階級性的假定，他們傾向於將笑話視為源於下層社會、口語傳統，但另一方面他們也同意雅俗、士庶之區別往往並不那麼明確。

另一個與情緒史及笑話研究相關的領域是「身體感」的研究，因為笑話書之中涉及身體者為數不少。這方面人類學與歷史學已有不少的研究成果。由視覺、味覺、嗅覺、聽覺、觸覺等所構成的身體感是人類生命經驗的重要部分，這些感覺的形成不但吸引感官神經學者的興趣，也引發了歷史學與人類學的探究。Constance Classen 的 *Worlds of Sense: Exploring the Senses in History and Across Cultures* 指出相對於西方以視覺為主所形成的「世界觀」（world view），有些文化是以味覺（如安達曼群島的土著民族 Ongee 人）或溫度感（墨西哥南部的 Tzotzil 人）來界定宇宙秩序。作者強調人類的感官不完全是生理性的，而是與時間、文化密切相關[15]。在中文學界，余舜德所編的《體物入微：物與身體感的研究》是身體感的先驅性研究。該書強調過去感官人類學的研究多以單一感官作為研究的單位，並以修正西方社會文藝復興以來過於強調視覺的現象作為研究的主題。該書的作

---

13 Pierre Clastres, "What Makes Indians Laugh," in *Society against the State: Essays in Political Anthropology*（New York: Zone Books, 1989）, pp. 129-150.

14 周作人、婁子匡、王利器與趙景深等人均編輯古代笑話書目或笑話集，為後人的研究奠下基礎。其他人的研究例如黃慶聲，〈《李卓吾評點四書笑》之諧擬性質〉，《中華學苑》，第五一期（一九九八），頁七九—一四九；黃慶聲，〈馮夢龍《笑府》研究〉，《中華學苑》，第四八期（一九九六），頁七九—一四九。林淑貞，《寓莊於諧：明清笑話型寓言論詮》（台北：里仁書局，二〇〇六）。

15 Constance Classen, *Worlds of Sense: Exploring the Senses in History and Across Cultures*（London: Routledge, 1993）.

者則以不同的主題指出：人們隨時都在使用不同的感官，並結合不同感官所接受的訊息，而形成舒適、潔淨、骯髒、熱鬧、冷清等經驗。他們不但強調形塑感官的文化因素，更強調身體與物之間密切的互動[16]。

本書各文採取的是情緒史與身體感結合的研究取向。情緒史與身體感的視角強調人類的情緒反應及身體感並非亙古如常，而是因時代、地域、階級、性別、族群等文化因素而有所改變。換言之，文化及語言影響我們描繪身體與情緒的方式；它們不是「自然」生成的，是在特定歷史情境之下由語言所塑造出來的。與身體相關的「笑」作為一種情緒，一方面是快樂的表徵與慾望的伸展，但另一方面往往也參雜了哀傷、憤恨、嫉妒、反抗、人群區隔等，而在不同的歷史脈絡之中有不同的特色。

在本書中筆者希望透過不同時期之文本，探索感官經驗的書寫，展現明清以來男性世界中身體與諧謔交織而成的世界。這些笑話書、豔情小說、俗曲等被視為特定時空之中作者（或編者）與讀者所共同營造的文化出產，因而表現出時代的性格。本書中有關《笑林廣記》、《鏡花緣》、《白雪遺音》與各種豔情小說等書的分析即企圖將這些文本放在明清社會情境之中來觀察。

這些明清的文本除了反映中國歷史情境下不同時期男性的幽默感之外，還與身體與情慾等議題有密切的關係。誠如本書標題所指出的猥褻是製造笑料的一個重要的因素，所謂猥褻是指在言談中提及屎、尿、肏（如肏你媽）、屄、奶子等涉及身體與情慾的不雅言詞，這些禁忌語言的使用往往可以引人發笑，因此「言不褻不笑」（女性的幽默之中雖不乏類似之主題，然其特徵不如男性諧謔那麼明顯）。同時，褻瀆所產生的笑話帶有強烈的對禮教的反撲。禮教與情慾之間的衝突、較勁一直是中國諧謔文學中相當核心的主題。周作人在《苦茶庵笑話集》（一九三三）的〈序〉中談到中國傳統的笑話可以簡單地分為「挖苦」與「猥褻」兩大類，所謂挖苦「指以愚蠢殘廢謬誤失敗為材料的」，此外「猥褻的分子在笑話裡自有其特殊的意義……牠另有一種無敵的刺激力，便去引起人生最強的大欲，促其進行，不過並未抵於實現而以一笑了事」[17]。這一區別雖不完備，也有相混淆之處，但大致可以反映中國傳統社會中談笑逗趣的重要主題。挖苦往往代表了社會規範力量的發揮，而猥褻則為情慾宣洩、欲掩彌彰的一種表現。

本書的探索從十七世紀開始，上篇的三章以明清時期諧謔性質之文本為中心，探討傳統男子諧謔與身體、情慾之糾葛。第一章〈明清諧謔世界中的身體與情慾〉描寫與分析明清時期諧謔文本，及其與身體、情慾主題之關聯。該文指出此一表達與中國長期以來文人生活之中的「文字遊戲」的傳統，特別是文字打諢、諧擬經典和文學作品的手法有密切的關係。這種表現手法的特點是以「雅」的形式來表達「俗」的內涵，因而具有溝通雅俗品味、上下階層的意義。再者，明清情色幽默在會通雅俗的同時，亦展現性別區隔，具有界定性別角色與兩性關係，因而表達出維護男性中心

16 余舜德編，《體物入微：物與身體感的研究》（新竹：國立清華大學出版社，二〇〇八）。
17 周作人，〈《苦茶庵笑話集》序〉，收入《周作人全集（二）》（台中：藍燈文化事業股份有限公司，一九八二），頁三九二—三九三。

禮教秩序的意義。男性中心的情色幽默不但環繞著陽具的尺寸與功能，關注性在生活上的關鍵地位，也藉著兩性形象的建構，規訓婦女注意言行，避免落人笑柄；規訓男子注意養生，避免貪色致病或喪命等。

第二章〈明清笑話中的身體與情慾——以《笑林廣記》為中心之分析〉（與李心怡合著）一文將焦點集中於最早在乾隆年間出版的《笑林廣記》中的性笑話。《笑林廣記》的性笑話觸及身體、情慾的現實面與理想面，它們採取戲謔的方式面對現實的缺陷，又誇大地建構一個理想情境以為寄託。笑話內容因為不受社會規範的箝制，大膽地觸及一般論述之中所罕言的身體部位與情慾活動，此一文本發揮了狂野的情色想像，以挑戰禮教禁忌，也滿足偷窺、意想不到等心理情結。不過這些笑話的突破之處似乎只限於在扮演社會「安全瓣」（safety valve）的功能，以略微開放的言說空間，適度地紓解禮教對情慾的壓抑，藉此來維繫現實秩序的運作。更重要的是這些笑話之內容所表達的仍是一套與當時男性中心之禮教相配合的，有關「健康」、「美麗」與「正常」的價值觀念。這樣一來，情色笑話與禮教管束實有相輔相成之處。

上述兩章所分析的諧謔文本中情慾表達可以讓我們反省以「禮教——情慾」二元對立來觀察明清歷史的研究取向。許多研究明清的學者都從禮教支配的嚴格化與縱慾思潮的反撲來討論明中葉以後的歷史發展，因此「情慾解放」蘊含了「反禮教」，也有學者特別注意到壓抑與放縱的因果關係[18]。這種「禮教——情慾」二元對立的論述方式雖有一定的解釋力，然也有其限制性。從諧謔文本的情色描寫可見，禮教與情慾兩者有交織互動且相互增強的關係，禮教可以藉著情慾表達而展現，情慾表達往往也可以用來維護禮教權威。更清楚地說諧謔文本中情慾表達的主流論述與男性中心的禮教設計、果報觀念等基本是合拍的。這樣一來，情色幽默的流傳不但沒有動搖禮教權威，反而成為禮教的一個重要支柱。

傳統社會的幽默不限於情色笑話，而有更複雜的圖譜。第三章〈《鏡花緣》之幽默——清中葉幽默文學之分析〉以道光年間出版李汝珍所著的《鏡花緣》為基本史料，探討鴉片戰爭前夕中國社會中不同型態的幽默，及其在中國近代社會史與思想史上的涵義。文中分別探討了（男性）士人與學術幽默、性格幽默、範疇錯亂與自我批判以及女子宴會中的女性幽默（亦可視為男性所想像的女性幽默）。這些幽默中有一部分源自傳統，有一部分則表現出時代特色與創新性。《鏡花緣》的幽默不僅為了談笑，也包含了許多嚴肅的訊息，作者希望經由傳達這些訊息而達到思想批判與社會改造的目的，因此該書也可以視為是一部經世思想的作品。

中篇的第四章與第五章主要研究明清時期的豔情小說之情慾表達，以及其中所反映男性之情色意識。第四章為〈明清豔情小說中的情慾與禮教〉。文中指出明清的豔情文本以狂野的想像建構一個不以繁衍後代為目的的情色世界。書中以各類露骨而細膩的性行為之描寫，表現出情慾活動中的身體感受，以此創造男性讀者的閱讀快感；不過另一方面大多數文本在故事情節安排上最後卻又肯

18 鄭培凱，〈天地正義僅見於婦女——明清的情色意識與貞淫問題〉，《當代》，第十六期（一九八七），頁四五—五八，第十七期（一九八七），頁五八—六四。

定儒、釋、道三教所強調的身體觀與倫理秩序，而回歸禮教。本文的焦點即以豔情小說的情色意識中情慾與禮教的拉扯所形成的張力，來呈現此一男性消費之「文化商品」的特色與歷史地位。

第五章為〈暗通款曲——明清豔情小說中的情慾與空間〉。本章以三個不同的豔情小說：《肉蒲團》、《癡婆子傳》與《浪史》來探討明清豔情小說所展現的情慾世界與情色意識。筆者以空間的觀念作為切入點，探討豔情作家如何透過空間安排與逾越來書寫情慾活動。《肉蒲團》和《浪史》代表男性為中心的性冒險故事，《癡婆子傳》則從女性對性探索的自白，以及隨之產生的情慾困境來書寫女性情慾。以本文所分析的三個文本來說，故事情節主要都是發生在中下層的仕紳家庭的場景之中。在此一家戶空間之中，人們一方面遵守禮教所規範的性別與空間隔絕；另一方面卻又不斷地以偷窺、偷聽與行動來逾越此一界線，表現出視覺、聽覺與情慾之關聯。在空間逾越之中隱密與暴露、偷窺與展現無疑地是其內部相互拉扯的幾股力量。這些拉扯使我們得以釐清私密場域的範疇，以及其中公（亦即可以給外人看的）私（亦即不可給外人看的）界線的游移性、模糊性。其中豔情小說對於「情慾分享」的描寫，或筆者所謂「本尊、分身」式的情慾活動（分身可以是主人的奴婢、鄰居或朋友），尤其可以顯示明清時期士人「私密感」的一種特殊型態。這一種情慾分享的情節也配合男子所想像的「天下無妒婦」的情色烏托邦，並與《金瓶梅》之中妻妾爭風吃醋、明爭暗鬥的描寫形成對比。

下篇的三章探討「現代轉型」。第六、七章將焦點從明清時期轉移到民國初年，從明末到民初中國男子對身體與情慾的看法有不少的連續性，但是另一方面隨著西力的衝擊與全球化的發展，傳統的觀念也發生了許多變遷。第六、七兩章利用民初報紙的醫藥廣告來分析廣告內容所反映出男性的夢想與恐懼（尤其環繞著「腎虧」的觀念）。第六章的〈從《申報》醫藥廣告看民初上海的醫療文化與社會生活〉，處理報紙醫藥廣告如何反映與形塑近代中國在中西論述交織之下的疾病觀與身體觀。報紙廣告所建構的情境呈現了「中／西」、「新／舊」交織之圖景，因而反映在多重混雜的矛盾性格之上。這些琳琅滿目的醫藥廣告創造出一種新的、夾雜中西醫療元素的「身體觀」與「疾病觀」。這些醫藥廣告之論述大致可分為兩種類型：第一類是綜合型，亦即宣稱無所不治或無所不補的醫療方式或藥品。其背後是將身體視為一整體，病況之紓解有賴身體全面性之滋補與養生。第二類是專門針對某種部位的藥品，其中腎、血、腦三處最受重視，被認為是最應加以滋補、調治的身體部位，因而需要「補腎」、「補血」與「補腦」。筆者指出：藥商在設計廣告之時很有技巧地結合新舊、中西醫療傳統的若干訊息，建構出一套關於「身體知識」的論述模式；此類知識自清末以來在中國社會發揮了深遠的影響力，其內容甚至可能要比從專業、正統的醫學資訊，亦即醫院、醫校、醫生，或醫學期刊、雜誌等來源所得到的知識更加重要。這種混雜了各種訊息的廣告文字，有效地提升了某些藥品，尤其是來自西方藥品的形象，並進而加強了其在市場上的競爭力。在第七章〈廣告與跨國文化翻譯——二十世紀初期《申報》醫藥廣告的再思考〉延續上一章，進一步地從腎、血、腦三類型的廣告，分析代理跨國公司藥品的廣告商如何一方面延續本土的文化傳承、語彙觀念，另一方面借助國外報章相同商品之廣告形象來行銷其商品，總之，全球化與地方化的過程是交織在一起的，全球化的部分展現科學論述與全球跨國資本主義對中國社會的影響，地方化則顯示依賴傳統語彙的身體想像在西力衝擊之下仍有強勁的延續性。報紙醫藥廣告的出現固然出於藥商賣藥牟利的動機，但卻也創造出一種結合中西醫學觀念與辭彙的折衷式身體論述，時至今日此一論述仍有巨大的影響力。報紙廣告所訴諸的讀者無疑地並不限於男性，不過其所構築的環繞著「一滴精十滴血」、「腎虧」或「神經衰弱」的恐懼感對近代中國男性身體觀產生了重要的影響。

第八章〈近代中國私領域觀念的崛起與限制〉一文探討「私領域」觀念在近代中國之發展。近代中國隨著自由民主思想與個人主義的傳播，一方面出現國家控制之外「公共領域」或「市民社會」，同時相應於個人自由、權利概念的引介，也開始出現以往所不曾有的「私領域」與「隱私權」的觀念。嚴復所譯介的《群己權界論》可以說是近代中國首次透過對自由觀念的闡釋，將西方「私領域」的想法介紹到中國來。在該書中嚴復很清楚地說明「行己自繇」的範圍：「以小己而居國群之中，使所行之事，利害無涉於他人，則不必謀於其群，而其權亦非其群所得與。」同時嚴復也非常肯定私有財產與個人求利的合法性。然而嚴復在譯介此一私領域觀念之時，亦有誤解，而與彌爾所認識的私領域概念有所不同。特別關鍵的一點是嚴復無法像彌爾那樣毫無保留地肯定個人的「慾望與衝動」（desires and impulses）是「具有內在而實質的價值」（as having...intrinsic worth），因此只能給予個人自由一個比較狹窄的範圍。在現代社會之中，身體與情慾是個人自由與隱私的核心部分。近代中國對私領域的認知深受傳統道德意識的影響，因而限制了情慾伸張與今日台灣所討論「多元成家」方案的諸多可能。本文嘗試分析嚴復等中國近代知識分子在引介私領域概念時所遭遇的困難與限制，影響到國人對私領域範疇的限定與尊重。這一個例子同樣展現出現代社會之中情慾發抒所要面對的思想約束，而當代諸多情慾問題與此一思想之糾結有關。

本書所收錄的這幾篇文章使用了以往史學研究較少運用的文學素材，來探究明清至民初男性世界中的諧謔、情慾與身體。這些文本無論是笑話、情色文學與醫藥廣告都具有放縱不羈、光怪陸離的性格，直接或間接地衝擊傳統的禮教秩序。用巴赫汀的話來說可謂充滿「醜怪」色彩的「狂歡節話語」。這些文本的共同點是大膽地觸及身體與情慾等禁忌話題，引發出「言不褻不笑」的諧謔效果。然而這些「不正經」的言說似乎無法具有推翻禮教秩序的革命性格，反而因釋放了反抗能量，又回歸男性中心的禮教秩序而成為「社會的安全瓣」。不過從另一方面來看，從男子「狂歡節話語」所顯示出禮教與身體、情慾之拉扯卻展現了明清以來中國多元複雜而充滿活力的文化樣貌。

民初之後中國又經歷了軍閥混戰、中日戰爭、國共內戰，以及一九四九年共產革命所導致之兩岸分治。在這一百多年之間，男性心靈上的「狂歡節」歷經國民黨的「新生活運動」與中共「無產階級文化大革命」、「掃黃運動」的清理，「醜怪」之姿一度被掃除殆盡。不過國共的黨國機制的清理工作似乎都只有短暫的效力。野火燒不盡，春風吹又生，一九四九年之後的台灣與文革之後的中國大陸，有關諧謔、情慾與身體的「醜怪」話語，又挾出版界的蓬勃發展與網際網路之威迅速蔓延，或如老樹新芽，或如新瓶舊酒。例如張賢亮或馮唐的小說，努力掙脫新時代的枷鎖。張賢亮在《男人的一半是女人》中一方面呈現文革時期男子情慾的困境，也輕描淡寫地點出政治統治之基礎在於妥善處理人性中的「慾望」，讓人們「過好日子」。馮唐在香港出版的情色小說《不二》中想繼續《肉蒲團》等豔情文學的書寫傳統，避免「非我族類」占據黃書市場，因而重寫魚玄機的故事，又創作了《素女經》，以「純文學」方式「無遮無攔，纖毫畢現」地描寫情慾，冀望述說情慾能像「吃飯、喝水、曬太陽、睡午覺一樣簡單美好」[19]。然而情慾發抒與個人自由的範疇、政治體制密切相關，在中國文化圈中情慾之合理安頓需要教育、法律、思想、文化等多層面的調適與政治制度的更新。他們兩人的夢想看起來簡單，卻很不容易實現。

19 馮唐，〈代跋：我為什麼寫黃書〉，收入《不二》（香港：天地圖書，二〇一四），頁二七八。

上篇　諧謔

第一章

明清諧謔世界中的身體與情慾

前言：情慾生活的私密與揭露

許多學者都指出，人類情慾生活的一項重要特色在於私密與揭露的弔詭性。在絕大多數哺乳類（甚至靈長類）動物中，性活動都是公開的，只有人類在文明演化過程之中將性隱藏起來[1]。在此情境之下，與情慾相關的身體器官（特別是具有性徵的部位）或活動（如自慰或交歡），成為個人私密生活的核心部分，公開談論即被視為猥褻。然而，性的私密與隱藏卻往往引發他人窺探的慾望，而越是隱藏，就越增加窺探時所帶來的快感。這樣一來，性的隱藏成為維護「文明」尊嚴的必要措施；而性的揭露（如呈現裸體或情慾活動），無論是日常的言說、姿態，還是採取文學、藝術的表達，或「科學」的研究，對訊息的創造者與消費者來說，似乎都帶有某種程度以窺探來追求愉悅的色彩，而須承受道德壓力[2]。

人類情慾生活的私密與揭露雖有較強的普遍性格，然在不同文化（或時代）之中，法律與禮教規範的寬嚴（如私人領域的範疇、性禁忌的尺度），以及身體與情慾世界的揭露方式，卻有很不相同的表現。例如在西方以文學、藝術方式來揭露性的議題有長遠的傳統[3]。在科學方面，佛洛依德以性的揭露來建構心理分析的學術世界；金賽（Alfred Charles Kinsey, 1894-1956）則以性的研究建

1 Jared Diamond, *Why Is Sex Fun?: The Evolution of Human Sexuality*（New York: Basic Books, 1997）中譯本見戴蒙德著，王道還譯，《性趣何來？》（台北：天下文化，一九九八），作者指出「在群居哺乳類中，性事通常公然進行，眾目睽睽。例如地中海獼猴，雌性發情後，會與同一群中所有的成年雄性交配，而且旁若無人」，頁五。

2 例如美國 Showtime 電視網二〇一三年播出的影集《性愛大師》（*Masters of Sex*），是改編自 Thomas Maier 於二〇〇九年出版的傳記小說 *Masters of Sex: The Life and Times of William Masters and Virginia Johnson, the Couple Who Taught America How to Love*（New York: Basic Books, 2009）。該書主要敘述人類性學研究先鋒 William Masters 和 Virginia Johnson 兩位性學家於一九五〇年代在美國研究探討人類性愛的演進。在兩人性學研究的過程之中即遭遇許多社會的壓力。

3 如希臘、羅馬時期的笑話、色情書刊中就有不少的例子。在一本可能是西元三世紀完成的笑話書中有一則笑話：「一個『蛋頭』學究跟一個女奴私通，生下一個小孩時，他的父親勸他把孩子殺了。他回答，『您先得把您自己的孩子給我埋了，再來勸我殺掉我的親身骨肉』」，見 Jan Bremmer, "Jokes, Jokers and Jestbooks in Ancient Greek Culture," in Jan Bremmer and Herman Roodenburg, eds., *A Cultural History of Humour: From Antiquity to the Present Day*（Cambridge: Polity Press, 1997）, p. 17. 亦請參見 Amy Richlin, *Pornography and Representation in Greece and Rome*（Oxford: Oxford University Press, 1992）, Amy Richlin, *The Garden of Priapus: Sexuality and Aggression in Roman Humor*（New Haven: Yale University Press, 1983）.近世中比較著名的例子如法國小說家 Marquis de Sade（1740-1814），著有 *Justine*（1791）與 *Juliette*（1798）等情色小說。有關西方的情色小說見 Patrick J. Kearney, *A History of Erotic Literature*（London: Macmillan, 1982）。在圖像方面則請見：Gilles Neret, *Erotica Universalis*（Köln: Taschen, 1994）。

立「性學」，迫使人們面對規範與實際之間的矛盾，並對根深柢固的道德觀念做出挑戰[4]。

在明清時代中國情慾世界的私密與揭露也展現出多采多姿的景象。以當時頗為流行的一些出版品，如笑話書、豔情小說與春宮畫等來說，貫穿這三類史料的一個重要主題是：性的揭露與幽默感之間的關聯性[5]。換言之，情色諧謔的挑逗與觸探和人們潛藏的性意識有十分密切的關係[6]。不少學者都同意「猥褻」的主題是引人發笑的一個利器[7]。如同王爾德（Oscar Wilde, 1854-1900）所說「給我一個面具，我會告訴你真相」，在幽默面具的保護之下（因為搞笑是不算數的），人們大膽地觸及性的禁忌，滿足揭露與偷窺的快感；又如周作人（一八八五—一九四七）所述：性笑話與呵癢類似，「有一種無敵的刺激力，便去引起人生最強的大欲，促其進行，不過並未抵於實現而以一笑了事」[8]，這樣的「笑」似乎有助於解除禮教給予人們沉重的負擔，這也是一些學者所謂黃色笑話具有「社會安全瓣」（a safety valve）的功能[9]。然而情色諧謔的複雜性還不只於此，它與人們對性的恐懼、人我之間的階級、性別、職業與年齡區隔，和對現實的批判意識等糾結在一起，而此類批判可能是對現實秩序的抗議與反省，也可能是為了糾正放蕩行為，維護禮教（或特定人群）之權威[10]。

本文所謂的「諧謔世界」是指人們以搞笑為目的所創造的精神世界，而為了探索此一精神世界的軌跡，筆者擬利用明清時期一些幽默性的文本來作整體的分析，而暫不討論文本與實踐之間的關聯性，也不討論此一時期內部較為細緻的變遷。因此拙文的著重點不在社會實踐，而主要嘗試從私密與揭露的弔詭關係，來探討明清時期諧謔文本中的情慾表達（representation）。筆者的出發點是：

4 參見詹姆斯・瓊斯（James H. Jones）著，王建凱等譯，《金賽的秘密花園：性壓抑的歲月》（台北：時報文化，一九九八），頁一—二。

5 有關春宮畫的研究甚多，如高羅沛的書《秘戲圖考》：Robert Hans Van Gulik, *Erotic Color Prints of the Ming Period, with an Essay on Chinese Sex Life from the Han to the Ch'ing Dynasty, B.C. 206-A.D. 1644*（Tokyo, 1951）. John Byron, *Portrait of a Chinese Paradise: Erotica and Sexual Customs of the Late Qing Period*（London: Quartet Books, 1987）. 此外藝術史家 James Cahill（1926-2014）在他的部落格上發表了 *Chinese Erotic Painting*, 附了許多圖版與說明，參見 http://jamescahill.info/illustrated-writings/chinese-erotic-painting。（點閱時間：二〇一五年二月二十八日）

6 見 Sigmund Freud, *Jokes and Their Relation to the Unconscious*, trans. James Strachey（Harmondsworth: Penguin Books, 1986）.

7 如錢鍾書所謂：「《金瓶梅》第六七回溫秀才云：『自古言：不褻不笑』，不知其言何出，亦尚中笑理；古羅馬詩人云：不褻則不能使人歡笑，此遊戲詩中之金科玉律也。」錢鍾書，《管錐編》（香港：中華書局，一九八〇），頁一一四三。

8 周作人，〈《苦茶庵笑話集》序〉，收入《周作人全集（二）》（台中：藍燈文化事業股份有限公司，一九八二），頁三九三。

9 黃克武、李心怡，〈明清笑話中的身體與情慾：以《笑林廣記》為中心之分析〉，《漢學研究》，十九卷二期（二〇〇一），頁三七一。參見本書第二章。

10 根據 Amy Richlin 對於拉丁文性笑話的研究，羅馬詩人 Gaius Valerius Catullus 與 Publius Ovidius Naso 的作品，也是藉著猥褻、諷刺的語言風格來維護自己的地位，並攻擊那些違反社會規範的人。Amy Richlin, *The Garden of Priapus: Sexuality and Aggression in Roman Humor*.

與情慾相關的諧謔是一種文化現象，它的表現方式、目的與形式都具時代特色。這也是柏格森（Henri Bergson, 1859-1941）所指出的：笑是一種社會行為，有其自身的符碼、儀式、演員、劇場與觀眾[11]；以及 Mary Douglas 所謂幽默與社會結構的直接對應性，搞笑的產生是因為社會生活之中本來包含了矛盾、對抗與失諧，它們藉著幽默論述而得以表達出來[12]。

在本文之中作者將利用幾種明清時期具有諧謔性質的笑話、豔情小說、筆記故事、歌謠等來探討以下的問題：諧謔文本以哪些方式、揭露出何種的情慾世界？此一情慾世界又蘊含了何種的「性意識」？再者，此一性意識與明清時期以男性為中心的社會與文化有何關聯？本文所徵引的一部分明清史料從官方的角度來看，乃是「淫書」、「淫曲」與「淫詞」，這些文本因為大膽地觸及不應公開談論的情慾活動，有「宣淫」之虞，因而被列於禁毀之列[13]。然而從這些殘存於世的「負面」教材，卻彰顯一些時代的風貌，有助於我們認識明清的情慾世界，並思索文化的斷裂與銜接等議題。

明清諧謔世界中的身體與情慾是一個非常複雜的課題，在本章筆者只專注於以下較為突出的兩個面向：文化傳統與諧謔性的情色表達；性別差異、兩性關係與情色幽默。兩者分別探討涉及身體與情慾的諧謔文本在表達方式與內涵上的特殊性，以及文化上的相對性。此二面向雖不夠完全，然應可幫助我們了解明清情慾文化的一些重要的特點。

文化傳統與諧謔性的情色表達

許多認知心理學家都指出幽默的表達具有一些普遍性的特點，即共通的「幽默結構」，如「範疇錯亂」（disorder of categories）、「失諧解困」（incongruity-resolution）、「另類的隱含意義」（an alternative, hidden meaning）等[14]。這些認知上的心理機制可以幫助我們了解古今中外的諧謔文本。然而另一方面諧謔表達也深受文化傳統的影響。明清時期繼承數千年中國歷史文化傳統，當時所創作的諧謔文本自然地具有一些獨特的表達方式，而為其他文化所罕見，其中尤具特色的是文字、經典與文學傳統的影響。

漢字是中國文化的一個重要特徵，根據文字學家的研究，它的出現至少可以追溯到西元前三五

---

11 Henri Bergson, *Laughter: An Essay on the Meaning of the Comic*（New York: Macmillian, 1911）.

12 Mary Douglas, *Implicit Meanings: Selected Essays in Anthropology*（London: Routledge, 1999）, pp. 146-164.

13 王曉傳輯錄，《元明清三代禁毀小說戲曲史料》（北京：作家出版社，一九五八）。

14 Jonathan Miller, "Jokes and Joking: A Serious Laughing Matter," in *Laughing Matters: A Serious Look at Humour*（Essex: Longman Scientific & Technical, 1988）, pp. 5-16. 陳學志，〈從「聽笑話」到「鬧笑話」——由幽默理解看幽默創作〉，《輔仁學誌》，第二四期（一九九五年七月），頁二四〇—二六一。

○○年，而最早出現的型態即是表形文字[15]。此一文字特徵促成漢字字形笑話的出現。依賴文字造型與趣味的聯想來製造笑料，在中國歷史上行之久遠，這顯然與許慎《說文解字》的學術背景與命理學中「拆字」的傳統有關。在《世說新語》、《太平廣記》等書中均有一些例子[16]，宋代王安石的《字說》雖為嚴肅之作，然在一些人看來，也帶有諧謔的特色[17]。明清時代的笑話繼承此一傳統，常常藉著中文象形文字的特徵，將嚴肅論域中罕言的性器官與情慾活動表露出來。例如有一則清代的笑話以「太」字來說男性的性器官，並諷刺上位者的無知與淫亂：

一太爺問書辦曰：犬字如何寫？答曰：太爺的卵子，挪在肩頭就是了。太爺說：為何要挪？答曰：太爺的卵子，六親不認。挪在肩頭，免得惹禍。（〈問字〉）[18]

另一則明末的笑話是以「齋」與「齊」來比喻男女性器之別：

一僧讀「齋」字，尼認是「齊」，因而相爭。一人斷之曰：「上頭是一樣的，但下頭略有差別。」（〈齋字〉）[19]

這種笑話在民國年間仍然存在，在一九二〇年代上海出版的一本小說《人海潮》中有一個類似的笑話：

> 後來那東家又聘到一位先生，和東家同行，一樣赤腳種田的。東家問先生道：請問你先生

---

15 李孝定，《漢字史話》（台北：聯經出版公司，一九七七），頁三五—三六。

16 （南朝宋）劉慶義，《世說新語》（四部叢刊初編，台北：臺灣商務印書館，一九七九）中「曹娥碑」有「黃絹幼婦外孫齏臼」指「絕妙好辭」之例。見「捷悟第十一」，卷中，頁四六下。《太平廣記》中「傴人」，「有人患腰區傴僂，常低頭而行。傍人詠之曰，拄杖欲似乃，播笏便似及。」《太平廣記》的例子收入（隋）侯白，《啟顏錄》，陳維禮、郭俊峰主編，《中國歷代笑話集成》（長春：時代文藝出版社，一九九六），卷一，頁三七。

17 《道山清話》記載：「劉貢父言，每見介甫道《字說》，便待打諢。」蘇東坡也調侃王安石：「東波聞荊公《字說》新成，戲曰：以『竹』鞭『馬』為『篤』；以『竹』鞭『犬』，有何可『笑』？」見胡山源編，《幽默筆記》（台北：河洛圖書出版社，一九七四），頁九、一三。明代笑話書也有一則關於字學的笑話：「王安石專講字學，嘗曰：波乃水之皮；蘇東坡曰：滑乃是水之骨耶？」（明）趙南星，《笑贊》，收入陳維禮、郭俊峰主編，《中國歷代笑話集成》，卷一，頁四一一。

18 （清）程世爵撰、鄧柯點校，《笑林廣記》（武漢：長江文藝出版社，一九九三），頁一三。亦見（清）小石道人輯，《嘻談錄》，收入陳維禮、郭俊峰主編，《中國歷代笑話集成》，卷三，頁五九〇。

19 收入（明）馮夢龍《笑府》，引自陳如江等編，《明清通俗笑話集》（上海：上海人民出版社，一九九六），頁三二〇。

總共識幾個字？先生道：不瞞東翁，我只識你東翁所識的幾個字。東家又問：學而時習之的「而」字怎麼解？先生笑吟吟的答道：這是我們種田人的吃飯家伙，一柄鐵耒，像不像？東家道：不差不差。又問先生道：像蓑衣一般的甚麼字？先生道：雄的「齋」字，雌的「齊」字。[20]

文字形狀不但可以指涉男女器官，也可以用來比喻情慾活動。清初豔情小說《桃花影》以「呂」字描寫男女接吻，「玉卿……把蘭英摟住，做那呂字，蘭英便也不動」、「玉卿便挨近身側，雙手抱住酥胸，粉頰相偎，做那呂字」；作者又以「木邊之目，田下之心」來寫相思[21]。下一則清初有關秀才與和尚之間相互調侃的笑話，是以「秀才」的「秀」字影射男性之間的龍陽：

有一秀才問和尚云：禿驢的「禿」字，怎樣寫？僧即應口曰：秀才的「秀」字，把屁股略彎彎便是。（你將屁股彎了送來，我僧人豈有不收之理？）（〈禿字〉）[22]

另一則清代的笑話是以丈夫防範妻子紅杏出牆，將一個簽名的封條貼在她的陰戶上。後來妻子偷情，將此一「張仁封」的封條，撕去一半，成為「長二寸」。丈夫返家之後勃然大怒，認為此一「新」的封條有嘲弄他的陽具短小之意：

一捕役名張仁，其妻愛偷人。張仁要出遠差，甚不放心。用封條將婦人陰戶封好，寫上「張仁封」三字。張仁走後，妻仍偷人。將封皮扯去半邊只剩「長二寸」三字。張仁回家一驗，原封短了一半。大打之下說：我走後偷人，情尚可恕。你不該另寫「長二寸」三字，貼在上面。明明嫌我之短。喜人之長。豈不該打！（〈驗封〉）[23]

以漢字來揭露複雜有趣的情慾世界不但對話雙方都要粗通文字，而且需要一定的想像力，下一則為雍正年間曹去晶所撰豔情小說《姑妄言》（一七三〇）中的「排字上壽」，這個笑話源自宋代的《笑苑千金》。《笑苑千金》一書中的「排字上壽——刺公婦無間」則是有關村居富人大壽，要三房媳婦排字祝壽，「各各討一話頭，勸我一盃壽酒」。大媳婦兩手牽兩女成「姦」字；二媳婦帶個兒子成「好」字；三媳婦尚無子女，「將雙腳橫架凳上，用手指定其淫僻之處」，成「可」字。

20 網珠生，《人海潮》（上海：出版者不詳，一九二六），第一集，頁二一一—二一二。Mark Elvin 曾藉著這一部小說來顯示一九三〇年代上海「荒謬的危機」（the crisis of absurdity），見 Mark Elvin, *Changing Stories in the Chinese World* (Stanford: Stanford University Press, 1997), pp. 94-148.

21 （清）煙水散人編次，《桃花影》（台北：台灣大英百科公司，一九九五），頁五三、六二、一六三。

22 （清）石成金，《笑得好》，收入陳維禮、郭俊峰主編，《中國歷代笑話集成》，卷三，頁一六七。

23 （清）程世爵，《笑林廣記》，頁四五；亦見（清）小石道人輯，《嘻談錄》。

公公道：「『可』字也是，只是口歪了些個」[24]，座客聞之大笑[25]。《姑妄言》作者在引述此一笑話時略作更動，大媳婦右手抱兒子，成「好」字；二媳婦頭戴帽，成「安」字；兩人都獲得公公一疋綢子的獎賞。三媳婦「光著下身，拿個筆帽兒插在陰戶裡，過來上壽」，得到綢子兩疋。婆婆頗覺納悶，不知為何三媳婦獨得厚賞。公公解釋道：「你不知道，一個圈兒裡頭又是一個圈兒，是個『回』字。我時常摟他，故此多賞些。」此則笑話藉著字形表達身體姿態、交歡景象，並揭露「扒灰」的不倫關係[26]。字形笑話在當代中文之中仍有其生命力，在網路上可以找到許多例子[27]。

以上所舉的漢字笑話都是字形笑話，此外還有字音笑話。此類笑話多數與方言傳統有關，且常運用同音聯想或字音雙關（pun）之原則[28]。《笑林廣記》有〈茶屑〉則，男女對話之中不但借茶葉粗細比擬陽具大小，還以屑、泄同音，暗指只要不會早泄，陽具大小均可：

> 一婦人向山客買茶葉，客問曰：娘子還是要細的？要粗的？婦曰：粗細倒也用得著，只不要屑（泄）。（〈茶屑〉）[29]

又如在乾隆年間石成金所編纂、評點的《笑得好》一書，作者在好幾則笑話之上都註明：要學江西人或蘇州人講話才好笑。如〈皮匠訟話〉則，「要學蘇州話，手裝樣才發笑」[30]。該書有一則〈黑齒妓白齒妓〉，將妓女的牙齒與字音聯繫在一起：

24 傳統笑話之中，有許多則都將口與陰戶聯想在一起，黃克武、李心怡，〈明清笑話中的身體與情慾：以《笑林廣記》為中心之分析〉，頁三五二—三五三。參見本書第二章。

25 此則笑話見（宋）不詳，《笑苑千金》，收入《宋人笑話》（台北：東方文化供應社，一九七〇），頁四四。

26 （清）曹去晶，《姑妄言》（台北：台灣大英百科公司，一九九五），頁一八五五；陳益源，〈《姑妄言》裡的葷笑話〉，《小說與豔情》（上海：學林出版社，二〇〇〇），頁一七一。

27 例如：〈可愛的漢字對談〉：「晶」對「品」說：「你們家都沒有裝修喔？」「夫」對「天」說：「我總算盼到了出頭之日！」「熊」對「能」說：「怎麼著窮成這樣啦？四個熊掌全賣了！」「丙」對「兩」說：「你家什麼時候多了一個人，結婚了？」「乒」對「兵」說：「你我都一樣，一等殘廢軍人。」「兵」對「丘」說：「兄弟，踩上地雷了吧，兩腿炸得都沒了？」「王」對「皇」說：「當皇上有什麼好處？你看，頭髮都白了！」「口」對「回」說：「親愛的，都懷孕這麼久了，也不說一聲！」「也」對「她」說：「當老闆囉？出門還帶秘書！」「日」對「旦」說：「你什麼時候學會玩滑板了？」「果」對「裸」說：「哥們兒，你穿上衣服還不如不穿！」「由」對「甲」說：「你什麼時候學會倒立了？」「巾」對「币」說：「戴上博士帽就身價百倍了！」（「币」是「幣」的簡體）「扁」對「匾」說：「才敗選一次而已，就要被關？」http://blog.huayuworld.org/windwindteacher/31093/2013/11/20/1217097。（點閱時間：二〇一五年二月二十五日）

28 如清乾嘉時期張南莊的《何典》一書即是以吳語寫成的諧謔小說，全書使用大量的方言俗語連綴成篇，以諧音或轉義來製造笑料。見周振鶴、游汝杰，《方言與中國文化》（上海：上海人民出版社，一九八六），頁一八八—一八九。

29 （清）游戲主人編，《笑林廣記》（台北：金楓出版社，一九八七），頁二九二。

30 （清）石成金，《笑得好》，頁一五〇。

有二娼妓，一妓牙齒生得烏黑，一妓牙齒生得雪白，一欲掩黑，一欲顯白。有人問齒黑者姓甚？其妓將口緊閉，鼓一鼓腮在喉中答應：姓顧。問多少年紀？又鼓起腮答：年十五。問能甚的？又在喉中答：會敲鼓。又問齒白者何姓？其妓將口一齜答：姓秦。問青春幾歲？又一齜答：年十七。問會作甚麼事？又將口一大齜，白齒盡露，說道：會彈琴[31]。

作者還強調在說這個笑話的時候「要閉口藏齒說，要齜開口露齒說，臉上裝得像，才可笑」。這樣一來，這一則笑話不但是以妓女的牙齒來諷刺人們遮掩缺點、賣弄長處，也和說笑話者模擬性的身體姿態結合在一起。

中文環繞「六書」的文字特徵與西方的拼音文字有顯著的不同，這種文字的差異影響到中西幽默的表達。錢鍾書曾注意到漢文「笑」之擬音者有三：嘻嘻、哈哈、呵呵，不如英文來得豐富[32]。同時以拼音文字為特徵的英語世界，利用字形來開玩笑者相對來說數量較少，而同音聯想者數量則較多。這顯示作為溝通形式之一的幽默表達和文字特點之間的密切關係。中西文字的差異造成了幽默傳達上的困難，清末民初中國學者在引進西方文學時，即發現難以翻譯與發音有關的異國幽默，《阿麗思漫遊奇境記》的翻譯就是一個很好的例子[33]。

明清諧謔文本不但藉文字的形狀、聲音來揭露身體與情慾世界，也以「諧擬」（parody）的方式來開玩笑[34]。最常見的手法是將神聖的經典或嚴肅的文學作品挪用到與性相關的主題，亦即藉著

「神聖」與「鄙俗」的範疇交錯，產生不協調感而引人發笑。在宋代即有士人模仿《春秋》的筆法，記載狎妓之事。在清代小說《鏡花緣》之中也有許多例子，例如藉著《楚辭》、《莊子》、《易經》、《毛詩》等的句子結構，來描寫女子的一隻鞋子[35]。

另外在《鏡花緣》八十回，有一則諧謔式的謎語。謎語題目是「嫁個丈夫是烏龜」，打《論語》中的兩個字。謎底是《論語‧微子》中「大師摯適齊，亞飯干適楚，三飯繚適蔡，四飯缺適秦」之

31（清）石成金，《笑得好》，頁一三三。

32 錢鍾書，《管錐編》，頁一一四三。

33 二十世紀時中國的語言學家趙元任曾努力地想克服此一困難。趙元任嘗試將兒童書刊《阿麗思漫遊奇境記》之中英文的文字遊戲（如雙關語、諧音的語言遊戲）譯為中文。見 Yuen Ren Chao, *Readings in Sayable Chinese*（San Francisco: Asian Language Publications, 1968）, 3 vols. 其中第二卷收有趙元任對 Lewis Carroll（1832-1898, Charles Lutwidge Dodgson）, *Through the Looking-Glass and What Alice Found There* 的翻譯。此譯本一九二二年由商務印書館推出初版，後多次再版。

34 有關明代以來文學之中挪用經典戲謔諧擬的文化現象，可參考劉瓊云，〈聖教與戲言——論世本《西遊記》中意義的遊戲〉，《中國文哲研究集刊》，第三六期（二〇一二），頁三一—六。

35 黃克武，〈鏡花緣之幽默：清中葉中國幽默文學之分析〉，《漢學研究》，九卷一期（一九九一），頁三九一—三九二。參見本書第三章。

中的「適蔡」。因為「適」可解為女子出嫁，「蔡」的原意之一即是烏龜[36]。

「適蔡」的例子顯示在明清時代《四書》因為是士子科舉考試必讀的典籍，因而成為諧擬的重要對象。在這方面《四書笑》一書中的笑話，即是以割裂《四書》、《五經》的文句來製造諧趣。此書號稱為李卓吾評點，但實際上是否為李卓吾所作，則不得而知[37]。其中屬於葷笑話者有以下幾則，如〈居上不寬〉：

> 夫妻交媾，夫嫌其陰寬。妻曰：不難，放我在上便緊矣。夫曰：何也？曰：居上不寬。[38]

「居上不寬」出於《論語・八佾》「居上不寬，為禮不敬，臨喪不哀，吾何以觀之哉！」原指「居於上位者而缺乏寬容的度量」，則無甚可取。在此則笑話中「居上」被轉指為性交時女上、男下的體位；「不寬」則指女子陰部會變得較緊。此一雅俗置換使讀者發笑。在此則之後，笑話的評點者接著指出：「寬時從何處會嘴？曰：世間人自要借他躲閃。孔夫子管不得許多事」。「會嘴」中的「嘴」字顯係隱射女子陰部，會嘴應是指男女性器官的緊密交合。這樣一來評點者似乎稱許女子可以藉著引經據典，躲閃丈夫對自己性器官的尖銳批評，並以體位轉換幽默地化解紛爭，然而孔老夫子的教誨顯然管不到這樣的閨房爭論。

又如〈苟合矣〉則：

夫妻皆知文墨，雲雨時初進曰：「苟合矣。」事畢曰：「苟完矣。」妻問夫可好？夫曰：「苟美矣，興猶未止。」妻捏其陽物笑曰：「狗膫且粗。」（注：「苟，聊且粗略之意。」）[39]

這一個笑話是取材自《論語．子路》，「衛公子荊善居室，始有，曰苟合矣；少有，曰苟完矣；富有，曰苟美矣。」朱熹的注解是「苟，聊且粗略之意」。其中特別引人發噱者乃妻子有意地誤引朱熹之語，而將「苟聊」轉為發音相同的「狗膫」（狗的生殖器）。在評論中作者指出：「夫婦掉書幹事，可謂善居室矣，何乃自居於狗，豈謂狗能久戰，故自方耶！其妻能記傳注，足占夙養，宜錄以式多士。」

---

36 「蔡」指占卜用的大龜，如《左傳．襄公二十三年》有「且致大蔡也」，注「大蔡大龜也」。左丘明著、竹添光鴻會箋，《左傳會箋》（台北：鳳凰出版社，一九七七），卷十七，頁六。黃克武，〈鏡花緣之幽默：清中葉中國幽默文學之分析〉，頁三九二。參見本書第三章。

37 有關《四書笑》之中的笑話可參考黃慶聲的研究。黃慶聲，〈論《李卓吾評點四書笑》之諧擬性質〉，《中華學苑》，第五一期（一九九八），頁七九—一三〇，以及 Ching-Sheng Huang, "Jokes on the Four Books: Cultural Criticism in Early Modern China,"（Ph.D. diss., University of Arizona, 1998）.

38 國立政治大學古典小說研究中心主編，開口世人輯，聞道下士評，《李卓吾先生評點四書笑》（台北：天一出版社，一九八五），第二四則。

39 國立政治大學古典小說研究中心主編，開口世人輯，聞道下士評，《李卓吾先生評點四書笑》，第五三則。

上述將丈夫陽具比喻成「狗膫」涉及當時對狗的生殖器的一種很流行的看法。「狗膫」不但不具貶意，而且還有勇猛異常的意象。豔情小說《肉蒲團》之中，未央生在改造陽具時，即是塞入四條「雄狗之腎」，因為：「那狗腎是極熱之物，一入陰中，長大幾倍，就是洩精之後，還有半日扯不出來。」[40]這樣一來「狗膫且粗」就可能是女子對男子陽具的一種絕佳讚美。

明清諧謔文本所模擬的對象除了經典之外，也調侃有名的文學與戲劇作品。在這方面諧擬的機制不僅在於雅俗置換，而且在於諧謔作品詳細描繪典雅文學所不敢觸及的身體部位與情慾活動。《姑妄言》中有一個嫖客竄改李白〈子夜四時歌——秋歌〉「長安一片月，萬戶擣衣聲」一詩，來調侃妓女郝翠娘陰戶寬大：

那人將他陰戶一摸，竟如兩片破瓦……暗笑道：「好大物！」……見床側有一個槌衣的大棒槌。笑著拿了上床，又爬上肚子。將那棒槌對了陰門，兩三搗送入大半。郝氏覺內中有些搗著底子……忙用手去摸時，原來是一個大棒槌。笑罵道：「促恰鬼，這是我掙飯吃的本錢，又不是石臼子，怎拿大棒槌搗起來了？」那人也笑道：「你不聽見古詩上說的，長安一片黑，萬戶搗屄聲。」郝氏大笑道：「我聽得的一片月，搗衣聲。」那人道：「月下自然是搗衣，你這個屄只好黑地下搗。雖兩件事各有不同，總要用的是這個棒槌。」兩人一起大笑。[41]

清代嘉慶、道光年間的歌謠集《白雪遺音》一書中有兩組作品也是諧擬之佳例。該書編者華廣生，字春田，清乾嘉時山東歷城人。此書收集八三九首流傳於民間的歌謠。其中一首歌謠模仿戲曲《西廂記》，名為〈五更佳期〉。該曲從紅娘的角度觀看張生與崔鶯鶯偷情的經過，內容大膽活潑。全曲甚長，共分五段，茲徵引如下：

聽譙樓，一鼓敲，鶯鶯小姐把琴操。侍婢紅娘來陪伴，紫金爐內把香燒。琴中操出相思怨，勾引張生牆上瞧。小姐嚇！「你看花又好來月又皎，採花須得在今宵。」此言分明說與君瑞曉，叫他與小姐會良宵。大膽張生把牆跳，下面紅娘把手招。小姐一見張生忙迴避，被紅娘一把就拖牢。小姐嚇！會會張生何妨礙？況且是，園亭裡面靜悄悄。須念他，當初筆底功勞大，你們二人結為兄妹勝同胞。」張生忽然生巧計，紅娘那曉細根苗。「紅娘姐！你看柳陰有個人兒影。」「嚇！人在那裡？」紅娘轉過柳枝梢，二人攜手把房進，即把房門緊閉牢。雙雙同入銷金帳，雲雨巫山鸞鳳交：張生是，曲膝鞠躬行大禮，小姐是，輕分小足兩邊翹。小姐是，銀紅兜肚附著體，粉頸還盤銀連條。張生是，伸手摸往小姐要道所，有趣嚇，微露雞冠有風毛。一枝梅插在金瓶內，玉簪輕刺牡丹皎。張生慢伸丁香舌，小姐含進小櫻桃，好一

40 （清）情隱先生編次，《肉蒲團》，頁二五五。

41 （清）曹去晶，《姑妄言》，頁二三四—二三五。

似，風擺楊柳枝枝動，點點楊花往下拋。小姐是，初次佳期就把銀牙咬，只為含花第一遭，輕言細語把張生叫：「叫我未曾輕識好難熬！」小紅娘，窗外好心焦，連連不住把門敲。小姐嚇！「你看月上粉牆上，勸你們二人差不多些也罷了，天明倘被夫人曉，責問紅娘誰討饒。性命卻難逃。」

聽譙樓，二鼓連，紅娘窗外悶懨懨。低聲就把張君瑞叫：「你忘卻我紅娘在外邊。」又叫一聲賢小姐：「小姐啊！可曉得小婢是露重風寒頃刻間。」忙移步近窗前，舌尖舐破紙窗觀：只見金鈎羅帳微微動，唧唧噥噥難言語。又只見，小姐一對金蓮足，宛比紅菱在浪裡顛。觀得紅娘春心動，慾火燄燄臉上添。雙手搿在要道所，小足金蓮地上研，紅娘身軟癱。

聽譙樓，三鼓行，佳期重整再成雙：一個宛似劉阮誤入天台路，一個是宛比織女去會牛郎；一個是宛比遊蜂飛入花心內，一個是宛比嫩蕊含花逢太陽。男歡女愛多情趣，風流情性不慌忙。小紅娘淚汪汪，跪到塵埃告上蒼：「天嚇！房內小姐尋歡樂，不知我紅娘何日得成雙，巫山會襄王？」

聽譙樓，四鼓催，紅娘門外意徘徊。低聲又把小姐叫：「你速整殘粧趁早歸，非是我紅娘來催促，只為月轉花陰好一回。天明倘被夫人曉，責備我紅娘那個陪，又道小婢是禍魁。」

聽譙樓，五鼓咚，大雄寶殿撞金鐘。暗暗犬吠雞報曉，嫦娥緊閉廣寒宮，萬國九州天明亮，扶桑現出太陽紅。佳人才子把鸞衾下，開出房門見小紅。三人同把園亭進，難舍難分別張生。臨去又來重相約，約定佳期二次逢。紅娘姐，叫聲張相公：「你的病體可寬鬆？只怕二次佳期要謝媒翁！」[42]

這一首歌謠可謂「異色版」的《西廂記》，曲中將原版之中含糊、隱諱的偷情情節，以紅娘偷窺的角度，全盤道出，如「張生是，曲膝鞠躬行大禮，小姐是，輕分小足兩邊翹。小姐是，銀紅兜肚附著體，粉頸還盤銀連條；張生是，伸手摸往小姐要道所，有趣嚇，微露雞冠有風毛……。」其中也添加紅娘因偷窺而興動，並進而自慰的情節，「觀得紅娘春心動，慾火燄燄臉上添。雙手把在要道所，小足金蓮地上研，紅娘身軟癱。」這可以說是一個既合理又大膽的安排。紅娘又因偷窺而

42 〈五更佳期〉，《白雪遺音》，收入（明）馮夢龍等，《明清民歌時調集（下）》（上海：上海古籍出版社，一九九九），頁七八二—七八四。

淚下，感嘆：「不知我紅娘何日得成雙，巫山會襄王？」結尾處「只怕二次佳期要謝媒翁」也隱含著紅娘身體上的需求。

偷窺是情色幽默中常常出現的一個情節，在豔情小說、民間歌謠與春宮畫（春宮畫的流傳本身即是一種偷窺）中有許多例子[43]。《白雪遺音》中還有兩首歌謠，也充分揭露偷窺與被偷窺者的複雜情愫：

> 閒來無事街上蹭，靠街的房子點著燈。走上前舌尖舐破窗櫺洞，往裡瞄，一男一女光著腚，口對著口兒，不住的哼哼，是怎麼，兩頭不動當中動；悶煞人，這可害的是甚麼病？（〈閒來無事——其二〉）[44]

> 從今後，鸞鳳交，切莫把燈來照，你就明白了。昨夜晚小丫鬟，她在窗戶外面瞄，被他瞄見了。今早起對著我，指手畫腳的笑，鬼頭又鬼腦。她說：「姑爺會騎馬，姑娘把小腳翹，翹的那樣高。」羞得我面通紅，又好氣來又好惱，罵了聲：「小浪騷。」（〈又從今後〉）[45]

前一則是典型的外人以戳破紙窗來偷聽、偷看：光著身子的兩人「口對著口兒，不住的哼哼，是怎麼，兩頭不動當中動」，並納悶他們「害的是甚麼病？」後一則則是家中小丫鬟偷窺，並嘲弄姑爺與姑娘，他們因而決定以後「鸞鳳交，切莫把燈來照」。

另一個文學性的諧擬是以「尼姑思凡」情節為對象的異色表達。許多地方戲曲之中都有「尼姑思凡」的戲碼，較著名的是崑曲、川劇。號稱「崑曲大王」的韓世昌（一八九八－一九七六）在〈談《思凡》的表演〉曾指出：崑曲中的「尼姑思凡」是「身段戲」，表演者必須掌握「角色情緒的發展和層次」，要把內心戲在眼神、表情、舉手投足之間表達出來[46]。然而崑曲中《思凡》一劇的內容是非常含蓄的，其中較為熱情洋溢的部分只是像：「見人家夫妻們灑樂，一對對著錦穿羅，哎呀天呀！不由人心熱如火，不由人心熱如火。」在《白雪遺音》中的《尼姑思凡》一反這種含蓄的表達，露骨地把小尼姑的身心渴求表露出來。

第一則是小尼姑抱怨父母，送她來一個類似妓院的「火坑」，並希望自己還俗之後可以結婚生子，「共枕同羅」：

---

43 有關豔情小說中的偷窺，可參見黃克武，〈暗通款曲：明清豔情小說中的情慾與空間〉，收入熊秉真編，《欲掩彌彰：中國歷史文化中的「私」與「情」——私情篇》（台北：漢學研究中心，二〇〇三），頁二四三－二七八。參見本書第五章。

44 （明）馮夢龍等，《明清民歌時調集（下）》，頁六六一。

45 （明）馮夢龍等，《明清民歌時調集（下）》，頁六七九。

46 〈李金鴻：談韓世昌先生《思凡》的表演〉，見網路資源：http://www.geocities.com/lliuviet/longing.htm。（點閱時間：二〇一四年三月三日）

小尼姑，擊木魚，纔把禪堂坐，金爐焚香火。念了一聲：多咀多嗟，咖羅哦多，救苦救難，南無彌陀，阿彌陀佛。逐日裡送真經，使的奴家舌尖破，血染法缽。恨爹媽，不該送俺在火坑裡坐，錯了一著。恨將起來，脫去了袈裟，纏首裹足，成一個村婆，還是個女姣娥。尋上一個有情郎，唉喲！終身將他托，三年五載，抱上個小阿哥，唉喲！那時節，怎不叫人心快樂？念的是什麼佛？唉喲！送的是什麼般羅？成佛作祖待做甚麼？陳妙常也曾還俗過，好夫妻，美滿光陰及時過，共枕同羅。細想想，作佛還得佛來做。誰能成正果？（〈小尼姑〉）[47]

第二則小尼姑為抱怨自己「腳大頭皮光」的醜態，並表示受不了慾火焚身的煎熬，因而痛哭，淚濕經本：

何曾有點尼姑相？自己打量。吃齋念佛，又要燒香，終日走慌忙。响叮噹，鐘鼓振的俺魂飄蕩，真是活遭殃！拜佛前，神燈偏照俺的醜模樣，腳大頭皮光。師傅面前，少不得免強，也要粧腔。真來是慾火燒身把心撞，夜間守空房。尋思起，淚珠兒點點滴在經本上，濕過千千行。（〈思凡〉）[48]

第三則是小尼姑大膽偷情，然而因為自己「不慣風流」，要情郎「那話兒款款抽」：

小小尼姑才十六，還未剃頭，風流事兒從來沒有，學著把情偷。叫情人：你可將就將就多將就，緊皺眉頭。你將就奴，年輕幼小身子瘦，不慣風流。你可輕輕的擱上，慢慢而揉，那話兒款款抽。雲雨後，身子有𣪊心無𣪊，得空再來遊。奴害羞，銀牙咬定法衣袖，渾身戰抖搜。（〈小尼姑其二〉）[49]

第四則為揭露偷情的後果是懷孕或墮胎，庵後的「三寶地」，「不知埋了多少小嬰孩」：

小小庵門八字開，尼姑堂內望夫來。大殿改作相思閣，鐘樓權作望夫臺。去年當家懷六甲，新來徒弟又種胎。幸虧後面有塊三寶地，不知埋了多少小嬰孩，早早另投胎。（〈思凡〉）[50]

尼姑思凡的情節以大膽揭露、想像出家人的性渴望，來引發諧趣。此類情節乃古今中外諧謔文

47（明）馮夢龍等，《明清民歌時調集（下）》，頁五〇六。
48（明）馮夢龍等，《明清民歌時調集（下）》，頁五〇五—五〇六。
49（明）馮夢龍等，《明清民歌時調集（下）》，頁五〇六。
50（明）馮夢龍等，《明清民歌時調集（下）》，頁七九一。

本的重要主題。西方的文學作品如《十日談》（*The Decameron*），明清的《笑林廣記》中「僧道部」、豔情小說如《僧尼孽海》、《歡喜冤家》，與圖像資料等，都有許多揭露出家人禁欲之苦與放縱淫亂的例子。這樣的文藝表達使宗教界深感不滿。「尼姑思凡」的表演不斷地受到宗教界人士的抗議，一九八九年《思凡》一劇在北台灣基隆地區演出時，還有人抗議此劇「加深社會大眾對僧尼的誤解和歧視」[51]。

「尼姑思凡」的歌謠與上述異色版《西廂記》一樣，將典雅、含蓄的文學作品加上情慾生活的細節。兩組歌謠都在公開吟唱之中，揭露私密的情慾世界，並滿足聽眾的偷窺欲望與性幻想。我們可以想像這些歌曲當時在通衢大街或妓院、飯館表演之時，所可能引發的爆笑場景。

以上作者嘗試從文字幽默，以及模擬經典與文學傳統兩方面，來展現明清時期的情色幽默，在表現方式上與中國文化傳統的連續性。同時這幾種表現手法彼此之間均有關聯。尤其是中國文字與經典、文學傳統結合起來之後，出現許多形式繁複的文字遊戲，如白字、拆字、對聯、歇後語、猜謎、打油詩、行酒令、回文詩、詩鐘等[52]。明清時代的情色幽默與流傳久遠的文字遊戲傳統密切地結合為一[53]。

上述的文字遊戲原為中國文人生活品味中非常重要的一環，也與文人雅士的身分認同聯繫在一起。然而值得注意的是諧謔文本中的文字笑話與諧擬之作，雖然講者與聽者需要一定的文字素養與對文學、經典的認識，卻明顯地藉著以雅的形式來表達俗的內容，建立了一種雅俗共賞的趣味，也產生了打破階級區隔的作用。不過諧謔世界的運作有很強的兩面性，有一些笑話雖能打破人我區隔與顛覆社會秩序，然類似的笑話在不同社會情境之下，也可能增強了人群區隔與權力宰制，例如成為上下階層、不同性別之間相互嘲諷的武器。下一節我們將從性別差異的角度來思考情色幽默的文化意涵。

51 張大卿，〈尼姑「思凡」與社會介入〉，《新雨月刊》，第二〇期（一九八九）。一九八九年中國佛教會護教組抗議崑曲《思凡》在基隆市立文化中心的演出，引起軒然大波。蔡珠兒，〈不要傷了菩薩心懷——釋昭慧在「思凡」案中表現護教堅持立場〉，《中國時報》，一九八九年二月二日，第十二版。

52 吳同瑞、王文寶、段寶林編，《中國俗文學概論》（北京：北京大學出版社，一九九七），頁二九〇—三四四。

53 值得一提的是在中國謎語傳統之中，有一些涉及身體與情慾之主題的猜謎。或是「素謎葷猜」，或是「葷謎素猜」。周作人曾談到康熙年間有祭酒公著《迷藏一哂》，全書共收謎詩一百首，其中「有數首乃是所謂葷謎素猜者，頗多諧謔」。見〈書房一角〉，收入《周作人全集（四）》（台中：藍燈文化事業股份有限公司，一九八二），頁四七八—四七九。殷登國曾收集了一些資料，見〈色不謎人．人猜謎：香豔刺激猜葷謎別有異趣〉，《閣樓雜誌》，第二九期（一九九九），頁一二四—一二六。此外，「上黨院本」（上黨樂戶演出的劇本）中《鬧五更》一劇保留了一些例子。如「摸摸你的，揣揣我的；掰開你的，塞進我的」，謎底為「鈕釦與釦門」。見寒聲主編，《上黨儺文化與祭祀戲劇》（北京：中國戲劇出版社，一九九九），頁三〇八—三一〇，作者感謝中研院史語所吳秀玲博士提供此條史料。

性別差異、兩性關係與情色幽默

明清時代與情色相關的諧謔文本有無性別意涵的差異？換言之，是否有些情色笑話較傾向男性中心的觀點，而另一些笑話較同情女性之立場？此一問題不容易得到一個簡單、明確的回答，因為許多笑話並無明顯的性別區隔。而且，笑話內容的性別傾向與講述傳播者，或笑話故事之主角的性別，亦無必然關係。這樣一來「男性中心觀點之笑話」與「男性愛說的笑話」雖有所重疊，卻並不相同，在女性方面也是類似的。然而，即使如此，幽默研究的學者仍然強調性別差異、兩性關係與情色笑話的關聯：

> 雖然男性常常假設女性缺乏幽默感，而且經常對於女子，尤其是年輕女子講猥褻的笑話，感到驚訝，其實所有年齡的女子都廣泛地運用幽默模式。然而女子幽默與男子幽默在性議題的焦點，以及其所傳遞的兩性關係的再現等方面，有某種程度的差距。[54]

另一位研究幽默的學者 Gershon Legman 也指出：現代西方大量的情色幽默都是由男性創造，並反映出一種男性中心的性意識。他更進一步認為這些男性中心的情色幽默不但反映男性對女性的宰制，而且帶有很強的「反女人」（anti-woman）或厭惡女人（misogyny）之傾向[55]。再者，根據

Michael Mulkay 的觀察，西方情色幽默的一個重要的改變，主要是受到婦女運動的影響，女性開始嘲諷男性情色幽默的基本假設，以及男性宰制下的兩性關係[56]。明清時代的情色幽默與上述的情況有何異同呢？

以《笑林廣記》等笑話書來說，其中較為露骨的葷笑話多半反映一種男性中心的心態，且為男子所津津樂道。這些笑話包括陽具的尺寸、手淫、陽痿與狎妓等主題。如〈家當〉則標榜男女均崇尚巨大與堅硬的陽具：

> 一婦有姿色而窮，或欲謀娶之，恐其不許，乃賄託媒人，極言其家事甚富饒，婦許之。及過門，見四壁蕭然，家無長物，知墮計中，輒大罵不止，怨恨媒人。窮人以陽物托出，豐偉異常，放在桌上，連敲數下，仍收起曰：「不是我誇口說，別人本錢放在家裡，我的家當帶在身邊，如娘子不願，任從請回。」婦忙掩面拭淚曰：「誰說你甚麼來？」（〈家當〉）[57]

---

54 Michael Mulkay, "The Social Significance of Sexual Jokes," *On Humour: Its Nature and Its Place in Modern Society*（Cambridge: Polity Press, 1988）, p. 132.

55 Michael Mulkay, "The Social Significance of Sexual Jokes," pp. 132-133.

56 Michael Mulkay, "The Social Significance of Sexual Jokes," p. 150.

57（清）游戲主人編，《笑林廣記》，頁一三四—一三五。

上述的笑話以碩大的陽具來表現男子的威風與女子的欣羡，顯然是男性所鍾愛的主題[58]。對大陽具的崇拜在豔情小說之中也很普遍。《肉蒲團》中的玉香在讀了《癡婆子傳》、《繡榻野史》、《如意君傳》等書之後，發現：

> 那些書上面，凡說著男子的陽物，不是讚他極大，就是誇他極長。甚至有頭如蝸牛，身如剝兔，掛斗粟而不垂的。凡說男子抽送的度數，不是論萬，就是論千，再沒有論百論十的。……倘若做婦人的嫁得這樣一個男子，那房幃之樂，自然不可以言語形容。[59]

同書之中女子豔芳嫁給「精神健旺，力氣勇猛」的權老實，就是因為料到他可能「是個有用之才」。結果豔芳意外發現他的陽具粗大異常：「那裡曉得竟是一根丈八長矛，莫說力小之人不能輕舉，就是手腕略細些的也還把握不來。所以豔芳喜出望外，自嫁之後，死心塌地倚靠著他。」[60]

相對來說也有嘲諷陽具短小的笑話。《肉蒲團》中未央生想偷婦人，賽崑崙問他「本錢」有多大？未央生只得掏出來「獻醜」：

> 把褲帶解開，取出一副嬌皮細肉的陽物來，把一手托住，對著賽崑崙掂幾掂道：這就是小弟的微本，長兄請看。……本身瑩白，頭角鮮紅，根邊細草蒙茸，皮裡微絲隱現，掂來不

響，祇因手重物輕。摸去無痕，應是筋疏節少。量處豈無二寸，秤來足有三錢。外實中虛，誤認作蒙童筆管。頭尖眼細，錯稱為胡女煙筒。十三處子能容，二七孿童最喜。臨事時，身堅似鐵，幾同絕大之蟶乾；竣事後，體曲如弓，頗類極粗之蝦米。

賽崑崙面對這般「雅致」的陽具不禁大笑[61]。

與陽具相關的男性笑話還有手淫、陽痿。如〈手氏〉與〈忽舉〉：

一人年逾四旬，始議婚，自慚太晚，飾言續弦。及娶後，妻察其動靜，似為未曾婚者，乃問其前妻何氏，夫驟然不及思，遽答曰：「手氏。」[62]

---

58 在西方也有類似的大陽具的崇拜心理。在希臘神話之中 Priapus 即被描繪為具有超大而一直勃起的陽具，而為人所崇拜。後來他成為羅馬情色藝術與文學之中的一個重要的角色。其中最有名的一個詩集即以他的名字命名為 *Priapeia*，http://en.wikipedia.org/wiki/Priapus。（點閱時間：二〇一五年二月二十五日）

59 （清）情隱先生編次，《肉蒲團》，頁三七二—三七三。

60 （清）情隱先生編次，《肉蒲團》，頁二八三—二八四。

61 （清）情隱先生編次，《肉蒲團》，頁二三八—二三九。

62 （清）游戲主人編，《笑林廣記》，頁二九六。

> 有病痿陽者，一夜忽舉，心中甚喜。及扒上妻腹，仍痿如初，妻問何為，答曰：「我想要裡床去睡，借你肚子上來過路。」[63]

這些笑話一方面揭露了私密行為，另一方面則嘲諷不舉，也暗中表露對陽痿的恐懼。

狎妓笑話也是男子喜愛的主題，此類笑話多帶有嘲諷妓女的意味。如嘲弄妓女陰道寬鬆，上文曾舉《姑妄言》中的例子，此外《笑林廣記》中還有另一個例子：

> 一少年嫖妓，嫌妓口闊，因述俗語云：「口闊屄兒大。」妓即撮口罵曰：「小猢猻。」（〈嫌口闊〉）[64]

嘲弄妓女貪財：

> 一僧欲宿妓，苦無嫖錢，乃竊來一升而往，妓用大升量，只存五合，嫌少不納。僧復往竊升來與之，方許行事。僧憤恨，乃以頭頂妓陰戶，妓曰：「差了。」僧曰：「你把大家伙弄我，我亦把大家伙弄你。」（〈大家伙〉）[65]

與此類似的嘲弄妓女貪財、無情，嫖妓將導致「斷送家財」、「梅瘡遍體」的笑話甚多[66]。此外，妓女的外貌也是調笑的重點。如《白雪遺音》之中有一首〈久聞大名〉，主旨是諷刺一個「腳大臉醜」的妓女：

久聞姑娘名頭大，見面也不差：腳大臉醜，賽過夜叉，渾身怪腌臢。桌面上，何曾懂得說句交情話？開口令人麻。若問他的床鋪兒，放屁咬牙說夢話，外帶著爭開發。一張臭嘴，焦黃的頭髮，虱子滿身扒。唱曲兒，好似狼叫人人怕，又不會彈琵琶。要相好，除非倒貼兩吊大，玩你後庭花。[67]

63（清）游戲主人編，《笑林廣記》，頁一八八。
64（清）游戲主人編，《笑林廣記》，頁二〇五。
65（清）游戲主人編，《笑林廣記》，頁二三〇。
66《笑林廣記》中還有〈風流不成〉（頁二六七）、〈豁拳〉（頁二〇五）、〈夢裡夢〉（頁二〇五）、〈醉敲門〉（頁二〇七）等；《笑得好》中有〈樵夫嫖妓〉（頁一六九）、〈燒香疤〉（頁一六九）等。《笑林廣記》也有笑話嘲諷「老妓」，如〈戲改杜詩〉。
67（明）馮夢龍等，《明清民歌時調集（下）》，頁五一六。

歌詞之中甚至說對於這樣的妓女「要相好除非倒貼兩吊大，玩你後庭花」，不然免談。值得注意的是，在清代這樣的俗曲很可能多半由歌童、妓女傳唱，來博取男性聽眾的笑聲[68]。

較傾向男子中心的笑話不但環繞男子的性器官與狎妓的性活動，也涉及一種對女性的看法（perception of women）。其中一個非常核心的觀點是：認為所有的女子都是性趣高昂，可立即成為男子的性伴侶，而且即使她們有時嘴上說不，其實心理很想要。如〈賊幹〉：

> 賊至臥室，見一婢裸體熟睡，即與交合。婢大叫有賊，賊狠幹不歇，婢遂低聲悄問曰：「賊哥，你幾時來的？」[69]

又如〈通奸〉則：

> 一女與人通奸，父母知而責之。女子賴說：「都是那天殺的強奸我，非我本意。」父母曰：「你緣何不叫喊起來？」女曰：「我的娘呀，喊是要喊，你想那時我的舌頭被他噙緊在口裡，叫我如何喊得出。」[70]

這一種對女性的看法在豔情小說中表現得更為誇張，根據筆者對豔情小說的分析，其中有許多情節都將女子描寫為情慾滿漲、一觸即發的「花癡」或「餓虎」[71]。

這樣的看法也蘊含了一個認為性是男女關係之中心的觀點。《肉蒲團》中賽崑崙有一段話把男人偷女人時，才、貌、色三者所扮演的不同角色，說得很清楚，他強調才貌只是配件，性能力方面的「真本事」才是最為關鍵的因素：

才貌兩件，是偷婦人的引子，就如藥中薑棗一般，不過借他些氣味，把藥力引入臟腑之中，及至引入之後，全要藥去治病，那生薑棗子都用不著了。男子偷婦人，若沒有些才貌，引不得身子入門。入門之後，就要用著真本事了。難道在被窩裡相面，肚子上作詩不成？……到幹事的時節，一兩遭幹不中意，那婦人就要生疏你了。[72]

68 李孝悌，〈十八世紀中國社會中的情欲與身體——禮教世界外的嘉年華會〉，《中央研究院歷史語言研究所集刊》，第七二本第三分（二〇〇一），頁五五一。
69（清）游戲主人編，《笑林廣記》，頁一七二。
70 陳如江等編，《明清通俗笑話集》，頁三三五。
71 見參見本書第五章〈暗通款曲——明清豔情小說中的情慾與空間〉。
72（清）情隱先生編次，《肉蒲團》，頁二四一—二四二。

由於性事在生活上的核心地位，因此夫妻的爭執可經由性來減緩、解決。下一則〈和事〉顯示夫妻生活之中以性愛作為生活中的潤滑劑：

一夫婦反目，夜晚上床，夫以手摸其陰，妻推開曰：「手是日間打我的，不要來。」夫與親嘴，又推開曰：「口是日間罵我的，不要來。」反將陽物插入陰戶中，婦不之拒。夫問曰：「口與手，你甚怪他，獨此物不拒，何也？」婦曰：「他不曾得罪我，往常爭鬧，全虧他做和事老人，自然由他出入。」[73]

男性笑話中，性活動不但被認為是兩性關係中最具關鍵性的因素，同時，也深具危險性。這涉及笑話所反映出一種具有性別差異的養生觀：認為性活動有損男人精力，卻比較無損於女性健康。這種恐懼尤其表現在認為性放縱，或老年仍從事性活動，會使男子致病，甚至喪命（即「精盡人亡」）。此類情節在豔情小說之中不勝枚舉[74]。如《巫夢緣》中，王秀才取了一個美妻，「朝弄夜弄，弄成了怯症」，後來怯症再起，病發身亡[75]。《姑妄言》中多處以「色癆而死」作為男子放縱情慾的報應，如故事中的于敷、阮最、宋奇生均為此一下場[76]。又如《肉蒲團》中豔芳在嫁給權老實之前，曾嫁過一個童生：

那個童生，才也有幾分，貌也有幾分，只說是三樣俱備的了。誰想本錢竟短小不過，精力又支持不來，爬上身去，肚子不曾猥得熱就要下來了。豔芳是個勤力的人，那裡肯容他懶惰。少不得作興鼓舞，又要慫恿他上來。本領不濟之人，經不得十分剝削，所以不上一年，就害弱病而死。[77]

上述的「怯症」、「色癆」與「弱病」都廣泛地意指身體虛弱，怕冷怕風，嚴重之時會致命的「疾病」[78]。

73 （清）游戲主人編，《笑林廣記》，收入陳維禮、郭俊峰主編，《中國歷代笑話集成》，卷四，頁二〇九。

74 在明代「三言二拍」之中許多故事都表現出對情慾的「戀慕與戒懼」，認為「貪愛女色，致于亡國捐軀」。王鴻泰，《三言二拍的精神史》（台北：國立臺灣大學文學院，一九九四），頁九四—九八。

75 （清）不題撰人，《巫夢緣》（台北：雙迪國際事業有限公司，一九九六），頁一六〇。

76 翁文信，〈《姑妄言》與明清小說中的性意識〉（台北：淡江大學國文系碩士論文，一九九七），頁三四—三五。

77 （清）情隱先生編次，《肉蒲團》，頁二八三。

78 「怯症」是中醫學稱血氣衰退、心內常恐怯不安的一種病。古時指因房事過度導致的，俗稱「癆病」。明代白話小說「蔣興哥重會珍珠衫」之中有：「陳大郎……當夜發寒發熱，害起病來。這病又是鬱症，又是相思症，也帶些怯症，又有些驚症。」（明）馮夢龍編，《喻世明言》（北京：人民文學出版社，一九八七），

《笑得好》中的〈女勾死鬼〉則，同樣地表現出這種男性對性事的恐懼感：

> 閻王差勾死鬼，到陽世勾人，空身回來。閻王問故，鬼曰：「他身邊先有兩個標致女人跟著他，比我勾死鬼更狠，不久他自己就來，不必去勾他。」[79]

石成金在評點中指出：「雖然不見人頭落，暗裡催君骨髓枯。若是有了兩個婦人，更是違限催差，其去不容少緩。」[80]

上文所謂的「兩個婦人」，或是指婚外偷情，或是指有了正室之後再納妾。總之，根據石成金的看法，一個男人要同時應付兩個以上的女人，必至骨髓枯竭，死而後已。又如〈忠則盡命〉：

> 有一人貪色致病。家有館賓乃明達高人，勸以保養精神，為卻病延年之要法，奈屢戒不從。一日自曰：「我不幸患病，必須娶一妾沖喜，才得病好。」乃娶一妾入門，請名于館賓，館賓曰：「當名曰孝姐。」其病益添。病者曰：「須再娶一妾沖喜，定然病愈。」因又娶一妾，復請名于館賓。館賓曰：「當名忠姐。」不數日，而病者死矣。家人問其命名之意，曰：「你不知道《千字文》上說得好，『孝當竭力，忠則盡命。』」[81]

此則的標題之後編者註明「笑因色致病的」。評語為：「昔人云：兄弟爭財，家貲不窮不止；妻妾爭風，丈夫不死不止。要知一樹，一斧砍伐尚難經受，若再兩斧齊砍，其樹之傾倒，可立而待矣！」這也顯示「貪色」會「致病」，如再不節制，則必死無疑。

最生動地表達出男子對女子的性恐懼是在筆記小說的一則故事，故事中該名女子的陰部被想像為一張有利齒的嘴，會咬斷陽具，使人斃命：

> 婦人陰挺陰茄之説，奇而不奇也。梅軍門言：「蜀中某甲，新婚三日，與婦交勢截然斷，血流不止而斃。」請官檢驗，仵云：「傷非刀翦，一似口嚼之者。」宰比婦，婦泣云：「交歡之際，因齕斷之。」宰忍笑而問曰：「豈含以口乎？」婦忸怩曰：「非也。」再而不答。遣官媪驗其陰，則唇包白齒，左右嶙嶙，怪而探之以指，牙陡然合，指幾齧而為兩，急白於官，

頁三一。

79 （清）石成金，《笑得好》，頁一四三。

80 （清）石成金，《笑得好》，頁一四三。評點中的前兩句是取自「二八佳人體似酥，腰間仗劍斬愚夫。雖然不見人頭落，暗裡教君骨髓枯」一詩。此詩在《水滸全傳》（四四回）、《繡像金瓶梅詞話》、《喻世明言》（卷三）、《二刻拍案驚奇》（卷二九）均有收錄，是明清時期非常流行的一首警世詩。

81 （清）石成金，《笑得好》，頁一六六。

重笞而釋之。人妖之奇，乃至如此，即使善戰者禦之，當亦一敗塗地。[82]

極有趣的是，這一種恐懼感至今仍然存在，在當代情色網站之中有一張類似的圖片，將女子陰部想像成一隻獠牙的怪獸[83]。

男性對女性的恐懼感不僅如此，另一種是擔心如果娶寡婦為妻，將有被剋身亡之虞：

一人娶寡婦，奩中帶香爐八事，內一爐新，鮮無灰跡。問之，答曰：其七乃前後供養亡夫者，內一新者，防備今日之用。（〈八爐〉）[84]

也有豔情小說的情節顯示，男子如與年紀較大的女子交歡，是「老陰少陽」，會傷害男性元氣[85]。

男子對於性事的恐懼也隨著年齡的增長而與日俱增，所以老年人的性活動，甚至納妾，就更危險了。如〈夢鼓上擲骰〉：

一老年人欲娶妾，得一夢：穿木套上樓，又骰子在鼓上擲。即往詳夢，其師不在，徒弟詳曰：「穿木套上樓，步步高也。骰在鼓上擲，有聲有色。」此老喜極，即娶一妾。不半月，奄奄欲死。乃又到詳夢家，適師在，問明前事。曰：「此小徒之誤也。穿木套上樓，一步，蹻一步，必跌無疑。」此老曰：「骰在鼓上擲呢？」師曰：「骰在鼓上擲者，這是一把枯骨頭，定要累殺在這兩片皮上。」[86]

上文之中的「兩片皮」也有暗指女性性器官的雙關效果。編者對該則笑話的評語是：「年老精力已衰，你雖愛婦，其如婦不愛你，勉強為之，一則醜事難防，二則去死愈近，何苦自討？」此一

82 （清）醉茶子（李慶辰），《醉茶說怪》（台北：新文豐出版公司，一九八七），卷二，「四川女」。

83 男性對女性的恐懼從古到今一直未能停止，這從原始文化中關於女性的種種禁忌就可見一斑。將女性陰部想像為有獠牙，亦即「利齒陰道」，也不只在中國出現，在許多初民神話亦有，隱喻男性對女性的「既愛又怕」。有關不同文化中「利齒陰道」的想像，參見David Gilmore著，何雯琪譯，《厭女現象：跨文化的男性病態》（台北：書林出版有限公司，二〇〇五），頁六四—六六。亦可參考弗雷澤（James G. Frazer）著，汪培基譯，陳敏慧校，《金枝：巫術與宗教之研究》（台北：久大／桂冠出版社，一九九一）。黃燦，〈女陰的力量——日本神話及民間故事中的女陰〉，《華人性文學藝術研究》，總第二期（香港，二〇〇九），頁二九—三一。

84 陳如江等編，《明清通俗笑話集》，頁三二三。

85 （清）不題撰人，《巫夢緣》，頁三〇三。

86 （清）石成金，《笑得好》，頁一四三。

評語顯示石成金強烈反對老年納妾。又如〈軟圈〉一則「笑老年人貪色的」，亦帶有自我解嘲的意味：

昔有老人行房，陽軟如綿，弄了多時，總不得進，以致鼻涕眼淚流得滿臉。因自己驚曰：「難怪物軟弄不進，我的精液都從上頭出來了。」[87]

具有男性傾向的情色笑話不但揭露男子對於色欲傷身的恐懼，亦反映出對於女性行為的糾舉。這也是柏格森所謂有一些笑話是針對社會中行為不當者的一種嘲諷與糾正。下面的兩則笑話，都在勸誡女子說話謹慎，否則會鬧笑話：

有兄弟二人賣萵苣，兄于前一日送過一擔。次日，弟又送過一擔。有婦人說：「你家哥哥送進來的又粗又長，十分中我意，你今日送來的又小又短，不大中我意。」（〈說萵苣〉）[88]

有賣木器傢伙人，有事出門，著婦守店。一人來買床，因價少、色潮，爭至良久，勉強賣與。次日又來買凳，婦人急怒曰：「你昨日在床上，已經討了我便宜，今日又想在凳上，來討我的便宜。」（〈床凳上討便宜〉）[89]

以上兩則笑話都因為具有性的意涵（以一語雙關來指涉陽具與性活動），因而引人發笑。然而背後之主旨其實在於嘲諷「婦女說醜話」。評者石成金甚至更具警惕意味地說：「婦人不宜與男人說話，若不加檢點，每至傳笑矣。」

糾舉不當行為的笑話亦透露出男子經由笑話重申「男女有別」的雙重道德標準。〈打差別〉則中的丈夫不許太太在夢中與別人做愛：

> 郡人趙世傑半夜睡醒，語其妻曰：我夢中與他家婦女交接，不知婦人亦有此夢否？其妻曰：男子婦人有甚差別？世傑遂將其妻打了一頓。至今留下俗語：趙世傑夜半起來打差別。[90]

以上的笑話反映出一種男性中心的身體與情慾觀，簡言之：第一認為陽具是快感的核心，因此以大為妙，以久為上；第二色慾傷身，故應節制慾望，尤其要避免與年紀大的女人交歡和老年納

87　（清）石成金，《笑得好》，頁一六五。
88　（清）石成金，《笑得好》，頁一八三。
89　（清）石成金，《笑得好》，頁一八三—一八四。
90　（明）趙南星，《笑贊》，頁四〇六—四〇七。

妾、貪色；第三在兩性關係上採取男尊女卑、男女有別的觀點，認為女子在行為、言語方面應多加檢點，避免因說話不當，引人笑柄；同時丈夫可正當地尋求夫妻之外的情慾關係，妻子則不可。這樣的笑話無疑地具有鞏固男性中心社會秩序的意義。

然而另外也有一些笑話，對上述兩性不對等的關係有所反省，尤其針對男子納妾、偷情等主題，批評禮教只規範女子，而不規範男子的雙重標準。在某種程度上，這些文本具有同情女性處境的傾向。在上述〈打差別〉的笑話之後，趙南星意識到差別待遇的不合理，然而卻想不到甚麼評語來批評這樣的丈夫，只得求助於李贄：「贊曰：道學家守不妄語為良知，此人夫妻半夜論心，似非妄語，然在夫則可，在妻則不可，何也？此事若問李卓吾，定有奇解。」[91]這顯示在晚明隨著王學左派思想的傳播，已經有一些人對於不對等的兩性關係有所警覺。

清乾隆年間石成金的《笑得好》一書也約略意識到此一議題。在該書中有幾則笑話關於男女的婚外情，其主旨在於宣稱如果男子去姦淫別人妻女，女子自然也可以如法炮製，此一內容顯然較具有同情女性意涵：

> 有喜邪淫的，其妻問曰：「人人各有夫妻，同是男女交合，何苦定要姦淫別人的妻女，敗壞別人的名節呢？」其夫曰：「我在別人家婦女身上用功，也只為厭常喜新，所以顧不得他人聲名節操了。」妻曰：「你在別人家歡娛快樂，我獨自寂守孤燈，世間哪有這不公不正的

事？你是男子漢，知書識禮，尚且不顧人家名節，何況我是愚蠢女流？實不瞞你說，我也學你厭常喜新好幾回了。」（〈厭常喜新〉）[92]

有喜邪淫的，其妻問曰：「一夫一妻，天生匹配，你偏偏反喜歡別人家的婦人，是何緣故呢？」夫曰：「但凡婦人的陰戶，越有多人，合的越覺有趣。」妻點頭曰：「怪道我相交的人，個個說我有趣得很。」（〈有趣〉）[93]

這兩則笑話顯然都在諷刺男性，並表達了女子對男子的抗議，指出女子也可以和男子一樣，因喜新厭舊，發展婚外性關係。此類的笑話如果出於婦女之口，無疑地具有很強的顛覆性。然而筆者認為這兩則笑話雖有批判意味，卻仍然不能算是「女性中心的笑話」，它們其實還是脫不了男性中心的色彩。關鍵在於這些笑話的意旨不在於肯定女子追尋情慾自主的正當性，而是從「果報」的觀點勸誡男子「淫人妻女者人必淫之」[94]。從《笑得好》中另外兩則有關偷情主題的笑話，可以更明

91　（清）石成金，《笑得好》，頁四〇七。
92　（清）石成金，《笑得好》，頁一五七。
93　（清）石成金，《笑得好》，頁一五八。
94　許多明清時期豔情小說的情節都環繞著果報的觀念。例如《肉蒲團》藉著未央生之口說出「那裡曉得報應

顯地看出果報觀念的重要性。第一則〈愛標致〉是關於男子的戀童癖：

有人娶一美童，一日偶自外回，忽見此童從妻房內慌忙奔出，其人大怒。童曰：「男女雖異，愛惡則同，你既然愛我的標致，難道尊夫人就愛不得我的標致麼？」[95]

此則是男子愛戀一美童，而其妻子亦與此一美童發生不倫關係。第二則〈裝做米〉，是有關丈夫抓姦的故事：

有人行姦，不意親夫忽然回家，敲門甚急。其人驚慌無措，婦令躲于門後，將一布袋連頭套起，躲藏好了才去開門。問夫曰：「你回家，適值我小便也，等我起來才好開門，你因何這樣著急？你原說今夜不回家的，因何又回家呢？」其夫戰慄曰：「我今晚幾乎自喪了一條性命，因與一婦人行姦，誰想他的親夫一時間回家，我驚得無處藏身，沒奈何躲入他廚房柴堆裡。哪曉得那個人關門的時候，又點燈遍處照看，我見他的燈到廚房裡來，我甚驚慌，身子就發起戰來，那人看見柴草動搖，曉得有人。就拿了一把刀來殺我，那時我著了急就飛走出來，用力將他推倒，我才得脫身飛跑出門，不是這等僥倖，已經被他殺了。至今魂不在身上，你說可不怕死人麼？」妻曰：「怪道你這等驚慌，也都是你自討的苦吃。」其人見妻搶駁，就去照著拴門，因見門後有物，指問妻曰：「這是一堆什麼東西？」妻見問及，驚不能答。只見布袋亂搖，袋內戰兢兢的答曰：「這是一袋米呀。」夫曰：「米哪裡會說話的，這分明是個人了。你到我房裡來作甚的？」這人又在袋裡戰兢兢地說道：「你既然在別人家裡做得柴，難道我在你家裡就做不得米？」[96]

這一種「巧婦騙夫」的笑話至少可以追溯到《韓非子．內儲說下》李季之妻的故事[97]。在明代趙南星的《笑贊》一書有一個類似的笑話，稱為〈米〉，其情節較簡單[98]，後來出版的《笑林廣記》中收錄了這一則：

之理，如此神速，我在那邊睡人的妻子，人也在這邊睡我的妻子」。（清）情隱先生編次，《肉蒲團》，頁四七九。

95 （清）石成金，《笑得好》，頁一五八。

96 （清）石成金，《笑得好》，頁一五六—一五七。

97 此則故事如下：「燕人李季好遠出，其妻私有通於士，季突至，士在內中，妻患之，其室婦曰：『令公子裸而解髮直出門，吾屬佯不見也。』於是公子從其計，疾走出門，季曰：『是何人也？』家室皆曰：『無有。』季曰：『吾見鬼乎？』婦人曰：『然。』『為之奈何？』曰：『取五姓之矢浴之。』季曰：『諾。』乃浴以矢。」陳奇猷，《韓非子集釋》（台北：河洛圖書出版社，一九七四），頁五七九。

98 （明）趙南星，《笑贊》，頁四一〇。

一婦人與人私通，正在房中行事，丈夫叩門，婦即將此人裝入米袋內，立于門背後。丈夫入見問曰：「此袋裡甚麼？」婦人著慌不能對答，其人從米袋中應聲曰：「米。」[99]

如果將《笑贊》、《笑林廣記》的版本與《笑得好》的版本相比較，我們可以發現，後者的故事情結變得較為複雜，其主旨也從趣味性轉移到道德教誨，亦即「你既然在別人家裡做得柴，難道我在你家裡就做不得米？」

以上《笑得好》中的〈厭常喜新〉、〈有趣〉、〈愛標致〉、〈裝做米〉四則乾隆年間的笑話，雖批判男子偷情，反省兩性關係，然其主旨不在於肯定女子情慾的主體性或追求男女平等，而是試圖從果報觀點，建立「一夫一妻」的倫理秩序[100]。換言之，這些文本主要反映一種男性為中心的果報觀念，在此觀念之下，女子的偷情只是冥冥之中男子偷情的報復罷了！而要避免此一後果的唯一方法是就是男子端正自身行為。這樣的觀念與《三言》、《二拍》中戒淫故事的道德教訓十分類似[101]。

下一則有關納妾的笑話則較為有意識地以諧謔方式觸及男女平等之議題。在晚明的《四書笑》、《洒洒篇》（鄧志謨編）與清代《笑林廣記》中有一則笑話表達出女子對男子納妾的不滿：

夫欲娶妾，妻曰：「一夫配一婦耳，娶妾見於何典？」夫曰：「孟子云：『齊人有一妻一妾。』又曰：『妾婦之道。』妾自古有之矣。」妻曰：「若這等說，我亦當再招一夫。」夫曰：「何故？」妻曰：「豈不聞《大學》上云：『河南程氏兩夫。』《孟子》中亦有大丈夫、小丈夫。」（〈大學序〉）[102]

這一則笑話與歷史上山陰公主納「面首」的故事有些類似[103]，笑話中妻子截取朱熹的〈大學章句序〉「河南程氏兩夫子出，而有以接乎孟氏之傳」中「河南程氏兩夫」的部分，歪解為程氏有兩

99（清）游戲主人編，《笑林廣記》，頁一六五。

100 石成金並不堅持一夫一妻制，在他所撰寫的《傳家寶》一書強調如丈夫無子，婦人應為他娶妾：「我勸你做個賢良婦人，但是丈夫無子的，須要真心實意代他娶妾，倘若生下男女，一來接了祖宗枝脈，二來少不得敬奉你做母親，豈不大有受用？何苦學那妒忌惡婦，自討苦吃。」轉引自郭松義，《倫理與生活：清代的婚姻關係》（北京：商務印書館，二〇〇〇），頁三五三—三五四。

101 馮翠珍，〈《三言二拍一型》戒淫故事研究〉（台北：中國文化大學文學研究所碩士論文，二〇〇〇），頁二一六—二一七。

102 國立政治大學古典小說研究中心主編，開口世人輯，聞道下士評，《李卓吾先生評點四書笑》，第一則。

103 根據《宋書》的記載：「山陰公主淫恣過度，謂帝曰：妾與陛下，雖男女有殊，俱託體先帝，陛下六宮萬數，而妾唯駙馬一人．事不均平，一何至此！帝乃為主置面首左右三十人。」（南朝宋）沈約，《宋書》（台北：鼎文書局，一九八〇），卷七，頁一四六—一四七。

個丈夫；又將《孟子》中「大丈夫」（出於〈滕文公下〉）、「小丈夫」（出於〈公孫丑下〉），喻指同樣的含意。其旨趣是逼問男性：如果男子可以娶妾，那麼女子為甚麼不能有兩個丈夫呢？這顯然帶有抗議當時男性中心之禮教規範的意義，與上述果報觀念的笑話有所不同。

在明清諧謔文本之中，類似的批判意識還出現在道光年間出版小說《鏡花緣》一書中。該書作者利用男女「範疇錯亂」，即角色對調，反省女子纏足、不重視女子教育等不合理的待遇[104]。其中也有一段故事有關男子納妾。在第五〇至五一回兩面國的強盜想要納閨臣、若花、婉如三人為妾，惹得他的夫人大怒，不但大打四十大板，還數其罪狀：

> 為何一心只想討妾？假如我要討個男妾，日日把你冷淡，你可歡喜？你們作男子的在貧賤時，原也講些倫常之道，一經轉到富貴場中，就生出許多炎涼樣子，把本來面目都忘了；不獨疏親慢友，種種驕傲，並將糟糠之情也置度外，這真是強盜行為，已該碎屍萬段。你還只想置妾，那裡有個忠恕之道？……總而言之，你不討妾則已，若要討妾，必須替我先討男妾，我纔依哩！[105]

這樣的觀點到了二十世紀深受五四時期新知識分子的歡迎。胡適說：「《鏡花緣》是一部討論婦女問題的小說。他對於這個問題的答案是，男女應該受平等的待遇，平等的教育，平等的選舉制度。」胡適更指出李汝珍藉著上述兩面國的故事，「提出了男女貞操的『兩面標準』的問題」：

> 男子期望妻子守貞操，而自己卻可以納妾嫖娼；男子多妻是禮法許可的，而婦人多夫卻是絕大罪惡；婦人和別的男子有愛情，自己的丈夫若寬恕了他們，社會上便要給他「烏龜」的尊號；然而丈夫納妾，妻子卻「應該」寬恕不妒，妒是婦人的惡德，社會上便要給他「妒婦」、「母夜叉」等等尊號。[106]

以上有關男子納妾的笑話和故事可以反映西力衝擊之前本土文化所具有的批判力，這種本土資源在五四時期融入反傳統運動，促使一些知識分子開始對「中國家庭」問題做出批判與檢討，並提出「新性道德」，其中都包含了批評傳統中男子的蓄妾與片面的貞操觀念[107]。

---

104 黃克武，〈鏡花緣之幽默：清中葉中國幽默文學之分析〉，頁三八二—三八五。參見本書第三章。

105 （清）李汝珍，《繪圖鏡花緣》（北京：中國書店，一九八五），回五一—一上。

106 胡適，〈鏡花緣的引論〉，《中國章回小說考證》（上海：上海書店，一九八〇），頁五三一、五四八—五四九。

107 如在五四時期易家鉞與羅敦偉組織了「家庭研究社」，出版易家鉞、羅敦偉合著，《中國家庭問題》（上海：泰東圖書局，一九二六（一九二二））。胡適等人則在《新青年》上討論貞操問題，見彭小妍，〈五四的「新

如果我們將笑話視為一種思想的預演，並藉機以不尋常的觀點，勾勒一未來遠景的話[108]，明清時期情色幽默雖有些許突破，但並未展現太多的批判性，其所反映的性意識仍然明顯地表現出男性中心的視野，而即使是對男性中心觀點的批判，也是由男子主導的論述，約略觸及偷情、蓄妾等議題。那麼諧謔世界中究竟有沒有哪些文本，比較能夠呈現女性的立場呢？李孝悌的研究指出，《白雪遺音》展現出「十八世紀女性繁複多端的情慾世界」。透過這些俗曲在民間的流傳，在士大夫的「禮教論述」之外，呈現一個與之相對抗的「情欲論述」[109]。李文雖然刻意地排除「描寫妓女的情感和傷懷的作品……呈現了一般婦女情慾的各種面貌」，然而也不得不承認「其中很多歌曲都是歌童、妓女們所演述下來的」[110]。筆者以為這些俗曲所透露出的主要還是一個青樓的情慾世界。換言之，透過俗曲內容我們所看到的或許不是一個與禮教論述對抗的情慾論述，而是男性中心之禮教論述所默許的情慾空間。此一青樓世界的情慾論述以表達相思者分量最多，這一種對於相思主題的重視和才子佳人小說的論述傳統，其實非常類似。《白雪遺音》還有表達窮妓淒涼、老妓悲慘的歌詞。此外具有幽默意涵的歌曲表露的主題多環繞著妓女與恩客之關係。不是誇大己身追求情慾的主動、大膽與執著，就是以「三娘教子」的口吻回應上述男子笑話對妓女的負面描述，並譏諷嫖客在歡場中的懦弱與膽怯[111]。

這樣一來，除了上述《四書笑》、《鏡花緣》中的幾條線索之外，明清時期女性主體的情色幽默竟藐不可尋，這是文本表達的限制，抑或歷史之實情？

結論

本文的焦點是描寫與分析明清諧謔文本中的情慾表達。筆者認為此一表達與中國長期以來文人生活之中的「文字遊戲」的傳統，特別是文字打諢、諧擬經典和文學作品的手法有密切的關係。這種表現手法的特點是以「雅」的形式來表達「俗」的內涵，因而具有溝通雅俗品味、上下階層的意義，形成了菁英文化與庶民文化之間的模糊地帶。如果從文化傳統的連續性與非連續性來看，只要中國的文字、文學與經典繼續存在，這種諧謔表達的風格就有其生命力，這也是為甚麼生活上雖然發生了巨大變化，明清的情色幽默仍為當代讀者所喜愛、欣賞的重要原因。

再者，明清情色幽默在會通雅俗的同時，亦展現性別區隔，具有界定性別角色與兩性關係，因而表達出維護男性中心禮教秩序的意義。男性中心的情色幽默不但環繞著陽具的尺寸與功能，關注性在生活上的關鍵地位，也藉著兩性形象的建構，規訓婦女注意言行，避免落人笑柄；規訓男子注

性道德」：女性情慾論述與建構民族國家〉，《近代中國婦女史研究》，第三期（一九九五），頁八〇。

108 Alexander Kohn, "Humour as a Vehicle for Unconventional Ideas," *Laughing Matters*, pp. 121-134.

109 李孝悌，〈十八世紀中國社會中的情欲與身體——禮教世界外的嘉年華會〉，頁五八〇。

110 李孝悌，〈十八世紀中國社會中的情欲與身體——禮教世界外的嘉年華會〉，頁五五一。

111 （明）馮夢龍等，《明清民歌時調集（下）》，頁五〇一—五〇二、五〇五。

意養生，避免貪色致病或喪命。

諧謔文本中情慾表達的此一特色可以讓我們反省以「禮教——情慾」二元對立來觀察明清歷史的研究取向。許多研究明清的學者都從禮教支配的嚴格化、「情教」的出現與縱慾思潮的反撲來討論明中葉以後的歷史發展[112]，因此「情慾解放」蘊含了「反禮教」，也有學者特別注意到壓抑與放縱的因果關係[113]。

這種「禮教——情慾」二元對立的論述方式雖有一定的解釋力，然也有不容忽略的限制性[114]。從以上本文對諧謔文本（笑話書、豔情小說、俗曲等）的描寫與分析可見，兩者有交織互動且相互增強的關係，情慾表達可以用來攻擊禮法桎梏，同時也能維護禮教權威。更清楚地說諧謔文本中情慾表達的主流論述與男性中心的禮教設計（如長幼有序、男女有別、一妻一妾或一妻多妾的家庭觀）、養生寡欲、陰騭、果報觀念等基本是合拍的。這樣一來，情色幽默的流傳雖因公開誇大情慾樂境，或是露骨描寫敗德、亂倫的情色行為，而對社會秩序造成衝擊，然而從另一層面來看也可以說它們並沒有動搖禮教權威，反而成為禮教的一個重要支柱。

當然，諧謔世界並非僅有一元的聲音。在明清史料中，較能反省到男性中心意識的文本有兩類，一是禮教默許的青樓歌謠，從《白雪遺音》中歌童、妓女所傳唱的俗曲之中，我們發現到某種程度它們能表達女子情慾、譏諷男子膽怯的意味，然而這似乎僅能視為妓女與恩客之間的角力。另一類型是反省男子偷情、納妾所導致雙重道德標準的問題。後者雖與果報觀念相連結，卻較具文化批判性，因而成為五四反傳統運動所汲取的思想資源。不容諱言的是男性中心的情色幽默顯然仍普遍存在於當前的娛樂世界之中，並在流傳之中複製男性中心傾向的性意識。如何嚴肅地或諧謔地來面對此一現象，挖掘此一情色意識的歷史根源，並揭露諧謔文本底層之意蘊，值得我們做進一步的思索。

112 明代晚期馮夢龍、湯顯祖等人提出「情教」的觀念，將「情」從「欲」之中凸顯出來，並讓情成為一種道德。他們認為：情具有超越有限生命之性質，並決定生命是否值得繼續存在。總之，把情視為生命之意義與價值之根源。王鴻泰，《三言二拍的精神史》，頁一〇〇—一〇一。

113 例如趙毅衡以為禮教管制與情慾舒展兩者互有關聯、相互增強。他指出明清情色文學與春宮畫作為一種文化現象，是針對禮教「下延」活動之反彈，此一活動導致倫理道德過度嚴苛而喪失生命，甚至有所謂「禮教吃人」的現象。在晚明「鄉村烈女節婦驟增」與「書坊淫書淫畫驟增」兩者，看似相反的社會現象，實際上卻是互為因果。就此而言，情色表達關乎國家政治與意識型態之抗爭，情色文學與春宮畫的出現可以視為一種「質疑社會規範的手段」。趙毅衡，〈「性解放」與中國文化禮教下延活動〉，《當代》，第七七期（一九九二），頁一二二—一三九。吳存存所著《明清社會性愛風氣》（北京：人民文學出版社，二〇〇〇）一書也從此一框架立論。

114 例如有學者認為這兩種傾向各有消長與發揮作用的時間與範圍，管制、放縱不一定對等。李零，《中國方術考》（北京：人民中國出版社，一九九三）。

第二章

明清笑話中的身體與情慾

——以《笑林廣記》為中心之分析

清代游戲主人所纂集之《笑林廣記》收錄了中國古代的各種膾炙人口的笑話，反映出中國文化中的「幽默感」。本章以《笑林廣記》為基本史料，探討性笑話中所透露的身體觀與情慾世界。笑話中諧謔話語在理論上不受到社會規範的箝制，因而大膽地觸及一般論述中所罕言的身體部位與情慾活動。此一世界雖經過折射、扭曲，不完全對應社會真實，但仍可幫助我們認識明清時代男性心態中的一個重要面向。表面上，這些情色笑話充滿歡笑，然而細究其內涵卻有深沉的哀傷、焦慮與恐懼，憂喜交織形成《笑林廣記》文本中令人思索沉吟的一個特殊面向。明清時期這類諧謔作品發揮了狂野的想像挑戰世俗禁忌，此一現象很類似巴赫汀（Mikhail Bakhtin）所說的「狂歡節話語」，把「肉體的低下部位」和「肉體的物質性原則」提得很高，因而展現了大眾文化的顛覆性格，然而《笑林廣記》文本卻不具有太多的革命性。諧謔作品所表達的仍是一套與當時禮教配合、男性中心的價值觀念。

前言

《笑林廣記》為清游戲主人所纂集，乾隆年間便有刻本出現[1]。本書共有數百則短篇笑話，大半是收錄自馮夢龍（一五七四—一六四六）的《笑府》，也有部分取自李贄（一五二七—一六〇二）的《笑倒》與石成金（卒於乾隆初年，年八十餘）的《笑得好》等書，此外也收錄了《李卓吾評點四書笑》（編者不確定）與鄧志謨（一五五九—？）的《洒洒篇》。游戲主人將採集來的笑話在文字上略作調整、更改以增加趣味，並非照單全錄[2]。該書所收錄的笑話在明清時期廣泛流傳，在二十世紀也多次再版，是中文短篇笑話的經典之作。

此一笑話集有幾個重要的特點：

一、現實性很強，書中的故事絕大多數都是取材於市井生活的片段，偶有擬人化書寫，但少有超現實的想像。

二、就階層屬性來說，這些故事的主角主要是市井小民，如剃頭匠[3]、裁縫、船夫、樵夫、妓

---

1 本章採用的版本及文中引文後的頁數為（清）游戲主人編，《笑林廣記》（台北：金楓出版社，一九八七）。此書係採取一九三八年上海汪鶴記石印本，重新排版而成。然此一版本有不少錯字，本文又依賴（清）游戲主人、（清）程世爵撰，廖東輯校，《笑林廣記二種》（濟南：齊魯書社，一九九八）校正文字。

2 趙景深，〈中國笑話題要〉，收入楊家駱編，《中國笑話書》（台北：世界書局，一九八五），頁五二五。有關《笑府》與《四書笑》兩書可參閱黃慶聲的研究，〈馮夢龍《笑府》研究〉，《中華學苑》，第四八期（一九九六），頁七九—一四九；〈論《李卓吾評點四書笑》之諧擬性質〉，《中華學苑》，第五一期（一九九八），頁七九—一三〇，以及 Ching-Sheng Huang, "Jokes on the *Four Books*: Cultural Criticism in Early Modern China," (Ph.D. diss., University of Arizona, 1998)。此外另一篇有關《笑府》的文章，為 Pi-ching Hsu, "Feng Meng-lung's *Treasury of Laughs*: Humorous Satire on Seventeenth-Century Chinese Culture and Society," *Journal of Asian Studies* 57.4（1998）, pp. 1042-1067.

3 《笑林廣記》中稱為「待詔」，待詔原指等待詔書頒布而後能擔任某一職位的官位候選人，宋元以後通稱有

女、戲子、塾師、江湖郎中、小吏、僧尼、乞丐，或「閒漢」等，其中偶爾提及下層仕紳，多將之視為嘲諷的對象。這似乎顯示本書所收的笑話是在庶民生活之中產生、流傳，而由識字者抄錄、編輯而成。當然，其中或不乏菁英階層創造書寫的部分。

三、在性別方面，本書的笑話反映男性中心觀點者明顯居多，但是也有一些笑話並不具特殊的性別視角，為男女皆宜，甚至還有少數由女性來嘲弄男性，或抗議兩性不平等的笑話。

四、在族群方面，有少數諷刺滿洲人以及西部少數民族的笑話，似可反映本書為漢人價值觀的笑話集[4]。此外，笑話內容全無西方文化的衝擊，亦無現在流行的國際笑話[5]。

五、本書在地域方面的色彩也不明顯，僅有少數笑話的關鍵字要以方言發音，也有幾個嘲諷蘇州人，以山東人與蘇州人對話的笑話[6]。

六、在內容上有挖苦、猥褻或顛覆邏輯思維之作，其挖苦諷刺的對象，主要是違反倫常、常識與常態之事，而不具有箴諫時政的政治意涵。此外也有一些令人感同身受的溫馨小品，使讀者發出會心的微笑。

明清時期的笑話書要如何來解讀，又透露何種訊息呢？作者認為像《笑林廣記》這類的笑話反映了一個當時由生產者（包括創作者與書商）與消費者共同建構的心靈世界[7]，它們不一定直接對應社會生活之實情，而是以扭曲、誇大、折射的方式，間接透露社會上流行的一些價值觀念。《笑林廣記》所展現的心靈世界與當時男性中心的社會文化有密切關係，而其中一部分想法更延續迄今。

笑話文本因為具有諧謔、幽默與「不算數」的性格，大膽地觸及「嚴肅論域」所罕見的一些題目，甚至也針對宰制嚴肅論域的社會規範、經典，提出反省與批判[8]。其中包括大量有關身體、情慾、倫常（多為不倫）的笑話，提供我們了解明清時期文化想像或士庶心態的重要內涵。此處所說的「明清」是一個籠統的時間概念，指涉西方文化普遍影響中國之前的數百年，作者並不認為此一

手藝的工匠，如修鞋匠、裁縫、剃頭匠等，亦有女待詔。

4 《笑林廣記》中〈要尺〉即關於滿人的「蠻橫」，頁九一二；《笑林廣記》中〈骨血〉是有關穿「羊皮襖」的「西客」，頁二〇八。

5 「國際笑話」是指笑話主體是關於不同國的人，因為各國「國民性」的不同，而對同一事物或情景有不同的反應。

6 〈借腦子〉諷刺蘇州人「奉承大老官」，又「無腦子」，見頁一九五。〈蘇空頭〉則說「吳人慣扯空頭，若云買貨，他討兩兩，只好還一兩就是」，頁二八八。〈兩企慕〉是山東人與蘇州人彼此吹牛的笑話，頁二九九。

7 有關明清時代的印刷與消費文化，見張秀民，《中國印刷史》（上海：上海人民出版社，一九八九）；大木康，《中国明末のメディア革命——庶民が本を読む》（東京：刀水書房，二〇〇九）；邱澎生，〈明代蘇州營利出版事業及其社會效應〉，《九州學刊》，五卷二期（一九九二），頁一三九—一五九。

8 「嚴肅論域」（serious discourse）與「幽默論域」（humorous discourse）的分野見 Michael Mulkay, *On Humour: Its Nature and Its Place in Modern Society*, pp. 7-21。作者強調這兩者的運作是根據完全不同的原則。

時段之內全無變化，而是企圖以宏觀的角度，探討特定文本之中的身體與情慾論述。

許多學者都同意黃色笑話有紓解、昇華內心焦慮與情慾衝動的功能，因而頗為真實地反映潛藏於內心的「情色意識」[9]。由此可見諧謔式的表達集合了光怪陸離、荒謬詼諧之大全，相對來說是一個較為自由的場域，可以顯示人們心中深邃的感受。這些笑話或可視為明清時期男性生活中所常常講述或常常聽到的一些黃色笑話。以下我們分「情慾的身體」與「身體的情慾」兩方面來考察《笑林廣記》中一些與身體、情慾相關的議題。

情慾的身體

情慾所帶來的歡欣與苦痛必須以身體為載體。《笑林廣記》中與性有關的笑話包含大量對男女性器官，以及其他能引發性聯想的身體部分的描繪。這方面的文字是奠基於以猥褻、嘲弄來引人發笑的心理機制。猥褻的事物在嚴肅論域是遭到禁止的，在幽默論域卻受到許可。因而在公共場域之中，人們透過對兩性器官與活動的論述，挑戰社會規範、發抒潛藏的性衝動，也滿足讀者的偷窺需求。再者，某些特殊的形體、姿態，以及器官的異常尺寸、功能等，都成為譏諷的對象。

男性性器官

笑話文本對男性性器官有不同的表述方式，除了常見的「陽物」、「陽具」、「卵袋」、「卵」之稱外，還有、「郎中」[10]、「屪子」[11]、「麈柄」[12]、「琵琶」[13]、「褻物」，和以現在的泌尿系統、生殖器官籠統結合成的「腎」[14]等不同的稱呼。書中對男性性器官的著墨甚多，其中〈觀相〉一則巧妙地運用擬人手法對男性性器官做整體的描述：

> 一相士苦無生意，扯住人相，那人曰：「不要相。」相者強之再三，只得解褌出具，謂曰：「此物倒求一觀。」相者端視良久，乃作贊詞云：「看你生在一臍之下，長于兩髈之間。軟柔柔而向東向西，硬繃繃而矗上矗下；遇妻妾而無禮，應子孫而有功，一生梗直，兩子送終。日後還有二十年好運。」問他有何好處，曰：「生得一臉好髯鬚。」（頁一〇一）

在俏皮的擬人敘述中，明確地指出其位於身體之部位、外觀與重要功能。最後，甚至還針對功

---

9 見 Sigmund Freud, *Jokes and Their Relation to the Unconscious*.

10 見《笑林廣記》，〈好郎中〉，頁八三；〈謝郎中〉，頁八四；〈哭郎中〉，頁八四等則。

11 見《笑林廣記》，〈獨眼〉，頁一一五；〈軟硬〉，頁一九九等則。

12 見《笑林廣記》，〈詠物〉，頁一九三。

13 見《笑林廣記》，〈娶頭婚〉，頁一九二。

14 見《笑林廣記》，〈嘉興人〉，頁二七二。

能延續的展望做出起碼還有二十年的預測，倍增娛樂效果。

文本之中也對陽具提出生出翅膀，隨時可以飛向美貌婦人的想像，但是也考慮到如真能實現可能帶來負面效果，〈卵生翼〉則：

> 兄謂弟曰：「卵袋若生翅，見有好婦人便可飛去。」弟曰：「使勿得，別人家個卵也要飛來個。」（頁一五九）

除了外形與功能的描述以及超現實的想像外，在尖銳的比長論短和喜大憂小「尺寸」計較中，《笑林廣記》的世界將中國男子，不分年齡與階級、攸關男性自尊的性器官迷思——對於陽物大小與功能的在意，藉由最俚俗的笑語和嘲弄，予以揭露。此焦慮的重要來源之一，是以大為標榜的陽具觀。〈贊陽物〉[15]則：

> 一人客於他鄉，見土著，問曰：「貴地之人，好大陽物。」土著者甚喜，答曰：「果然，但不知尊客如何知道？」某人曰：「我在貴處嫖了幾晚，覺得此處的陰物比別處更寬，所以知道。」（頁一三四）

鄉人對「貴地之人，好大陽物」的讚美之詞，產生喜悅的反應，足見人們對大陽具的肯定態度；然而故事一轉，客人是因為妓女陰物甚寬而生的聯想。後者才是引人發笑的原因。理想中的男性性器官除了以龐然巨物為必要條件外，硬度也是極被看重的，在〈漿硬〉則十分直接地顯露出來：

一人衣軟，令其妻漿硬些。妻用漿漿好，隨扯夫陽具也漿一漿。夫駭問，答曰：「漿漿硬好用。」（頁一八一）

從夫妻的親暱對話中鮮明表露出對「堅硬」的肯定與期待。而「巨」和「硬」兩種條件，也構成了評鑑男性性器官優劣的判斷標準，在前引的〈家當〉則：「窮人以陽物托出，豐偉異常，放在桌上，連敲數下」，其婦因而破涕為笑。（頁一三四）故事中最令文中窮漢引以為傲的是擁有「豐偉異常」的巨大陽物，單在視覺方面就足以令觀者瞠目。文本並藉由「放在桌上，連敲數下」的實際撞擊來證明其物之堅硬剛猛、美觀耐用，兼具視覺與實用上的雙重價值。嫌貧愛富的新婚妻子似乎對此極為受用，以決意相隨肯定此種「家當」的可貴。

15 此一「贊陽物」溯源乃是「生殖信仰」、「陽具崇拜」，其實「女陰崇拜」亦然。相關研究可參見，羅莎琳・邁爾斯（Rosalind Miles）著，刁筱華譯，《女人的世界史》（台北：麥田出版，一九九八），頁四七—七二。

另外，〈肚腸〉則：

> 有未嫁者，父方小解，褻物為女所見，問母曰：「那是甚麼東西？」母不便顯言，答曰：「掛出的肚腸。」女既嫁，歸寧。母愁婿家貧，勸之久住，謂其夫家柴米不足也。女曰：「人家窮便窮，喜得肚腸還好，就忍些飢餓也情願。」（頁一三五）

出嫁女兒婚後的生活雖然「柴米不足」，但仍能在對丈夫性器官和房事的高度滿意，找到安於貧窮現狀的情緒出口——以性的滿足來平衡現實中其他的不圓滿。由前兩則笑話敘述，透露出擁有巨硬陽物的男性除了可以常保自信、維持尊嚴，更因能長征耐戰而有助於夫妻感情的維繫和成就感的滿足。

相反地，陽具藐小、不舉，或舉而不硬者則深自困擾，並成為笑話中極盡嘲弄的對象。如〈當卵〉則：

> 一婦攬權甚，夫所求不如意，乃以帶繫其陽于後而誑妻曰：「適因其用甚急，與你索不肯，已將此物當銀一兩與之矣。」妻摸之，果不見，乃急取銀二兩付夫，令速回贖，囑曰：「若典中有當絕長大的，寧可加貼些銀子換上一根回來，你那怪小東西棄絕了也罷。」（頁一三六）

由妻子寧可貼錢將「小東西」換取「絕長大的」直率反應裡，無情的暴露出己身陽物在妻子心目中僅聊勝於無的悲哀。針針見血的文字極為銳利地挖苦著小陽具的男人，對照先前之〈家當〉與〈肚腸〉兩則，所受到的對待實有著天壤之別。

性器官除了以藐小為恥外，無法持久（即早洩），也是笑話中的諷刺焦點。〈倭刺〉則：

> 甲乙兩婦閒坐，各問其夫具之大小及伎倆如何，因不便明言，乃各比一物。甲曰：「我家的是鐃碗盛小菜。」乙問其故？甲曰：「小便不小，只是數目不多，極好不過四碟。」乙曰：「這等還好，不像我家的物事，竟是一把倭刺。」甲問其故？乙曰：「又小又快。」（頁一三六）

甲乙兩婦各用一譬來自況閨房內幕：乙婦舉倭刺為例，喻其夫在陽具尺寸和耐力方面「又小又快」，十分傳神而極富笑果，同時也反映出對「過快」的不滿。

對於男性性功能的考驗還不僅止於此，除了先天的長短與實力之外，還須長期與時間賽跑，克服歲月積累下的功能老化，否則仍得成為笑話文本訕笑的對象。例如〈老娶〉：

> 一老人欲娶，媽媽見他鬢髮盡白，不肯嫁他，老者賄囑媒人曰：「同他夜夜有事，如一夜落空，願責五下。」媽許之，過門初晚，勉幹一度，次夜就不能動彈，媽將老兒推倒，責過五板，老者伏地不起，媽問何故。老者陪笑曰：「求媽媽索性打上整百，往後一起好算賬。」（頁

一八七）

下一則〈抓背〉也戲謔地暗示老人性能力的衰退，這時抓背帶來的快感似已取代性愛的歡愉：

老翁續娶一嫗，其子夜往竊聽，但聞連呼快活，頻叫爽利，子大喜曰：「吾父高年，尚有如此精力，壽徵也。」再細察之，乃是命嫗抓背。（頁一三三）

儘管曾經有過銳不可當的風光往事，性功能的退化卻是衰老的普遍表徵，如同〈老娶〉中「討打算賬」的老人，在性活動中明顯有著吃力的表現。譏諷老人性功能退化的笑話在《笑林廣記》中還有許多，這或許是由於衰老為人生的必然經歷，具有普遍性，而獲得較多的關注。同時，藉笑話來顛覆社會中受尊敬的長者形象，除了能滿足因譏刺帶來的心理快感外，亦間接顯示出大眾對於歲月流逝影響身體機能的好奇預想及深沉隱憂。而飽受種種關於先天不足、後天失調與老化危機而造成性能力憂慮的男性們，多半也只得無奈的接受批評與責罰，或求助於壯陽食品、春藥及性具替代品以求改善。其中較值得一提的是壯陽食品，下則笑話提到「絲瓜痿陽，韭菜興陽」：

有客方飯，偶談絲瓜痿陽，不如韭菜興陽，已而主人呼酒不至，以問兒，兒曰：「你娘往

園裡去了。」問為何，答曰：「拔去絲瓜種韭菜。」（頁一七九）

陽具的勇猛表現不但是男性關注的焦點，也是妻子的企望，因而取韭菜而棄絲瓜。另一則〈鐵箍〉提到除了韭菜之外，大蒜亦有類似的壯陽效果，甚至也戲謔地表示可能對女性陰部緊縮能力產生一些功效：

> 夫婦同飯，妻問曰：「韭蒜有何好處？汝喜吃他。」夫曰：「食之，此物如鐵棒一般的。」妻亦連食不已。夫曰：「汝吃何用？」妻曰：「我吃了像鐵箍一般的。」（頁一七七）

由此可見在當時觀念之中，飲食與男女之間的密切關係[16]。

---

16 此一主題可參閱胡衍南，〈食、色交歡的文本：《金瓶梅》飲食文化與性愛文化研究〉（國立清華大學中文系博士論文，二〇〇〇）。後出版為專書：胡衍南，《飲食情色金瓶梅》（台北：里仁書局，二〇〇四）。

女性性器官

《笑林廣記》中出現對於女性性器官的名稱有：「屄」[17]、「陰戶」[18]、「陰物」[19]、「牝戶」[20]等，極符合源於市井的俚俗性格。此外亦有戲稱為「趣眼」：

妻指牝（疑為「牝」）戶謂夫曰：「此物你最愛的，何不取一美號贈他？」夫曰：「愛其有趣，就名為趣眼。」（頁一一九）

在女性性器官的動作方面，〈稍公〉則：

稍公死，閻王判他變作陰戶，稍公不服，曰：「是物皆可做，為何獨變陰物？」閻王曰：「單取你開也會開，攏也會攏，又善搖又善擺。」（頁九六）

雖然笑話是針對「稍公」（船夫）的職業而取「開也會開，攏也會攏，又善搖又善擺」數句對女性性器官做出形容，但仍透露出女性性器官異於男性強勢主動的衝撞風格，而具有一種因應迎合的特色。

相較於對男性性器官與性能力強大的要求，《笑林廣記》中對於女性性器官的評定標準有著舊不如新、鬆不如緊的價值判斷，而且常常將嘴部大小與陰部寬緊加以聯想（如上文提及的「口闊屄兒大」，頁二〇五）。〈嘴不準〉則：

婦人見男子鼻大，戲之曰：「你鼻大物也大。」男人見婦人嘴小亦戲曰：「你嘴小陰亦小。」兩人興動，遂為雲雨。不意男子物甚細而女之陰甚大，婦曰：「原來你的鼻不準。」男曰：「原來你的嘴也不準。」（頁一七六）

從「鼻大物大」、「嘴小陰小」的對應中，不難見出「物大」、「陰小」容易使人「興動」，而為人們心目中兩性性器官的理想狀態。既以陰小為佳，那麼陰物寬鬆者則不免受到嫌棄和諷刺。例如前文曾引的〈贊陽物〉則對陰物寬鬆的譏諷，顯然是以男性快感為中心所做的衡量，也對女性，

17 見《笑林廣記》，〈屄打彈〉，頁八八—八九；〈騸子改屄〉，頁一〇四；〈吃白麵〉，頁一〇四；〈麻屄〉，頁一二一；〈罵鬍少〉，頁一〇七等則。

18 見《笑林廣記》，〈稍公〉，頁九六；〈水手〉，頁九七。

19 見《笑林廣記》，〈稍公〉，頁九六。

20 見《笑林廣記》，〈栗爆響〉，頁一七七；〈近趣眼〉，頁一一九；〈止一物〉，頁二五一；〈詠物〉，頁一九三等則。

尤其是年老者與寡婦，形成心裡上的負擔。

體毛：鬍鬚和陰毛

除了直接談到男女性器官之外，文本關於人體毛髮的笑話也具有非常豐富的性暗示，其中尤以有關男性鬍鬚和女性陰毛的笑話為多，而兩者也常結合在一起來創造笑果。

在對男性鬍鬚的看法方面，〈通譜〉則寫道：「有一人鬚長過腹，人見之無不贊為美髯。」（頁一〇五）又〈出鬚藥〉則中：「一光臉自覺無鬚非丈夫氣，持銀往醫肆，求買出鬚藥。」（頁一〇六）而《三國演義》裡，關雲長亦以美髯公之名而著稱，可知鬍鬚在當時審美概念中，為男性氣概與魅力的重要象徵。無鬚者不僅因此缺乏自信，並試圖求助於秘方以謀求改善，鬍鬚之於男性儀容的重要性可見一斑。

男性的鬍鬚常與男性的陰毛產生聯想，上文〈觀相〉則曾談到陽物「生得一臉好鬍鬚」，此外〈揪腎毛〉則：

> 一人對鬍子曰：「我昨晚夢見你做了官，旂傘執事，吆喝齊發，好不威闊。」鬍子大喜。其人又云：「我夢裡罵了你，你就呼皂隸來打我，被我將你鬍鬚一把揪住。」鬍子云：「罵了官長自然該打，後來畢竟如何？」其人曰：「也就醒來，一手還揪住一把卵毛，緊緊不放。」（頁一〇一）

在女性身上的毛髮之中，陰毛亦受到特殊的關注，如〈含毛〉則：

一人破家，與一妓相處數年。臨別，妓女贈得陰毛數根，珍藏幅中，時為把玩。一日，忽失去，遍尋不得。偶踱至街頭，遇一皮匠口含豬鬃縫鞋，其人罵而奪之：「我用盡銀錢，只落得這兩根毛，如何偷來倒插在你口裡面！」（頁九四）

又如〈被剃〉則：

貧婦裸體而臥，偷兒入其家，絕無一物可取。因思賊無空過，見其陰戶多毛，遂剃之而去。婦醒大駭，以告其夫。夫大叫曰：「世上這等惡薄，家中的毛尚且剃了，以後連腮鬍子竟在街上走不得了。」（頁一〇三）

由於生長在女性最私密的部分，〈含毛〉則中的陰毛成為娼妓對親密恩客的餽贈物，「見毛如見卿」顯示著兩人間曖昧且深刻的關係。而藉由〈被剃〉則中的誇張呈現，亦可見出陰毛之於人體諸多毛髮當中的特殊私密性。

然而陰毛與鬍鬚有所不同，後者要多而密，惟恐不長，前者則怕太多、太密，這或許是因為中國春宮畫、豔情小說與《素女經》、《玉房秘訣》之類的房中術書中以為「其陰及腋下不欲令有毛，有毛當令細滑也」所建構男子尋覓之理想性交形象所致[21]。〈大耳〉則顯示陰毛太多時需要剃除：

> 一妓苦陰毛太多，為嫖客所厭，呼待詔剃之。呼者慮其不來，詐言剃面……（頁一二七）

而陰毛變白時要用「烏鬚藥」染黑，怕有異味則可燻香[22]。

當「鬍鬚」遇到「陰毛」在笑話中結合呈現時，卻往往深具性暗示意涵。例如〈罵鬚少〉則：

> 鬍子行路，一孩戲之曰：「鬍子迎風走，只見鬍子不見口。」鬍子忿甚，揭鬚露口，指而罵曰：「這不是口，倒是你娘的屄不成。」（頁一〇七）

〈吃白麵〉則：

> ……妓女曰：「片片片，碎剪鵝毛空中旋。落在我屄毛上，好似鬍子吃白麵。」（頁一〇四）

鬍鬚濃密、長已遮口的男性，在笑話中不僅未受到預期中來自他人的讚美，反被誤以為沒有嘴。然而，荒謬世界的倒置與錯亂還不只於此，接著探究下去，將〈罵鬚少〉中的「只見鬍子不見口」和〈吃白麵〉中的「落在我屄毛上，好似鬍子吃白麵」兩組文句加以對照，發現兩者所指涉的身體部位雖截然不同，但在視覺上彷彿產生了某種類似影像的重疊——同樣是由濃密體毛（鬚毛或陰毛）覆蓋下，所展現出若隱若現、可開可閉的孔穴（嘴或陰部）。笑話有意地將可公開展示、濃密遮口的鬍子，和私密高、覆於女性性器官之外的陰毛，透過視覺上的雷同，加以並列與比擬，以產生挑戰禁忌的快感。

單純就視覺印象的對比便已相當逗趣，倘若再加上動態的肢體語言使各種體毛交錯羅致，則更

---

21 如福田和彥曾指出：「在中國春宮畫上，很少有關陰毛的描寫，而且大部分的少女都是無毛、纏足、柳腰又嬌弱的型態，彷彿無毛與纏足，即是美女的象徵。也就是說，在中國春宮畫裡出現的女人，都是中國男性的理想偶像。不似日本的春宮畫，著重愛欲的描寫……。」福田和彥編著，《中國春宮畫》（芳賀書店刊，出版時地不詳），頁一五—一六。翟本瑞，〈中國人「性」觀初探〉，《思與言》，三三卷三期（一九九五），頁五〇—五一。在明清豔情小說之中對女子陰物的書寫也多半是強調「豐厚無毛」或「略有幾根短毛」，見（明）風月軒又玄子，《浪史》（台北：台灣大英百科公司，一九九五），頁六八、一四六。《玉房秘訣》等書雖作於唐代，但這一類作品在明代仍有流傳，如明代出版之《素女妙論》即由古代文獻如《素女經》、《洞玄子》等編輯而成，Robert Hans Van Gulik, *Sexual Life in Ancient China*（Leiden: E.J. Brill, 1974）, pp. 270-277.

22 如《笑林廣記》，〈白鬚〉，頁一〇九；〈烏鬚藥〉，頁二七〇。燻香陰戶見〈煙戶〉，頁二七一。

加的紊亂。〈呵凍筆〉則：

一人見春畫一冊，曰：「此非春畫，乃夏畫也；不然何以赤身露體。」又一人曰：「亦非夏畫，乃冬畫也。」問曰：「何故？」答曰：「你不見每幅上，個個鬍子在那裡呵凍筆。」（頁一〇〇—一〇一）

〈直縫橫縫〉則：

北方極寒之地，一婦倚牆撒尿，溺未完而尿已凍，連陰毛結于石上。呼其夫至，以口呵之；夫近視而鬍者也，呵之不化，連氣亦結成冰。鬚毛互凍而不解，乃命家僮鑿開。吩咐曰：「看仔細了下鑿，連著直縫的是毛，連著橫縫的是鬚。」（頁一〇二）

前者以「個個鬍子在那裡呵凍筆」的比喻呈現出春宮畫中性交或口交的動態活動；後者則藉著誇張的故事敘述，將陰毛與鬍子糾結纏繞，竟使類似口交的肢體動作荒唐地出現在光天化日的場合裡。

笑話透過身體不同部位的體毛對應，將慣於被隱蔽的私密部分透過對比而受到凸顯，使檯面下的種種隱密活動近於發窘般地曝光。此外更以代表公開面的鬍鬚和代表私密面的陰毛對應，以公開陳列口交般肢體動作的方式提供人們享受揭露和窺視的快感。

被忽略的乳房

在現代情色文化之中女性的乳房是激起男性情慾的重要器官，而且以大為尚，這是近代西方開始逐漸出現的一個現象。這源於啟蒙時代對母乳的尊重，宣導母親親自餵養子女而引起的；在中國一九二〇年代開始的裸體論述之中，如張競生等人也開始反對「束胸惡習」，提倡「奶部的發展、臀部的豐滿」[23]。至二戰期間，美國人採用大乳房形象慰勞前線士兵，使得大乳房獲得了廣泛的青睞。此後，以《花花公子》為代表的美國色情文化，將大乳房崇拜推向了頂峰[24]。在傳統豔情文學之中，作者並不強調巨大的胸脯，僅將「酥胸微露」、「酥胸已透」等視為是調情過程中男性目光的焦點[25]。同樣地，《笑林廣記》文本對於乳房與情慾的關聯亦不甚措意。書中針對女性乳房而開

---

23 孫麗瑩，〈一九二〇年代上海的畫家、知識份子與裸體視覺文化——以張競生〈裸體研究〉為中心〉，《清華中文學報》，第十期（二〇一三），頁二八七—三四〇。

24 參見劉仰，〈大大小小的乳房〉，http://blog.sina.com.cn/s/blog_4134ba9001008igp.html。（點閱時間：二〇一五年二月二十五日）

25 如（明）笑笑生，《金瓶梅詞話》，頁三五，潘金蓮「酥胸微露」想要勾引武松。（清）情隱先生編次，《肉

展出的笑話共有三則，分別是〈醫乳〉：

一家請醫看乳病，醫將好奶玩弄不已。主駭問何意，答曰：「我在此仔細斟酌，必要醫得與他一樣纔好。」（頁八五）

〈吃乳餅〉：

富翁與人論及童子多肖乳母，為吃其乳，氣相感也；其人謂富翁曰：「若是如此，想來足下從幼是吃乳餅大的。」（頁四九）[26]

和〈大乳〉：

一婦人兩乳極大，每用抹胸束之。一日忘緊抹胸，偶出見人，人怪而問曰：「令郎是幾時生的？」婦曰：「還不曾生育。」人問曰：「既不是令郎，你胸前袋的是甚麼？」（頁一三三）[27]

從三則有限的笑話當中，並無法對當時乳房的審美做出系統的歸納，但就性慾激發的角度上看，僅〈醫乳〉則中大夫對患者乳房從事把玩的舉動，或與男性慾望被觸發有所關聯。但是卻並未對所謂「好奶」的條件做出較詳細的描述。

另外，〈吃乳餅〉則闡明了乳房極重要的實用價值，是肩負哺育兒女的重責大任。或許正因古代婦女必須常年生育哺乳的關係，使男性往往著重其實用價值的考量、視乳房為孩子的專利而忽略其於性方面的功能。

〈大乳〉則尤其有趣，「兩乳極大」的婦人不僅未受到讚美與稱羨，反倒成為旁人感到奇怪的來源，顯見在胸部普遍隱藏在「抹胸」背後的時代，巨大的乳房並不是一個性感的象徵。一旦失去抹胸束縛的豐滿女性反而還會因胸部過大而造成困擾。另外，或礙於哺乳的母性天職，而使人們對其實用性的注重已掩蓋過審美眼光的可能關注，而使乳房似乎成為兒童享用，而非夫妻調情的身體

蒲團》（台北：台灣大英百科公司，一九九四）第三回的〈玉樓春〉一闋有「嬌啼歇處情何限，酥胸已透風流汗」的句子，頁一七二—一七三。此外在（明）東魯落落平生，《玉閨紅》（台北：台灣大英百科公司，一九九四）一書中則說張小腳「肥臀大乳，並無甚動人之處」，頁三二四。

26 此一笑話的主旨是嘲諷富翁臉如乳餅。

27 抹胸指女性穿在胸前的貼身小衣，又稱「抹腹」、「抹肚」，或「兜肚」，見張金蘭，《金瓶梅女性服飾文化》（台北：萬卷樓，二〇〇一），頁六〇—六三。

部分。

在此附帶一提的是《笑林廣記》並沒有出現有關小腳（或嘲笑大腳）的笑話，或許是因為纏足在庶民階層並不普遍之故，文本中也未將之與性器官和性活動相提並論[28]。

身體的情慾

藉著身體發抒情慾有不同的表現方式，在《笑林廣記》文本中的男性與女性都是情慾表達的主體，其豐富的活動，形成了一個情慾世界的大觀園。分述如下：

自慰

自慰是本能慾望最直接的紓解方式，並且是正視自我慾望起念，並針對生理需求提供的宣洩管道。在《笑林廣記》中關於自慰行為的文本並不多，但卻也男女兼有。女性方面除了提到以手撫摸或使用假陽具——「角先生」之外[29]，最生動的要推〈屄打彈〉則：

> 一尼慾心甚熾，以蘿蔔代陽大肆抽送，暢所欲為。不料用力太猛，折其半截在內，挖之不出，漸至腫脹，延醫看視。醫將兩手在陰傍按捺良久，跳出彈在醫人面上，醫者歎曰：「我也醫千醫萬，從未見屄會打彈。」（頁八七—八八）

笑話中的尼姑，礙於身分的限制而無法享受男女間的性事，但仍耐不住慾望的糾擾，只好以蘿蔔代替陽具，藉性幻想和模擬男女行房時的抽送以自我滿足。

男性方面，自慰例子相對較多，如上文曾舉〈手氏〉則，主人晚婚而戲言前妻為「手氏」（頁二九六）。此則揭示出未婚男性對於生理慾望的處理問題。在進入婚姻狀態前的成年男性早已有性需求，但礙於無法享有長期穩定且合法正當的紓解管道，只好以自慰的方式滿足自我。類似的狀況也發生在〈入觀〉則：

> 有無妻者，每放手銃則以瓦罐貯精，久之精滿，攜出傾潑，對罐哭曰：「我的兒啊！只為你沒娘，所以送你在罐（觀同音）裡。」（頁二二四）

儘管以自慰的方式尋求自我的身心解放，在生理方面或可暫時因得到滿足而回歸平靜，然而內

28 在戲曲史料之中有一些歌頌小腳與嘲諷大腳的資料，如前章所述清中葉的俗曲集《白雪遺音》之中的〈兩隻金蓮〉是歌頌小腳，〈久聞大名〉則有「腳大臉醜，賽過夜叉」等嘲諷大腳的句子。（明）馮夢龍等，《明清民歌時調集（下）》，頁五一六。

29 見《笑林廣記》，〈沒坐性〉，頁六六。角先生之材料以幼鹿茸角為最佳，硬中帶軟，粗細適中，故有此名。見劉達臨主編，《中華性學辭典》（哈爾濱：黑龍江人民出版社，一九九三），頁二五七。

心卻耿耿於缺乏長期伴侶的黯然失落，自慰對性需求的解決仍然只是治標不治本。另外，將傾發出的精液稱之為兒，並將之盛於瓦罐內保存，可見精液在男性意識中的重要性。儘管如此，在慾望的牽引下還是顧不得「一滴精十滴血」的警惕，仍引頸就戮般地投入了「自慰隊」的行列。

初夜的恐懼

男女間合法的性活動始於婚後的初次行房。在文本中，新婚夫妻除了在態度與互動上較顯得青澀生疏外，妻子對疼痛所產生的預期恐慌亦成為心理上的莫大壓力。如〈行房〉則以文謅謅的方式幽默地表達新婚之夜時雙方的感受，其中妻子大呼「痛哉」，新郎卻說「渾身通泰」，反映了男女對初夜的兩極化的感受：

> 一秀士新娶，夜分就寢，問於新婦曰：「吾欲雲雨不知娘子尊意允否？」新人曰：「官人從心所欲。」士曰：「既蒙俯允，請娘子展股開肱，學生無禮又無禮矣。」及舉事，新婦曰：「痛哉！痛哉！」秀才曰：「徐徐而進之，渾身通泰矣！」（頁六〇—六一）

又〈白果眼〉則：

> 一女年幼而許嫁一大漢者，婣期將近，母慮其初婚之夜，不能承受者，曰：「莫若先將雞

子稍用油潤，與你先期開破，省得臨時吃苦。」……（頁一一九）

母親憑其個人之經驗，認為處女之陰部因未經試煉而過緊，容易引起新婚之痛。然而令人質疑的是「先期開破」之後，新婚之夜將無法落紅，似乎未被考量。「處女情節」在明清下層社會的實情仍有待探究。

初夜不但對女子來說充滿疼痛的恐懼，對男子而言，要成功地攻城掠地，也是一大考驗，〈試試看〉則充分表露新郎性經驗不足的窘態：

新婦與新郎無緣，臨睡即踢打不容近身，即訴之父，父曰：「畢竟你有不是處，所以如此。」子云：「若不信，今晚你去睡一夜試試看。」（頁一五九）

男子初夜的憂慮還有擔心自己陽痿或陽具太小將貽笑大方，〈娶頭婚〉則將此心結表露無遺：

一人謀娶婦，慮其物小，恐貽笑大方，必欲得一處子。或教之曰：「初夜但以卵示之，若不識者真閨女矣。」……因握其物指示曰：「此名為卵。」女搖頭曰：「不是。我也曾見過許多，不信世間有這般細卵。」（頁一九二）

寡婦的情慾世界

新婚的苦痛顯然遠不如喪偶所導致的身心衝擊。〈咬牙〉則顯示了婦女守寡的困難：

有姑媳孀居。姑曰：「做寡婦須要咬緊了牙根過日子。」未幾姑與人私，媳以前言責之。姑張口示媳：「你看，也得我有牙齒方好咬。」（頁一九一）

為了紓解情慾與生活的需求，如果不「與人私」的話，有些寡婦選擇再婚。再婚之時最令她們所擔憂的事，不但是喪失了處女的身分，身價下跌，而且還怕自己的陰部過於鬆弛，難以取悅夫婿、維繫婚姻。如〈半處子〉則：

有寡婦嫁人而索重聘，媒曰：「再嫁與初婚不同，誰肯出此高價。」婦曰：「我還是處子，未曾破身。」媒曰：「眼見嫁過人，做孤孀，那個肯信。」婦曰：「我實不相瞞，先夫陽具藐小，故外面半截雖則重婚，裡邊其實是個處子。」（頁一七〇）

此外，〈再醮〉則：

有再醮者初夜交合，進而不覺也，問夫進去否，曰：「進去矣。」婦遂顰蹙曰：「如此我有些疼。」（頁一八二）[30]

這些笑話展現出再婚寡婦欲從和諧的性生活開始，創造新生活。

龍陽與臀風：男性間的愛與慾

男性間的情慾世界，自古即有「分桃」、「斷袖」等典故流傳，其中「斷袖之癖」更成為指稱男同性戀的代名詞[31]。在《笑林廣記》的文本描述，則出現過「龍陽」、「男風」、「臀風」、「兌車」（特指兒童）等詞來指涉，而以《戰國策》中憂慮失寵而泣下的魏王幸臣龍陽君之「龍陽」典故的

30 此則亦見《李卓吾先生評點四書笑》。又程世爵的〈再醮〉一則與此略有不同，「有娶後婚者。初夜交合，夫將那話放入，而婦不覺也。問夫曰：進去否？夫曰：早進去了。婦遂假蹙眉曰：怪不得我此時有些疼」，見（清）程世爵，《笑林廣記》（武漢：長江文藝出版社，一九九五），頁三七。

31 有關中國歷史上的男同性戀可參考 Bret Hinsch, *Passions of the Cut Sleeve*（Berkeley: University of California Press, 1990），其中第五章作者利用 Howard Seymour Levy 編譯的 *Chinese Sex Jokes in Traditional Times*（Taipei: The Orient Cultural Service, 1974）來討論傳統中國笑話中的男同性戀，見頁九八—一一七。亦可參考張在舟，《曖昧的歷程：中國古代同性戀史》（鄭州：中洲古籍出版社，二〇〇一）。Cuncun Wu, *Homoerotic Sensibilities in Late Imperial China*（London: RoutledgeCurzon, 2004）。

運用較多[32]。

從文本的描述可見男性間性活動早在男童的遊戲即已出現。如〈兌車〉則：

> 兩童以後庭相易，俗云「兑車」是也。一童甚黠，先戲其臀，甫完事，即賴之而走；被美者趕至其家，且哭且叫，曰：「要還我，要還我。」其母不知何事，出勸曰：「學生不要哭，他賴了你甚麼？待我替他還你罷。」（頁二〇二）

從「後庭相易」遊戲在此已約定俗成的有了「兌車」的固定具體名稱，可推知此種活動在當時或已具有某種程度的普遍性。又如〈撒精〉則：

> 一人患疾病，醫曰：「必須用少男之精配藥服之，方可還原。」乃令人持器往覓；途遇一美童，告以故，童令以器置地，遂解褌向臀後撒之。求者曰：「精出在前，為何取之在後？」童曰：「出處不如聚處。」（頁二〇一）

「童」的年齡層約指七、八歲至十餘歲間的男子，根據心理學者的研究，兒童期的孩子往往偏向發展同性間的友誼，加入同性的同伴團體，一同做事、遊戲，並分享感受和秘密[33]。前述〈兌車〉則的兩童應處在兒童期年齡層，兩人互為同性好友的身分，以後庭相易分享彼此的隱私，雖然行為跡近於曖昧，但遊戲的成分仍十分濃厚，不直接對應於「男同志」的關係。

隨著性徵逐漸發育成熟，青春期少年對性事逐漸產生好奇，這時「兌車」或因快感的產生而變化。在〈撒精〉則的描述中，肛門成為彼此間摩擦性器產生快感、發洩性慾的灰色地帶。但是，其中遊戲與洩慾的比重、友誼與情慾的微妙消長，便難以從簡潔的笑話文本中獲得更多的釐清。

此外，經由具同性戀傾向的他人加以刻意引導或騷擾，是文本中另一個促使未成年男性體驗同性性經驗的管道。〈擠進〉則：

> 一少年落夜船，有人挨至身邊，將陽物插入臀窟內，少年駭問曰：「為何？」答云：「人多，擠了進去。」又問：「為何只管動？」答曰：「這卻是我不是，在此擦癢哩。」（頁二〇二）

32 劉達臨的《性與中國文化》（北京：人民出版社，一九九九）一書對男同性戀名稱的各種典故有詳細的說明，見頁五七六—五七七。

33 Johnson J.F. Christie 與 T.D. Yawkey 著，郭靜晃譯，《兒童遊戲：遊戲發展的理論與實務》（台北：揚智文化，一九九二），頁一三一—一四一。

〈壽板〉則：

> 有好男風者，夜深投宿飯店，適與一無鬚老翁同宿，暗中以為少童也。調之，此翁素有臀風，欣然樂就。極歡之際，因許以置衣打簪，俱云不願。問曰：「所欲何物？」答曰：「願得一副好壽板。」（頁二〇三—二〇四）。

兩者皆為有意針對未成年「少童」的性騷擾行為。

笑話文本中之龍陽多數仍然被要求納入異性戀的婚姻制度，這似乎顯示其中有一部分是雙性戀者。在走入婚姻之後，龍陽不免感到同性與異性性行為的差異。如〈龍陽娶〉則：

> 一龍陽新娶，才上床即攀婦臀欲幹。婦曰：「差了。」答曰：「我從小學來的，如何得差？」婦曰：「我從小學來，卻不是這等的，如何不差？」（頁二〇〇）[34]

龍陽因不甚了解與異性間的性行為，企圖以過去熟悉的方式來動作，而受到來自妻子的狐疑。但其本身對異性的性交的態度，文中卻並無著墨，結婚之後的龍陽是否就真正走入家庭、接受夫妻間的床笫之樂，在此亦不得而知。又如〈襲職〉則：

龍陽生子，人謂之曰：「汝已為人父矣，難道還做這等事？」龍陽指其子曰：「深欲告致，只恨襲職的還小，再過十餘年便當急流勇退矣。」（頁二〇二）

顯然，在雙性性行為並行的狀態下，龍陽仍無法對臀風的吸引力稍加忘懷，而在結婚生子後繼續維持此種關係。從妻子的角度來看，難以接受丈夫的龍陽之癖，這顯示男子之間的親密行為仍受到一定的歧視。〈齷齪〉則：

夫狎龍陽歸，婦輒作嘔吐狀，謂其滿身屎臭，不容近身。至夜同宿，其夫故離開以試之，妻漸次挨近，久之，遂以牝戶靠陽，將有湊合之意。夫曰：「此物齷齪，近之何為？」妻曰：「正是齷齪，要把陰水洗他一洗。」（頁一八〇）

男性間性活動常以肛交方式為之，而肛門又是人體排洩物的出口而容易予人骯髒的聯想，於是本則中的妻子將肛交的意象擴大，主觀地認為丈夫的性器官「滿身屎臭」而刻意保持距離。此種始於視肛交齷齪的看待角度，亦隱隱的意味著異性戀者對同性間性交的不潔、惡心，以及在道德倫常方面的牴觸與非正常的印象。

34 此則之中的婦顯然曾有性經驗，也可能曾有過同性間的親密行為。

另外，〈倒做龜〉則：

龍陽畢姻後，日就外宿，妻走母家，訴曰：「我不願隨他了。」母驚問故，答曰：「我是好人家兒女，為甚麼倒去與他做烏龜？」（頁二〇三）

龍陽的新婚妻子以「去與他做烏龜」的強烈語句將同性性行為視為逼使她走向不倫的原因，嚴正譴責丈夫的「過失」，在想法上延續了前則視龍陽為齷齪和骯髒的態度。許多學者表示中國歷史上對男同性戀的態度是開放而容忍的[35]，此一觀點似乎仍有待斟酌。

相對於上述龍陽笑話，文本之中全無女女情慾的笑話。其實在中國文獻之中有關女女情慾（稱為「磨鏡」或「對食」）的史料非常少，僅筆記小說中留有數則語焉不詳的故事，如〈二女同死〉、〈姑嫂雲雨〉、〈金蘭會〉等[36]。此外，在明清婦女的戲曲創作之中則有一些有關「對食」（所謂「宮人自相為夫婦」之）的討論[37]。女同性戀（女女情慾）笑話的缺乏或許顯示此一活動隱密性較高，鮮少受人注意，或有其他原因，值得深究。

前戲的浪語：比喻式的調情

文本對異性間性活動的描述遠超過龍陽。男女之間從慾望的激起到雲雨纏綿，有時頗為直接，有時則在表達上顯得含蓄。其中較有趣的一種調情方式是男女透過暗示、比喻等，傳達著彼此在床第之間的想望。這些交流著意願與深層慾望的比喻和肢體語言，常見於夫妻對話的情況中，尤其集中於女性主動求愛的狀況。例如〈腳淘〉則談到吵架過後欲再次親熱的情景：

> 夫妻反目，分頭而睡，夜半妻欲動而難以啟口，乃摸夫腳，問曰：「這是甚物？」夫曰：「腳。」妻曰：「既是腳，可放在腳洶裡去。」（頁一七九）

〈捉蛇蚤〉則：

> 妻好雲雨，每怪其夫好睡，伺夫合眼，即翻身以擾之。夫問何故不睡？曰：「蛇蚤叮人故

---

35 如 Bret Hinsch 即持此一觀點，見 Bret Hinsch, *Passions of the Cut Sleeve*, p. 162。

36 這三則故事出自（清）諸聯《明齋小識》、（明）祝允明（一四六一—一五二七）《野記》與民初張心泰《粵遊小志》。王溢嘉，《情色的圖譜》（台北：野鵝出版社，一九九九），頁二九九—三〇一，曾引用這些故事來討論中國的女子同性間的戀情。亦可見張在舟，《曖昧的歷程：中國古代同性戀史》，頁七二四—七七五，其中討論到珠江三角洲的「自梳女」與「不落家」。有關女女情慾較全面的研究請參考 Tze-lan D. Sang, *The Emerging Lesbian: Female Same-Sax Desire in Modern China*（Chicago: The University of Chicago Press, 2003）. 作者在第一章探討了傳統時期的女女關係。

37 華瑋，《明清婦女之戲曲創作與批評》（台北：中央研究院中國文哲研究所，二〇〇三），頁四二四—四二六。

耳。」夫會其意，旋與之交，妻既應遂，乃安眠。至曉，夫執其物而嘆曰：「我與他相處一生，意不知他有這種本事。」妻曰：「甚麼本事？」夫曰：「會捉虼蚤。」（頁一七二）

以肢體動作配合著「腳與腳淘」和「捉虼蚤」等極為生活化的性暗示，婉轉地向夫婿表達做愛的需求。此種極為樸實親切且貼近生活的暗示和調笑，也有著職業分別上的語言特色。〈水手〉則是男性主動求愛：

> 船家與妻同睡，夫摸著其妻陰戶問曰：「此是何物？」妻曰：「是船艙。」妻亦握夫陽具問：「是何物？」答曰：「客貨。」妻曰：「既有客貨，何不裝入艙裡來？」夫遂與雲雨，而兩卵在外，妻以手摸曰：「索性一併裝入也罷。」曰：「這兩個是水手，要在後面看舵的。」（頁九六—九七）

船家與妻子以船艙、水手與客貨為比喻，作為相互調情的言語戲謔。〈沒坐性〉則是以「先生」、「坐館」來比喻性活動：

> 夫妻夜臥，婦握夫陽具曰：「世人皆有表號，獨此物無一美稱，可贈他一號？」夫曰：「假

者名為角先生，則真者當去一角字，竟呼為先生可也。」婦曰：「既是先生，有館在此，請他來坐。」……（頁六六—六七）[38]

比喻性的調情在文本之中並不限於夫妻，下文將談到男女偷情之時也有很豐富的例子。

胖子、矮子、盲人、呆子行房

《笑林廣記》有關性活動的笑話有不少集中身體或心理上較特殊的人，如胖子、矮子、盲子、呆子等。胖子的部分主要是環繞著行房時的性姿勢，如〈胖子行房〉則：

> 夫婦兩人身軀肥胖，每行房輒被肚皮礙事，不能暢意。一娃子云：「我倒傳你個法兒，須從屁股後面弄進去甚好。」夫婦依他，果然快極。次日見娃子，問曰：「你昨夜教我的法兒是哪裡學來的？」答曰：「我不是學別人的，常見公狗母狗是那般幹。」（頁一一〇—一一一）

這是來自狗兒的靈感，採取後背姿式進行。〈皂隸幹法〉則：

38 此則選自《笑府》與鄧志謨《洒洒篇》，而文字較接近後者，見黃慶聲，〈馮夢龍《笑府》研究〉，頁一二四。

……一皂隸偉胖異常，……隸曰：「小的每到交合之際，命妻子斜坐一大高椅上，將兩足架起，自己站起行事，彼此緊湊，更無阻礙之患。」（頁一一一）

這是為避免肥胖腹部阻礙而想出女方斜坐高椅，兩足架起，而男方站立交合的變通辦法。除了胖子以外，矮子與盲人因身體特徵與眾不同，亦成關注對象。〈親嘴〉則所嘲笑的對象是矮子：

一矮子新婚上床，連親百餘嘴，婦問其故，答曰：「我下去了，還有半日不得上來哩。」（頁一一二）

〈響不遠〉則是摹想盲子之婦與人偷情的一幕笑劇：

盲子夫婦同睡，妻暗約一人與之交合，夫問曰：「何處作歡響？」妻云：「想是間壁，不要管他。」少頃又響，瞽者曰：「蹊蹺！此響光景不遠。」（頁一一五）

文本所嘲諷的對象不但是形體特殊之人的性行為，對於智能較低者也不放過，如〈搠穿肚〉

則：

一呆婿新婚，平素見人說男女交姤，而未得其詳。初夜搯婦股，往來摩擦久之，偶插入牝中，遂大驚，拔戶披衣而出，躲匿他處。越數日，昏夜潛至巷口，問人曰：「可聞得某家新婦挒穿了肚皮，沒事麼？」（頁一四八）

再如〈擦藥〉則：

一呆子之婦，陰內生瘡，癢甚，請醫治之。醫知其夫之呆也，乃曰：「藥須我親擦，方知瘡之深淺。」夫曰：「悉聽。」醫乃以藥置龜頭，與婦行事。夫從旁觀之，乃曰：「若無這點藥在上面，我就疑心到底。」（頁一五五）[39]

上述的笑話多半是以身體殘障與心智障礙者的性活動為主題，無論是胖子、矮子、盲人與呆

39 鍾敬文指出「呆女婿」是笑話故事中很重要的一種類型，而其中一種愚昧的行為是「對於性行為的外行」，如絕不曉得有所謂性交的事、不知怎樣性交，與性交後產生對性的迷戀。見鍾敬文，〈呆女婿故事探討〉，收入婁子匡等，《呆子的笑話》（台北：東方文化書局，一九七五），頁四—五。

子，在「正常人」的眼中，都屬於「怪誕」的一群，因而成為被嘲諷的對象。這一些身心特徵同時也劃分出正常和異常的兩個世界。然而，此處與性相關的「異常者」顯然有選擇性。其他的身心「缺陷」如禿頭、駝子、聾子、近視、肢體殘障、瘋子等，其情慾生活在此未受到關注。

妻妾爭風

文本所描繪的兩性活動中，一夫一妻與有妻有妾的情況有顯著的不同。丈夫娶妾一事常令妻子不滿，然而多數的情況之中妻子並無法阻止丈夫娶妾，她們對此只好默默接受。妻妾之間有時（特別是分居兩地時）能夠和睦相處、以禮相待，如〈同僚〉則藉著「僚」與「屪」同音，影射二女的「共事」關係：

> 有妻妾各居者，一日，妾欲謁妻，謀之於夫，當如何寫帖。夫曰：「該用『寅弟』二字。」妾問其意何居，夫曰：「同僚寫帖，皆用此稱呼，做官府之例耳。」妾曰：「我輩並無官職，如何亦寫此帖？」夫曰：「官職雖無，同僚總是一樣（同屪）。」（頁三五）

然而更為常見的情況則是妻妾爭風。彼此競爭當中，對丈夫的性需索是其中極為重要的項目，除了由性行為中增加受孕機會藉以提高在家庭中的地位，性的獨占也象徵著得寵與失勢的兩極待遇。因此，在妻妾爭風的家庭中，性愛的分配成為妻妾較勁的主戰場。如〈公直老人〉則：

> 妻妾爭風，夫又倦於房事，乃曰：「我若就那個只說我偏愛，今夜待我仰臥在床，看你們造化。此物向誰，就去與他幹事。」妻妾無言，各將陽物摸弄，一時興起，豎若桅杆。夫大笑曰：「你兩個扶持他成了公直老人，不肯徇私，我也沒法。」（頁一八四）

本則中的丈夫較前則稍倦於房事，以勃起後陽具的指向決定做愛的對象。雖然頗為荒誕，仍不失為任憑造化、維持公平原則的一項決定，故妻妾間倒也無話可說。但在〈願殺〉則中的狀況卻有所不同：

> 妻妾相爭，夫實愛妾而故叱之曰：「不如殺了你，省得淘氣。」妾奔入房，夫持刀趕入；妻以為果殺，尾而視之，見二人方在雲雨，妻大怒曰：「若是這等殺法，倒不如先殺了我罷。」（頁一八三）

同樣是妻妾相爭的狀況，丈夫為化解場面而故意作戲叱責妾。這場爭執儘管讓妻子占盡了面子上的便宜，但由丈夫與妾在退場後逕自雲雨來看，性愛賜予的恩寵是最終的評判。

有時妻子有應對妙法，以與妾爭寵，如〈不往京〉則：

> 一監生娶妾，號曰：「京姐」，妻妒甚。夫詣妾，必告曰：「京裡去。」一日，欲往京去，妻曰：「且在此關上納了鈔著。」既行事訖，妻曰：「汝今何不往京去？」曰：「毬也沒有一些在肚裡，京裡去做甚麼？」（頁四二）

丈夫則要想盡辦法找藉口去妾的房間，如〈罰真咒〉則：

> 一人欲往妾處，詐曰：「我要出恭，去去就來。」妻不許，夫即賭咒云：「若他往，做狗。」妻將索繫其足放去。夫解索，轉縛狗腳上，竟往妾房，妻見去久不至，收索到床邊，起摸著狗背，乃大駭云：「這死烏龜，我還道是騙我，卻原來倒罰了真咒。」（頁一八四）

總之，享受齊人之福的同時，丈夫必須將性行為做均等分配，才得以維持家庭成員間的和諧。妻妾爭風的笑話在民國時期婚姻制度變更，廢除納妾制度之後才隨之減少[40]。

生育、兒女與性事

男女間的性活動不僅是追求感官享樂，更直接關涉生育與家族延續。明清時期由於避孕措施不普遍，夫妻在行房後常須面臨生兒育女的人生重大課題，而生育的苦痛經驗深深地影響到婦女對性活動的態度。〈咎夫〉則藉臨產婦女陣痛時的反應，凸顯出對房事的又愛又恨的態度：

> 一婦臨產，腹中痛甚，乃咎其夫曰：「都是你作怪，帶累我如此。」怨詈不止。夫呵之曰：「娘子省得你埋怨，總是此物不好，莫若閹割了，絕此禍根。」遂持刀欲割，妻大呼曰：「活冤家，我痛得死去還魂，這刻才好些，你又來催命了。」（頁一七三）

〈不怕死〉則詼諧地表現生育過後，苦痛隨之遺忘：

> 一婦生育甚難，因咎其夫曰：「皆你平素作孽，害我今日受苦。」夫甚不過意，遂相戒，各自分床，不可再幹此事。妻然之。彌月後，夜間忽聞啟戶聲，夫問：「是誰？」妻應曰：「那個不怕死的又來了。」（頁一七四）

---

40 有關清朝的納妾制度可參考郭松義，〈清代的納妾制度〉，《近代中國婦女史研究》，第四期（一九九六），頁三五—六二；定宜莊，〈清代滿族的妾與妾制探析〉，《近代中國婦女史研究》，第六期（一九九八），頁七五—一〇八。在民國初年納妾雖受到輿論的譴責，但法律對之未作明確禁止，在判例與解釋例之中均承認納妾的法律效力，見羅蘇文，《女性與近代中國社會》（上海：上海人民出版社，一九九六），頁三四三—三四四。至民國三十六年才真正落實一夫一妻制度，視納妾為非法行為。

兩則笑話中的妻子皆因產痛而強烈排斥害己受孕的性交行為，並將過失歸罪於丈夫的性器官，除了埋怨，甚至不惜分床以保持距離。因痛楚而做出抉擇的態度看似荒謬，然而對新婚女性而言，懷孕到生產過程中的不適與痛苦感，似乎要超過性生活帶來的歡娛。

生育對性生活所帶來更大的影響出現在新家庭成員的誕生，破壞了兩人世界的私密性。在此類笑話中，除了交歡雙方熱絡挑弄與投入外，也穿插了兒女攪局的演出。

由於空間的局限和照料的方便，孩子往往與父母同房，而有機會似懂非懂的感受到父母間親熱的「異狀」。如〈嗔兒〉則：

> 夫妻將舉事，因礙兩子在旁，未知睡熟否。乃各喚一聲以試之。兩子聞而不應，知其欲為此事也。及雲雨大作，其母樂極，頻呼叫死。一子忽大笑，母慚而撻之。又一子曰：「打得好，打得好，娘死了不哭，倒反笑起來。」（頁一七一）

〈凍殺〉則：

> 夫婦乘子熟睡，任意交感。事畢，問其妻爽利麼，連問數語，妻礙口不答。子在腳後云：「娘快些說了罷，我已凍殺在這裡了。」（頁一七一）

這些文本藉孩子介入時讓父母親受到打擾與感到尷尬的童言童語產生笑果，在某種程度上反映出對性活動被打擾的恐懼和私密性空間難以取得的窘況。

兒媳與扒灰老——家庭中的逆倫之性

翁與媳姦謂之「扒灰」。此種在道德上的亂倫行為在明、清法律中必須受到處斬的重刑[41]。儘管如此，凸顯父子間既有血緣的親密卻又進行著背德的欺瞞，老子讓兒子戴綠帽的八卦衝突，成為種種親屬逆倫關係中最受笑話文本所青睞的一部分。如〈怕冷〉則：

> 幼女見兩狗相牽，問母曰：「好好兩隻狗，為何聯攏在一處？」母曰：「想是怕冷。」女搖頭曰：「不是，不是。」母曰：「怎見得不是？」女曰：「前日大熱天，你和爺爺也是這樣，難道都是怕冷不成？」（頁一八〇）

透過孩子似懂非懂的觀察看待，一段翁媳間曖昧而又隱密的扒灰情事昭然若揭。文本呈現出的翁媳互動關係有二類：〈謝媳〉則屬於媳婦就範的狀態：

41 瞿同祖在《中國法律與中國社會》（上海：商務印書館，一九四七）一書，根據明清時的律例指出「明、清律和姦期親及子孫之婦皆處斬」、「除強姦外，男女雙方皆同坐」，頁三九—四〇。

一翁扒灰，事畢揖其媳曰：「多謝娘子美情。」媳曰：「爹爹休得如此客氣，自己家裡，那裡謝得許多。」（頁一八五）

另一種狀態是媳婦抗拒，並主動向婆婆提出幫忙的請求，如〈換床〉則：

一翁欲偷媳，媳與姑說明。姑云：「今夜你躲過，我自有處。」乃往臥媳床，而滅火以待之。夜深，翁果至，認為媳婦，雲雨極歡。既畢，嫗罵曰：「老殺才，今夜換得一張床，如何就這等高興？」（頁一八六）

媳婦因婆婆的出面得以巧妙避過公公的算計，而笑話中的高潮便落在老夫妻陰差陽錯地於他人床上重逢的尷尬對話。此種至親關係的兩對夫婦間，公公往往是主動出擊的侵略者角色，媳婦為委曲求全的配合者，婆婆則為糾察與制裁者。

官方對亂倫事件並不袖手旁觀，〈拿訪〉則：

一人作客在外，見鄉親問曰：「我家父在家好麼？」鄉親曰：「好是好，前日按院訪拿十二個扒灰老，尊翁躲在毛廁裡，幾乎嚇殺。」（頁一八六）

這裡透露出兒子為難的處境。為人子者既須顧及倫常與孝道的社會期許，又得無端地戴起綠帽，見挫於父母與妻子之間，真是情何以堪。而如此嚴重違背社會良善風俗的關係，為何卻在笑話世界中大受青睞呢？在文本中透露出這樣的訊息，〈詳夢〉則：

一作典吏者，有媳婦最善詳夢，適三考已滿，將往謁選，夜得一夢，呼媳詳之。媳問何夢，公曰：「夢見把許多冊籍放在鍋內熬煮，未知主何吉凶？」媳曰：「初選一定是個主簿。」隔數日，公曰：「我又得一夢，夢見你我二人皆裸體而立，身子卻是相背的，何也？」媳曰：「恭喜！一轉就是個縣（現）丞（成）。」（頁三六）

從翁媳相背，一轉而為現成的釋夢邏輯當中，媳婦為家庭場域中最容易接近之非血親關係的異性，在某種程度上亦為最容易使力、並易以長輩淫威予以勉強的對象。尤其在兒子離家或長期在外的狀況下，身為年輕女性的媳婦除了顯得弱勢、甚至亦有無法排遣的生理需求和心理無力感，亟需來自其他家庭成員的援手。再者，由於雙方互為社會所認可的至親，即使在彼此建立曖昧關係之後，也較其他人選更能夠維持穩定而隱蔽的發展。

扒灰的笑話牽涉到亂倫與生育的複雜情結，使家庭倫常受到挑戰。此一挑戰似乎長期而普遍地存在於明清時代的家庭生活之中，如〈毛病〉則：

一翁偷媳婦，不從而訴于姑。姑曰：「這個老烏龜，像了他的爺老子，都有這個毛病。」（頁一八五）

〈雷擊〉則：

有客外者，見故鄉人至，問家鄉有甚新聞？曰：「某日一個霹靂打死十餘人，都是扒灰老。」其人驚問曰：「家父可無恙乎？」答曰：「令尊倒倖免，令祖卻在數內，一同歸天了。」（頁一八七）

文中顯示祖父偷媳，父亦偷媳的家族傳承。這樣三代恩怨循環所牽扯出的是更深層的惡作劇想像——「種」的問題。扒灰所引發出最誇張的事莫過於媳懷父種，如此一來祖孫三代間的真實身分與彼此稱謂便更有商榷與遐想的空間[42]。

與扒灰類似的是偷弟媳或叔嫂私通。〈整嫂裙〉則隱約透露叔嫂因生活上的親近，容易產生曖昧關係：

一嫂前行，而裙夾於臀縫內者，叔從後面拽整之。嫂顧見，疑其調戲也，遂大怒；叔躬身

曰：「嫂嫂請息怒，待愚叔依舊與你塞進去，你再夾緊如何？」（頁二八三）[43]

〈偷弟媳〉則描寫一個偷弟媳的老人：

> 一官到任，眾里老參見。官下令曰：「凡偷媳婦者，站過西邊；不偷者，站過東邊。」內有一老人，慌忙走到西首，忽又跑過東來。官問曰：「這是何說？」老人跪告曰：「未曾蒙老爺吩咐，不知偷弟媳的該立何處？」（頁一八七）

以上的笑話反映中國家庭之中亂倫的行為似乎主要環繞著年長男子與無血緣關係的年輕女子之間的性關係，這與西方伊狄帕斯情結（Oedipus complex）的亂倫關係形成明顯的對比，其中意涵值

---

42 明清豔情小說《癡婆子傳》之中有一段詳細地描寫扒灰的過程，該書主角上官阿娜在與公公發生關係之後曾對他開玩笑地說，「未聞以子所鑽之穴，而翁鑽之者。假令鑽而有孕，子乎？孫乎？」她的公公則回答：他管不了「垂死之姑及浪蕩子」，見（清）芙蓉夫人輯、情癡子批校，《癡婆子傳》（台北：雙笛國際事務有限公司出版部，一九九四），頁八七。

43 這一則亦採自《李卓吾評點四書笑》。

得玩味[44]。

偷情紀事

走出家庭與道德的常軌之外，有著另一個散發著異樣吸引力的背德世界，挑戰每個掙扎中的人性。偷情行動本身提供出的強烈刺激與廣泛聯想性，正是講求辛辣的笑話文本所不容錯過的主題。透過笑話反映出的偷情紀事中，主角意外的是鮮少主動表達自我的女性，而其原因或是丈夫長期在外，或是被寫成是「本性多淫」。長期外出的丈夫自然是力圖防範，而受情慾驅策的妻子則是上有政策、下有對策。如〈抉荷花〉則：

> 一師出外就館，慮其妻與人私通，乃以妻之牝戶上，畫荷花一朵以為記號。年終解館，歸家驗之已落，無復有痕跡矣，因大怒欲責治之，妻曰：「汝自差了，是物可畫，為何獨揀了荷花？豈不曉得荷花下面有的是藕，那須來往的人，不管好歹，那個也來掘掘，這個也來掘掘，都被他們掘乾淨了，與我何干？」（頁七四）

〈問兒〉則：

> 一人從外歸，私問兒曰：「母親曾往何處？」答曰：「間壁。」問做何事，兒曰：「想是同

外公吃蟹。」又問何以知之？兒曰：「只聽見說：『拍開來，縮縮腳』，娘又叫道：『勿要慌，我個親爹。』」（頁一七五）

從丈夫的懷疑、憂慮到刺探、防堵的過程，男性對戴綠帽的普遍性焦慮與憤怒使讀者很容易深刻感受到衝突狀況，並能立即感受到隔岸觀火、幸災樂禍的快感。另一種狀況則是妻子、姦夫與丈夫同時在場的情景。〈奸睡〉則：

> 奸夫聞親夫歸，急欲潛遁，婦令其靜臥在床。夫至，問床上何人？妻答云：「快莫做聲，隔壁王大爺，被老娘打出來，權避在此。」夫大笑云：「這死烏龜，老婆值得恁怕？」（頁一五六）

此類笑話藉著捉姦在床的戲劇性緊張與衝突、巧婦的掩飾與脫困和姦夫的倉皇逃離以製造笑料，凸顯出男人對於「做烏龜」的根本憂慮。

---

44 伊狄帕斯源於希臘劇作家 Sophocles 劇本中弒父戀母的故事，佛洛依德用來說明兒童對異性雙親的愛慕與同性雙親的敵視。

僧道也瘋狂

佛教以追求精神層次的超越為人生目標，主張抑制情慾。單純規律的同性僧尼團體往往予人清靜莊嚴之感，但在情色笑話無遠弗屆的想像中，不但呈現了出家人的情慾困境，甚至清靜佛門成為僧尼從事犯戒情事的場所。〈幾世修〉則完全顛覆了僧尼階層固有形象與尊嚴：

一尼到一施主家化緣，暑天見主人睡在醉翁椅上，露出陽物甚偉，進而對主家婆曰：「娘娘，你幾世上修來的如此享用？」主婆曰：「阿彌陀佛，說這樣話。」尼曰：「這還說不修。」（頁二二七）

在和尚方面文本之中表述十分豐富，如〈陽硬〉則：

或問和尚曰：「汝輩出家人，修煉參禪，夜間獨宿，此物還硬否？」和尚曰：「幸喜一月止硬三次。」曰：「若如此大好。」和尚曰：「只是一件不妙，一硬就是十日。」（頁二一七）

照這樣的誇張敘述來看，這位僧人每天幾乎都徘徊在慾望與掙扎之中而不能自已，無法真正從事清修與超脫的心靈成長。

和尚為了解決生理需求，自慰（即佛典所說「故出精」與「自出精」）[45]一途自不在話下；此外大和尚可以小沙彌之後庭來取樂，如〈開葷〉則：

師父夜謂沙彌曰：「今宵可幹一素了。」沙彌曰：「何謂素了？」僧曰：「不用唾者是也。」已而沙彌痛甚，叫曰：「師父熬不得，快些開了葷罷。」（頁二一六）

〈祭器〉則：

僧臨終囑其徒曰：「享祀不須他物，只將你窟臀供座上足矣。」徒如命，方在祭獻，聽見有人叩門，忙應曰：「待我收拾了祭器就來。」（頁二二一）

在上述以寺廟與同性僧侶為主的笑話裡，位居師父者，往往扮演著主動和引導的角色，以師命為號令，主導著性活動的進行，並從中獲得發洩。而居於徒弟位置的，則多為臀部的供應者，忍受勞苦地服務其師。於是，師授徒以藝，徒報師以臀，代代相傳而此風得以流傳在單純固定的宗教場

45 在高楠順次郎、渡邊海旭都監，《大正新脩大藏經》（東京：大正一切經刊行會，一九二四—一九三四）之中有許多例子，如卷二一第四誦之一，頁一五七—二，有「汝不得故出精」。

域中。

笑話更進一步摹想當和尚與尼姑同宿一室的狀況，〈掙命〉則：

僧尼二人廟中避雨，至晚同宿，僧摸尼牝戶，問：「此是何物？」尼曰：「是口棺材。」尼摸僧陽具，問：「此是何物？」僧曰：「是個死和尚。」尼曰：「既如此，我把棺材佈施他裝了。」僧遂以陽物投入陰中，抽提跳躍。尼曰：「你說是個死和尚，如何會動？」僧笑曰：「他在裡頭掙命哩。」（頁一九二）

彼此以獨特的宗教式言語調情，並回復至孤男寡女的原始身分，在寺廟內犯下破戒勾當。笑話對僧人形象的挑戰與破壞還不止於此，〈宿娼〉則中的和尚，在寺內玩弄小沙彌、在寺外嫖妓：

一僧嫖院，以手摸妓前後，忽大叫曰：「奇哉奇哉，前面好像尼姑的，後面的宛似徒弟。」（頁二二三）

又〈小僧頭〉則，主角不但嫖妓，更藉著上面的光頭與下面的「小頭」之範疇互換，來增加笑果：

一僧宿娼，娼遽扳其頭以就陰。僧曰：「非也，此小僧頭耳。」娼意嫌其小，應曰：「盡夠了。」（頁二二〇）

從《笑林廣記》中呈現出的僧尼形象反映出人們對於長期處於宗教清規的出家眾，在慾望安頓方面的好奇。人們似乎很難想像完全禁慾的情景，而有這許多誇張荒謬的臆測，進而以宗教虔誠與縱情狂歡的強烈對比，造就出僧尼在笑話文本中的虎狼形象。

有關出家人的笑話不但有僧尼，也有道士，但數量明顯較少，並無道士與道姑勾結的故事。這或許是因為道教在情慾禁忌方面不似佛教森嚴，並視房中術為修煉之一環[46]。然而道士形象仍不免受到揶揄，如〈屄殼〉則講道士偷人：

一道士與婦人私，正行事，忽聞其夫叩門，道士慌甚，乃棄頭上冠子在床而去。夫既登床，摸看道冠，問曰：「此是何物？」婦急應曰：「此是我退下的屄殼。」（頁二二四）

〈僧道爭兒〉則是和尚與道士共偷一寡婦：

46 劉達臨指出「道家崇尚房中術」，「在克伐愛欲方面，佛家要比道家走得遠得多」。劉達臨，《性與中國文化》，頁五五一、五六八。

有僧道共偷一孀婦，有孕。及生子，僧道各爭是他骨血，久之不決。子長，人問之，答曰：「我是和尚生的。」道士怒曰：「怎見得？」子曰：「我在娘胎裡，只見和尚鑽進鑽出，並不曾見過道士。」（頁二二三—二二四）

妓院春色

娼妓是極為古老的一項行業，《笑林廣記》有關兩性活動的描述中亦不缺這一部分。笑話建構了妓女的刻板形象，首先是嘲弄妓女因接客無數而陰道寬闊，如〈羨妓陰物〉：

嫖客往妓館，歸，妻問曰：「這些娼婦經過千萬人，此物定寬，有甚好處，而朝夕戀他？」夫曰：「不知甚麼緣故，但是名妓，越接得客多，此物越好。」妻曰：「原來如此，這也何難，為甚不早說？」（頁二〇四）

儘管如此，在相處之時娼妓也確實為客人帶來歡笑，歡宴場面中的巧妙對話層出不窮，比較多的例子是下層仕紳與胥吏狎妓時的情景，如〈打丁〉則，生員與監生藉著「祖制免丁」的成規，與「白丁」的自我調侃所產生的雙關語，想要不付費：

一人往妓院打丁畢，妓牽之索謝。答曰：「我生員也，奉祖制免丁。」俄焉又一人至，亦如之。妓曰：「為何？」答曰：「我監生也。」妓曰：「監生便怎樣？」其人曰：「豈不知監生從來是白丁？」（頁四四）

又如〈黌門〉則，在二秀才與妓女的對話之中，將神聖的儒家經典與黌門（學校）和妓女的月經、紅門，因發音相近聯繫為一，產生雅俗並置的幽默感：

三秀才往妓家，設東敘飲。內一秀才曰：「兄治何經？」曰：「通《詩經》。」復問其次，曰：「通《書經》。」因戲而問妓曰：「汝通何經？」曰：「妾通月經。」眾皆大笑。妓曰：「列位相公休笑我，你們做秀才都從這紅門中出來的。」（頁五六）

這些笑話都藉著流行於仕紳、胥吏的相關語彙（較雅的話語）與鄙俗的、與女性身體相關的話語相混淆，來製造笑果。

妓女與嫖客之間也因長年相處、嬉戲，產生感情，而互送贈品，上文〈哈毛〉一則曾談到妓女臨別贈送陰毛數根。下一則〈厤屄〉是一個類似的故事，只是嫖客意猶未足，要索取「陰上之肉一塊」以為紀念，引起老鴇的不滿：

一客與妓密甚，臨別謂妓曰：「恩愛情深，願得一表記，睹物如見卿面矣。」妓贈以香囊、汗巾俱不要，問曰：「所愛何物？」答曰：「欲得卿陰上之肉一塊。」……（頁一二一）

嫖客前去妓院時，偶爾也會碰到熟人，最尷尬的莫若父子意外相見，〈父多一次〉則有趣地展現一對妓館相逢的父子：

子好遊妓館，父責之曰：「不成器的畜生！我到娼家，十次倒有九次見你。」子曰：「這等說來，你還多我一次，反來罵我。」（頁二〇七）

也有兒子嫖妓，父任幫閒之事，然囿於禮教，不便公開，如〈子嫖父幫〉則[47]：

有子好嫖而餓其父者，父謂之曰：「與其用他人幫閒，何不帶挈我入席，我既得食，汝亦省錢，豈不兩便，但不可說破耳。」子從之……（頁二〇六）

結論

以上本文嘗試以《笑林廣記》的文本，一窺明清笑話中的身體觀與情慾世界。誠如上述，笑話所反映的心靈世界並不對應社會真實，而是一個經過折射、扭曲的影像。這些暫時拋開禮教束縛的解頤之語，率直地提供一些在其他史料所甚少觸及的訊息，可以幫助我們對明清時代「集體心靈」的認識。

文本所反映的集體心靈究竟屬於哪些人，是一個很難釐清的問題。我們或許可以假設這是由《笑林廣記》的創作者、編輯者、出版者與讀者們在反覆講說、閱讀之中，共同塑造而成。作者認為此一文本基本上反映的仍是傳統中國男性中心社會的價值觀，其跨越了雅俗的界線，代表明清時代男性世界中較流行的一些想法。

《笑林廣記》的笑話文本觸及身體、情慾的現實面與理想面，它們採取戲謔的方式面對現實的缺陷，又誇大地建構一個理想情境以為寄託。表面上看來笑話文本反映人生之中歡樂、嬉戲的一面，然而細究其內涵，在笑聲的背後卻有深沉的哀傷、焦慮與恐懼，憂喜之交織，形成《笑林廣

47 「幫閒」在許多明清間的筆記小說都提到，他們誘導有錢的消費者，從事各種休閒娛樂活動。有關此一角色的分析見王鴻泰，〈流動與互動——由明清間城市生活的特性探測公共場域的開展〉（台北：台大歷史研究所博士論文，一九九八），頁一六六—一七二。

記》文本中令人思索沉吟的一個特殊面向。文本中所展現現實的缺陷不勝枚舉，如男性的陽具短小、陽痿、不舉；女性的陰毛濃密、乳房過大、陰道鬆弛；兩性身體的肥胖、矮小、殘障，還要面對老化所帶來的不便。而一個缺陷的身體更要面對情慾世界的各種煎熬，獨身者以手或器具解決生理的衝動；異常體位者有性姿勢的困擾；新婚者面臨初夜的憂慮（或是女子的疼痛，男子的不舉）；夫妻生活中也有很多難題，如親熱時缺乏私密空間的不便、婦女生育的陣痛、男子擔心妻子的不貞、納妾者得做到雨露均霑；龍陽要面對妻子與外在世界的責難；媳婦面臨公公、叔伯的欺凌挑逗，兒子與媽媽則擔心爸爸是否有扒灰之癖；小沙彌要將「窟臀」上貢師父；妓女要忍受小猢猻「口闊屄兒大」的嘲諷等。這種種的不圓滿自然是生命之中難以承受之重。以笑謔的態度來面對殘酷的現實，一方面表達出無奈之感，另一方面似乎也在某種程度上以幸災樂禍、隔岸觀火的閱讀方式，紓解獨自面對生命缺陷時的苦痛。

笑話文本的心理治療也在勾勒一理想世界，建構男性陽具豐偉異常，可在桌上連敲數下的勇猛；女性可在偷情時成功地矇騙丈夫；婆婆可以在媳婦的床上巧遇公公等。然而與缺陷之事相較，理想世界的夢幻逸品似乎只能使人短暫地忘卻造化的作弄。

笑話所創造的自由空間在理論上不受到社會規範的箝制，大膽地觸及一般論述之中所罕言的一些身體部位與情慾活動，文本論述發揮了狂野的情色想像，以挑戰禮教禁忌，也滿足偷窺、意想不到等心理情結。這一現象很類似巴赫汀所說的「狂歡節話語」，把「肉體的低下部位」和「肉體的物質性原則」提得很高，「是對肉體感性慾望的正面肯定和讚美」；「將一元統一的官方語言所掩蓋和壓制的眾聲喧譁現象昭然於眾」，並「讓溫文爾雅、矯揉造作的官方和菁英文化尷尬」，因而展現了大眾文化的革命性格[48]。這樣的描寫在某種程度內與《笑林廣記》所展示的傾向非常類似。

然而我們不能忽略兩者之間的差異。如果從《笑林廣記》文本來看（特別是以其所嘲諷的對象來看），它們雖然有與西方「狂歡節」笑話有類似的語言策略，卻顯然不具有太多的顛覆性。首先明清笑話的突破之處似乎只限於在扮演社會「安全瓣」（safety valve）的功能，以略微開放的言說空間，適度地紓解禮教對情慾的壓抑，藉此來維繫現實秩序的運作[49]。這樣一來情色笑話與禮教管束實有相輔相成之處。

更重要的是明清笑話之內容所表達的仍是一套與當時禮教相配合的，有關「健康」、「美麗」與「正常」的價值觀念。例如文本之中無論對扒灰、私通、龍陽或嫖妓的嘲諷，其主旨不在肯定個體的感官慾望，而是支持以異性情色關係為主軸的倫理秩序；對於巨大陽具的讚美與陰道鬆弛的排斥則顯示「陽具中心」的性愛觀。換言之，《笑林廣記》的各種嘲諷是對固有倫理價值體系的捍衛，同時也是「正常人」（異性戀、身材不高不矮不胖不瘦、心智一般）對「異常者」的糾舉與規

---

48 請參閱 Mikhail Bakhtin, *Rabelais and His World*, trans. Helene Iswolsky（Bloomington: Indiana University Press, 1984）。劉康，《對話的喧聲：巴赫汀文化理論述評》（台北：麥田出版，一九九五），頁二六一—三〇五。

49 Hsu Pi-ching, "Feng Meng-lung's *Treasury of Laughs*: Humorous Satire on Seventeenth-Century Chinese Culture and Society," p. 1064.

訓。

《笑林廣記》所反映的男性心靈世界有其時代性，是源於當時的社會生活與知識結構，而隨著社會生活與知識結構的變遷，此一心靈世界也有所嬗變，目前中國人的心靈結構已與明清時代有所不同。在延續與蛻變的交織之下，有一些笑話仍然流傳綿延，另一些笑話則已不復存在，這一變化實際上是反映了人們的身體觀念、性別意識，乃至「人觀」的改變。

總之，民國以後傳統的影響雖持續存在，然而禮教的內涵已發生重大的變化，以西方科學為主的知識系統、以個人為中心的主體觀念，以及國族主義的強勢話語，再加上女權意識的抬頭等，改變了我們對身體的認知，此後人們「健康」、「美麗」與「正常」出現一個新的定義，情慾表達也因而展現出不同的面貌。

第三章

《鏡花緣》之幽默

——清中葉幽默文學之分析

前言

李汝珍（約一七六三—一八三〇）的《鏡花緣》從十九世紀初年問世以來一直廣受讀者歡迎。該書中不但充滿了輕鬆的神奇幻想與嚴肅的社會批判，其筆調更是引人發噱，堪稱幽默巨著，與英國綏夫特的《格理佛遊記》（Jonathan Swift, *Gulliver's Travels*, 1726）和法國孟德斯鳩的《波斯書簡》（Montesquieu, *Persian Letters*, 1721）等書相比毫不遜色。在本章中作者擬以《鏡花緣》一書為基本史料，企圖了解在鴉片戰爭（一八三九—一八四二）前夕中國社會中有那些引人發笑的主題？用一個民國初年時譯自英文的詞來說，本章研究二百多年前中國社會中的「幽默」（humor）[1]。這些幽默故事多數都是男性幽默（或諷刺），也有一部分是男性所想像的女性幽默。

從學術的角度研究幽默近年來在歐、美學界逐漸興盛，幽默不但是生活的點綴，更成為學者嚴肅思考的對象，他們一方面從理論的角度探討幽默的本質，另一方面也研究不同文化中幽默的歷史。例如一九八八年英國出版了二本有幽默理論的書，一九八九年《東西哲學》（*Philosophy East and West*）出了一期幽默研究專號[2]，一九九〇年初牛津大學開了一門幽默史的研討課，討論的主題環繞著歐洲與美國的幽默。在中國幽默史方面，早期有林語堂、王利器等人的研究[3]，伊懋可博士（Dr. Mark Elvin）的專文則別開蹊徑對中國幽默予以理論解釋並作中西比較，對後人的研究有所啟發[4]。

1 以「幽默」一詞來翻譯英文的 humor 最早出現在中國是在一九二四年北京《晨報》，林語堂的文章之上。一九二四年五月和六月，林語堂撰寫了〈徵譯散文並提倡「幽默」〉和〈幽默雜話〉兩文，公開提倡幽默。「幽默」一詞取代了在此之前王國維所翻譯的「歐穆亞」（一九〇六）與茅盾所翻譯的「活氣」（一九二一）成為標準譯詞。劉保慶，〈幽默的興起：從中國現代文學史上來談〉（上海：華東師範大學碩士論文，二〇〇六），頁六—八。林語堂對幽默的看法見〈論幽默〉，張明高、范橋編，《林語堂文選》（北京：中國廣播電視出版社，一九九一），下冊，頁七九—八五。

2 參見 Special Issue on "Philosophy and Humor" in *Philosophy East and West*, Vol. 39, no. 3（July 1989）. 該專號之中不但討論禪宗的幽默，也論及儒家與道家的幽默。

3 如王利器輯，《歷代笑話集》（上海：上海古籍出版社，一九八一）；王貞珉、王利器輯，《歷代笑話集續編》（瀋陽：春風文藝出版社，一九八五）。

4 John Durant and Jonathan Miller eds., *Laughing Matters: A Serious Look at Humour*; Michael Mulkay, *On Humour: Its Nature and Its Place in Modern Society*. 一九九〇年時牛津大學幽默史研討課的主題如下：(1) J.P. St. John Nicolle, "Toward a History of Humour". (2) M.A. Screech, "Rabelaisian Humour". (3) P.J. Waller, "Humour in the Late Victorian and Edwardian Parliamentary World".(4) B. Richards, "Humour in Unexpected Places: Milton, Wordsworth, George Eliot, Pater, Henry James and D.H. Lawrence". (5) J.D. Walsh, "Sydney Smith: the Clergyman as Humorist and Reformer". (6) J.C.H. Davies, "How Ethnic Jokes Have Changed over Time in Britain and America". (7) J.P. St. John Nicolle, "Humour, Religion and the Church in Early Modern Europe". 伊懋可之作品如下：Mark Elvin, "The Spectrum of Accessibility: Types of Humour in *The Destinies of the Flowers in the Mirror*," R.T. Ames, S.W. Chan, and M.S. Ng, eds., *Interpreting Culture Through Translation*（Hong Kong: The Chinese University Press, 1991）, pp. 101-117.

幽默在人類的社會經驗中是一個相當重要的部分，它不但提供一種傳達思想、情感的有效途徑，更反映出該社會中基本的價值取向。根據神經醫學者的研究，除了呵癢所引起的笑之外，多數的笑都是認知性的，它與來自下層神經系統的打鼾和咳嗽等不自覺的行為有明顯不同。人們必須先掌握到引人發笑的情境，有了這種思想上的認識，然後才能觸發神經系統，帶動臉部肌肉而產生笑；換言之，一種「心靈架構」是笑的先決條件[5]。連帶產生一個十分重要的問題是，對人類而言這種心靈架構到底是普遍的還是受文化限制的？例如，同一個笑話可以使所有的人發笑，還是只有部分人覺得好笑，部分人覺得不好笑，或不知道為什麼好笑？我想這要依笑話的內容而定，有的笑話易於超越文化的束縛，有些笑話則深受文化限制。我們可以在許多文化中找到類似的誇大笑話、糞便笑話，或者認為某一地區的人民特別笨的笑話等等，這些笑話有相當大的普遍性，不一定需要特殊的文化背景才能欣賞；但同時也可以發現人們在不同時間、不同空間或處於不同的社會地位，往往對不同的事物感到好笑，這些笑話則具有較強的相對性，不是每一個人都具有直接進入的「認知管道」。

幽默的相對性格可以從二個角度來了解。第一，笑話與社會生活緊密關聯，許多笑話是從具體的社會情境、語境中產生的，或者是對過去共同經驗的不言而喻，因此缺乏該群體的生活經驗，則缺乏進入該類幽默的管道。第二，幽默是一種溝通的方式，思維與語言習慣強烈地影響到幽默的內容與形式。同時，唯有成功而即時的溝通才能產生思想的碰撞，而激發出笑的火花；而需要解釋才讓人了解的笑話則反映雙方溝通不良。因此溝通的即時性影響到幽默訊息的傳遞。整體而言，幽默有相當明顯的文化相對性格，這種相對性可以是時間的、空間的，也可能是性別的、年齡的、職業的，或社會階層的。因此除了一些共通的幽默之外，在不同的團體有不同的幽默，而團體的大小可以小至幾個人，大至一個文化。這也是為什麼當某一群體的人讀到其他群體的笑話時（例如古代的笑話或其他文化的笑話），往往會覺得奇怪或感到一點都不好笑。總之，不同的群體往往有不同的笑的主題；而且當群體的心態改變時，笑話的內容與形式也隨之變遷[6]。幽默史的研究主要即著重於時間與文化因素對人類談笑行為的影響。

在西方學界有關幽默的研究相當豐富，哲學家、心理學家、社會學家、人類學家與歷史學家都曾作過許多的研究[7]。對於中國社會之幽默的研究相對而言要少得多，而且在中國史的領域中幽默的研究多數仍停留在史料整理的層面，缺乏較深入的分析，尤其從歷史的角度分析幽默的時代特

---

5 John Durant and Jonathan Miller eds., *Laughing Matters*, pp. 7, 8, 17.

6 有關這方面的理論見黃克武，〈近代中國笑話研究的基本構想與書目〉，《近代中國史研究通訊》，第八期（台北，一九八九），頁八五—九四。參見本書附錄。

7 有關幽默研究的英文書目見 J.H. Goldstein, P.E. McGhee, J.R. Smith, et al., "Humour, Laughter and Comedy: A Bibliography of Empirical and Nonempirical Analyses in the English Language," in Antony J. Chapman and Hugh C. Foot eds., *It's a Funny Thing, Humour: The International Conference on Humour and Laughter*（Oxford: Pergamon Press, 1977）, pp. 469-504.

色或其中的社會史、思想史意涵者更是少見。然而，中國有關幽默的史料並不缺乏，各種笑話書，與幽默劇本、雜誌、報刊等都相當豐富。在本文中作者選擇《鏡花緣》為基本史料，研究清代中葉中國社會中的幽默，這種選擇有以下幾個優點：第一，《鏡花緣》是一部小說，內容包括了真實與幻想，它給與作者充分的自由去表達他所希望表達的各種理念，在故事中人物的塑造與情節的安排都被用來傳達作者的思想與情感。因此從另一個角度來看這本小說也是一本傳達時代訊息的史料。

第二，這本小說廣受歡迎，因此該書的思想與情感在某種程度之內並非是獨一無二的，而是有一定的代表性。第三，書中包含了不同型態的幽默，這在其他史料中較為罕見的。然而，筆者承認這一種個案式的研究也必然有其局限，例如書中所反映的很可能只是男性士大夫之間的幽默，而非販夫走卒或其他階層的幽默；或者只是一個地區的幽默而非全國範圍的幽默，這種局限性是不能避免的，從本文的研究我們只能看到整體圖像的一小部分，唯有對其他個案做深入而廣泛的研究才能約略窺其面貌。對於作者與其時代背景的進一步描述，可以讓我們對史料性質及其代表性有更深入的了解。

李汝珍是大興人（今北京），因為在地方志選舉部分上並沒他的名字，胡適估計他只是一個秀才，而不具有其他更高的功名，有人則懷疑他恐怕連個秀才也不是。乾隆四十七年（一七八二）他隨兄長赴江蘇海州，在此地住了二十年，並從學於長於音韻的凌廷堪（一七五七—一八〇九）。嘉慶六年（一八〇一）他轉赴河南，在豫東一縣任縣丞數年，然後再回到北方，嘉慶十五年（一八一〇）時他出版了一本有關音韻學的專書《音鑑》，此後他以十餘年的時間完成傳世巨著《鏡花緣》[8]。《鏡花緣》於嘉慶末年問世，然後以手稿的形式留傳，後來才出現正式的刻本。目前所知較早的版本有嘉慶二十二、二十三年的江寧桃紅鎮坊刻本、蘇州原刻本，道光年間至少有四個版本，光緒十四年（一八八八）上海點石齋出版了一個石印本並附上插圖與王韜（一八二八—一八九七）的前言，本研究的引文均根據此一版本[9]。

《鏡花緣》的故事背景設在唐代武則天時代，但很明顯地其所反映的內容則是十八世紀末年與十九世紀初年的清朝社會。全書分為一百回，可以分為五個部分，一至六回作者描述百花下凡的過程。七至四十回是三位主角林之洋、唐敖與多九公在海外的探險故事，林之洋是一位商人，擁有一艘海船，依海外貿易為生；唐敖是林的連襟，為儒家學者，曾在殿試中高中探花，後因涉及謀反事件，被謫為庶人，轉而萌生追求長生不死之念；多九公約八十餘歲，生活經驗十分豐富，幼年時曾

---

8 見 Arthur W. Hummel, *Eminent Chinese of the Ch'ing Period*（Washington: United States Government Printing Office, 1943）, pp. 472-473.中文方面的研究成果，如孫佳訊，《鏡花緣公案辨疑》（濟南：齊魯書社，一九八四）；李豐楙，〈罪罰與解救：《鏡花緣》的謫仙結構研究〉，《中國文哲研究集刊》，第七期（一九九五），頁一〇七—一五六。

9 有關《鏡花緣》的版本見孫楷第，《中國通俗小說書目》（北京：人民文學出版社，一九八二），頁二〇四—二〇五；以及孫佳訊，《鏡花緣公案辨疑》，頁一三二—一三九、一七八。北京中國書店重印點石齋的版本，為（清）李汝珍，《繪圖鏡花緣》（北京：中國書店，一九八五）。以下所摘取的引文皆來自此一版本。

讀過幾年書，略通儒家經典，但沒有得過功名，後經商失敗，在林之洋的船上擔任舵手。這一部分的故事結束於唐敖遁居小蓬萊追求仙術。第三部分從四十回至五十四回，敘述唐敖的女兒小山上山尋父，失望而返。第四部分從五十四回至九十三回，前半部談武后開「女科」，以及下凡的百花考試上榜的故事；後半部則詳細描繪慶功宴中的歡樂情景，包括琴棋書畫、籌算問題、猜謎占卜、遊戲笑話等等。最後的七回是講一些英勇人士推翻武后重建唐朝的故事，尤其著重於他們突破武后所布下的酒、色、財、氣四關的過程。

有關《鏡花緣》的二手研究相當的多，其中最主要的爭論是胡適、林語堂等人認為該書嘲諷男性中心的傳統中國社會，是反傳統的先驅；然而夏志清則認為書中的故事完全支持儒家的道德理想與道家的生活智慧，是支持傳統而非反傳統[10]。筆者認為這二種觀點並非互相矛盾，而是可以並存的。該書作者不但反傳統也支持傳統，他對於許多主題均同時展現一些對立矛盾的觀點，這些矛盾顯示他的思想與情感的複雜性，任何一言以蔽之的結論都失之片面。

《鏡花緣》完成於鴉片戰爭爆發前的十餘年，換言之，它寫於西力衝擊的前夕，書中雖然有許多「海外諸國」，但主要都源於《山海經》、《淮南子》等書，與西方國家並無關係，李汝珍仍是傳統世界觀下的中國文人，他所表達的也是傳統中國式的情感。

鴉片戰後中國文化受到西方勢力的直接影響，中國人的心態起了巨大的變化，談笑的方式也逐漸遠離傳統。因此《鏡花緣》一書是一個很好的例子，讓我們了解西力衝擊之前的國人的心態，並了解中國人在何種情境之下面臨現代化變遷。

本文的焦點是研究《鏡花緣》中各種型態的幽默以及這些幽默的社會史與思想史的意涵。在前言之後是士人（或稱文人）與學術幽默，這一部分的幽默與作者個人的生活息息相關，是他最熟悉的。其次是林之洋與性格幽默，作者利用林之洋這種近似小丑的角色，一方面創造笑料，另一方面也批判人性。再其次是作者以「範疇錯亂」的手法創造自我批判的幽默。第五部分是宴會幽默，敘述百位女子在宴會中的各種談笑。最後一部分是結論，綜合討論幽默的時代特色，以及它在思想史上的角色。

士人與學術幽默

如果我們說吳敬梓的《儒林外史》反映十八世紀士人生活的代表作，那麼《鏡花緣》可以說是它在十九世紀的繼承者。誠如夏志清所說：《鏡花緣》是士人小說的成熟範例。它傳達出西力衝擊前的最後一個和平繁盛時期，中國士人的思想與情感[11]。

---

10 夏志清的文章敘述了早期胡適、林語堂的看法以及他的反駁，見 C.T. Hsia, "The Scholar-Novelist and Chinese Culture: A Reappraisal of *Ching-hua Yuan*," in H. Plaks ed., *Chinese Narrative—Critical and Theoretical Essays*（Princeton: Princeton University Press, 1977）, pp. 266-305.

11 C.T. Hsia, " The Scholar-Novelist and Chinese Culture: A Reappraisal of *Ching-hua Yuan*," pp. 266, 275.

《儒林外史》作於雍正末年，在七十餘年以後，李汝珍完成了這部《鏡花緣》。《儒林外史》諷刺的對象包括理學的虛偽、釋道的異端思想，以及科舉的弊端等，這些情況至十九世紀初年已有轉變，科舉的弊端更為嚴重，仍為嘲諷重點；但學術方面理學與釋、道的角色已不重要，取而代之的是考據學。因此就背景而言，嘉、道之際士人醉心於考據訓詁，大多數人更希望透過科舉而進身[12]。這些時代的特色都表現在幽默的主題之上。就作者本身的經歷而言，上文提及他曾出版一本有關音韻學的專書，這與當時的學術潮流互相吻合，但是在科舉方面他顯然不是一個佼佼者，可能有多次考試失敗的經驗，無論如何他對當時的士人與學術生活有深刻的體驗。在《鏡花緣》中他運用諷刺、誇張等幽默手法傳達他對當時學術世界的複雜情感。

第一個與學術有關的故事發生在十六至十九回。當林之洋的船到達「黑齒國」時，他們發現這一國人不但通身如墨，連牙齒也是黑的。當時林之洋忙著作買賣，唐敖與多九公信步走入一家女學塾，遇見一位半聾的老者與兩位十四、五歲的女學生，亭亭與紅紅。老者為學塾老師，他聽說唐多二人來自天朝，又是讀書人，因此要兩位學生向他們請教經史。

第一個問題是亭亭提出來的，她問經書中的「敦」字有幾種讀音？多九公驕傲地舉出十個例子，而且說除此之外別無它音。亭亭答道，據她所知還可以讀作「吞」和「儔」。九公因剛才話已說滿，只好回答：

> 這些文字小事，每每一字數音甚多，老夫那裡還去記他？況記幾個冷字，也算不得學問，這都是小孩子的功課。若過於講究，未免反覺其醜。[13]

亭亭說道，她聽說讀書必先識字，識字必先知音，所以讀書人一定得先辨音。這對大學者可能無關緊要，但對後學卻是不可少。她又說在音韻學中反切十分重要，不知反切則不知讀音，不知讀音則無以識字。因此她請教唐敖與多九公如何學習反切才能得其三昧？九公回答說：他對於反切只是略知皮毛，不敢亂談。亭亭聽了對紅紅輕輕笑道：「若以本題而論，豈非『吳郡大老，倚閭滿盈』麼？」唐多聽了都覺不解，但也不好意思追問。等他們回去之後，想起此事，二人與林之洋討論了好一陣子，才發現依據反切的原理，「吳郡是個『問』字，大老是個『道』字，倚閭是個『於』字，滿盈是個『盲』字」，因此這句話是指「問道於盲」。原來他們被這二位年輕女子暗中調侃而不自知。

在對話中雙方繼續討論如何解釋《論語》和《禮記》上的句子，九公對二位女子大膽的詮釋感到非常驚訝，但他又找不到證據來反駁。當他們談到古今讀音的差異時，九公氣急了，只好說：

---

12 有關十八世紀士人文化與生活的介紹見 Susan Naquin and Evelyn S. Rawski, *Chinese Society in the Eighteenth Century*（New Haven: Yale University Press, 1987）, pp. 64-72.

13 （清）李汝珍，《繪圖鏡花緣》，回一六：四上。

據才女所講各音古今不同，老夫心中終覺疑惑，必須才女把古人找來，老夫同他談談，聽他到底是個什麼聲音，方能放心，若不如此，這番高論，只好將來遇見古人，才女再同他談罷！[14]

上述這種說法跡近無理取鬧。在這個爭論之後九公發現這二個女子其實根本不是在請教，而是在考試。因此他轉守為攻，找了一個有關《周易》的題目來考考二女子，問她們秦漢以來該書有多少種注解，各家優劣如何？亭亭答道，共有九十三種，至於各種優劣不敢妄發議論。九公心想平日所見只有五、六十種，然而這個女子卻說有九十三種，但她並無評論，顯然只是約略記得，因此進一步說道，他平日所見約有百餘種，沒想到此地竟有九十三種之多，希望知道到底是那些著作。於是亭亭就把當時天下所傳的九十三種《周易》細說了一遍。聽得九公目瞪口呆。亭亭又說，九公剛才說有百餘種，不知就是這幾種，還是另有百餘種？九公回答說因年邁善忘，記不清了。亭亭又說無論如何至少要他再說七個，湊滿一百。九公急得抓耳搔腮，不知如何才好。紅紅又說，如果七個湊不出，就說五個，五個不能，二個也好。亭亭接道，如二個不能，就說一個，一個不能，就說半個也可解嘲。紅紅笑問，何謂半個？亭亭說她怕大學者善忘，或記得卷帙忘記姓名，或記得姓名忘記卷帙，都可稱為半個。九公被二個女子冷言冷語，講得滿臉青紅，只恨無地縫可鑽。這時半聾老者見他們一言一語不知道在講什麼，看九公臉上紅一陣，白一陣，額頭又直冒汗，因此遞了一把扇子給他，要他慢慢說，不要熱出病來。接著亭亭又說，九公如不記得書名就算了，但希望知道那一家講解得最好。九公答道，根據他的愚見，王弼的注暢言義理，此書一出群書皆廢，故以此書為最佳。亭亭聽了笑道：

大賢這篇議論，似與各家注解及王弼之書尚未瞭然，不過摭拾前人牙慧以為評論，豈是教誨後輩之道。漢儒所論象占，固不足盡《周易》之義，王弼掃棄舊聞，自標新解，惟重義理。孔子說《易》有聖人之道四焉，豈止義理二字？……其書既欠精詳，而又妄改古字……當日范寧說王弼的罪甚於桀紂，豈是無因而發？今大賢說他注的為最，甚至此書一出，群書皆廢，何至如此？可謂癡人說夢。總之，學問從實地上用功，議論自然確有根據。若浮光掠影，中無成見，自然隨波逐流，無所適從。大賢恰受此病，並且強不知以為知，一味大言欺人，未免把人看的過於不知了！多九公聽了滿臉是汗，走又走不得，坐又坐不得，只管發愣，無言可答。[15]

在這一段故事中，作者藉著二位年輕女子與九公等人的對話，傳達出一些重要的訊息。首先，

---

14 （清）李汝珍，《繪圖鏡花緣》，回一七：一下。

15 （清）李汝珍，《繪圖鏡花緣》，回一八：二上—二下。

這是有關學術討論的笑話，他們所討論的古音讀法、經典解釋等主題，都是乾嘉時期學者所最關心的問題，笑話主要是環繞著此一背景而產生的。其中反切的笑話尤具時代性，這一類笑話在學風轉變之後消失殆盡。其次，對話的二個陣營有相當有趣的對比，(一)亭亭與紅紅年輕，唐多二人年老；(二)亭亭與紅紅是女性，唐多是男性；(三)亭亭與紅紅海外小邦之民，唐多則來自天朝上國。人們多認為中國的男性老者必然比海外小邦的年輕女子要博學，但故事中卻恰好相反，這種與預期相反的結果是引人發笑的重要原因。對讀者而言，看到二位驕傲的老者受挫於番邦少女，在心理上也產生一種幸災樂禍的快感。

但這個故事的另一層意義是作者點出二個教訓，一不能以貌取人，一些其貌不揚的人可能是博通經史；二在學術討論中重要的不是誰提出這種觀點，而是觀點的本身。

學術潮流對笑話的影響在下面的例子中也很明顯。在八十二回當百位女子在行酒令時其中有一位女孩將「是」、「以」二字依古聲視為疊韻，有人覺得不滿，這時一位叫紫芝的女孩出來勸大家繼續行酒令：

> 紫芝道：我勸大家行令罷，莫說濛話了。青佃道：這個濛字又是何意？紫芝道：古人讀夢為濛，我勸你們莫說濛話，就是莫說夢話。小春道：凡說話全要直截了當，霜霜快快，今諸位姊姊所說之話只圖講究古音，總說轉彎磨祿，令人茫然費解。何妨霜霜快快的說哩？錦雲

笑道：小春姊姊把爽爽快快讀成霜霜快快，把轉彎磨角讀成轉彎磨祿，滿口都是古音，他還說人講究古音。[16]

古音的研究在乾嘉時蔚為風氣，主要原因在於當時認為要了解古文含意必須先知道它在古時的讀法，這種對古音的沉迷為上述笑話的重要背景。考據學的先驅顧炎武（一六一三—一六八二）在這方面花了不少的工夫，在王鳴盛（一七二二—一七九七）的《十七史商榷》中有一個有關顧炎武的笑話，與上述的笑話很相似：

昔顧寧人宿傅青主家，晨未起，青主呼曰：汀芒矣。寧人怪而問之。青主笑曰：子平日好談古音，今何忽自昧之乎。寧人亦不覺失笑。古音天呼若汀，明呼若芒，故青主以此戲之。[17]

由以上的例子可見藉說古音來談笑可能是當時考據學者的一種嗜好。

另一個與音韻學密切相關的故事發生在「歧舌國」，故事中此國之人長於音韻學，而且有一韻

---

16 （清）李汝珍，《繪圖鏡花緣》，回八二：四上—下。

17 （清）王鳴盛，《十七史商榷》（上海：商務印書館，一九三六，重印本），卷八二，頁八九一。

表，為不傳之密。唐多二人在通衢僻巷、酒肆茶坊四處採問，總是不得要領，後來才知道該國有一禁令，規定：

> 如將音韻傳與鄰邦，無論臣民，其無妻室者，終身不准娶妻，其有妻室者，立時使之離異；此後如再冒犯，立即閹割。[18]

九公又說：所以人們聽說有人想請教韻學時，有妻室的怕離異，無妻室的更不願冒險，因此當聽了他們的問題時無不掩耳飛跑。這一段中作者將二個不同範疇的東西聯繫在一起，一為音韻學，一為一個與婚姻與性行為有關的禁令，這種手法創造了高度的不協調，而成為引人發笑的主因。但這個故事無疑地反映作者對音韻學的迷戀。故事中九公因治好世子的病而取得韻書，幾人在船上努力研讀，都覺不解：

> 唐敖道：古人云書讀千遍其義自現，我們既不懂得，何不將這十一字讀的爛熟？今日也讀，明日也讀，少不得嚼些滋味出來。多九公道：唐兄所言甚是，況字句無多，我們又閒在這裡，借此也可消遣。且讀兩日，看是如何。但這十一字，必須分句，方能順口。……林之洋道：句子越短越對俺心路，那怕兩字一句，俺更歡喜。……三人讀到夜晚，各去安歇。林

之洋惟恐他們學會，自己不會，被人恥笑，把這十一字高聲朗誦，如念咒一般，足足讀了一夜。[19]

沒想到林之洋的甥女蘭音連聽幾日，倒悟出其中原理，大家在糊塗之中將整個韻表學會，如唐敖所謂，「學習之人還未學會，旁聽之人倒先聽會」，真是奇之又奇。事實上據胡適的研究，這張韻表中三十三個聲母與二十二個韻母是李汝珍《音鑑》一書的要點，在音韻學上有相當的貢獻[20]。這個笑話正是作者學術興趣與談笑的結合。

以上的笑話主要與當時訓詁考證的學風有關，另外一類的笑話則將嘲諷的重點放在不同型態的學者。

在二十一回至二十二回三位旅行者來到「白民國」。他們對這一個國家的第一印象是各處俱是白壤，遍地開著白花。那國之人無論老少，個個面如白玉，唇似塗朱，再映著兩道彎眉，一雙俊目，美貌異常。而且人人白衣白帽，衣服還用異香薰過，遠遠就覺芳香撲鼻。林之洋帶了貨物下

18 （清）李汝珍，《繪圖鏡花緣》，回二八：三下。
19 （清）李汝珍，《繪圖鏡花緣》，回三一：三上—三下。
20 胡適，〈鏡花緣的引論〉，收入《中國章回小說考證》（上海：上海書店，一九八〇，重印本），頁五二〇—五二八。

船，三人來到一大戶人家，通報之後舉步而入，才發現是間學塾。唐多二人嚇了一跳，又不便退回，只好進去。唐敖道：此處國人生的清俊，其天資聰慧，博覽群書，可想而知。我們進去，須比「黑齒國」加倍留神才好。進去以後發現裡面詩書滿架，學生個個品貌絕美，先生也是個美丈夫。他們見了這種情景益發覺得自己的俗氣。那位先生看唐敖頭戴儒巾，因此叫道：那個書生走進來。唐敖聽到先生叫他書生，連忙進前答道，晚生不是書生，是商賈。然後他又問林多二人可會作詩？九公回答說他們從未讀書，何能作詩？先生說：你們既不懂文理，又不會作詩，只覺得俗不可耐。要他們在門外稍候，等教完課之後再看貨。三人連聲諾諾，慢慢退出，唐敖心中仍然撲撲亂跳，惟恐先生仍要談文。這時他們聽到學生讀書的聲音：

> 切吾切，以反人之切。

九公聽了以為他們在談反切，不覺毛骨竦然。然後他們又聽到二個奇怪的句子，一是：

> 永之興，柳興之興也。

另一句是：

羊者，良也；交者，孝也；予者，身也。

唐敖說，今日幸好沒有談文，他們所讀的句子十分古奧難解。還好有「黑齒國」的前車之鑑，否則又要吃虧了。這時先生說要看貨，林之洋提著包裹進去，唐敖趁空到教室中把眾人的書細看一遍，又翻了二篇文稿。這時林之洋剛好把貨賣完，三人一齊出門。唐敖大叫吃虧：

唐敖道：今日這個虧喫的不小。我只當他學問淵博，所以一切恭敬，凡有問對，自稱晚生，那知卻是這樣不通，真是聞所未聞，見所未見！

多九公道：他們讀的「切吾切，以反人之切」，卻是何書？

唐敖道：小弟纔去偷看，誰知他把幼字及字讀錯，是《孟子》「幼吾幼，以及人之幼」。你道奇也不奇？

多九公不覺笑道：若據此言，那「永之興，柳興之興」，莫非就是「求之與，亦與之與」麼？

唐敖道：如何不是！

多九公道：那「羊者，良也；交者，孝也；予者，身也」是何書呢？

唐敖道：這幾句他只認了半邊，卻是《孟子》「庠者，養也，校者，教也；序者，射也」。並且書案上還有幾本文稿，小弟略略翻了兩篇，惟恐先生看見，也不敢看完，忙退出來。

多九公道：他那文稿寫著什麼？唐兄可記得麼？

唐敖道：內有一本破題，所載甚多。小弟記得有個題目：是聞其聲，不忍食其肉二句。他破的是：聞其聲焉，所以不忍食其肉也。

林之洋道：這個學生作這個破題，俺不喜他別的，俺只喜他好記性。

多九公道：何以見得？

林之洋道：先生出的題目，他竟一字不忘，整個寫出來，難道記性還不好麼？

唐敖道：還有一個題目，是百畝之田，勿奪其時，八口之家，可以無飢矣。他破的是：一頃之壤，能致力焉，則四雙人丁，庶幾有飯喫矣。

林之洋道：他以四雙人丁破那八口之家，俺只喜他四雙二字把個八字扣的緊緊，萬不能移到七口、九口去。[21]

「白民國」與「黑齒國」之名均見於《山海經》與《淮南子》，但在《鏡花緣》中作者增添了許多想像，而且有意將二者作一對比。在「黑齒國」中人們面貌平庸，故事中的亭亭與紅紅卻博學聰慧；「白民國」中個個面目清俊，這群師生卻愚昧淺陋。這種內心與外表的不協調增添的故事的趣味性，同時再度顯示不應以貌取人的道德教訓。在「黑齒國」中，唐多二人的態度驕傲，結果是慘遭羞辱；在「白民國」中，他們態度轉為謙虛，結果卻是另一種形式的羞辱，這種不預期性也使讀者覺得好笑。

「白民國」故事中有關《論語》與《孟子》的笑話尤其有趣，它生動地顯示出一個卡通化的私塾老師，故事中所錯讀的句子在現實生活中幾乎是不可能的，但這極端的例子卻使這個角色更為突出而省目。對私塾老師的嘲諷在中國笑話史上是一個傳統，不僅出現在這一時期，這可能是由於老師在中國社會中權威的地位所致，人們藉著笑話而抒發對老師權威的反叛。同時這也可能是因為在傳統中國「天、地、君、親、師」五種權威之中，只有「師」的角色是可以加以嘲諷又不至於冒太大的危險。

有關學生破題的故事也很滑稽。這牽涉到科舉制度對教育的影響，使學生局限於考試技巧的研習。有關當時士人與科舉的笑話下文將較詳細地討論。

在故事中眾人離開了「白民國」之後來到「淑士國」，這一部分所嘲諷的是另一類型的「酸儒」。在「淑士國」內林之洋遇到一群學童，三人也碰到一位有趣的酒保，我們將在下一節以林之洋為中心討論這些故事。此外他們在酒館碰到二位「酸儒」，第一位是滿嘴「之乎也者」的老先生。

在酒館中三人點了一壺酒，幾碟小菜：

林之洋素日以酒為命，見了酒，心花都開，望著二人說聲請了，舉起杯來，一飲而盡。那

21（清）李汝珍，《繪圖鏡花緣》，回二二：三下—二三：二下。

酒方纔下咽，不覺緊皺雙眉，口水直流，捧著下巴喊道：酒保，錯了！把醋拿來了！只見旁邊座兒有個駝背老者，身穿儒服，面戴眼鏡，手中拿著剔牙杖，坐在那裡，斯斯文文，自斟自飲，一面搖著身子，一面口中吟哦，所吟無非之乎者也之類。正吟的高興，忽聽林之洋說酒保錯拿醋來，慌忙住了吟哦，連連搖手道：吾兄既已飲矣，豈可言乎？你若言者，累及我也。我甚怕哉，故爾懇焉。兄耶，兄耶，切莫語之！唐多二人聽見這幾個虛字，不覺渾身發麻，暗暗笑個不了。林之洋道：又是一位通文的！（按：該酒店的酒保也是滿嘴虛字。）俺埋怨酒保拿醋算酒，與你何干？為甚累你？倒要請教。老者聽罷，隨將右手食指中指放在鼻孔上擦了兩擦，道：先生聽者，今以酒醋論之，酒價賤之，醋價貴之。因何賤之？為甚貴之？其所分之，在其味之。酒味淡之，故爾賤之；醋味厚之，所以貴之。人皆買之，誰不知之？他今錯之，必無心之。先生得之，樂何如之！第既飲之，不該言之。不獨言之，而謂誤之。他若聞之，豈無語之？苟如語之，價必增之。先生增之，乃自討之，你自增之，誰來管之？但你飲之，即我飲之。飲既類之，增應同之。向你討之，必我討之。你既增之，我安免之？苟亦增之，豈非累之？既要累之，你替與之。你不與之，他安肯之，既不肯之，必尋我之，我縱辯之，他豈聽之？他不聽之，勢必鬧之。倘鬧急之，我惟跑之。跑之，跑之，看你怎麼了之！唐多二人聽了惟有發笑。林之洋道：你這幾個之字，盡是一派酸文，句句犯俺名字，把俺名字也弄酸了，隨你講去，俺也不懂。[22]

接著三人換了一種淡酒，又點了些小菜。這時外面走進一個老者，儒巾淡服，舉止大雅。唐敖見他器宇不俗，邀他一同飲酒，談了些該國風俗，老者也問問天朝光景。這時天色轉暗，老者意欲先走，唐敖算過酒帳，大夥一同起身：

> 老者立起，從身上取下一塊汗巾，鋪在桌上，把碟內所剩鹽豆之類，儘數包了，揣在懷中，道：老先生錢已給過，這些殘餚，與其白教酒保收去，莫若小弟順便帶回，明日倘來沽飲，就可再叨餘惠了。一面說著，又拿起一把酒壺，揭開壺蓋，望了一望，裡面還有兩杯酒，因遞給酒保道：此酒寄在你處，明日飲時，倘少一杯，要罰十杯哩。又把醬豆腐，糟豆腐，倒在一個碟內，也遞給酒保道：你也替我好好收了。四人一同出來，走了兩步，見旁邊殘桌上放著一根剔牙杖，老者取過，聞了一聞，用手揩了一揩，放入袖中。[23]

這裡我們看見二種類型的酸儒，一種是食古不化，滿嘴之乎也者；另一種是過度節儉而到吝嗇的程度。在作者的生動描繪中，二類儒者的形象躍然紙上。有趣的是這兩類型與「酸」字的含意密切配合，酸不僅指拘泥也指寒酸小氣。綜觀李汝珍所談到的三種學者的毛病，一是文采不通、學問

22 （清）李汝珍，《繪圖鏡花緣》，回二三：三下。

23 （清）李汝珍，《繪圖鏡花緣》，回二四：一下—二上。

淺陋而又誤人子弟；二是泥古不化；三是吝嗇小氣。事實上這些毛病也是他認為當時讀書人最容易有的缺點。

當時學者的缺點除了上述幾項之外，另一項是醉心科舉。在《儒林外史》中作者對范進中舉的描繪是大家耳熟能詳的，在《鏡花緣》中也有幾段精采的故事。

第一是考試作弊的故事，亭亭的母親緇氏年已望六，根據考試規則她已超過年限，但她執意要參加考試，一人問她說報名時如何遮掩白髮、皺紋？她說：

> 他男子們往往嘴上有鬚，還能冒籍入考，何況我又無鬚，豈不省了拔鬚許多痕跡？若恐白髮，我有上好烏鬚藥，至面上皺紋，多擦兩盒引見胰，再用幾匣玉容粉，也能遮掩。這都是趕考的舊套。並且那些老童生，每每拄了拐杖還去小考，我又不用拐杖，豈不更覺藏拙？[24]

後來她用一假名報名，考試時又用丫鬟頂替點名，蒙混應考，並上了榜。後至殿試時因檢查較嚴，在多人勸阻之下她才作罷。

考試放榜前應考人的醜態是笑話的另一來源。在六十六回小春與婉如知道次日要放榜，心中又是歡喜，又是發愁。晚上睡不著，在房內長吁短嘆，時而大笑，時而落淚。把同房的秀英與舜英吵醒：

秀英道：……睡夢中不是被這位姊姊哭醒，就是被那位姊姊笑醒，心裡只覺亂跳。並且那種歎息之聲，更令人聞之心焦。尤其令人不解的，哭中帶笑，笑中有哭。竟是憂歡莫辨，哭笑不分的光景。請問二位姊姊有何心事以至於此？舜英聽了也坐起來道：他們那有什麼心事不過因明日就要放榜，得失心未免過重，以致弄的忽哭忽笑，醜態百出。

秀英道：既因放榜，為何又哭又笑呢？

舜英道：他若昧了良心，自然要笑；設或天良發現，自然要哭了。

秀英道：妹妹此話怎講？

舜英道：他既得失心重，未有不前思後想。一時想起自己文字內中怎樣練句之妙，如何摛藻之奇，不獨種種超脫，並且處處精神，越想越好，愈想愈妙，這宗文字，莫講秦漢以後，就是孔門七十二賢也做我不過。世間那有這等好文字，明日放榜，不是第一，定是第二。如此一想自然歡樂要笑了。姊姊！你說這宗想頭豈非昧了良心？及至轉而一想，文字雖佳，但某處卻有字句欠妥之處，又有某處用意錯謬之處，再細推求，並且還有許多比屁還臭，不能對人之處。竟是壞處多，好處少，這樣文字如何能中？如此一想，自然悶恨要哭了。姊姊，你說這宗忖度豈非良心發現麼？[25]

---

24 （清）李汝珍，《繪圖鏡花緣》，回五三：二下。

25 （清）李汝珍，《繪圖鏡花緣》，回六六：三上—下。

以上對等待放榜之心境的描述可謂入木三分。次日清晨，得知可能有八人落榜，小春、婉如更是害怕：

只覺身上一陣冰冷，腳底寒氣直從頭頂心冒將出來，三十六對牙齒登時一對一對撕打，渾身抖戰篩糠，連椅子也搖動起來。婉如一面抖著，一面說道：這這這樣亂抖，俺俺可受不住了！小春也抖著道：你你你受不住，我我我又何曾受得住？今今今日這命要送在在此處了！[26]

後來得知二人也上了榜，又樂不可支，眾人預備收拾離去時發現二人忽然不見了：

四處找尋，好容易纔從茅廁找了出來。原來兩人卻立在淨桶旁邊，你望著我，我望著你，倒像瘋顛一般，只管大笑，見了眾人，方纔把笑止住。[27]

上文對放榜前後的刻畫與《儒林外史》相比毫不遜色。

以上所述的笑話主要環繞著清中葉的學術潮流與士人生活，尤其與考據學風和科舉制度有密切關係。作者在書中所運用的手法包括極端化、不協調、不預期性等。然而在這些笑聲之後帶著他對當時學術世界的強烈批判，他痛恨那些酸儒、腐儒，攻擊僵硬了的經典教育以及士人追逐科舉功名的醜態；同時他認為不應以貌取人，對於學術討論則強調論點本身比何人提出此項論點更為重要。李汝珍本身的學術立場也影響到諷刺對象的取材，在書中我們看不到他對考據學的批判，然而同時代有不少文章批評考據之學的瑣碎，忽略考證的目的是了解義理。十九世紀中葉之後學風漸變，由考據走向經世，再走向西學，科舉也在二十世紀初年廢止，此後士人在思想與生活上都與李汝珍的時代大不相同，大多數這種圍繞著考據與科舉的笑話也不再出現。

林之洋與性格幽默

林之洋在《鏡花緣》中是一個相當突出的角色，書中有不少的笑話都與他有關，他所扮演的角色可說是近於丑角。在這一節中本文將以林之洋為中心探討《鏡花緣》中的性格幽默。

根據書中的記載林之洋是河北德州人，但故事發生時他居於嶺南，以海船貿易為生。唐敖與林之洋為姻親，他的妻子是林之洋的妹妹。林之洋外貌十分俊美，而且留有鬍子，在故事中，他無論走到何處，都帶著一枝鳥槍與一些貨物。林氏小時候可能讀過幾年書，但並無獲得任何科舉功名，因此他能書寫、計算，並略通詩文。無疑地，他是一個成功的商人，精打細算而且充分了解供需的

---

26 （清）李汝珍，《繪圖鏡花緣》，回六七：一上。

27 （清）李汝珍，《繪圖鏡花緣》，回六七：三上。

原理，不過他也承認賺錢還得靠一點運氣。

他的個性有優點，也有缺點，例如他直爽而又樂於助人，但有時他會欺騙顧客，又喜歡吹牛。

《鏡花緣》與林之洋有關的笑話多半是環繞著商人背景與吹牛個性而創造出來的。

許多林之洋所說的話反映出商人的生活態度，從實用著眼，而與儒者「重義忘利」的價值取向有所不同。在第九回唐敖吃了一種「躡空草」，能跳五、六丈高，林之洋馬上想到「有這好處，俺也吃他幾枝，久後回家，倘房上有賊，俺躡空捉他，豈不省事」，過了一會兒他又想到，唐敖如能在空中行走，兩腳不沾土，倒可省些鞋襪[28]。在二十回，當三個旅行者看到山雞與孔雀相鬥，山雞因自慚形穢，自殺身亡。唐敖的評論是「以禽鳥之微，尚有如此血性，何以世人明知己不如人，反靦顏無愧？殊不可解」，這是典型儒家的看法；林之洋則從另一個角度思考，他認為「世人都像山雞這般烈性，那裡死得許多！據俺看來，只好把臉一老，也就混過去了。」[29]儒家學者與市井商人的觀點有著顯著不同，作者利用兩者對照所產生的張力而使讀者覺得好笑。

林之洋對於儒家學者似乎有一種愛憎交雜的心理，一方面他對唐敖的博學十分尊崇，但另一方面他對秀才、文士又百般挖苦。在二十一回三位旅行者在樹林中遭野獸追趕，林之洋不覺放聲大哭，說道：「只顧要看撕鬥，那知狻猊腹餓，要吃俺肉，……俺聞秀才最酸，狻猊如怕酸物，倒是九公同妹夫還可躲這災難，就只苦殺俺了！」[30]此處之「酸」字一方面是「淑士國」酸儒之酸，另一方面似乎也反映林之洋「酸葡萄」的心理。在三十三回林之洋受困於「女兒國」，國王命黑鬚宮女為他纏足，纏過之後，林之洋大哭，他說，「俺的兩隻大腳，就如遊學秀才，多年未曾歲考，業已放蕩慣了，何能把他約束？」到了晚間他費了無窮之力，扯開裹腳布，「把十個腳指個個舒開，這一暢快非同小可，就如秀才免了歲考一般，好不鬆動」[31]。把他的一雙腳二次比喻為秀才可謂極盡諷刺之能事。在二十二回林之洋與「白民國」的學館先生對話時，他發誓若說謊，來生願意變個老秀才：

> 林之洋道：俺如騙你，情願發誓，教俺來生變個老秀才，從十歲進學，不離書本，一直活到九十歲，這纔終壽。先生道：如此長壽你敢願意？林之洋道：你只曉得長壽，那知從十歲進學活到九十歲，這八十年歲考的苦處，也就是活地獄了。[32]

林之洋除了喜歡挖苦秀才之外，他對音韻考據之類的學術也不抱著嚴肅的態度，而是半開玩笑的心理，對他而言，經典或學術研究並不像儒家學者所想得那麼神聖。在上一節曾談到幾人在船上

28 （清）李汝珍，《繪圖鏡花緣》，回九：二上—下。
29 （清）李汝珍，《繪圖鏡花緣》，回二〇：四上。
30 （清）李汝珍，《繪圖鏡花緣》，回二一：二上。
31 （清）李汝珍，《繪圖鏡花緣》，回三三：二上。
32 （清）李汝珍，《繪圖鏡花緣》，回二二：一下。

研究韻表，在了解其原則之後林之洋覺得非常高興：

林之洋道：……原來俺也曉得反切了，妹夫，俺拍空谷傳聲內中有個故典，不知可是？說罷，用手拍了十二拍，略停一停，又拍一拍，少停又拍四拍。唐多二人聽了，茫然不解。婉如道：爹爹拍的大約是個放字。林之洋聽了喜的眉開眼笑，不住點頭道：將來再到黑齒，倘遇國母再考才女，俺將女兒送去，怕不奪個頭名狀元回來。唐敖道：請教姪女何以見得是個放字？婉如道：先拍十二拍，按這單字順數是第十二行，又拍一拍，是第十二行第一字。唐敖道：既是十二行第一字，自然該是方字，為何卻是放字？婉如道：雖是方字，內中含著方房倣放佛，陰陽上去入五聲，所以第三次又拍四拍，纔歸到去聲放字。林之洋道：你們慢講。俺這故典，還未拍完哩。於是又拍十一拍，次拍七拍，後拍四拍。唐敖道：若照姪女所說，一例推去，是個屁字。多九公道：請教林兄是何故典？林之洋道：這是當日喫了朱草濁氣下降的故典。（按：在第九回唐敖吃過一種朱草後曾放了幾個屁。）

多九公道：兩位姪女在此，不該說這頑話。而且音韻一道亦莫非學問，今林兄以屁夾雜在學問裡，豈不近於褻瀆麼？林之洋道：若說屁與學問夾雜，就算褻瀆，只怕還不只俺一人呢。唐敖道：怪不得古人講韻學說是天籟，果然不錯。[33]

作者把具褻瀆意味的放屁之俗事與論學之雅事並列，創造出高度的不協調感，引人發噱；而末句以「天籟」來形容放屁也產生了類似的效果。

林之洋也認為他自己的鬆散個性並不適合作學者，在十九回當三人與「黑齒國」的亭亭與紅紅談完，他們發現該國人雖然黑，卻在黑中透出風流儒雅的光景，反觀自己只覺面目可憎，俗氣逼人。他們只好挺胸直頸，望前而行，好容易走出城外才鬆一口氣。林之洋道：

方纔被妹夫說破，細看他們，果都大大方方；見那樣子，不怕你不好好行走。俺素日散誕慣了，今被二位拘住，少不得也裝斯文，混充儒雅；誰知只顧拏架子，腰也酸了，腿也直了，頸也痛了，腳也麻了，頭也暈了，眼也花了，舌也燥了，口也乾了，受也受不得了，支也支不住了。再要拏架子，俺就癱了。快逃命罷！[34]

在這一段故事中我們看到一個商人扮演儒者的角色，這種角色上的錯亂使他很不舒服。然而有時林之洋卻很喜歡假裝體面，故作博學，使九公與唐敖頗為困窘。首先他常有意無意地讀白字。在十六回三人至「毗騫國」，聽說存有盤古舊案，因此前去瞻仰：

33 （清）李汝珍，《繪圖鏡花緣》，回三二：四下。
34 （清）李汝珍，《繪圖鏡花緣》，回一九：一下。

登時訪到前盤古存案處，見了掌管官吏，說明來意，那官吏聞是天朝上邦來的，怎敢怠慢，當即請進獻茶，取鑰匙開了鐵櫥。唐敖伸手取了一本，面上籤子寫著第一弓。林之洋道：原來盤古舊案都是論弓的。那官吏聽了不覺笑了一笑。唐敖忙遮飾道：原來舅兄今日未戴眼鏡，未將此字看明，這是卷字，並非弓字。用手展開，只見上面圈圈點點，盡是古篆。[35]

在二十七回三人到了「翼民國」，聽說此國之人皆為卵生，長像似鳥，林之洋又鬧了個笑話，他故意將同音異義的二字混淆在一起：

林之洋道：若是卵生，這些女人自然都會生蛋了，俺們為甚不買些人蛋？日後到了家鄉，賣與戲班，豈不發財麼？多九公道：班中要他何用？林之洋道：俺看這些女人，也有年紀老的，也有年紀小的，若會生蛋，那年紀老的生的自然是老蛋，年紀小的生的自然是小蛋，俺們有了老蛋小蛋，到了家鄉，那些戲班為甚不要？只怕小蛋還更值錢哩。多九公道：林兄把旦字認作白字了。他們小旦並非雞蛋之蛋，你如不信，把他肚腹剖開，裡面並無蛋黃，只有一肚曲子。[36]

有些時候他則故作博學，在三十二回，三人在「智佳國」猜燈謎，剛開始林之洋猜對了幾題，使他信心大增，後來他又猜了幾個有關《孟子》的燈謎，弄得哄堂大笑：

> 林之洋道：俺又猜著幾個國名。請問老兄，腿兒相壓可是交脛國？臉兒相偎可是兩面國？孩提之童可是小人國？高郵人可是元股國？主人應道：是的。於是把贈物都送來。……林之洋道：有了若干贈物，俺更高興要打了。請問主人，遊方僧打《孟子》四字，可是「到處化緣」？眾人聽了，鬨堂大笑。唐敖羞的滿面通紅道：這是敝友故意取笑。請問主人，可是「所過者化」？主人道：正是。隨將贈物送過。多九公暗暗埋怨道：林兄書既不熟，何妨問問我們？為何這樣性急？言還未了，林之洋又說道：請問主人，守歲二字打《孟子》一句，可是「要等新年」？眾人復又大笑。多九公忙說道：敝友慣會鬥趣，諸位休得見笑。請教主人，可是「以待來年」？主人應道：正是。多九公向唐敖遞個眼色，一起起身道：多承主人厚賜……三人來到鬧市。多九公道：老夫見他無數燈謎正想多打幾條，顯顯我們本領，林兄務必兩次三番催我們出來，這是何苦？林之洋道：九公！這是甚說？俺好好在那裡猜謎，何曾催你出來？俺正怪你打斷俺的高興，九公倒賴起俺來。唐敖道：那部《孟子》乃人所共知的，舅兄

35 （清）李汝珍，《繪圖鏡花緣》，回一六：一上。卷的異體字之一作「弓」與「弓」很類似。

36 （清）李汝珍，《繪圖鏡花緣》，回二七：二上。

既不記得，何妨問問我們？你只顧隨口亂謅，他們聽了都忍不住笑，小弟同九公在旁，如何站得住？豈非舅兄催我們走麼？林之洋道：俺只圖多打幾個裝些體面，那知反被恥笑，他們也不知俺名姓，由他笑去。[37]

從以上的故事可以了解，林之洋的笑話的基調是價值體系的並列造成的不協調感。唐多二人所代表的是較上層的菁英文化，而林之洋則代表下層的商人與市井文化，上下層價值體系之差異使林之洋被塑造成一個丑角；換言之，林以商人處於二位士人之中，而成為笑柄，這種笑話與《紅樓夢》中劉姥姥進大觀園式的笑話性質相同。事實上這種價值體系的差異是相對的，以林黛玉處於劉姥姥的鄉村文化之中也一樣成為鄉下人的笑柄，關鍵在於何者處於優勢地位。誠如柏格森（Bergson）之笑話理論所啟示的，笑話在某種意義上是社會中優勢團體對弱勢團體的規範方式[38]。在《鏡花緣》中與林之洋有關的故事中，最精采的是他在「淑士國」與小學童談文，這個故事中他也是扮演儒家學者，假裝博通詩文，但這次不但沒有被人嘲笑，反而被眾人稱讚：

林之洋道：俺生平從不談文，今日才談一句，就被眾人稱讚，一路想來，著實快活，不覺好笑。剛纔那些生童同俺講價，因俺不戴儒巾，問俺向來可曾讀書。俺想妹夫常說，凡事總要謙恭，但俺腹中本無一物，若再謙恭，他們更看不起了；因此俺就說道：俺是天朝人，幼年時節，經史子集，諸子百家，那樣不曾讀過！就是俺們本朝唐詩，也不知讀過多少！俺只顧說大話。他們因俺讀過詩，就要教俺做詩，考俺的學問。俺聽這話，倒嚇一身冷汗。俺想俺林之洋又不是秀才，生平又未做甚歹事，為甚麼要受考的魔難？就是做甚歹事，也罪不至此。俺思忖多時，只得推辭：俺要趲路，不能耽擱。再三支吾。偏偏這些刻薄鬼執意不肯，務要聽聽口氣，才肯放走。俺被他們逼勒不過，忽然想起素日聽得人說：搜索枯腸，就可做詩。俺因極力搜索，奈腹中只有盛飯的枯腸，並無盛詩的枯腸；所以搜他不出。後來俺見有兩個小學生在那裡對對子。先生出的是雲中雁，一個對水上鷗。一個對水底魚。俺趁勢說道：今日偏偏詩思不在家，不知甚時纔來。好在詩思雖不在家，對思卻在家。你們要聽口氣，俺對這個雲中雁罷。他們都道：如此甚好。不知對個甚麼？俺道：鳥槍打。他們聽了，都發殘不懂，求俺下個注解。俺道：難為你們還是生童，連這意思也不懂！你們只知雲中雁拏那水上鷗、水底魚來對。請教這些字面與那雲中雁有甚瓜葛？俺對的這個鳥槍打，卻從雲中雁生出的。他們又問：這三字為何從雲中雁生發的？倒要請教。俺道：一抬頭看見雲中雁，隨即就用鳥槍打，如何不從雲中雁生出的：他們聽了，這纔明白，都道：果然用意甚

37 （清）李汝珍，《繪圖鏡花緣》，回三二：一上－下。

38 John Durant and Jonathan Miller eds., *Laughing Matters*, p.10.柏格森認為笑話是對社會中行為不當的人的一種懲罰。

奇。無怪他說諸子百家都讀過。據這意思，只怕還從《莊子》見彈而求鴞炙套出來的。俺聽這話，猛然想起九公常同妹夫談論《莊子》、《老子》，約略必是一部大書，俺就說道：不想俺的用意在這書上竟被你們猜出，可見你們學問也是不凡的。幸虧俺用《莊子》，若用《老子》、《少子》，只怕也瞞不過了。誰知他們聽了，又都問道：向來只有《老子》，並未聽見有甚《少子》，不知這部《少子》何時出的？內中載著甚麼？俺被他們這樣一問，倒問住了。俺只當既有《老子》，一定該有《少子》；平時因聽你們談講《前漢書》、《後漢書》，又是甚麼《文子》《武子》，所以俺談《老子》隨口帶出一部《少子》，以為多說一書，更覺好聽；那知剛把對子敷衍交卷，卻又鬧出岔頭。後來他們再三追問，定要把這《少子》說明，才肯放走。俺想了一想，登時得一脫身主意；因向他們道：這部《少子》乃聖朝太平之世出的，是俺天朝讀書人做的。這人就是老子後裔。老子做的是《道德經》，講的都是元虛奧妙。他這《少子》雖以遊戲為事，卻暗寓勸善之意，不外風人之旨，上面載著諸子百家、人物花鳥、書畫琴棋、醫卜星相、音韻算法，無一不備，還有各樣燈謎，諸般酒令，以及雙陸、馬弔、射鵠、蹴毬、鬥草、投壺，各種百戲之類，件件都可解得睡魔，也可令人噴飯。這書俺們帶著許多，如不嫌污目，俺就回去取來。他們聽了，個個歡喜，都要觀看，將物價付俺，催俺上船取書，俺纔逃了回來。[39]

這個笑話可以作較深入的討論。

第一，林之洋扮演學者的角色進一步反映了上述對士人愛恨交織的複雜心態。在中國社會中士人仍居於最尊貴的角色，大多數的商人，即使能賺較多的錢，內心仍帶有某種程度想作學者的願望。這種心理在平常不容易展現，但在特殊情況下卻不自覺地顯示出來。在這個例子中，林之洋遇到一些小學童，他心中的想法可能是他或許無法與「學者」談文，但與小學童談談詩文絕不成問題，因此他假裝博通經史，而與他們討論。我認為作者藉著這個故事不但讓我們嘲笑林之洋，同時也嘲諷人性中愛出鋒頭、死要面子的一面。

第二，林之洋所作的對子「鳥槍打」，是源於他本身的經驗（他總是隨身攜帶一把鳥槍）。它之所以有趣是因為切合現實生活，並與教科書生硬解答形成鮮明的對比。更有趣的是有一個學生還為他自創的解答從《莊子》中找到一個典故。不過學生這種遵循舊章與好尋典故的態度正反映了當時學校教育制度的僵化，這也是李汝珍所想要批判的。

第三，當林之洋對出了對子，又被學童稱讚之後，讀者不禁為他感到高興。但他又隨口說出《老子》、《少子》的話而使他掉入一個新的麻煩。這種隨意不經思索的說話方式似乎是林之洋的個性，這種個性為他帶來麻煩。在另一個場合他也說過類似的話來描述唐敖：

39 （清）李汝珍，《繪圖鏡花緣》，回二三：二上－三上。

> 自從得了功名，就把書籍撇在九霄雲外。幼年讀的《左傳》、《右傳》，《公羊》、《母羊》，還有平日做的打油詩、放屁詩，零零碎碎，一總都就了飯吃。[40]

其中將《公羊》、《母羊》並列與這個例子中的《老子》、《少子》同出一轍，後半部均為對稱性的假造，實際上並無該書。

第四，林之洋顯然是深悉孩童心理，他知道這些學生所真正喜歡的東西。在故事中讀者為他高興，一方面因為他成功地度過二個難關，另一方面也因為他不但戲弄了那群學生，而且捲款潛逃，賺了一筆。那本隨口胡謅的《少子》很明顯是影射《鏡花緣》一書，所謂老子後裔即為李汝珍，而他所說的各種遊戲都出現在後半部書之中。至於他所謂的「暗寓勸善之意」，一個可能的解釋是模仿明清時代各種豔情小說的筆法，在這類書中無論描寫得多露骨，在開始部分多表示，該色情故事是為了讓讀者了解「萬惡淫為首」的道德原則。這一段描述是作者與讀者之間的幽默。

《鏡花緣》中另一個與社會階層及角色扮演有關的笑話在二十三回結尾部分，緊跟著以上的故事。當林之洋從那群學童處逃回來後，因談了許多話，口中發渴，恰巧面前有個酒樓，三人走了進去，在酒樓中遇到一位身著儒服的酒保：

> 三人進了酒樓，就在樓下檢個桌兒坐了。旁邊走過一個酒保，也是儒巾素服，面上戴著眼

鏡，手中拏著褶扇，斯斯文文，走來向著三人打躬陪笑道：三位先生光顧者莫非飲酒乎？抑用菜乎？敢請明以教我。林之洋道：你是酒保，你臉上戴著眼鏡，已覺不配，你還滿嘴通文，這是甚意？方纔俺同那些生童講話，倒不見他有甚通文，誰知酒保倒通起文來。真是整瓶不搖半瓶搖！你可曉得俺最喉急，耐不慣同你通文？有酒有菜，只管快快拿來。酒保陪笑道：請教先生，酒要一壺乎，兩壺乎？菜要一碟乎，兩碟乎？林之洋把手朝桌上一拍道：甚麼乎不乎的！你只管取來就是了！你再之乎者也的，俺先給你一拳。嚇的酒保連忙說道：小子不敢！小子改過！[41]

這一個故事與上面的幾個故事比較起來尤其有趣。我們都知道，林之洋最喜歡扮演學者的角色，但這一段中卻讓他來教訓一個扮演學者角色的酒保，反諷意味十足。但這一段似乎還有另一個訊息：在人類心靈的底層，許多人都有一種想扮演別人角色的欲望，例如政治人物想扮演藝術家，學者則想當政治人物，商人又想充學者，這種情況在現代社會中屢見不鮮。將這些例子與上述搖頭晃腦，滿嘴通文的酒保比起來，實際上只是程度的不同，而非性質的差異。因此，在故事中林之洋教訓那酒保之時，實際在教訓他自己，當讀者在嘲笑那酒保時，在深一層的意義上，是在嘲笑他們

40 （清）李汝珍，《繪圖鏡花緣》，回二二：一下。

41 （清）李汝珍，《繪圖鏡花緣》，回二三：三上—下。

自己。

林之洋的笑話可以說是環繞著士人與商人價值標準與角色之差異。然而唐敖與多九公代表的理念，不僅是儒家道德與知識的理想，也帶有道家的退隱觀念，唐敖心中這種觀念尤其強烈。林之洋的想法不但與儒家觀念有差距，與道家精神也不同。在十六回三人來到「無脊國」，該國之人從不生育，死後屍體不朽，一百二十年後再度轉活，因此他們國中凡有人死了叫睡覺，而活在世上叫做做夢，他們將生死看得透徹，名利之心甚淡。三人對此均有所感：

> 林之洋道：若是這樣，俺們竟是痴人，他們死後還能活轉，倒把名利看破，俺們死後並無一毫指望，為甚倒去極力巴結？若教無脊國看見，豈不被他恥笑麼？唐敖道：舅兄既怕恥笑，何不將那名利之心略為冷淡呢？林之洋道：俺也曉得，為人在世就如做夢。那名利二字，原是假的。平時聽人談論，也就冷淡。無奈到了爭名奪利關頭，心裡就覺不由發迷，倒像自己永世不死，一味朝前奔命。將來到了昏迷時，怎能有人當頭一棒，指破迷團，或者那位提俺一聲，也就把俺警省。多九公道：尊駕如到昏迷時，老夫雖可提你一聲，恐老兄聽了，不但並不省悟，反要責備老夫是個痴人哩。[42]

這個笑話帶有很深的哲學意味，可以稱為「哲學笑話」，其中亦反映商人價值與道家思想的差異。

丑角的特點之一是愛面子，喜歡吹牛，這一點各文化之間的差異並不很大。從上述猜謎的故事可以了解林之洋的個性也是如此。《鏡花緣》中還有一些林之洋吹牛的故事，在二十五回三人來到「兩面國」。林之洋因匆忙上岸，沒有換衣服：

> 林之洋道：……俺同妹夫一路行走，他是儒巾綢衫，俺是舊帽破衣，倒像一窮一富。若教勢利人看見，還肯睬俺麼？多九公笑道：他不睬你，你就對他說：俺也有件綢衫，今日匆忙，未曾穿來。他必另眼相看了。林之洋道：他果另眼相看，俺更要擺架子說大話了。多九公道：你說甚麼？林之洋道：俺說俺不獨有件綢衫，俺家中還開過當鋪，還有親戚做過大官。這樣一說，只怕他們還有酒飯款待哩！[43]

另一個吹牛的故事是當林之洋從「女兒國」逃出來之後（女兒國的故事將在下節討論），他向九公與唐敖誇耀他當時克制慾望的能耐，不意在自我誇耀中他卻被二人調侃：

---

42 （清）李汝珍，《繪圖鏡花緣》，回一六：一下—二上。

43 （清）李汝珍，《繪圖鏡花緣》，回二五：二下。

林之洋同唐多二人偶然說起那日同國王成親，虧俺給他一概弗得知，任他花容月貌，俺只認作害命鋼刀。若不耐了火性，那得有命回來？唐敖道：據這光景，林兄竟是柳下惠坐懷不亂了。林之洋道：俺本以酒為命。自從在他樓上，恐酒誤事，酒到跟前，如見毒藥一般，隨你甚等美酒，俺總不吃。就只進宮那日，俺要藉著裝醉，吃了兩盃，除此並無一滴入口。若比古人，不知又叫什麼？

多九公道：當日禹疏儀狄，絕旨酒，今林兄把酒視為毒藥，如此說來，尊駕又學大禹行為了。林之洋道：他們國中以金錢為貴。俺進宮第二日，國王命宮人賜俺珠寶，並命收掌金錢宮人，每月送俺金錢一擔，隨俺用度。俺看那錢就如糞土一般，並不被他打動。若比古人，不知又叫甚麼？

唐敖道：當日王衍一生從不言錢；他的妻子故意將錢放在房中，擋住走路，意欲逼他說出一個錢字。誰知王衍看見，因堵住走路，教他妻子把阿堵物挐開，畢竟總不言錢，無非嫌他銅臭。所以絕口不談。那知今人一經講起銀錢，心花都開，不但不嫌他臭，莫不以他為命，並且歷來以命結交他的，也就不少。你只看那錢字身旁兩個戈字，若妄想親近，自然要動干戈，鬧出人命事來。今林兄把他視如糞土，又是王衍一流人物了。林之洋道：俺在樓上被他穿耳，毒打，倒吊，這些磨難，不過一時，都能耐得，最教俺難熬的好好兩隻大腳纏的骨斷筋折，只剩枯骨包著薄皮，日夜行走，十指連心，痛的要死。這般凌辱，俺能忍受，逃得回來，只怕古人中要找這樣忍耐的也就少了。

多九公道：當日蘇武出使匈奴，吃盡千辛萬苦，數年之久，方能逃回，也算受盡苦楚了。林之洋道：俺講的並非這個，要請問受人百般淩辱，能彀忍耐的，不知古人中可有一個？唐敖道：若講能彀忍耐的，莫若本朝去世不久的婁師德了。他告訴兄弟，教他唾面自乾，人唾他面，他能聽其自乾，可見凡事都可忍耐。以此而論，林兄又是婁師德一流人物了。多九公道：林兄把這些都能看破，只怕還要成仙哩。唐敖笑道：九公說的雖是，就只神仙從未見有纏足的。當日有個赤腳大仙，將來只好把林兄叫作纏足大仙了。[44]

在這一段中林吹噓他壓抑慾望與忍受折磨的能力。它之有趣在於人們了解林之洋喜歡與美女共枕，喜歡美酒與珠寶，但在當時情況之下他卻無法享用。同時唐多二人對他的恭維也很逗趣，他們二位與讀者都很清楚地了解林之洋不是了不起，而是迫不得已。因此這種誇大式的恭維反而成為一種諷刺，當他們所舉的歷史人物越是偉大，其與現實之差距就越大，而讀者也越覺得好笑。作者藉著這個故事嘲諷人性中喜歡誇大的一面，許多人都喜歡吹噓自己的能力，或被說成是古代的英雄，

44 （清）李汝珍，《繪圖鏡花緣》，回三八：一上－下。

但在許多情況之下或許我們只是另一個林之洋。

林之洋是《鏡花緣》中一個相當成功的角色，作者藉著塑造這個角色，並將之與其他角色對照，創造出高度的喜感，更在笑聲中暴露赤裸裸的人性。像其他成功的丑角一樣，林之洋的角色有意讓人們來嘲笑他，而使人們在嘲笑別人的同時，也嘲笑他們所看到的人性，這是幽默所提供的另一層深邃的意義。

有關林之洋的幽默主要是關於個人的性格，但作者所關懷的對象除了個體之外更包括群體生活。下面我們嘗試以「範疇錯亂」的理論，探討《鏡花緣》中關於自我與社會批判的幽默。

範疇錯亂與自我批判

關於幽默有許多解釋理論，從早期佛洛依德的壓抑論、柏格森的懲罰論，到不協調論、社會功能論等，都可以從不同的角度解釋其成因與意義[45]。「範疇錯亂」的理論是由 Jonathan Miller 所提出，他認為生活中有一些最基本的範疇與分類，而幽默的價值在於它涉及範疇與分類的變通性或替換性的預演。它像一種思想遊戲，讓人們不受束縛地再一次思考生活中的基本觀念，而且建議如果有必要的話可加以修改。他提到卓別林電影中的一個例子。在 *The Golden Rush*（《淘金記》）一片中，其中有一景，卓別林在一間小屋中挨餓多時，最後必須要吃他的靴子。這時觀眾變得十分緊張，因為傳統的範疇處於險境。然而，當卓別林用叉子捲起鞋帶，而且將鞋底切成小塊，像吃義大利麵和牛排那樣來吃靴子之時，觀眾不禁大笑。這是因為靴子原為不可吃的範疇，現在被轉變為可吃的範疇，他認為這種範疇的轉換是引人發笑的原因。作者也指出，我們雖然不一定會面臨吃靴子的情境，但藉著經歷這種愉快的心理過程，可以讓我們避免成為現存範疇的奴隸，這也是為什麼幽默總被人視為危險之物或具有叛逆性格的原因[46]。

「範疇錯亂」理論有相當強的解釋性，我們可以找到許多其他的例子印證這一點。在這一節中，我將描述《鏡花緣》的作者，如何以這一類的笑話，批判當時社會中所流行的思考方式與生活習俗。這個問題也讓我們思考在鴉片戰爭前夕，中國士人所具有的反省能力及其界線。

在《鏡花緣》中作者藉著海外探險故事，說到許多國家。這些國家的人民多為奇形怪狀。其中反映了作者對人體概念的思考，如十六回的「深目國」：

> 其人面上無目，高高舉著一手，手上生出一隻大眼，如朝上看，手掌朝天，如朝下看，手掌朝地，任憑左右前後，極其靈便。林之洋道：幸虧眼生手上；若嘴生手上，吃東西時，隨你會搶也搶他不過。不知深目國眼睛可有近視？若將眼鏡戴在手上，倒也好看。[47]

45 見拙著，〈近代中國笑話研究的基本構想與書目〉，頁八五—九四。參見本書附錄。

46 Jonathan Miller, "Jokes and Joking: A Serious Laughing Matter," in *Laughing Matters*, pp. 5-16.

47 （清）李汝珍，《繪圖鏡花緣》，回一六：二上。

這個故事有趣之處在於在我們的觀念中，眼應該屬於臉的一部分，而非手的一部分，作者將眼從屬於臉的分類範疇轉移到屬於手的分類範疇，而創造出幽默感。林之洋的評論又進一步想像，如果把眼鏡戴在手上，或將嘴生在手上，也頗為逗趣。對於人體概念思考中，以下幾國人民的長像也十分有趣，類似現代科幻小說中所描述的外星人。從這些想像我們可以了解作者心中「人」的概念，除了我們所習慣的形象之外，還有那些可能。在三十八回「軒轅國」國王的千秋壽典，各國國王前往祝壽，場面十分壯觀：

（唐敖）問道：……那邊有位國王，頭上披著長髮，兩腿伸在殿上，約有兩丈長，其國何名？多九公輕輕答道：這是長股國，又名有喬國，我們中原以雙木續足，叫作高蹻，就是做他作的。長股之旁，有位國王，一個大頭，三個身軀的，名叫三身國。三身對面有個身有雙翼，人面鳥嘴的，名叫驩兜國。驩兜上首有個頭大如斗，身長三尺的，名叫周饒國，就是能做飛車的周饒。迎面有個腳脛相交的名叫交脛國，交脛旁邊有位面中三目，一隻長臂的，名叫奇肱國。奇肱下首坐著一位三首一身的，名叫三首國。唐敖道：那邊一位三身一首，這邊一位三首一身，兩位設或對看，只怕彼此都有羨慕之意哩。[48]

這一類笑話是對人類生理器官的預演，目的是博君一粲，但缺乏深刻的意義。在下面二個國家，「大人國」與「兩面國」，作者所玩弄的範疇是心理範疇與生理範疇，他將人類心理特點轉為生理特點，其中蘊含了較嚴肅的意義。在大人國中所有人足下都有一塊雲，這塊雲是由腳產生的，隨著心境變化而出現不同的顏色。「如果胸襟光明正大，足下自現彩雲；倘或滿腔奸私暗昧，足下自生黑雲。雲由足生，色隨心變，絲毫不能勉強。」因為該國之人都以踏黑雲為恥，所以遇見壞事則藏身事後，遇見善事則踴躍爭先，民風淳厚，毫無小人氣息，而被鄰邦稱為大人國[49]。在兩面國，人們都有兩張臉，一在前，一在後。不過他們個個頭戴浩然巾，把腦後遮住，只露一張正面。在故事中唐敖與林之洋一穿綢衫，一著布衫，當他們與人交談時，該國人對穿綢衫的唐敖和顏悅色，對穿布衫的林之洋則冷漠不應。在二人互換衣衫後，待遇立即不同，他們對林之洋謙恭，而對唐敖冷淡。後來唐敖悄悄走到一人之後，掀起他的浩然巾，他被隱藏在後面的那張臉嚇了一跳。他向多九公描述當時的情景：

不意裡面藏著一張惡臉，鼠眼鷹鼻，滿面橫肉。他見了小弟，把掃帚眉一皺，血盆口一張，伸出一條長舌，噴出一股毒氣，霎時陰風慘慘，黑霧漫漫。小弟一見，不覺大叫一聲，

48（清）李汝珍，《繪圖鏡花緣》，回三八：三上。

49（清）李汝珍，《繪圖鏡花緣》，回一四：一下。

嚇殺我了！[50]

在第一個例子中腳下之雲象徵著人的內心狀況，而不同的色彩則代表不同的道德等級。第二個例子中兩面人代表那些依他人外貌、衣著為標準而有差別待遇的人；以及外表笑臉迎人，內心陰險奸詐的人。這些道德等級與待人態度本來屬於心理與不可見的範疇，但作者將之轉變為生理與可見的範疇。藉此作者使人性變得更加清楚，而且也隱含表示一些我們所有的思想、動機與行為模式，表面上可以隱藏不露，實際上就像人類身體上的器官一樣明顯。林之洋在大人國的說，「老天只將這雲生在大人國，別處都不生，難道不是不公？若天下人都有這塊招牌，教那些瞞心昧己，不明道德的人兩隻腳下都生這黑雲，個個人前現醜，人人看著驚心，豈不痛快？」多九公的回答是「世間那些不明道德的，腳下雖未現出黑雲，他頭上卻是黑氣衝天，比腳下黑雲還更利害！」[51]

另一個有關生理範疇之笑話是在第十四回「無腸國」，該國之人肚中無腸，所吃的食物立即通過，在這個故事中作者所關心的是人類生理基礎與行為之間的關係。故事如下：

那日到了無腸國。唐敖意欲上去。多九公道：此地並無可觀，兼之今日風順，船行甚快，莫若趕到元股、深目等國，再去望望罷。唐敖道：如此遵命。但小弟向聞無腸之人，食物皆一直通過，此事可確？多九公道：老夫當日也因此說，費了許多工夫，方知其詳。原來他們未曾吃物，先找大解之處。若吃過再去大解，就如飲酒太過一般，登時下面就要還席，問其所以，纔知吃下物去，腹中並不停留，一面吃了，隨即一直通過。所以他們但凡吃物，不肯大大方方，總是賊頭賊腦，躲躲藏藏，背人而食。唐敖道：既不停留，自然不能充飢，吃他何用？多九公道：此話老夫也曾問過，誰知他們所吃之物，雖不停留，只要腹中略略一過，就如我們吃飯一般，也就飽了。你看他腹中雖是空的，在他自己光景卻是充足的。這是苦於不自知，卻也無足為怪；就這可笑那不曾吃物的，明明曉得腹中一無所有，他偏裝作充足樣子，此等人未免臉厚了。他們國中向來也無極貧之家，也無大富之家。雖有幾個富家，都從飲食打算來的。那宗打算，人所不能行的，因此富家也不甚多。唐敖道：若說飲食打算，無非儉省二字；為何人不能行？多九公道：如果儉省歸於正道，該用則用，該省則省，那倒好了；此地人食量最大，又易饑餓，每日飲食費用過重。那想發財人家，你道他們如何打算？說來倒也好笑。他因所吃之物到了腹中隨即通過，名雖是糞，但入腹內並不停留，尚未腐臭，所以仍將此糞好好收存，以備僕婢下頓之用；日日如此，再將各事極力刻薄，如何不富？林之洋道：他可自吃？多九公道：這樣好東西，又不花錢，他安肯不吃？唐敖道：如此腌臢，他能忍耐受享，也不必管他。第以穢物仍令僕婢吃，未免太過。多九公道：他以腐臭

50 （清）李汝珍，《繪圖鏡花緣》，回二五：三上。
51 （清）李汝珍，《繪圖鏡花緣》，回一四：二上。

之物，如教僕婢盡量飽餐，倒也罷了，不但忍飢不能吃飽，並且三次四次之糞還令吃而再吃，必至鬧到出而哇之，飯糞莫辨，方肯另起爐灶。林之洋道：他家主人把下面大解的還要收存，若見上面哇出的更要愛惜，留為自用了。[52]

這個笑話可以從不同的層次加以解讀。第一，這是一個「糞便笑話」，作者以無腸之人的故事玩弄食物與糞便，以及進食與排泄，這二組原屬於不同範疇並互相對立的東西。在範疇錯亂之後糞便成為食物，而且還可以一吃再吃，這種錯亂感使人發笑。此外進食與排泄也是如此，在中國人的觀念中二者是絕對的分離，甚至在飯廳談到與廁所有關的事物都是不禮貌的，然而在這個故事中作者卻把吃飯與排泄變成一個連貫在一起的活動，這種新舊範疇的不一致產生幽默感。第二，這個笑話諷刺極端節儉並虐待僕役的人。第三，在一個較深的層次，這個故事顯示，人類的社會行為與文化實際上是奠基於動物性的生理本性。當生理狀況改變之後，社會行為會完全不同。生理基礎與文化因素之間有血乳交融的密切關係。

或許食物在中國文化中的角色是如此重要，作者很喜歡以食物作為談笑的內容。在「君子國」三位旅行者遇到吳姓兄弟，他們提到當時中國社會的一些不良習俗，其中有一項有關食物。他們最反對的是以稀少價昂的食物當珍品，例如在中國人們以狀似粉條、味同嚼蠟的燕窩為佳餚，在君子國因燕窩甚多，一般人都不愛吃，只有窮人才用來囤積備荒。吳姓兄弟談到：

其實燕窩縱貴又安能以此誇富？這總怪世人眼界過淺，把他過於尊重，以致相沿竟為眾餚之首，而並有主人親上此菜者，此在貴處固為敬客之道，若在敝地觀之，竟是捧了一碗粉條子上來，豈不肉麻可笑？幸而貴處倭瓜甚賤；倘竟貴於諸菜，自必以他為首。到了宴會，主人恭恭敬敬捧一碗倭瓜上來，能不令人噴飯？[53]

在這一段中作者從海外異國的角度來批判中國的習俗，他採取的方式是提出另一種分類的可能，在中國燕窩是屬於珍品的範疇，在君子國卻被改置於賤物的範疇。作者並將燕窩與倭瓜的位置互換來凸顯這種改變，藉著這樣的改變他讓我們思考事物的本質，以及我們對此事物的態度是否合理。如果說「無腸國」的故事顯示人類的社會行為奠基於生理本質，這個笑話則象徵著即使基於相同的生理構造，人類還是受地理環境、歷史傳統與思維習慣等文化因素的影響。文化對人類行為的影響是書中十分重要的主題，在唐敖等人海外探險故事中，作者所假想的異於中國的生活方式展現他對「文化相對性」的深刻體認，就此而言此書可謂現代人類學思考的先驅。在書中的其他部分，他以類似的方式談到幾種不同的生活方式，有時並藉此而批評中國的習俗。

在三十一回三人來到「智佳國」，照中國曆法這日是中秋節，因此眾人相約進城，想看此地過

52（清）李汝珍，《繪圖鏡花緣》，回一四：三上—下。

53（清）李汝珍，《繪圖鏡花緣》，回一二：二下—三上。

節光景：

> 進了城，只聽爆竹聲喧，市中擺列許多花燈，作買作賣，人聲喧嘩，極其熱鬧。林之洋道：看這花燈，倒像俺們元宵節了。多九公道：卻也奇怪。於是找人訪問。原來此處風俗，因正月甚冷；過年無趣，不如八月天高氣爽，不冷不熱，正好過年；因此把八月初一日改為元旦，中秋改為上元。此時正是元宵佳節，所以熱鬧。[54]

在這個例子中，中秋節與元宵節互換，作者藉此顯示社會中的節慶或典禮是人們主觀創造的，在不同的文化有不同的做法。人們可以在他們喜歡的時間慶祝他們的「新年」。

第二個例子是在上文提及的「大人國」（該國之人腳底有雲，顯示內在的道德等級），作者談到他對和尚、尼姑的看法：

> 話說三人走了多時，不能穿過嶺去，多九公道：看這光景，大約走錯了。恰好那邊有個茅菴，何不找個僧人問問路徑？登時齊至菴前。正要敲門，前面來了一個老叟，手中提著一把酒壺，一個豬首，走至菴前，推開菴門，意欲進去。唐敖拱手道：請教老丈：此菴何名？裡面可有僧人？老叟聽罷，道聲得罷。連忙進內把豬首酒壺放下，即走出拱手道：此菴供著觀

音大士，小子便是僧人。林之洋不覺詫異道：你這老兄既是和尚，為甚並不削髮？你既打酒買肉，自然養著尼姑了。老叟道：裡面雖有一個尼姑，卻是小僧之妻。此菴並無別人，只得小僧夫婦自幼在此看守香火。至僧人之稱，國中尚無此說。因聞天朝自漢以後住廟之人俱要削髮，男之謂僧，女之謂尼，所以此地也遵天朝之例：凡入廟看守香火的，雖不吃齋削髮，稱謂卻是一樣。即如小子稱為僧，小子之妻稱為尼。不知三位從何到此？多九公告知來意。老叟躬身道：原來三位卻是天朝大賢。小僧不知，多多有罪。何不請進獻茶？唐敖道：我們還要趕過嶺去，不敢在此耽延。林之洋道：你們和尚尼姑生出兒女來叫作甚麼？難道也同俺們一樣麼？老叟笑道：小僧夫婦不過在此看守香火，既不違條犯法，又不作盜為娼，一切行為，莫不與人一樣，何以生出兒女稱謂就不同呢？大賢若問僧人所生兒女喚作甚麼，只問貴處那些看守文廟的所生兒女喚作甚麼，我們兒女也就喚作甚麼。……林之洋道：嶺上那個禿驢，又吃葷，又喝酒，又有老婆，明明是個酒肉和尚，他的腳下也是彩雲……。[55]

在此作者將尼姑、和尚從我們所習於的神聖的範疇，轉為世俗的範疇。因此和尚、尼姑可以吃肉、喝酒、結婚、生子。這種新的分類方式使讀者覺得好笑。作者對這個大人國的和尚顯然有同情

54 （清）李汝珍，《繪圖鏡花緣》，回三一：五上。
55 （清）李汝珍，《繪圖鏡花緣》，回一四：一上。

的了解，故事中他腳下踏的是彩雲，意味著即使從林之洋的觀點看來他是個酒肉和尚，但從該國的標準來說他卻是一個正直的好人。李汝珍對遁入空門並不推崇，我覺得他藉著這個故事同時批判佛道出家的觀念，在第十二回他明白表示出他的想法，他說佛教「固無害於人，第為數過多，不獨陰陽有失配合之正，亦生出無窮淫奔之事……總之，天下少一僧或少一道，則世間即多一貞婦。」[56] 這是笑話之後所傳達的另一訊息。

第三個例子是「君子國」的故事，這是《鏡花緣》中最廣為人知的故事之一：

> 說話間來到鬧市，只見有一隸卒，在那裡買物，手中拏著貨物道：老兄！如此高貨，卻討這般賤價，教小弟買去，如何能安？務求將價加增，方好遵教。若再過謙，那是有意不肯賞光交易了。唐敖聽了，因暗暗說道：九公！凡買物只有賣者討價，買者還價；今賣者雖討過價，那買者並不還價，卻要添價，此等言談倒也罕聞。據此看來，那好讓不爭四個字，竟有幾分意思了。只聽賣貨人答道：既承照顧，敢不仰體？但適纔妄討大價，已覺厚顏；不意老兄反說貨高價賤，豈不更教小弟慚愧？況敝貨並非言無二價，其中頗有虛頭。俗云：漫天要價，就地還錢，今老兄不但不減，反要加增，如此克己，只好請到別家交易，小弟實難從命。

唐敖道：漫天要價，就地還錢，原是買物之人向來俗談。至並非言無二價，其中頗有虛頭，亦是買者之話。不意今皆出於賣者之口，倒也有趣。只聽隸卒又說道：老兄以高貨討賤價，反說小弟克己，豈不失了忠恕之道？凡事總要彼此無欺，方為公允。試問那個腹中無算盤？小弟又安能受人之愚哩？談之許久，賣貨人執意不增。隸卒賭氣照數付價，拏了一半貨物，剛要舉步。賣貨人那裡肯依，只說價多貨少，攔住不放。路旁走過兩個老翁，作好作歹，從公評定，令隸卒照價拏了八折貨物，這才交易而去。唐多二人不覺暗暗點頭。[57]

這個故事的「範疇錯亂」發生在二方面，第一，作者倒轉市場中買者與賣者的角色，他將原屬於買者所說的話用於賣者身上，在這個例子中是要求降低物價；同時又將原屬於賣者的話用於買者身上，在這個例子中是提高物價，在這種範疇倒轉之後，整個故事顯得滑稽可笑。第二，範疇錯亂也發生在作者將謙讓有禮，關懷他人的儒家倫理用於市場交易之上，在人們的觀念中市場的主導原則原為賺賠的理性計算，而非道德原則。這二種範疇錯亂交織在一起產生強烈的不協調感，引人發笑。我覺得這個笑話具有道德教訓的意味。在清中葉，商業化的發展使市場交易中理性計算漸成唯一原則，甚至演變到有些商人見利忘義，忽略的商人的職業倫理，李汝珍的君子國是對這種現象的

56 （清）李汝珍，《繪圖鏡花緣》，回一一：一下。
57 （清）李汝珍，《繪圖鏡花緣》，回一一：一上—二上。

誇大性的反諷，以另一個極端來針砭「禮義之邦」的商人。

第四個有關文化與社會行為的例子在三十二至三十四回「女兒國」。此國之人的生理構造中國人無異，但性別角色的扮演則截然相反，他們將男人稱為「女人」，把女人叫「男人」。兩者衣著、職守也不同，「男子反穿衣裙，作為婦人，以治內事，女子反穿靴帽，作為男人，以治外事」。作者藉著保留男女兩性生理的特徵，卻將受文化所規範的角色行為徹底倒轉，一方面創造的許多笑話，另一方面也使男性讀者在心理上體驗當時女子所受到的虐待。該國的「男性」外貌如下：

> 細看那些人，無老無少，並無髭鬚；雖是男裝，卻是女音；兼之身段瘦小，嬝嬝婷婷。

他們最大的嗜好是打扮婦人。該國的「婦人」十分逗趣：

> 多九公暗向旁邊指道：唐兄你看那個中年老嫗，拏著針線作鞋，豈非婦人麼？唐敖看時，那邊有個小戶人家，門內坐著一個中年婦人，一頭青絲黑髮，油搽的雪亮，真可滑倒蒼蠅；頭上梳一盤龍鬏兒，鬢旁許多珠翠，真是耀花人眼睛；耳墜八寶金環，身穿玫瑰紫的長衫；下穿蔥綠裙兒；裙下露著小小金蓮，穿一雙大紅繡鞋，剛剛只得三寸；伸著一雙玉手，十指尖尖，在那裡繡花；一雙盈盈秀目，兩道高高娥眉；面上許多脂粉；再朝嘴上一看，原來一

部髭鬚，是個絡腮鬍子。[59]

由於我們很熟悉一般的男女世界，因此角色對調之後的描述顯得非常有趣。在故事中作者提到的髮型、耳環、三寸金蓮、繡花等原屬於女人的範疇，而絡腮鬍子則原屬男人的範疇，然而作者卻將二者結合為一，造成範疇的錯亂。所以從我們的觀點來看，這個人在生理上是個男人，但在文化上卻是個女人。這種「不協調」成為笑聲的根源。唐敖看到這女人之後不禁撲嗤一笑，卻招來一陣痛罵：

那婦人停了針線，望著唐敖喊道：你這婦人敢是笑我麼？這個聲音，老聲老氣，倒像破鑼一般！把唐敖嚇的拉著多九公朝前飛跑。那婦人還在那裡大聲說道：你面上有鬚，明明是個婦人，你卻穿衣戴帽，混充男人，你也不管男女混雜！你明雖偷看婦人，你其實要偷看男人。你這臊貨，你去照照鏡子，你把本來面目都忘了！你這蹄子，也不怕羞！你今日幸虧遇見老娘，你若遇見別人，把你當作男人偷看婦女，只怕打個半死哩！唐敖聽了，見離婦女已遠，因向多九公道：原來此處語音卻還易懂。聽他所言，果然竟把我們當作婦人。他纔罵我

58 （清）李汝珍，《繪圖鏡花緣》，回三二：二下。
59 （清）李汝珍，《繪圖鏡花緣》，回三二：二下。

> 們蹶子，大約自有男子以來，未有如此奇罵。這可算得千古第一罵。[60]

「蹶子」（一般指亂勾搭男性，行為放蕩之女性）一詞原專門用來罵女人，現在被用來罵男人，難怪唐敖說這是自有男人以來所未曾有。不過作者顯然深刻了解價值相對的觀念，他體認到文化是歷史的產物，是「習慣成自然」。他反對以自身的傳統當作是天經地義的想法。在鴉片戰爭前夕的中國，以自我文化為中心的「天朝」觀念非常強烈，鴉片戰爭期間中英的交涉是最好的例子[61]。但在《鏡花緣》中，作者卻經由角色錯亂的思想遊戲了悟到文化的相對性，在故事中唐敖與多九公下面的對話有著很深的含意：

> 唐敖道：九公！你看他們原是好好婦人，卻要裝作男人，可謂矯揉造作了。多九公笑道：唐兄！你是這等說，只怕他們看見我們，也說我們放著好好婦人不做，卻矯揉造作，充作男人哩。唐敖點頭道：九公此話不錯，俗語說的習慣成自然，我們看他雖覺異樣，無如他們自古如此。他們看見我們，自然也以我們為非。[62]

遺憾的是這種本土的人類學觀點在鴉片戰後中西接觸的過程中一直沒有成為主流。

「女兒國」的故事還有另一層意義，在於它顯示了中國社會中婦女所遭到的不合理待遇。例如鑽耳、纏足以及被男人視為性的玩物。故事中林之洋被女兒國的「國王」選為王妃，幾個力大無窮的宮娥來服侍他，先是穿耳，然後纏足：

又有幾個中年宮娥走來，都是身高體壯，滿嘴鬍鬚。內中一個白鬚宮娥，手拿針線，走到床前跪下道：稟娘娘，奉命穿耳，早有四個宮娥上來，緊緊扶住。那白鬚宮娥上前先把右耳用指將那穿針之處碾了幾碾，登時一針穿過。林之洋大叫一聲痛殺俺了，望後一仰；幸虧宮娥扶住。又把左耳用手碾了幾碾，也是一針直過。林之洋只痛的喊叫連聲。兩耳穿過，用些鉛粉塗上，揉了幾揉。戴了一副八寶金環。白鬚宮娥把事辦畢退出。接著有個黑鬚宮人，手拿一疋白綾，也向床前跪下道：稟娘娘，奉命纏足。又上來兩個宮娥，都跪在地下，扶住金蓮，把綾襪脫去，那黑鬚宮娥取了一個矮凳，坐在下面，將白綾從中撕開，先把林之洋右足放在自己膝蓋上，用些白礬灑在腳縫內，將五個腳指緊緊靠在一處，又將腳面用力曲作彎弓一般，即用白綾纏裹，纔纏了兩層，就有宮娥拿著針線上來密密縫口，一面狠纏，一面密

60 （清）李汝珍，《繪圖鏡花緣》，回三三：二下—三上。

61 劉紀曜，〈鴉片戰爭期間中國朝野衍生的天朝意像（一八三九—一八四二）〉，《國立台灣師範大學歷史學報》，第四期（一九七六），頁二四一—二六三。

62 （清）李汝珍，《繪圖鏡花緣》，回三三：二下。

縫。林之洋身旁既有四個宮娥緊緊靠定，又被兩個宮娥把腳扶住，絲毫不能轉動；及至纏完，只覺腳上如炭火燒的一般，陣陣疼痛，不覺一陣心酸，放聲大哭道：坑死俺了！[63]

這一段令人發笑的唯一原因是林之洋是個男人。事實上從五代至民國年間，每一時代都有無以數計的婦女經歷這種苦楚[64]。藉著林之洋的例子，作者讓男人對這些不合理的文化設計有所體認。後來林之洋因私自將裹腳布撕開，遭到嚴重懲罰，屁股被打得皮開肉綻，這也是許多女子所曾遭遇的。負責執行處罰的長鬚保母帶了四個手下將林之洋的褲子除去，用竹板痛打，打過之後他對林之洋的臀部還調侃一陣：

保母手執竹板，自言自語道：同是一樣皮膚，他的下體為何生的這樣又白又嫩？好不令人可愛！據我看來，這副尊臀，真可算得貌比潘安，顏如宋玉了！[65]

以中國古代的美男子來形容臀部也是範疇錯亂的一個例子。在中國要求女人裹小腳的主要目的是為了取悅男子，滿足他們的性慾，中國男子對女人小腳的迷戀可以媲美於西方男人對女性胸部的愛好[66]。在故事中作者也讓林之洋成為「國王」的性玩物，讓男人了解被人玩弄的滋味：

> 這日保母啟奏足已纏好。國王親自上樓看了一遍，見他面似桃花，腰如弱柳，眼含秋水，眉似遠山，越看越喜，……因從身邊取出一挂真珠手串，替他親自戴上。眾宮人扶著萬福扣謝。國王拉起，攜手並肩坐下；又將金蓮細細觀玩，頭上身上，各處聞了一遍，撫摹半晌，不知怎樣纔好。[67]

女兒國的故事是李汝珍對當時男性中心社會的控訴。經由兩性角色的對調，作者讓人們更了解

---

63 （清）李汝珍，《繪圖鏡花緣》，回三三：一下—二上。

64 Howard S. Levy, *Chinese Footbinding: The History of a Curious Erotic Custom*（New York: Bell Publishing Company, 1966）, pp. 37-64. 作者表示纏足可以追溯到五代，但宋以後才普遍流行。高彥頤，《纏足：金蓮崇拜盛極而衰的演變》（台北：左岸文化，二〇〇七）。本書挑戰以往男性中心的纏足觀（視之為男性情慾的「性戀物」），或國族主義「反纏足論述」之下「陋習、國恥」的簡化論述，作者從女性自身經驗，帶出纏足者的能動性與主體性。

65 （清）李汝珍，《繪圖鏡花緣》，回三三：三上。

66 Mark Elvin, "Tales of *Shen* and *Xin*: Body-Person and Heart-Mind in China during the Last 150 Years," in M. Feher with R. Naddaff and N. Tazi, *Zone 4: Fragments for a History of the Human Body*（New York: Zone Book, 1989）, Part 2, pp. 266-349.

67 （清）李汝珍，《繪圖鏡花緣》，回三四：一下。

女性問題的本質。

以「範疇錯亂」的方式創造笑聲是《鏡花緣》幽默中很重要的一部分。但他的目的不僅是引人發笑，更包括了對一些嚴肅問題的思考。如上所述，該書範疇錯亂的幽默環繞著思索影響人類行為的重要因素，亦即到某種程度人類行為受生物本能的限制，以及到某種程度它又受到文化的束縛。早在現代人類學發展之前，作者依靠中國傳統的資源——如《山海經》、《淮南子》等書中的神話故事以及個人豐富的想像，指出人類行為受歷史、文化影響，而在此影響之下產生了相對的價值，這是相當了不起的創見。同時運用這種方法他使當時人們所面臨的一些主觀的問題客觀化，在女性問題上尤其表現了作者的睿智。誠然作者本身也受到文化的制約，但這些幽默卻清楚顯示了高度自我了解與自我批判的能力。不過這種批判也有其限制，作者的批判主要還是在於個人思想與社會習俗的層次，並不觸及政治制度與君主權威，這與《格理佛遊記》藉小人國的故事對英國政治的批判形成很強烈的對比。顯然在十九世紀的中國社會即使是談笑之間也不輕易觸犯政治禁忌。

百花大聚：女子宴會中之幽默

從六十七至九十三回作者以將近全書三分之一的篇幅詳細描繪百位女子及第之後的慶功宴。這一部分的故事以其包含了琴棋書畫，各種遊戲、酒令、籌算、命理等而聞名。在宴會中說笑話是一個十分重要的活動，而且常常是與酒令並行的娛樂方式。對幽默的理論研究也顯示在宴會中幽默的產生率要較其他情境為高。這是因為這一類的宴會多半是非正式的，沒有嚴格的程序束縛與特定目標，所以參與者可以任意地從「嚴肅論域」進入「幽默論域」，或從「幽默論域」返回「嚴肅論域」[68]。

這一部分約有四、五十個笑話，它們與書中前半部唐敖、多九公與林之洋所說的笑話在性質上很不相同。這與參與者的背景以及慶功宴的場合有密切的關係。首先，談笑的參與者絕大部分是熟悉經典、詩詞並通過科舉考試的學者，教育背景有很強的同質性。第二，參與者均為年輕女性，其笑話與男性之間或兩性之間的笑話也不盡相同。第三，笑話發生在酒宴之中歡樂場合而非日常的嚴肅生活中，參與者有意以笑話來增加歡樂的氣氛。所以他們所說的笑話多為「標準笑話」或「套裝笑話」，這些笑話多半可以在《笑林廣記》一類的笑話書中找到，說話者已預先知道笑話的內容；相對而言，唐敖、林之洋等人的笑話則為「情境笑話」，它們多產生於生活之中，或說是說話者在情境中創造出來的。無論如何，這一部分笑話是一個很好的例子，讓我們了解二百多年前類似場合中受過教育的菁英分子所常說的笑話。

在故事中百位女子多來自不同的家庭，而且剛通過殿試。第一場宴會是武后在放榜之後所舉行的，為期三日。然後是太平公主的宴會，計有二日。在這二次宴會中上榜的女子有充分的機會相互認識，這種情誼有助於幽默的創造。然後根據當時的習俗，他們一起去拜訪主試者卞濱。後來卞濱也在家中舉辦一個盛大的宴會招待這些女子。宴會設在卞府的凝翠館，四周是青松翠柏，極為清

68 Mulkay, *On Humour*, pp. 7-37, 170.

雅，主人準備了二十五桌酒席，分為五行，每桌四人。吃飯前女子分為幾群在花園中玩遊戲。整個宴會的靈魂人物有二位，一位是叫孟紫芝的女孩，她到處走動，說笑話或調侃別人；另一個是叫王玉兒的丫鬟，聰明伶巧，也擅長說笑話。許多女孩輪到要說笑話而說不出來時，都請她們二人幫忙。

以下的幾個笑話是典型的標準笑話，這些笑話都是孤立於對話環境之外，與對話者並無直接關係，唯一的目的就是博人一粲。在八十四回眾人行酒令時輪到鳳雛說笑話，他說因為昨日綠雲央求眾人寫扇子，想起一個有關的笑話：

> 一人夏日去看朋友，走到朋友家裡，只見朋友手中拏著一把扇子，面前卻跪著一人在那裡央求。朋友拏著扇子只管搖頭，似有不肯之狀。此人看見這個樣子，只當朋友素日書法甚佳，不肯輕易落筆，所以那人再三跪求，仍不肯寫。此人看不過意，因上前勸道：他既如此跪求，你就替他寫寫，這有何妨？只見地下跪著那人連連喊道：你會錯意了！我並非求他寫，我是求他莫寫。[69]

在八十六回月芳請玉兒說一個笑話，玉兒說道：

有一武士射鵠，適有一人立在鵠旁閒望，惟恐箭有歪斜，所以離鵠數步之遠，自謂可以無虞。不意武士之箭射的甚歪，忽將此人鼻子射破，慌忙上前陪罪，連說失錯。此人用手一面掩鼻，一面說道，此事並非你錯，乃我自己之錯。武士詫異道：我將尊鼻射破，為何倒是你錯？此人道：我早知道箭是這樣射的，原該站在鵠子面前。[70]

這二個笑話有一些共同的地方，第一，二者均非說話者所創造，而是從其他的來源轉述而來。第二，對話過程中嚴肅論域與幽默論域之間的界線十分清楚，並以「說一笑話」的語句作為進入幽默論域的標幟，同時在說完之後眾人又繼續進行酒令。第三，笑話的關鍵語句都在故事的最後部分，而好笑之處在於它與人們所預期的結果相反。

在中國社會中這一類「標準笑話」十分的多，在宴會中常常為人所樂道，例如玉兒說的一個與文字形狀有關的笑話：

有一家姓王，兄弟八個，求人替起名字，並求替起綽號，所起名字還要形象不離本姓。一日有人替他起道：第一個，王字頭上加一點，名喚王主，綽號叫做硬出頭的王大。第二個，

69（清）李汝珍，《繪圖鏡花緣》，回八四：二上。

70（清）李汝珍，《繪圖鏡花緣》，回八六：一下。

王字身旁加一點，名喚王玉，綽號叫做偷酒壺的王二。第三個就叫王三，綽號叫做沒良心的王三。第四個，名喚王丰，綽號叫做扛鐵鎗的王四。第五個就叫王五，綽號叫做硬拐彎的王五。第六個，名喚王壬，綽號叫做歪腦袋的王六。第七個，名喚王毛，綽號叫做拖彎尾巴的王七。第八個，名喚王全。玉兒說道此處，忽向眾人道：這個全字本歸入部，並非人字，所以王全的綽號叫做不成人的王八。[71]

這一類笑話可能是漢字文化圈所特有的笑話，涉及字的形狀，字形笑話在中國有長遠的傳統，而且民國以後仍盛行不衰。（參見本書第一章）

又如嘲笑吹牛的笑話，在八十五回眾人行酒令時談到李延壽的《北史》，接著輪到紅英說笑話，他想起一個與李姓有關的笑話：

有個宰相去世多年，他族中有個姪兒，每與親朋交談，就把家伯賣弄出來，意欲使人知他為宰相族姪。一日，偶到杭州遊玩，因見石壁題著前朝許多名士，他也寫了幾個字道：大丞相再從姪某嘗遊於此。題畢而去。後來有個士人李某，最好詼諧，看見了此字，因題其旁道：元元皇帝二十五代孫李某繼遊於此。[72]

在八十六回玉兒代替紅珠說了一個作詩的笑話：

有一士人在旅店住宿，夜間忽聽隔房有一老翁自言自語道：又是一首。士子忖道：原來隔房竟是詩翁，可惜夜深不便前去請教。據他所說又是一首，可見業已做過幾首了。正在思忖，只聽老翁道：又是一首。士人道：轉眼間就是兩首，如此詩才可謂水到渠成，手無難題了。到了次日，急忙整衣前去相會，略道數語，即問老翁道：聞得老丈詩學有七步之才，想來素日篇什必多，特來求教。老翁詫異道：老漢從不知詩，不知此話從何而起？士子笑道：老丈何必吝教？昨夜隔房明明聽見老丈頃刻就是兩首，何必騙我？老翁道：原來尊駕會意錯了。昨晚老汗偶爾破腹，夢中忽然遺下糞來，因未備得草紙，只得以手揩之，所謂一手一手者，並非一首詩，乃是一手屎。眾人聽了不覺大笑。[73]

這些笑話均為標準笑話，並不具有嚴肅的意義，但在這二個例子中，當聽眾聽完笑話之後加了一句評語，而使笑話具有道德教訓的意味。在第一個吹牛笑話之後有一個女孩說「此話雖是遊戲，

71（清）李汝珍，《繪圖鏡花緣》，回八六：一下。
72（清）李汝珍，《繪圖鏡花緣》，回八五：三上。
73（清）李汝珍，《繪圖鏡花緣》，回八六：二上。

但鄉愚往往犯了此病，若將這話給他聽，受益不淺。」在第二個笑話之後有人說道「凡做詩如果詞句典雅，自然當得起個詩字，若信口亂言，就是老翁所說那句話了。」強調笑話具有道德意涵似乎是中國笑話的一個特色，清代石成金所編《笑得好》一書更以「勸善懲惡」作為全書宗旨，在序文中他表示「正言聞之欲睡，笑話聽之恐後，今人之恆情。夫既以正言訓之不聽，曷若以笑話怵之之為得乎？予乃著笑話書一部，評列警醒，令讀者凡有過愆偏私，朦昧貪癡之種種，聞予之笑，悉皆慚愧悔改，俱得成善良之好人矣。」[74]這種情況反映中國人即使在談笑之時也無法掙脫道德考慮的心態。

在宴會中的笑話除了以道德教訓的形式與現實發生關聯之外，另一種功能是作為鬥嘴與相互嘲諷的工具。在七十八回當女子們在行酒令時，連續說了三個笑話，第一個笑話是紫芝應題花之邀而說的：

> 紫芝道：你左一個雙盃，右一個雙盃，都教人吃了，此刻又教人說笑話；竟是得隴望蜀，貪得無厭了。也罷，我就把貪得無厭做個話頭。當日有個人甚是窮苦，一日遇見呂洞賓，求其資助。洞賓念他貧寒，因用點石成金之術，把石頭變成黃金付給此人。以後但遇洞賓，必求資助，不幾年，竟居然大富。一日，又遇洞賓，仍求資助，洞賓隨又點石成金，比前更厚資助。此人因拜謝道：蒙大仙時常資助，心甚感激；但屢次勞動，未免過煩，此後我也不敢

再望資助，只求大仙賞賜一物，我就心滿意足了。洞賓道：你要何物，無不遵命。此人上前把洞賓手上砍了一刀道：我要你點石成金這個指頭。[75]

說完之後題花表示這個笑話並不讓人發笑，不能算數，他建議兩人豁拳來決定何人出酒令。紫芝聽到他要豁拳，又講了一個笑話：

一人騎驢趲路，無奈驢行甚慢，這人心中發急，只是加鞭催他快走。那驢被打負痛，索性立住不走，並將雙蹄飛起，只管亂踢。這人笑道：你這狗頭，也過於可惡，你不趲路也罷了，怎麼還同我豁拳！[76]

大夥聽了之後都說這個可以算數了，但題花還是不服，他要紫芝再喝兩杯才肯出令。紫芝聽後覺得題花是有意歪纏，因此他又想到一個笑話：

74（清）石成金，〈自敘〉，《笑得好》，頁一二九。
75（清）李汝珍，《繪圖鏡花緣》，回七八：二上—下。這個故事以「願換指頭」之名收入《笑得好》之中。
76（清）李汝珍，《繪圖鏡花緣》，回七八：二下。

有一富翁帶一小廝拜客，行至中途，腹中甚饑，因同小廝下館喫飯。飯畢，店主算帳，誰知富翁吃的只得白飯兩碗，那小廝吃的除飯之外倒有一菜。富翁因他業已吃了，無可奈何，只得忍痛還了菜帳。出了飯館，走未數步，富翁思及菜錢，越想越氣，回頭望見小廝跟在後面，因發話道：我是你的主人，並非你的頂馬，為何你在我後？小廝聽了，隨即趲行幾步，越過主人，在前引路。走未數步，富翁又發話道：我並非你的跟班，為何你在我前？小廝聽罷，慌忙退後，與主人並肩而行。走未數步，富翁又發話道：你非我的等輩，為何同我並行？小廝因動則得咎，只得說道：請問主人，前引也不好，後隨也不好，並行也不好，究竟怎樣才好哩？富翁滿面怒色道：我實對你說罷，你把菜錢還我就好了。[77]

在這三個笑話中「嚴肅論域」與「幽默論域」之間的界線與上述的笑話略有不同，笑話不僅是用來逗趣，也被紫芝當做嘲諷題花的方法。第一個笑話說題花貪得無厭，第二個笑話題花被喻為一隻驢子；第三個笑話則笑他無理取鬧。

下面的笑話也具有類似的風格，但被用來嘲笑一群人。在七十四、五回紫芝信步走到鞦韆旁邊，看到有六個女孩在打鞦韆，其中一人要紫芝說個笑話，他想了想登時編了一個笑話：

老蛆在淨桶缺食甚饑，忽然磕睡，因命小蛆道：如有送食來的，即來喚我。不多時有位姊姊出恭，因腸火結燥，蹲之許久，糞雖出，下半段尚未墜落。小蛆遠遠看見，即將老蛆叫醒。老蛆仰頭一望，果見空中懸著一塊黃食，無奈總不墜下。老蛆喉急，因命小蛆沿桶而上，看是何故。小蛆去不多時，回來告訴老蛆道：我看那食在那裡頑哩。老蛆道：做什麼頑？小蛆道：他搖搖擺擺，懸在空中，想是打鞦韆哩。[78]

這是一個「糞便笑話」，將玩鞦韆的女孩比喻為搖晃的糞便。眾人聽了都覺得比喻過於尖酸。薛蘅香和施豔春說道，「幸而沒有痔瘡，若有血痔，那可變成紫食了」，紫芝還嘴道，「你去嘗嘗，只怕還香豔的很哩。」這一類型的吵嘴在宴會中也有不少，其基本原理是同音異義（pun），他們尤其喜歡將別人的名字用於一些困窘的情境。

下面的笑話也是運用同音異義來相互調侃，在八十一回青鈿因受紫芝嘲弄，因此找了一個機會來報復。他說：

一人飲食過於講究，死後冥官罰他去變野狗嘴，教它不能吃好的。這人轉世，在這狗嘴上真真熬的可憐。諸位姐姐，你想，變了狗嘴，已是難想好東西喫了，況且又是野狗嘴，每日

77 （清）李汝珍，《繪圖鏡花緣》，回七八：二下—三上。

78 （清）李汝珍，《繪圖鏡花緣》，回七五：一上。

在那野地吃的東西可想而知。好容易那狗纔死了，這嘴來求冥官，不論罰變甚麼都情願，只求免了狗嘴。冥官道：也罷！這世罰你變個猴兒屁股去！小鬼道：稟爺爺，但凡變過狗嘴的再變別的那臭味最是難改，除非用些仙草搽上方能改哩。冥官道：且變了再講。不多時，小鬼帶去，果然變了一個白猴兒屁股。冥官隨命小鬼覓了一枝靈芝草在猴兒屁股上一陣亂揉，霎時就如胭脂一般。冥官道：他這屁股是用何物揉的？為何都變紫了？小鬼道：稟爺爺，是用紫芝揉的。紫芝聽後立刻反擊說，他要搽點青還更好哩。[79]

宴會笑話的另一特色是是笑話的連續性，一個笑話說完之後並不立即結束，其他的參與者常利用舊的笑話創造新的笑話，帶來更多的笑聲。第一個例子是在八十五回，蔣星輝說了一個禪機笑話：

有個和尚，道行極深，講的禪機遠近馳名。這日有個狂士，因慕和尚之名，特來拜訪。來至庵中，走到和尚面前，不意和尚穩坐禪床，並不讓坐。狂士不覺怒道：和尚既有道行，就該明禮，為何見我仍舊端坐，並不立起，是何緣故？和尚道：我不立起，內中有個禪機。狂士道：是何禪機？和尚道：我不立起，就是立起。狂士聽罷，即在和尚禿頭上狠狠打了一掌。和尚道：相公為何打我？狂士道：我也有個禪機。和尚道：是何禪機？狂士道：我打你就是不打你。說的眾人好笑。[80]

過了一會兒輪到巧文說笑話，巧文道：

往日妹子原喜說笑話，今日只好告罪了。青鈿道：今日為何不說？巧文道：妹子並非不說，其中有個緣故。青鈿道：是何緣故？倒要請教。巧文道：既是姊姊諄諄下問，我也不得不說了。實告訴你罷，我不說就是說。眾人聽了，猛然想起禪機笑話，不覺大笑。[81]

這二個笑話基於相同的原則但用於不同場合，結果都能引人大笑。

第二個連續性笑話是有關公冶兄弟的故事。在八十六回當女孩們在行酒令時，二人對一個字的發音有所爭論，其中一人懷疑另一人讀錯了，後來發現他的懷疑是基於地方土音的緣故。由於這個錯誤，他必須要說一個笑話。這時紫芝表示如果他願意喝二杯酒，可以代他說一個笑話。因此他把酒喝了，紫芝說道：

79 （清）李汝珍，《繪圖鏡花緣》，回八一：一上。

80 （清）李汝珍，《繪圖鏡花緣》，回八五：一下。

81 （清）李汝珍，《繪圖鏡花緣》，回八五：二上。

有個公冶短去見長官，長官道：吾聞公冶長能通鳥語，你以短為名，有何所長？公冶短道：我能通獸語。正在說話，適有犬吠之聲。長官道：你既能通獸語，可知此犬說什麼？公冶短聽之良久，不覺皺眉道：這狗滿嘴土音教我怎懂。眾人一齊大笑。[82]

過了一會有個女孩犯了另一個錯誤，根據規則他得說一個笑話，但他表示不會說，紫芝要他把酒乾了，替他說了一個笑話：

有個公冶矮去見長官。長官問其所長，原來此人乃公冶短之弟，也通獸語。正在談論，適值驢鳴。長官道：他說甚麼？公冶矮道：他說他不會說笑話。[83]

在九十三回眾女子在行另一個酒令，要說一個象形的字。有人說「甘」像木匠用的鉋子；「且」像個神主牌；「山」像個筆架；「乙」像一條蛇等。接著祝題花要紫芝說一個字，紫芝道，「我說一個『丱』字，神像祝大姊夫用的兩把鋼叉。」題花聽了又氣又笑，一定要他說一個笑話。紫芝道：

那公冶矮的兄弟名叫公冶矬，也能通獸語，這日正向長官賣弄此技，忽聽豬叫。長官道：

他說甚麼？公治蚘道：他在那裡教人說笑話哩。[84]

在八十七回也有一個有關鞋子的連續笑話，青鈿和其他三個女孩在花園中玩毬，他用腳去阻止一個飛向他這一方向的一個毬時，因為用力過猛，連毬帶鞋一齊飛了出去。這個飛鞋的典故一直成為取笑的對象，其中包括幾首模仿古文和經典的打油詩，尤其有趣。起先是仿《楚辭》等書來描繪這隻飛鞋：

春輝道：我仿宋玉《九辯》，獨不見巨屨之高翔兮，乃墮卞氏之圃。題花道：我仿《反離騷》，巨屨翔於蓬渚兮，豈凡屨之能捷？玉芝道：我仿《賈誼賦》，巨屨翔於千仞兮，歷青霄而下之。小春道：我仿宋玉《對楚王問》，巨屨上擊千里，絕雲霓，入青霄，飛騰乎杳冥之上，夫凡庸之屨，豈能與之料天地之高哉？

春輝表示最後一句仿得十分雄壯。紫芝則說他仿《莊子》氣魄更大：

82（清）李汝珍，《繪圖鏡花緣》，回八六：三上。
83（清）李汝珍，《繪圖鏡花緣》，回八六：三下。
84（清）李汝珍，《繪圖鏡花緣》，回九三：二下。

其名為屨；屨之大不知其幾千里也，怒而飛，其翼若垂天之雲。是屨也，海運則將徙於南冥。南冥者，天池也。諧之言曰，屨之徙於南冥也，水擊三千里，摶扶搖而上者九萬里，去以六月墮者也。

接著題花建議仿五經，先由他仿《春秋》：

庚子，夏四月，一屨高飛過卞圃。

玉芝仿《易經》：

初九，屨，履之則吉，飛之則否。象曰，履之則吉，行其正也；飛之則否，舉趾高也。

小春仿《禹貢》：

厥屨維大，厥足維臭。

接著紫芝仿《毛詩》，春輝仿《月令》：

紫芝報：我仿《毛詩》，巨履颺矣，于彼高岡；大足光矣，于彼馨香。春輝道：馨香二字是褒中帶貶，反面文章，含蓄無窮，頗有風人之旨。我仿《月令》，是月也，牡丹芳，芍藥豔，遊下圃，拋氣毬，鞋乃飛騰。玉芝道：還有一句呢？紫芝道：足赤。說的眾人好笑。

青鈿聽了眾人的話後說道，「你們變著樣兒罵我，只好隨你嚼蛆，但有侮聖言，將來難免都有報應。」眾人道，「有何報應？」青鈿把舌一伸，又把五個手指朝下一彎道，「只怕都要適蔡哩」[85]。（參見本書第一章的分析）

以模仿經典來談笑在傳統語彙稱為「擬經」，在許多笑話書中都有這一分類，宋代有一個仿《春秋》記狎妓之事的笑話，用意與上述的笑話很類似：

元祐間，敏求齋有治《春秋》陳生，與宋門一娼狎，一日會飲於曹門，因用《春秋》之文題於壁曰，春正月，會吳姬於宋；夏四月，復會於曹。有繼其文戲之曰，秋饑，冬大雪，公

---

85 （清）李汝珍，《繪圖鏡花緣》，回八七：一上－下。其中仿《春秋》的句子提到干支紀年，這是一個錯誤的模仿，因為《春秋》一書並不使用干支紀年，在商代干支用來記日，漢代以後才轉用來紀年。

莞。[86]

經典在中國的地位類似於《聖經》在西方世界的角色。從漢代儒學成為正統思想之後，經典在士人的學術、政治生活中變得十分重要，唐以後並為科舉考試的主要內容。一般人多數只注意到經典的神聖性，以及士人對經典的崇敬態度，然而從上述「擬經」的笑話卻反映了士人對經典的另一種輕挑情緒。擬經笑話之所以好笑在於它所創造的不協調感，無論是飛鞋或狎妓都是屬於世俗的範疇，而經典則屬神聖的範疇，這種範疇交錯使人們覺得好笑。在民國初年五四運動之後，經典的神聖性受到嚴重的挑戰，「擬經」的傳統變得比以前更盛行，在老舍的小說中可以找到不少很好的例子。[87]

以上是對《鏡花緣》中女子宴會中的幽默所作的描繪。這些敘述讓我們生動地了解道鴉片戰爭前夕人們在歡樂場合中的談笑過程。有些人認為傳統中國女性缺乏幽默感，然而從《鏡花緣》的史料來看，其中的女子廣泛運用不同型態的幽默，從標準笑話到嘲諷語句、模擬經文等，顯然性別不是區別幽默感高下的一個標準。從性質與主題來說，有些笑話並不具性別特性，如上述字形的笑話，男女可以通用；但有些笑話則具有某種程度女性的特質，例如「飛鞋」或「適蔡」等主題的笑話在男性圈中較為少見的；又如在書中提到好幾個糞便笑話，但是卻沒有看到性笑話，這可能也與參與者均為女性有關。事實上在傳統笑話書中有許多相當露骨的性笑話[88]。《鏡花緣》的例子似乎顯示傳統中國女性在宴會的場合並不以性笑話取樂。

宴會中的笑話依其與「嚴肅論域」的關係可以分為二類。一類是純粹的標準笑話，它與「嚴肅論域」有相當清楚的界線，唯一的社會功能就是談笑，談完之後立即返回「嚴肅論域」。第二類笑話則與「嚴肅論域」有一些關係，例如有些人從笑話汲取到道德教訓，作為嚴肅生活的準則；另一類則以笑話來嘲諷他人，並抒發內心攻擊別人或反抗權威的欲望。就後者而言，根據佛洛依德的理論，笑話就像夢或說溜了嘴，傳達出被壓抑的願望[89]，宴會中嘲諷與「擬經」的笑話正是這樣的例子。因為在「嚴肅論域」中攻擊他人或反抗經典權威是不被准許的，而每一個人內心又潛藏這樣的欲望，所以藉著笑話這種緩和的方式舒發出來。笑聲的來源在於在幽默模式中人們做了一些在日常生活中所不能做的事，這種抗逆性帶來內心的滿足，而且抗逆越強內心就越覺得滿足。在故事中，當眾女子擬完五經之後，青鈿表示「有侮聖言，將來難免都有報應」，這句話是基於「嚴肅論域」

86 原載宋周煇撰《清波雜誌》；引自胡山源編，《幽默筆記》（台北：河洛圖書出版社，一九七四），「經籍類」，頁二三六。

87 例如老舍，《趙子曰》（上海：商務印書館，一九三七），頁一三一—一三二。書中模擬《易經》，十分有趣。

88 Howard S. Levy, *Chinese Sex Jokes in Traditional Times*.亦請參見本書第二章。

89 Sigmund Freud, *Jokes and Their Relation to the Unconscious*. Michael Neve, "Freud's Theory of Humour, Wit and Jokes," in *Laughing Matters*, pp. 35-43.

的準則來批判「幽默論域」，同時也反映了潛意識與意識之間的衝突，因而使眾女子十分緊張，但最後他又以「適蔡」的笑話表明他還是在「幽默論域」，而化解了緊張並帶來更多的笑聲。百位女子在宴會中的笑話提供一個生動的例子，讓我們了解當時人們談笑的過程以及他們內心所經歷的快樂的感覺。

結論

幽默是一種溝通的形式，也是一種展現知識與表達內在情感的方法。在本章中作者以《鏡花緣》為基本史料，探討鴉片戰爭前夕中國社會中不同型態的幽默，及其在中國近代社會史與思想史上的涵義。與這個時期數量極龐大的幽默史料相比，《鏡花緣》中的資料是微不足道的，因此文中所展現的圖像也只是整體歷史中的一小部分。誠如筆者在前言中所指出的，唯有從事更多的個案研究我們才能深入中國古人「笑」的世界。

本文的研究顯示當時幽默的形式非常豐富。以上的四節中我們分別探討了士人與學術幽默、性格幽默、範疇錯亂與自我批判以及女子宴會中的幽默。這些幽默中有一部分源自傳統，有一部分則表現出時代特色與創新性。例如第二節中諷刺酸儒以及士人沉迷科舉考試的笑話很明顯受《儒林外史》傳統的影響，第五節宴會幽默中的大多數標準笑話更是採自中國古代的笑話書；然而有關考據學的笑話、林之洋的笑話與第四節範疇錯亂的笑話則多數出自作者的創造，又與當時學風、商人在社會的角色，以及政治控制所開創的自由言說空間等背景，有不可割離的關係。當時的幽默世界一方面可以說是歷史的連續性與不連續性的結合，另一方面來說則是十九世紀初期思維狀況與社會生活的產物。

就幽默所涉及的範疇而言，書中的笑話觸及了自我、群體與知識等生活的重要面向，但極有趣的是有三類笑話在《鏡花緣》一書中很少提及，一是性笑話，這似乎顯示這類笑話在公眾場合或知識分子之間仍是難登大雅之堂的；第二種較少的笑話是有關宇宙或天的笑話，這可能是由於在中國社會中宗教的壓力不是那麼強，人們內心的反彈也因之較弱的緣故；再其次書中政治笑話的數量也不多，直接針對政治領導人物之缺失的幽默故事頗為罕見，這明顯是受到中國專制的政治環境之影響。

以上所述的笑話在表現技巧上與其他文化的笑話並無太大的差異，如同音異義、對比、不協調、極端化、卡通化、範疇錯亂等。不過有些笑話似乎是中國幽默所特有的，例如中文字形的笑話，這是一種視覺笑話，其基礎是中國文字獨特構造，在拼音文字的文化中是無法出現的。其次反切笑話、擬經笑話、君子國與女人國的笑話也很獨特，只有襯托在當時社會、文化的背景之下才能充分顯示其意義。

整體來看，《鏡花緣》的笑話根據其與嚴肅現實生活的關係可以分為三類，第一類是純以娛樂逗趣為目的，完全不具嚴肅的意義，如女子宴會中射箭的笑話、字形的笑話等。第二具有一些的意義，但二者的聯繫不強；例如以笑話作為調侃他人或攻擊權威的手段，或者笑話參與者嘗試從笑話中取得道德教訓，作為將來行事的準則。第三類，以笑話來傳達嚴肅的訊息。例如以幽默的方式從事社會批判，上述李汝珍對酸儒、女性地位、社會習俗的批判都有這樣的用意，幽默手法的運用使他能夠表達批判之意而又不至於過於直接攻擊現有制度。除了批判之外《鏡花緣》中幽默也被用來顯示事實的真相（reality），這使幽默具有哲學的意味。以上所述大人國、無腸國、兩面國的故事都有深刻的含意。例如兩面國生動地刻畫出偽君子的臉孔，林之洋的性格笑話則點出人性中好誇大、喜歡扮演他人角色等弱點。但最突出的仍屬作者對文化價值相對性格的深刻體認，他指出人類行為一方面基於動物性的生理本質，另一面則受文化的束縛。就此而言李汝珍的書可以說是現代人類學思考的先驅。

《鏡花緣》的幽默不僅為了談笑，更包含了許多嚴肅的訊息，作者希望經由傳達這些訊息而達到改革的目的，因此該書也可以視為是經世思想的作品。《鏡花緣》一書作者並不懷疑當時的政治架構也沒有對君王角色提出批評。他覺得中國最大的問題是制度與社會習俗方面的弊病，另外一個缺失是國人性格的問題，例如虛偽、勢利、欺詐、吝嗇等。為了解決這些問題，作者強調制度的調整，以及思想觀念的改造，尤其透過書籍的流通傳播他所提出的理念。因此整體而言，《鏡花緣》一書之幽默所傳達的訊息除了男女平等之理念具有革命性，其他部分仍是比較傳統的。此書可以比擬為一面鏡子，映現出清朝中葉一部分中國士人的心態。

中篇　情慾

第四章

明清豔情小說中的情慾與禮教

前言

明末清初至清中葉之間中國社會出現了大量以男女性愛為題材的小說，這一現象在中國歷史上無疑是個異數，當時這些小說因內容淫穢，屢遭官方禁止，因而被稱為「禁毀小說」、「猥褻小說」與「淫蕩小說」。近年來有些學者為避免道德判斷，改稱為「性小說」、「性愛小說」或「豔情小說」。筆者主張採取較中性的「豔情」之名。豔情小說是明清社會中多種情色商品中的一種，這些商品在當時均冠以「淫」（過度、放蕩之意）字，如淫書、淫畫、淫戲、淫曲、淫具、淫藥等。它們屢遭禁止，卻又難以禁絕。清朝的法典明文規定：「乾隆三年議准，凡坊肆內一應小說淫詞，嚴行禁絕，將板與書一併盡行銷毀。如仍有違禁造作刻印者，係官，革職。買者係官，罰俸一年。若該管官員不行查出，一次者，罰俸六月；二次者，罰俸一年；三次者，降一級調用。」[1]嘉、道之後類似的地方禁令亦不斷。如同治七年（一八六八），江蘇巡撫丁日昌（一八二三—一八八二）大力查禁「淫詞小說」，他在告示之中說：「淫詞小說……幾於家置一編，人懷一篋」，對社會風尚產生很大的負面影響，應予嚴禁。他所開列的「應禁書目」、「小本淫詞唱片目」等超過了兩百餘種[2]。這不但顯示官方秉持「萬惡淫為首」的道德理念，以「罰俸」、「降級」、「革職」的嚴格處分來遏止淫風，也反映一個力求掙脫禮教限制、追求情慾滿足的社會風尚。

上述淫書、淫曲、淫畫等的流行與明清社會發展有密切的關係。明末以後隨著商業化、城市化與印刷業的發展（中國大陸學者套用馬克思歷史學的觀點稱為「資本主義萌芽」時期），情色商品勃然而興。尤其在江南地區與福建建陽一帶，出現了大量與日常生活密切相關，如類書、曆書、小說等售價低廉的印刷商品，來供應「略通文墨且略具餘貲」的閱讀大眾。豔情小說在此風潮之下成為一種長期暢銷的商品[3]。

當時豔情小說的讀者範圍非常廣泛，跨越了職業、階級、性別與年齡等的界線。在現存史料之中留下了不少知識階層閱讀豔情小說的記載。如明朝的黃訓（一四九〇—一五四〇）為進士出身，在《讀書一得》中有〈讀《如意君傳》〉一文，該書是有關武則天與男寵之間的故事。不過黃訓在〈讀《如意君傳》〉一文中不但沒有記錄閱讀上的趣味，反而板起臉孔說：「嗚呼，唐之昏風甚哉！……史外誰傳如意君矣！言之污口舌，書之污簡冊，可焚也已然。」[4]另一個較著名的例子是

1　（清）崑岡奉敕撰，《清會典事例》（北京：中華書局，一九九一），吏部二／卷一百十二吏部九六／處分例三五／嚴禁淫詞，頁四四〇—四四二。

2　王曉傳輯錄，《元明清三代禁毀小說戲曲史料》（北京：作家出版社，一九五八），頁一二一—一二六。

3　參見王正華，〈生活、知識與社會空間：晚明福建版「日用類書」與其書畫門〉，《中央研究院近代史研究所集刊》，第四一期（二〇〇三），頁一—八七。林桂如，〈書業與獄訟——從晚明出版文化論余象斗公案小說的編纂過程與創作意圖〉，《中國文哲研究集刊》，第三九期（二〇一一），頁一—三九。

4　薛亮，《明清稀見小說匯考》（北京：社科文獻出版社，一九九九），頁九。

文人沈德符（一五七八—一六四二），在《萬曆野獲編》中，也記下閱讀〈玉嬌李（麗）〉（已佚）的經驗，他也和黃訓一樣，從道德的角度評論該書「穢黷百端，背倫滅理，幾不忍讀」[5]。此外清末的葉德輝（一八六四—一九二七，進士）、王韜（一八二八—一八九七）等人則以收藏了大量的春宮圖、豔情文學與房中術書刊而聞名於世[6]。豔情小說的閱讀者不但是成年男人，也有些青少年，因家中長輩收藏此類書刊而有機會觀覽。清代的一則筆記記載：「桐鄉一士，好閱淫書，搜羅不下數十百種。有子少聰俊，每伺父出，輒向篋中取淫書觀之。」[7]又如潘光旦（一八九九—一九六七）在十歲前後到二十歲之間喜歡讀稗官野史，偷看了許多「性愛的說部」與「性愛的圖畫」，引發了後來對性學研究的興趣[8]。再者，豔情文學也不乏女性讀者（當然在數量上顯然遠遠不及男性讀者來得普遍），在《肉蒲團》中主角未央生以春宮畫與豔情小說來挑起其妻玉香之情慾，「未央生要助他淫興，又到書舖中買了許多風月之書……放在案頭，任他翻閱」。在未央生外出之後，她頗感寂寞，因而把丈夫所買之書取出觀玩，「那些淫詞褻語，如《癡婆子傳》、《繡榻野史》、《如意君傳》之類，盡數翻出來，從頭細看。」[9]上述故事所描寫女子閱讀豔情小說之情節，應該不是例外。總之，正如研究明清豔情文學的學者王崗所述：豔情小說的讀者包括飽讀詩書的仕紳階級，也包括「粗識文墨」之一般民眾，無論是城鄉讀者、女子，或者甚至是僕人或婢女等的下層民眾[10]。不過這一類情色商品的主要生產者與消費者無疑地是男性。

這些豔情文本以狂野的想像建構一個環繞著身體歡愉，且不以繁衍後代為目標的情色世界。有關豔情小說中所描寫的各類「性行為方式」如口交、肛交、群交、獸交、屍姦，乃至各種性遊戲的方式、性器具、春藥等，在張國星編《中國古代小說中的性描寫》與黃文焜的論文〈明清性小說性行為方式〉等作品中有較為詳細的敘述，在此不再贅述[11]。本文的焦點是以豔情小說的情色意識中情慾與禮教的拉扯所形成的張力，來呈現此一「文化商品」之特色與歷史地位。

---

5 （明）沈德符，《萬曆野獲編》（北京：京華出版社，二〇〇一），卷二五〈詞曲・金瓶梅〉。

6 葉德輝編有《雙梅影闇叢書》（長沙葉氏郎園自刊，光緒癸卯刊本），收錄中國古代房中術的經典著作，如《素女經》、《素女方》、《玉房秘訣》、《玉房指要》、《洞玄子》、《天地陰陽交歡大樂賦》等，計十三種。葉氏在新刊素女經序中表示他刊印這些書是為了發揚舊學，「今遠西言衛生學者皆於飲食男女之故，推究隱微，譯出新書如《生殖器》、《男女交合新論》、《婚姻衛生學》。無知之夫詫為鴻寶，殊不知中國勝帝神君之冑，此學已講求於四千年以前」，《素女經》，頁一上—下。王韜的生平事蹟可參見王爾敏，〈王韜生活的一面——風流至性〉，《中央研究院近代史研究所集刊》，第二四期（上）（一九九五），頁二二三—二六二。

7 （清）錢泳著，張偉點校，《履園叢話》（北京：中華書局，一九七九），叢話十七報應／孽報，頁四五六。

8 潘光旦，〈靄理士《性心理學》譯序〉，《潘光旦文集》（北京：北京大學出版社，二〇〇〇），冊一二，頁二〇五。

9 （清）情隱先生編次，《肉蒲團》，頁一八七、三七一—三七二。

10 Richard G. Wang, "Creating Artifacts: The Ming Erotica Novella in Cultural Practice"（Ph.D. diss., University of Chicago, 1999）, p. 157.

11 張國星編，《中國古代小說中的性描寫》（天津：百花文藝出版社，一九九三）。黃文焜，〈明清性小說性行為方式〉（高雄：樹德科技大學人類性學研究所碩士論文，二〇〇五）。

豔情小說情慾書寫的叛逆性格

豔情小說在許多方面都表現出挑戰禮教與法律權威的叛逆性格。其中觸犯禁忌之處主要包括以下三類：一、露骨的性描寫；二、故事中所描寫的情慾活動多屬於法律所界定的「姦情」與「淫行」；三、有關情色暴力或性虐待的書寫。這些跨界、越軌的文字是豔情文本受到人們歡迎的重要原因，在閱讀過程中讀者們透過挑戰權威與倫常的心靈預演，而得到逾越卻不受處罰的快感[12]。

露骨的性描寫

露骨的性描寫是豔情小說吸引人的重要原因，它與春宮畫與今日的成人讀物與限制級電影類似，源於人類在演化過程中發展出「在隱密的情境中做愛」，以及由隱蔽而產生「偷窺」和「不褻不笑」的心理情結。這些露骨的情慾描寫雖能引發讀者的閱讀渴望，但是有些學者認為這些作品在文學上的價值多半不高。誠如茅盾所說，這些作品「自始至終幾乎全是描寫性交，不曾於性交之外另寫社會現象」，或挖掘心理機制（尤其是少寫「情」的一面），因而減低了它們在文學書寫上的價值[13]。

然而如果我們不從文學的角度，而從文化研究的觀點來看，露骨的情慾描寫卻透露了一些在其他史料中罕見的情慾想像與再現之心靈歷程，並幫助我們認識明清時期私人生活與情慾文化中一些結構性的特徵。這些性愛過程的細膩描繪多半是構築在一特定的空間場景、中介人物與物質文化的基礎之上。從相遇、調情、前戲、交合到性高潮（當時稱為「丟」）的過程，顯示一種文化制約下，人們對男女身體的獨特的理解與選擇性的強調[14]。根據豔情小說之情節，作為情慾主體的男女雙方對交歡活動似有截然不同的感受，男性情慾描寫環繞著「抽」的活動與「爽」的感覺，並將數千、數萬的「抽出送進」與對女性的征服感結合為一；男性所「想像」的女性情慾則除了歡愉與快活之外，更與各種的「酥麻」、「疼」、「痛」、「辣」、「漲」、「昏」、「暈」等的感覺聯繫在一起。男女對情慾活動的歧異感受直接地促成兩種矛盾卻並存的情慾觀，一種強調陰陽和諧、相互配合，以使伴侶充分享受身心的快感，其中男子應以少洩，或不洩來養生。另一種是把情慾活動視為雙方「戰鬥」或角力的場域（認為一方若先達到高潮即為戰敗），而此二者均將情慾享樂與養生採補和瀕臨死亡的刺激感、恐懼感聯繫在一起。這兩種對性活動的看法在中國傳統房中術中都可以找到根據。李約瑟等人較強調前者，認為道家在兩性關係上採和諧的觀點，對婦女地位的提升是有益的，房中術中有一派認為「交合的過程中，必須考量如何讓女子產生快感，達到高潮」；而高羅沛則根據《醫心方》一書，提出「性吸血主義」（sexual vampirism），較肯定後者，認為男性主要藉著性

12 以下本文所用豔情小說之版本除另外註明，均為台灣大英百科股份有限公司出版的「思無邪匯寶」本。陳慶浩、王秋桂主編，《思無邪滙寶》（台北：台灣大英百科公司，一九九四－一九九七）。

13 張國星編，《中國古代小說中的性描寫》，頁二八。

14 見黃克武，〈暗通款曲：明清豔情小說中的情慾與空間〉，《欲掩彌彰：中國歷史文化中的「私」與「情」——私情篇》（台北：漢學研究中心，二〇〇三），頁二四三－二七八。參見本書第五章。

活動要吸取陰氣，以求「長生不老」[15]。在此筆者不擬深入討論此一課題，不過以豔情文本來看，中國房中術之中，這兩種理念應該是並存且延續發展至明清時期。

在男女交歡的情慾書寫中，最終無疑地是以「丟」，亦即雙方的性高潮為重點。在這方面豔情書寫不但凸顯男子射出的「陽精」，更環繞著女子的「花心」與「陰精」。「花心」意指女子陰道之內的一點，其位置有淺有深，因人而異（多數書寫以為花心位在陰道的最深處），只要男子以陽具多次頂到此處，亦即「點透花心」，即可讓女子達到高潮，此時在部分情節中，花心上的一小孔，會射出「陰精」。「花心」與「陰精」的觀念源自房中術書刊，豔情小說的作者將之採借來作為情慾書寫中女子性器官的關鍵點與達到高潮時所噴出的液體。此一中國性文化所建構的女性性高潮，可以稱為「花心高潮」，它點與西方情慾書寫中的「陰核」與「G點」高潮類似，只是所在之部位不固定，因而更具因人而異與捉摸不定之性格。「花心」與「陰核」與「G點」的對照顯示不同文化對於女性性高潮的器官基礎，可以有不同的詮釋方式，而何者才真正具有「科學」的基礎，仍有待探究。值得注意的是在豔情小說中甚少（以筆者之管見所及似乎完全沒有）提到「陰核」（或稱「陰蒂」，clitoris，在古代醫書中稱為「瑲臺」、「俞鼠」、「雞舌」、「穀實」等名稱[16]），以及刺激此一部位而使女子達到高潮的情節。而今日性醫學卻重視刺激陰核使女性達到性高潮[17]。中國人「發現」陰核，應該是民國之後在翻譯西方、日本性教育、性生理書刊中，才引介進來的新觀念[18]。無論如何，明清情慾書寫普遍地以「花心」作為女子性高潮書寫之重點。

豔情小說中有關「花心」的書寫數量甚多，如：

次裏心上雖有些疑惑，怎奈慾火難遏，竟分開兩股，就把這五寸長的向那小便處插了進去，一頂盡根。次裏遂又輕輕款款，行九淺一深之法，只是牝戶寬綽，淫水太多，湊合之際，當不得瓊娥淫聲屢喚，臀尖亂聳，亦覺直頂花心，並無怕痛之狀，未及五六百抽，即便

---

15 林富士，〈道教與房中術〉，http://www.ihp.sinica.edu.tw/~linfs/tao.PDF。（點閱時間：二〇一五年二月二十八日）作者指出「漢代房中術強調生育、養生和快樂三大功能」、「『快樂』派很快就被剔除或壓抑住了，『生育』派雖然仍被容許，但生存空間已很限，只能居於邊緣的位置。於是，『養生』派便成為唯一的主流。」何乏筆，〈能量的吸血主義——李歐塔、傅柯、德勒茲與中國房中術〉，《中國文哲研究集刊》，第二五期（二〇〇四），頁二五九—二八六。

16 作者不詳，《珍藏古本中國回春秘傳奇書》（出版時地不詳），頁二六五—二六六。

17 參見百度百科：「陰蒂，特別是陰蒂頭，布滿了神經末梢，輕微的接觸或刺激都會引起強烈的性激發和性快感，甚至適當的刺激可使女性達到性高潮，因此也是女性自慰最喜歡的刺激部位。在性交過程中，陰莖一般不直接刺激陰蒂，是陰莖在陰道內抽動而牽動小陰唇，從而刺激陰蒂。」http://baike.baidu.com/view/54895.htm?fromtitle=%E9%98%B4%E6%A0%B8&fromid=7563798&type=syn。（點閱時間：二〇一五年二月二十七日）。

18 根據中央研究院所藏上海圖書館「民國期刊資料庫」的檢索，在一萬餘種期刊之中「陰核」一詞僅出現三次，分別為一九三二、一九三五、一九三七，而其中一篇為日本作者。申報資料庫的檢索「陰核」一詞也只有三個例子，分別為一九二九年九月二十日「車夫強姦幼女」、一九三五年三月十九日「女化男身」之報導、一九三五年八月二十六日「花柳病通俗講話」。（檢索時間：二〇一五年二月二十七日）

泄了。（《鬧花叢》，頁一一九—一二〇）

文英捧起金蓮，放在肩上，自首自根，著實搗了數百。小姐遍體酥麻，口內氣喘哼哼，叫喚不絕。文英覺著龜頭頂進花心，研研擦擦，甚是有趣。捧了粉頰，低聲喚道：乖乖親肉，我已魂靈飄散了。小姐掙出一身冷汗，氣力全無。吁吁發喘道：頭目森然，幾欲暈去，願姑饒我。文英遂即輕輕款款，一連又是五六百抽。不覺香汗如珠，陰精直瀉。（《鬧花叢》，頁五九）

瑞珠的陰戶雖深，花心生得極淺，只消進一二寸，就撓著癢筋，所以抽送之間，再沒有落空的時節，抽到半千之後，就要死要活起來。（《肉蒲團》，頁四〇三）

「陰精」或「陰水」是女子從花心中「丟」出的液體，有一點類似日本色情片中所描寫的「潮吹」（しおふき，Female Ejaculation）現象[19]。有關「陰精」的敘述數量也不少。《肉蒲團》中未央生向玉香解釋何謂「丟」，他說：

男有陽精，女有陰精，幹到快活盡頭處，那精就來了。將來未來之時，渾身的皮肉，連骨

頭一齊酥麻起來，昏昏沉沉，竟像睡去的一般。那精纔得洩，這就是丟了。（《肉蒲團》，頁一八五—一八六）

《繡榻野史》中大里與金氏交歡：

大里……一氣盡力重抽了七八百抽。金氏閉了眼昏昏暈去，只見陰精大洩。原來婦人家陰精比男子漢不同，顏色就如淡桃紅一般，不十分濃厚。初來時節，就像打噴嚏一般，後來像清水鼻涕一般，又像泉水汩汩的沖出來。（《繡榻野史》，頁一六三）

《浪史》中對浪子與文妃、素秋性交過程的描寫均提到女性射出「陰精」：

19 「潮吹」在日文的原意是鯨魚從頭頂鼻孔呼出的海水，引申為女性射精之意，指女性在性高潮時從尿道排出體液的現象。這些體液大部分是由斯基恩氏腺（Skene's glands, 因美國斯基恩醫師 Alexander Skene 命名）產生的，有說法稱同尿一樣（是由於尿失禁而發生），但也有說法稱是噴射出的一些清的或乳狀的液體，成分同男性前列腺產生一樣。見維基百科，「潮吹」 http://zh.wikipedia.org/wiki/%E6%BD%AE%E5%90%B9。（點閱時間：二〇一四年二月二十三日）其中最有名的示範是由號稱「金手指」的日本男明星加藤鷹所演的《潮吹教學》。

> 浪子把文妃抱到床上去，那婦人仰面睡下，雙手扶著麈柄推送進去……當下婦人心癢難熬，望上著實兩銷，挨進大半。戶中淫滑，白而且濃的汎溢出來。浪子再一兩迭，直至深底，間不容髮。戶口緊緊箍住，卵頭又大，戶內塞滿，沒有漏風處。文妃幹到酣美之際，口內阿呀連聲。抽至三千多回，那時陰物裡溜了一蓆。這不是濃白的了，卻如雞蛋清，更兼一分淡胭脂色。婦人叫道：「且停一會，吾有些頭眩。」浪子正幹得美處，那裡肯停，又淺抽深送，約至兩千餘回。婦人身子搖擺不住，便似浮雲中。浪子快活難過，卻把卵頭望內盡根百餘送，不顧死活。兩個都按捺不住，陽精陰水都洩了，和做一處，滾將出來。（《浪史》，頁六九—七〇）

> 浪子又抽了一個時辰，素秋手足難動，癱在蓆上，憑浪子抽送，陰精只管帶出，便如男子一般的，濃白牽帶，流了一蓆。浪子又抽了一個時辰有餘，卻要抽出去，那裡抽得出？這婦人已幹得癡迷，死也不肯放。浪子又抽了四五千回，那婦人過了藥氣，燥火越幹越起，幹到此時，陰精已洩得不止。浪子道：「心肝，住了罷。『毯』、『毬』已不知出了許多，也卻不送你性命。」（《浪史》，頁一五七）

豔情小說對性的露骨描寫不僅在於男女交歡之時的身體反應，也描繪多彩多姿的各類性交活動。這些活動有男女兩人交歡，也有大家所熟知的「男風」，與一般史料所較少觸及的女子與女子之間的情慾活動，甚至也有更複雜的如兩男一女（如「三人作兩對夫妻」）同床，或一男多女的群交。茲舉《浪史》中有關男男情慾與女女情慾的兩則書寫為例，一為年紀十八歲的秀才浪子與書僮陸姝：

浪子走到房裡來，只見陸姝正脫得赤剝了，上床睡著。浪子見他雪白樣好個身子、雪白樣好個柄兒、雪白樣好個臀兒，十分興動，麈柄直豎，道：「你便仰面睡下，如婦人一般的幹你，卻不有趣？」當下陸姝仰面睡下，豎起雙股，超在臂上，將麈柄投進去，鬧了一會。浪子道：「好快活，好有趣。」引得陸姝這柄兒也是狠狠的精水微流，道：「相公如今有了貴人，陸姝不足數了。」浪子正在興動，便道：「他終是女人滋味。」陸姝道：「相公不要不知足，這個強似男風的滋味哩。」浪子道：「你那裡曉得？」（《浪史》，頁一八九—一九〇）

一為安哥與文妃兩位女性，利用兩頭的「角帽兒」進行女女之情慾活動：

一日正是暮春天氣，不涼不熱。至晚安哥春色困倦，脫了衣服，蓋着被，已先睡着。文妃揭開帳幔，輕輕的去了被兒。只見雪白樣可愛的身兒，便去將一個京中買來的大號角帽兒，兩頭都是光光的，如龜頭一般，約有尺一二長短，中間穿了絨線兒，繫在腰裡。自家將一半拴在牝內，撲蓋上去，輕輕插進安哥牝戶中。叫丫鬟吹滅了燈燭，盡力抽迭。安哥夢中驚覺，口中罵道：浪子臭王八，你兀的黌夜劫人。文妃也不應聲，只管搿住。一面親嘴，一頭抽送，兩個俱各動興，鬧了一更。（《浪史》，頁二五五—二五六）

豔情小說所揭露的情慾活動，受到主流價值的批判之處不但是因為它所描繪性活動內容過於「猥褻」，更因為它表達出一種具有高度危險性的縱欲觀。

從支持禮教的觀點來看，明清豔情小說中縱欲觀乃是重「色」而不重「德」，因而使人成為「衣冠禽獸」。更有甚者，禮教支持者認為，情慾有如洪水猛獸，一旦被挑起之後，將導致各種罪惡，而破壞了社會的倫理與法律秩序。他們認為各種豔情文學、戲曲的流行，對社會風尚有直接的衝擊，其普遍流傳「遂致男人敗度，女子懷春，或成童情竇初開，頓萌色欲，或寡婦貞操頗固，忽改初心，敗俗傷風，莫如此甚，寡廉鮮恥，無以復加」、「淫書小說，最為蠱惑人心，童年天真未漓，偶得《水滸》、《西廂》等書，遂致縱情放膽，因而喪身亡家者多矣」，這也就是上文所述「萬惡淫為首」的看法[20]。

上述的觀點針對宋明理學對慾望的壓制，以及晚明以來「尚情思潮」（如湯顯祖、馮夢龍等人）對「情」的強調，明清豔情小說的論述不但反對「禮教」，也反對「情教」，企圖把人的慾望（主要是性慾）提到很高的地位。此一理念與戴震（一七二四—一七七七）所提出的「達情遂慾」、「理存於慾」有類似之處，只是戴震的想法其實是順著孟子「寡慾」的觀念，進一步提出慾的正當性，以及「慾」與「仁」之關聯[21]；明清豔情小說之縱慾思潮雖肯定慾的正當性，卻不主張寡慾，反而強調縱慾，以及先「遂慾」之後方有可能「達情」。

上述從「天理」到「人慾」的轉折用日本學者溝口雄三的話來說，「這是一段從『滅人慾的天理』到『存人慾的天理』的演變歷程。它始於關於『私』與『慾』的新主張之提出，繼而有『慾在理中』、『合私以為公』，以及『達情遂慾即是理』等一連串新命題的出現，終於導致宋明理學的一項經典論式——『天理之公 vs. 人慾之私』——的逆轉與重構。」[22]明清豔情小說的縱慾觀可以放在此一思想演變的過程之中來理解。

---

20 王曉傳輯錄，《元明清三代禁毀小說戲曲史料》，頁一一九、一二九。

21 羅雅純，《朱熹與戴震孟子學之比較研究：以西方詮釋學所展開的反思》（台北：秀威資訊，二〇一二），頁二一二—二一四。

22 楊芳燕，〈明清之際思想轉向的近代意涵——研究現狀與方法的省察〉，《漢學研究通訊》，二〇卷二期（二〇〇一），頁四四。

揭露姦情

豔情書寫挑戰禮教的第二個面向是明目張膽地敘述各種法律所界定的「姦情」。在明清法律之中所謂「犯姦」有「和姦」、「刁姦」（誘姦）與「強姦」之別，而親屬之間如有上述情節罪加一等。同時就女子的身分來說，又可分為「有夫姦」（無論丈夫在世與否）與「無夫姦」，前者之情節比較嚴重。再者，上述的姦情並不限於男女之間，男男之間稱為「雞姦」，強行雞姦要處絞刑，合同雞姦則「枷號一個月，杖一百」。當時的法律不但處罰涉及姦情之人，對於中介人物，亦即「媒合容止通姦者」或俗稱的「馬泊六」，以及男子「縱容妻妾犯姦」也要被處罰[23]。至於女女情慾則未予規範而不受管制。

如果依照上述的標準，豔情書寫的內容絕大部分都屬於法律所不許可的姦情，而講述這些有關姦情的故事也被視為會對法律與倫理秩序構成嚴重的威脅。以下依豔情書寫中以男子為主軸，和以女子為主軸的兩類故事來作說明。

一般讀者較熟悉的是以男子為中心的性冒險故事，如《浪史》、《肉蒲團》與《空空幻》等。《浪史》為萬曆（一五七三—一六二〇）時的作品，全書描寫錢塘秀才梅素先（人稱「浪子」）的性冒險過程，書中有各種各樣的亂倫關係與異端的情色活動，尤以與他的妹妹俊卿、書僮陸姝、王監生之妻李文妃、寡婦潘素秋、友人之妻安哥與其丫鬟櫻桃、文如之間的情慾活動等。其中文如性喜「肛交」，被形容為「搶了女人的風情，又奪男子的門戶」，她在肛交時其肛門會出油狀的「精」：

（浪子）只見文如撲著身兒，聳着臀兒，嫩滴滴的可愛。浪子將牝戶一摟，卻有些淫水牽帶。浪子抹在柄上，直送進去。文如也不叫疼。浪子捧住，只管抽迭。這文如弄到酣美處，連連反送上去，送得浪子七顛八倒。只見柄根有些白的帶出來。這個便是精了，俗語喚做乇油。（《浪史》，頁二二一）

浪子又與鄰人趙大娘有染，趙大娘並放縱浪子染指其女妙娘，致使母女在床笫之上同侍一人。此一情節亦嚴重違反倫常。

《肉蒲團》則是豔情小說的代表之作，大多數學者認為此書為李漁（一六一一—一六八〇）的作品。本書為描述主角未央生的浪漫史，他立志要「淫了天下無數的婦人」，要「廣收春色」[24]。書中所描寫與他發生關係的女子包括玉香、豔芳、香雲、瑞玉、瑞珠、花晨等人。其中除了玉香為其妻子之外，豔芳是權老實之妻，香雲是秀才軒軒子之繼室，瑞珠、瑞玉為香雲的表妹（均為已婚婦人），花晨則是寡婦。

《空空幻》據推測是清嘉慶年間的作品[25]。全書敘述男子花春一生歷經性冒險的故事。花春認

23 田濤、鄭秦點校，《大清律例》（北京：法律出版社，一九九九），頁五二一—五二九。
24 （清）情隱先生編次，《肉蒲團》，頁一六〇、二一五。
25 李夢生，《中國禁毀小說百話》（上海：上海古籍出版社，一九九八），頁五〇一。

為「天生才子，必生佳人」，乃將追逐佳人設定為一生追求的目標。他在立定志向後，開始不擇手段地追逐佳人，甚至不惜採取犯罪與暴力方式來達成目標。花春所追求的對象包括：一般的良家婦女，如紅日葵為紅府的千金；瑞芝乃紅日葵之貼身丫鬟；濮紫荊為濮太守之女。此外也有路上邂逅的女子、酒店女老闆與番邦公主等。最特別的是他還勾引在錢塘江畔所遇之女尼慧源、悟凡，以及一位訂婚之後未婚夫病故，未嫁即守節的貞女竇瑞香，竇瑞香被姦後因羞憤而自殺身亡[26]。以上的故事情節都環繞著男子的性冒險與性活動。

第二類型是男性書寫的以女子為主軸的性愛故事，可舉《癡婆子傳》和《醉春風》為代表。兩者均從女性對性探索的自白，以及因而產生的情慾困境來鋪陳故事情節。

《癡婆子傳》書分上、下兩卷，題「芙蓉主人輯」、「癡情子批校」，兩人姓名均不可考。其創作、出版年代在《肉蒲團》之前，「當早於萬曆四十年，而晚於《金瓶梅詞話》成書之後」[27]。小說中以鄭衛故墟七十餘歲的老婦，自述一生往事開始。老婦名為上官阿娜。小時詠詩，即被視為品行不端之婦人。少女時期阿娜被鄰婦告知男女之事，在好奇心的驅使之下，初與表弟慧敏交歡，再與家僕調情。阿娜後嫁給了欒克慵，結婚之時假作處女。丈夫遊學外出時，阿娜寂寞難耐，在欒家先後與奴僕盈郎、大徒，伯克奢、叔克饕等發生姦情，並私通家庭教師谷德音，又與其嫂沙氏同事欒翁，致使阿娜生子不知其父為何人。阿娜的性冒險更從家戶之內擴展到家戶之外，她在盈郎的安排之下赴廟中燒香，趁機與好「男風」的海僧及其師「肛交」，復又勾搭「窈窕而媚」的戲子香蟾[28]。

《醉春風》講述出身於仕紳的家庭之顧大姐的故事[29]。此書有八卷八回，卷前署「江左誰菴述」，惟作者的真實姓名與生平事蹟已不可考，從書中多吳歌，故事又以蘇州為主，作者很可能是南方人士。《醉春風》今存清嘯花軒刊本，書序中記曰：「此書約刊於康熙初年。」小說中記明萬曆年間，蘇州婁門外富翁顧外郎有女顧大姐。顧大姐從小立志守貞節，後嫁給財主張三監生為妻。張監生好色貪淫，婚前即與徐監生家的大、小娘子私通，又姦污了徐家女兒。顧大姐勸其改邪歸正，張生反而嘲笑她不解風情。由於張生經常整月不歸，讓顧大姐獨守空閨，在報復心理之下，她先與家僕阿龍親善，又透過阿龍尋找標致男子，日夜交歡，還贈送銀兩給登堂入室之人。結果顧大姐的豔名遠揚，遠近都知道蘇州有個「百花張三娘」。張生在外，聽見顧大姐的名聲後立即趕回家中，勸大姐改過從善，然復又外出。顧大姐見丈夫寬容，於是變本加厲，更加放縱。

26（清）梧崗主人編次，《空空幻》（台北：雙笛國際事務有限公司出版部，一九九六），中國歷代禁毀小說海內外珍藏秘本集粹輯六，冊六。

27 薛亮，《明清稀見小說匯考》，頁四七。《肉圃團》第十四回之中曾提到《癡婆子傳》，見頁三七二。

28（清）芙蓉主人輯、情癡子批校，《癡婆子傳》（台北：雙笛國際事務有限公司出版部，一九九四），中國歷代禁毀小說海內外珍藏秘本集粹輯一，冊七。

29（清）江左誰菴述，《醉春風》（台北：雙笛國際事務有限公司出版部，一九九六），中國歷代禁毀小說海內外珍藏秘本集粹輯八，冊五。

上述環繞著男女性冒險的故事，其情節幾乎都是倫常法律所不允許的姦情、淫行。故事中的男女人物均視名教如敝屣，恣意放縱，以性慾滿足為生活之中唯一目標。這樣的價值觀念自然為禮教所不容。

書寫情色暴力

豔情故事不但環繞著露骨的性描寫與姦情，也有部分以性與暴力為主題。在清代法典之中，「誘拐」、「威逼」、「私家拷打監禁」、「買良為娼」等，都要受到處罰[30]。豔情小說中有不少故事即恣意描寫不為法律容許的情色暴力。其中有一部分是「虐戀」（sadomasochism），如男子在性交時以使女性感到痛苦為愉快，《金瓶梅》之中有不少此類的情節[31]；有些則是「性虐待」，如威逼、凌虐女子。其中殘本的《玉閨紅》（全稱《繡像玉閨紅全傳》晚明的作品）是比較突出的性虐待的例子，此書之書名與《金瓶梅》類似，採故事中三位女子的姓名中的一個字為名，全書寫的是良家小姐淪落為土窯妓女的悲慘故事。

該書敘述天啟年間，太監魏忠賢得寵專權，監察御史李世年上表彈劾，但奏摺為忠賢截留，忠賢反誣以貪贓，使李氏被抄家而入獄。李女閨貞與婢紅玉逃走，在路上誤入舊僕吳來子之手。吳來子與北京一幫無賴賭徒結拜為十兄弟，狼狽為奸，專作壞事。閨貞被吳來子賣入十兄弟中小白狼于得山與寡婦張小腳所經營的土窯，改名為「浪姐」。在張小腳的威逼下，閨貞的初夜賣給開糞場的門老貴，後庭則被賣予叫化頭渾天鬼。張小腳又搶來死了丈夫的一個丐婦楊氏，帶著十多歲的女兒小嫚與懷中的嬰兒，下海賣淫。楊氏被稱為「騷姐」。另有劉玉環在父親死後淪為乞丐，同樣被迫為妓，改名「色姐」。書中描寫到張小腳用一把小篠帚柄搓破玉環處女膜，再放任惡徒將之輪暴。閨貞、楊氏、玉環三人在土窯中一絲不掛，任人觀看，賣淫接客，為張小腳等人賺錢。因為該書為殘本，故事並不完整，但小說中充滿了情色暴力的描寫，刻畫婦女淪為禁臠的黑暗面。其中描寫閨貞正式接客的第一天最為觸目驚心：

門外看熱鬧的人已是滿坑滿谷，都道是：好個標緻的女娘。小姐赤身露體，身上又染了些紅花綠葉，羞憤欲絕，被看得面紅過耳，恨不得找個地縫躦下去，只有低頭閉目。那知越是害羞，人們越是愛看。已經有一條大漢闖進門來，交給趙三六文錢，指著小姐道：叫他來伺候我吧……小姐無奈，只得分開那白生生的雪妝粉琢的玉腿，蹺起一隻金蓮，〇〇〇〇掀露出來。趙三又命小姐伸開纖手自家〇〇〇。只聽的門外一聲喝采道，果然是件寶貝，價廉物美。……小姐一早連著三回興雲佈雨，已是頭暈眼花，熱炙火燎，痛如錐刺，那裡再經得起。偏生那廝耐久慣戰，足足熬上了一個時辰，才〇〇〇。卻又是淚淚不止，連上原存的，將那一個又白又嫩的小肚皮撐得滿滿的。小姐不由的瞪目失聲，口喘大氣，四肢發涼。好在

30 田濤、鄭秦點校，《大清律例》，頁四三八、四五三、五二八。
31 靄理士原著，潘光旦譯著，《性心理學》，收入《潘光旦文集》，冊一二，頁四三八—四五一。

那○畢事，竟自去了。這裡趙三看見小姐撐得不能動彈，忙取過盆水，就使那竹筷將棉花醮水伸進○○，連搗帶刷。只聽得噗哎一下，花徑頓清。（《玉閨紅》，頁三九八—四○二）

這一類的故事內容不但在內容上屬於前述露骨的性描寫，而且恣意地凌虐女性身體，挑戰了人道主義的價值，因而為禮教所不容。

借色說法與回歸禮教

上述豔情小說中這些觸犯禁忌的故事情節，除了極少數的例外，卻奇特地與道德意識結合在一起，讓讀者在閱讀之時感到禮教對縱欲的反撲。此種情節設計一方面可以解讀為是一種「障眼法」，為作者的情慾書寫提供道德上的藉口，但另一方面也可視為既逾越又回歸的懺悔行徑。在此可以分為三個方面來說明：一是道家的養生觀念，一是儒家以家庭為中心的倫理秩序；一是佛、道所秉持的現世或來世的命定論與果報觀念。這三種觀念在不同的故事中有不同的展現方式。

道家的養生觀念

上文曾提到豔情書寫如「花心」、「陰精」等觀念深受房中術傳統的影響。房中術其實是道家的養生觀念的一部分，其核心想法是情慾活動可使男女「陰陽和合」，有益健康，但如縱欲過度、不知節制，則對身體有所損害。豔情小說即反映此種養生觀，尤其表現在認為男子如放縱性欲，或老年仍從事性活動，會致病乃至喪命（即「精盡人亡」）。此類情節在豔情小說之中不勝枚舉。如清代的《巫夢緣》中，王秀才取了一個美妻，「朝弄夜弄，弄成了怯症」，後來怯症再起，病發身亡。又如《肉蒲團》中豔芳在嫁給權老實之前，曾嫁過一個童生：

> 那個童生，才也有幾分，貌也有幾分，只說是三樣俱備的了。誰想本錢竟短小不過，精力又支持不來，爬上身去，肚子不曾猥得熱就要下來了。豔芳是個勤力的人，那裡肯容他懶惰。少不得作興鼓舞，又要慫恿他上來。本領不濟之人，經不得十分剝削，所以不上一年，就害弱病死了。（《肉蒲團》，頁二八三）

《巫山豔史》之中聞玉娥的先生因「色慾過度」，得了「怯症」而過世：

> 這聞小姐名喚玉娥，與李芳是姑表姊弟。生得面如滿月，目若朗星，翠黛初舒楊柳，朱唇半吐櫻桃，窈窕輕盈，妖姿逸態，舉世所罕。十六歲上，就嫁在嘉與徐翰林家次子為室，不上一年，徐公子成了怯症，色慾過度，竟嗚呼哀哉了。（《巫山豔史》，頁六五）

在《姑妄言》中，有好幾個男性角色都因「色癆」、「怯症」與「弱病」而病故。上述的幾種疾病其實都廣泛地意指因性行為過度，使人身體虛弱，怕冷怕風，嚴重之時甚至會致命的疾病。這樣一來，道家的養生觀念一方面因促成對情慾活動的關注，並借用其觀念從事放縱的情色書寫，但另一方面又警告讀者，色慾傷身，故應有所節制。五代著名道士呂洞賓曾極為形象地說：「二八佳人體似酥，腰間仗劍斬愚夫。雖然不見人頭落，暗裡教君骨髓枯」，即是此一養生觀念的具體表現。這一首詩在《水滸全傳》、《繡像金瓶梅詞話》、《喻世明言》、《二刻拍案驚奇》均有收錄，是明清小說中常見到的一首警世詩。

儒家的家庭觀念

誠如上述豔情小說中有許多亂倫、通姦的故事，這些情節都違反了儒家的家庭倫理。但在另一方面有許多儒家對於性別的觀念也表現在故事之中，例如重視處女、女性貞節、強調男性子嗣，以及維繫男性中心的家庭秩序等。一個有趣的現象是，豔情小說中有一種故事情節即環繞著男子的性冒險，以及其後該男子將所有與他曾發生過關係的女子都順利地娶回家，而且妻妾之間不會相互嫉妒，最後他們共同建立一個妻妾成群、子孫滿堂的快樂家庭。

例如《鬧花叢》講述弘治年間南京應天府上元縣宦家子弟龐國俊（文英）聰明好學，貌美又有才。他先後與小姐劉玉蓉、劉之婢女秋香、寡婦表姐桂萼與友人之妻瓊娥等發生關係。後文英赴考，科場得意，娶玉蓉為妻，又納美娘、桂萼、秋香、瓊娥為妾，共計一妻四妾，生有三子[32]。

《巫山豔史》中的李芳比上述的文英還要厲害。李芳在科舉考試中狀元，共有羅翠雲、聞玉娥、梅素英、蕭月姬、秦飛瑤、江婉娘、小娟和秋蘭等八位妻妾，生子六人。李芳建立了一個組織良好的家庭秩序，他的八位妻妾分居四個房間，每人需負擔不同的家事。李芳設計了一套辦法，輪流前往不同的房間交歡，避免妻妾吃醋：

> 李芳恐各人皆自各歸己房，要自己向各房索趣溫存，未免勞而難遍。若竟入輪宿的房中，置諸美於不問，又未免此情難舒。故預先收拾一所寬敞房間，晚來群會八人於內，列坐笑談。以及琴棋絲竹，無不具備。兩旁排列書架，將古今文籍，貯於其間，罏罇卷軸，玩器文房，各項皆有。任各人性情之所好，取來娛樂，以消夜景。興盡然後各自回房，己身隨輪宿之人而俱去。庶幾群情浹洽，不致有親近疏遠之嫌。（《巫山豔史》，頁一五一）

在他的精心安排之下，「自此族輪歡敘，妻妾和諧，洞房春色，飛滿陽台，真極人生之樂……日與八個美人追歡取樂，賽過神仙。」[33]這兩部小說顯然描繪了一個符合男性中心儒家倫理、「天

32　（清）姑蘇癡情士筆，《鬧花叢》，收入陳慶浩、王秋桂主編，《思無邪匯寶》（台北：台灣大英百科公司，一九九五）。

33　（清）不題撰人，《巫山豔史》，收入陳慶浩、王秋桂主編，《思無邪匯寶》（台北：台灣大英百科公司，一

下無妒」的情色烏托邦。

命定、果報思想

豔情書寫夾雜了果報觀念是大家所孰知的。最有名的如《金瓶梅》，書中奸夫西門慶縱欲喪身、淫婦潘金蓮則不得好死。又如《肉蒲團》中則點出：淫人妻女者，必有報應。作者一方面說：「做這部小說的人，原是一片婆心，要為世人說法，勸人窒欲，不是勸人縱欲，為人秘淫，不是為人宣淫，看官們不可錯認他的主意」，所謂「止淫風借淫事說法」，所以在故事中未央生勾引豔芳，他的妻子玉香則為豔芳的丈夫權老實所淫，又被賣為娼妓[34]。以往學者在討論豔情小說時多注意果報的部分，並認為「先縱欲後說教」的寫作模式，是一種「似是而非」的說教方式，也是欺世盜名、瞞天過海的手段，「這樣的故事內容事實上讓人感到縱欲並不會有什麼大不了的報應相反會更有利於徹悟。並且回頭是岸，一旦覺悟，照樣可以得道升天。佛理在這裡起的不是戒欲的作用而是在寬容縱欲行為」。換言之，果報情節在豔情故事之中不是「以淫止淫」或「借淫說法」，而是「借法說淫」，從潛意識層面來看，它表現出「作者在肆寫性的極樂之後的一種畏懼感和一點殘存的性羞恥感」[35]。

上述的看法有一定的說服力，但是並不適用於所有的豔情小說。其中上述清中葉的《空空幻》一書即反映了很不同的情景。故事中的男主角花春與十位女子發生姦情，後來這十位女子或者抑鬱而終，或自縊而卒。花春痛恨蒼天無情，企圖「與天爭勝」，立志要淫遍天下美女。他營建了一座

「迷園」，廣羅美女尋歡作樂，又設計誘拐進香的少女、美婦，終於事發被官府緝拿處斬。故事的下半部分則環繞著花春死後被閻王因奸淫之罪而受到處罰，罰他上刀山、下油鍋，並轉世為女子，賣身妓院，受人姦淫。和《肉蒲團》等書相比，這一本書同樣地夾雜了色慾不可抗拒，以及色即是空、人生如幻的空虛感，但它的果報部分分量較多、處罰也更為嚴厲。整體來看，本書有挑戰禮教的主張，也有回歸禮教的意見，兩者相互衝突對抗，最後以冥府果報的裁決和一連串的罪罰，顯示回復禮教秩序的正當性和必要性[36]。這樣的故事讀起來不禁讓人懷疑讀者閱讀該書是為了情色的娛悅，還是為了縱欲的懺悔。無論如何，《空空幻》一書似乎顯示到了清中葉，縱欲思潮驅使下的情色書寫和果報的道德意識的倚輕倚重已經有了轉折。從以果報為藉口，轉為果報為重點，情色意識似乎走入了一個自我否定的死胡同。在清中葉之後，中國文壇上已幾乎看不見較具有創意的豔情小說。

九九五），頁一五三。

34 （清）情隱先生編次，《肉蒲團》，頁一三五、一三九。

35 吳存存，《明清社會性愛風氣》，頁一〇二—一〇六。

36 （清）梧崗主人編次，《空空幻》。

結論

根據中國法制史的研究，明清時代尤其在十八世紀，人口高度膨脹之後，政府無力將其組織力量伸展到所有人的身上，因此他們對重犯加以嚴格的管制，而對較輕微的罪行，如果沒有人提出告訴，則不加追究。這種情況可以用「民不舉、官不究」的一句諺語來說明[37]。在上述法律所許可的生活空間之內，人們的行為主要是受到禮教的束縛，而不是法律的規範。

明清時代豔情小說的出版、流傳主要就存在於以上法律所營造的一個生活空間之中。它一方面為官方所禁止，另一方面因出售、閱讀豔情書刊並不算嚴重的犯罪行為，官府往往睜一隻眼、閉一隻眼，並未全面地加以禁絕。同時，官府似乎也了解到，法律規範在遏止淫書方面有時而窮，因而官方亦同時訴諸道德勸說，或長期歷史文化所培養出來的一種內化的倫理價值，來防止這種風氣的過度擴散。在這種情況之下，豔情小說的內容表現出一種既激進又保守的時代特色。

本文嘗試指出：豔情文本之中大膽地描寫各種各樣突破禮教、法律禁忌的情慾活動，反映出一種以個人感官享樂、遂欲達情為中心的人生觀，這樣的想法是我們思考明清以來中國「男性氣概」（masculinity）時所不應忽略的一個面向；然而此一情色意識卻又弔詭地將儒釋道的家庭觀念、養生哲學、命定論與因果報應等作為行為的最終準則，因而再度回到禮教的藩籬之內。

即使在駭人聽聞的、有關「男風」或「龍陽」（男男情慾）的書寫之中，如果以《宜春香質》、

《弁而釵》兩部小說來作分析，性活動時所劃分的「主動角色」與「被動角色」是固定而不互換的。而且兩者形象的建構有明顯的類型化特徵，其主動角色以「貲財豐厚」與「清逸風采」的士商角色為底本；被動角色則以柔美為主，並向女性外貌靠攏為審美準則，如「眼如秋波，膚如凝脂」、「體態嫵媚，玉琢情懷」。至於在情慾書寫上男色小說多採「異性戀模式」，亦即以主動身分固定、以肛交為主的性活動書寫為其特徵[38]。豔情文本中女性與女性之間的情慾活動，也主要是以利用「角先生」（人造陽具）來模仿男女交歡。以此觀之，豔情文學中的男男、女女情慾與今日具有個人主體意識與群體認同的「同志」現象，實不可同日而語。簡言之，在突破與歸順的拉扯之中，明清的豔情文本展現了一種既叛逆又馴服的雙重性格。筆者認為豔情小說與其他的相關文學作品如情色笑話（如《笑林廣記》與日用類書中的性笑話）、風流俗曲（如〈十八摸〉、〈小尼姑下山〉）等類似，在明清社會中扮演著社會「安全瓣」（safety valve）的功能。這些作品以大膽、開放的言說空間與性幻想，適度地紓解禮教對情慾的壓抑，藉此來維繫現實秩序的運作[39]。這樣一來情色文

37 黃克武，〈民不舉．官不究：從乾隆年間的一則刑案探測帝制晚期私人生活的空間〉，收入李長莉、左玉河編，《近代中國的城市與鄉村》（北京：社會科學文獻出版社，二〇〇六），頁四一九—四二七。

38 蕭涵珍，〈晚明的男色小說：《宜春香質》與《弁而釵》〉（台北：國立政治大學中國文學系碩士論文，二〇〇四）。

39 Hsu Pi-ching, "Feng Meng-lung's *Treasury of Laughs*: Humorous Satire on Seventeenth-Century Chinese Culture

學與禮教管束實有相輔相成之處。

如果從長時段的歷史演變過程來看，隨著從晚明到清中葉性規範逐漸嚴格化[40]，禮教對情色意識的侵蝕似乎也日益強烈。在豔情創作中，多半的故事內容都抽離了時代與社會，專注於情慾活動的本身，而不描寫更複雜的文化脈絡，因而在題材上有其限制性，再加上豔情書寫之中道德說教的比重逐漸增加，出現了自我消解的情況，使豔情小說的作者難以激發出更澎湃的創作火花。清中葉之後豔情小說的沒落與上述的歷史發展應該不無關係。這種情況要到晚清描寫都市中風月場所的「狎邪小說」，以及民初如性學博士張競生的《性史》所代表的科學與藝術的性自白等文體問世之後，中國情色文學才出現了新的轉機[41]。

and Society," *Journal of Asian Studies* 57.4（1998）, p. 1064.

40 陳東原指出貞節的觀念在明清兩代「差不多成了宗教」，而清代「總算到了絕頂，上無可上了」，《中國婦女生活史》（台北：臺灣商務印書館，一九七七），頁二四一—二四六。

41 王德威著，宋偉杰譯，《被壓抑的現代性：晚清小說新論》（台北：麥田出版，二〇〇三），頁八五—一六一。《性史》收入《張競生文集》（廣州：廣州出版社，一九九八），頁三六五—四一九。一直到最近，有些報紙、雜誌（如《蘋果日報》、《壹週刊》等）還在模仿此一做法，公開徵集個人性史。

第五章

暗通款曲

——明清豔情小說中的情慾與空間

前言

相較於才子佳人小說的言情傳統，盛行於明清時代的豔情小說以寫慾為重點，其內容常藉各式場景的交錯與人物的巧為穿插，展現出各種偷情過程與性愛場面，並把性的興奮高潮視為最大的愉悅，而構築出琳瑯滿目的異色大觀園。它們的出現有複雜的社會經濟背景（如：商業發達、印刷業的普及、小說成為市民階層的新興娛樂，以及明中葉以後房中術的盛行等）[1]、思想背景（特別是晚明情慾覺醒的思潮對宋明理學的反省）與文類演變的內在脈絡等。這些小說的作者多刻意隱匿真實身分，約略而言，多屬中下層仕紳，或所謂「士商相雜」者；各書完成時間亦無法確實查證，只能大致地說這一系列作品是出版、流傳於明中葉以後至清代的數百年之間，其讀者以男性為主，然亦包括「頗解字義」之女子[2]。

豔情小說中露骨的性描寫揭露了作者的性經驗與性幻想，此一私密世界藉著出版機制與消費需求，成為一種「公開」展示的商品，滿足人們以偷窺來激發情慾的想望，也參雜著反抗權威、挑逗禮教的快感[3]。揭露、抗拒與性的私密性三者交織而成為人們持續出版、閱讀豔情小說的原動力，也成為「欲掩彌彰」的典型事例。

正由於上述反抗、挑逗的特質，此類小說的流行在當時被視為對社會秩序的嚴重威脅，他們擔心這些「淫書」的傳播會鼓動社會上「淫風」的滋長，「淫書陷溺人心，大傷風化，顯與聖法相違，以致每年添出無數奸情命案，毒流天下」[4]。因此中央與地方官府多次將之列入禁毀之書，對之查禁更是不遺餘力。同時，衛道之士也大力抨擊。儘管官方輒以貽害人心、誨淫誨盜等嚴正理由祭出王法待之，士人與宗教界的苦心勸說亦遏止不住蘊藏於民間的「反動」力量，屢屢查禁卻無法根絕（在近代中國的歷史經驗之中，或許只有五〇年代的中國大陸曾掃黃成功）。這樣的交鋒所爭論的是人性最原始也最受道德所桎梏的部分，所翻攪出的也是屬於當時文化中隱蔽而難以為後人所窺知的隱私部分。而最弔詭的是禮法禁忌與靈肉歡愉，一方面相互對峙，另一方面亦相生相成。這似乎

1 有關晚明經濟、小說出版與小說成為一種新興娛樂等現象可以參見胡衍南，〈食、色交歡的文本——《金瓶梅》飲食文化與性愛文化研究〉，頁一—二六。明成化以後，朝野競談房術，甚至有人藉著進獻房術與春方而驟貴，促成社會淫褻之風，並影響文學創作；見茅盾，〈中國文學內的性欲描寫〉，收入張國星編，《中國古代小說中的性描寫》，頁二七—二八。亦見孫琴安，《中國性文學史》（台北：桂冠圖書公司，一九九五），頁二五七—二六〇。

2 在清代所流傳的「焚毀淫書十法附例」之中有一個例子：「一生好撰豔曲，聞者無不動情，彼撫掌稱快。一日他出，遺稿於案上，其妻妾頗解字義，竊見之，從此遂有外交」，見王曉傳輯錄，《元明清三代禁毀小說戲曲史料》，頁二三八。

3 清代江南書賈嵇留「每刻小說及春宮圖像……以為賣古書不如賣時文，印時文不如印小說春宮，以售多而利速也。其家財由此頗厚」，王曉傳輯錄，《元明清三代禁毀小說戲曲史料》，頁二三九。

4 王曉傳輯錄，《元明清三代禁毀小說戲曲史料》，頁二三七。

印證了傅柯（Michel Foucault）所說的「這種既針鋒相對又互相加強的角逐從未停止過……那些無休止的互相刺激不但沒有建立起不可逾越的界線，反而形成了權力與享樂永恆的螺旋點線」[5]。

從傅柯的觀點來說，豔情小說是一種「性話語」。相對於禮教（包括宗教）文本以「倫理」、「禁錮」與「果報」為主題，和醫學文本以「養生」、「固精」與「子嗣」為核心，豔情小說所生產的「知識」界定了人們對於性活動的另一種描寫與認識。此一話語以肉體享樂為宗旨，試圖逃避禮教文本的監視與醫學文本的警告，但另一方面卻又規避不了果報邏輯之全面籠罩。這三類的話語如何交互鬥爭又彼此呼應，建構出傳統情色意識，仍是一個有待深入探索的議題。

本章以《肉蒲團》、《癡婆子傳》與《浪史》等三部豔情小說為主要文本，作者企圖描寫豔情小說中的情慾、空間之區隔與逾越，並分析其文化意涵。這三部豔情小說都出現於晚明（大約十七世紀），而流傳於明清以後。在文本的選擇方面有作者的任意性，同時也具有史料上的代表性。《肉蒲團》是豔情小說的代表之作，大多數學者認為此書為李漁（一六一一—一六八〇）的作品。本書為描述主角未央生的浪漫史，與他發生關係的女子包括玉香、豔芳、香雲、瑞玉、瑞珠、花晨等人。此書流傳甚廣，並有外文譯本，內容幾乎涵括豔情小說中的所有特質：各種各樣的性愛活動、偷窺、大陽具崇拜、餓虎與花癡化的女性書寫、鬧酒狂歡、嫉妒、報復、因果報應等無一不具[6]。就此而言，《肉蒲團》具有男性作者訴諸男性讀者群的特質，而其核心理念主要是以戲謔的方式抒發情欲，並對禁錮人心的「假道學」進行辛辣的嘲諷，另一方面則有一小部分以功過格式的果報計算來懲罰違反倫理的縱欲行為[7]。

在《浪史》一書中，以男性為中心的書寫與閱讀取向更為明顯。此書或謂為萬曆（一五七三—一六二〇）時作品，描寫錢塘秀才梅素先（人稱浪子）的性冒險故事，有各種各樣的亂倫關係與情色活動，尤以與書僮陸姝（十六歲，「俊俏如美婦人」）、王監生之妻李文妃、寡婦潘素秋、友人之妻安哥與其丫鬟櫻桃、文如之間的戀情等部分著墨最多。本書「剝去曲意懺悔和因果報應的外衣，公開標榜情欲至上」[8]，是相較於其他豔情文本的特殊之處。為了情慾，一切綱常禮教全然棄之不顧，在經歷各種放蕩的性冒險之後，浪子不但科舉得意，賜進士出身，而且妻妾成群，「終日賦詩飲酒，快活過日，人都稱他為地仙」[9]。此一結局可謂不少男性畢生企求夢想之極致。

與《肉蒲團》和《浪史》的男性情色冒險相比，《癡婆子傳》從女性對性探索的自白，以及因而產生的情慾困境出發（在視野上與另外兩本豔情小說：《醉春風》和《玉閨紅》有些類似），故

---

5 Michel Foucault, *The History of Sexuality*（New York: Vintage Books, 1980）, vol. 1, p. 45.

6 Patrick Hanan, "Forward," in Li Yu, *The Carnal Prayer Mat*, tr. Patrick Hanan（London: Arrow Books, 1990）, p. x.

7 本文所採用的《肉蒲團》一書為陳慶浩、王秋桂主編，《思無邪匯寶》，第一五冊。（清）情隱先生編次，《肉蒲團》。

8 薛亮，《明清稀見小說匯考》（北京：社會科學文獻出版社，一九九九），頁六〇。

9 《思無邪匯寶》，第四冊，（明）風月軒又玄子，《浪史》，頁二五七—二五八。以下引文均出自此一版本。

有論者將此書稱之為「淫婦懺悔錄」[10]。誠如傅柯所說：性「始終是自白的獨占內容」、「涉及肉體享樂的自白從來沒有停止發展」[11]。我們無法確知本書作者的性別，書中僅署「情癡子校批、芙蓉主人輯」，然書內容顯然包括了女子的親身經驗，與上述兩書的偏向男性書寫，或訴諸男性快感之特質有所不同。本書創作、出版年代在《肉蒲團》之前，「當早於萬曆四十年，而晚於《金瓶梅詞話》成書之後」[12]。作者以倒述筆法，描寫上官阿娜由情竇初開起始的情慾探索歷程。其中共經歷的十多個男子，包括表弟、家奴、伯、叔、妹婿、戲子、和尚、家塾先生，甚至與其嫂輪番侍翁。最後因各種背德淫行而被視為「敗節女」，遣歸母家[13]。康正果正確地指出：「小說最終要向讀者強調，所有的醜行全起於淫婦的『一念之偏』，不管後來的通姦關係是由於她主動勾引，還是由於男人迫使她就範，罪過全在於她早已喪失了控制情欲的道德力量。」[14]就此而言，此一道德裁判所反映的仍是男性宰制的傳統視角，與女性主體認知之間極可能有不小的落差[15]。

筆者所關懷的問題是：如果我們將空間不只視為一個單純的場景，或自然存在的因素，而是在特定時空中，人們透過社會互動所建構出來，而與當時的價值觀念、社會規範（即各種論述）緊密關聯的一個場域，那麼豔情小說中的情慾活動是建構在何種的空間感之中？這樣的探索與近年來學界所研究的「私領域」（private sphere）也有密切的關係。「情慾空間」無疑地是私領域的核心。這樣一來筆者企圖探討的是明清豔情小說如何描寫以情慾生活為核心的私領域？此一私領域的邊界為何？人們又如何逾越此一邊界？此一書寫模式與男性心態之關係為何？

在此要特別說明的是，本研究所依賴的三個文本較著重於異性之間的性愛活動，因此對妓院空間與同性關係的情慾空間著墨較少。對於這些主題，學界已有不少的研究成果，可以參看[16]。

---

10 康正果，《重審風月鑑：性與中國古典文學》（台北：麥田出版，一九九六），頁九五—一〇四。

11 Michel Foucault, *The History of Sexuality*, p. 19. 康正果指出中國古代的性文學之中較少自傳性質的作品，西方人似乎比中國人更傾向於坦白自己的隱私，這很可能與西方基督教中告贖傳統有關。康正果，《重審風月鑑：性與中國古典文學》，頁九六。

12 薛亮，《明清稀見小說匯考》，頁四七。《肉圃團》第十四回之中曾提到《癡婆子傳》。

13 《癡婆子傳》一書曾傳到日本，影響到十七世紀著名作家井原西鶴（一六四一—一六九三）撰寫《好色一代女》。吳存存，《明清社會性愛風氣》，頁一〇九。

14 康正果，《重審風月鑑：性與中國古典文學》，頁一〇四。

15 本文所用《癡婆子傳》的文本如下：芙蓉夫人輯、情癡子批校，《癡婆子傳》。

16 如陶慕寧，《金瓶梅中的青樓與妓女》（北京：文化藝術出版社，一九九三）；王鴻泰，〈青樓名妓與情藝生活：明清間的妓女與文人〉，收入熊秉真等編，《禮教與情慾：前近代中國文化中的後／現代性》（台北：中央研究院近代史研究所，一九九九），頁七三—一二三。有關豔情小說中的同性關係已有一些研究，可參閱 Giovanni Vitiello, "Exemplary Sodomites: Pornography, Homo-eroticism, and Sexual Culture in Late Imperial China," Ph.D. dissertation, U.C. Berkeley, 1994. 吳存存，《明清社會性愛風氣》，頁一三五—一五四。蕭涵珍，〈晚明的男色小說：《宜春香質》與《弁而釵》〉。

嚴男女之防？：性別隔絕與空間逾越

《肉蒲團》、《癡婆子傳》與《浪史》的故事都發生在一個較為單純的空間場景之中。簡單地說是以家戶空間為主（包括房舍與庭園），家戶之外的場域則有明顯的性別空間的差異；男性遊走之空間較無限制，其範圍要遠超過女性所允許行動的生活空間。

以男性空間來說，除了家庭之外，「有山水可以遊玩，有朋友可以聚談」。（肉，頁二八一）《浪史》中的梅素先一方面遊走於家戶空間之中，另一方面清明時節可到郊外遊賞攬勝（頁五一）、中秋時節則可赴錢塘觀潮。（頁一〇二）李文妃的丈夫王監生則可「在朋友家飲酒，直至二更方回」（頁六三）甚至，有時遠赴京城。《肉蒲團》之中，未央生則是活動於家戶空間、寺廟、妓院、文社（作文會友），以及外地遊學。再者，香雲的丈夫軒軒子「在外處館，每一月回來宿一兩次，其餘日子都在館中宿歇」。（頁三三八）在《癡婆子傳》的部分，男性活動空間則增加了「卿塾」（學校）。（頁六六九）

女性空間主要即是所謂閒雜人等不准進入的「閨門」、「深閨」，亦即封閉的家庭環境。《肉蒲團》中，玉香在父親鐵扉道人的管教之下就是生活在此種「閫訓甚嚴」（頁二一一）的環境之下：「他家的閨門，極是嚴緊，又不走去燒香，又不出來看會，長了一十六歲，不曾出頭露面，至於三姑六婆飛不進門，越發不消說了。」（頁一六八）書中另一角色豔芳，為「村學究之女」，也感嘆地說：

「我們前世不修，做了女子，一世就出不得閫門。」（頁二八一）此外，女子纏足顯然也是限制女子空間移動的一個因素[17]。在此情況之下，男女相會、進而結為夫妻主要是依靠媒婆的牽線。以未央生娶妻為例：「日日有幾個媒妁尋他說親，小戶人家，任憑他上門去相，從頭看到腳底；若是大戶人家，要顧惜體面的，或是約在寺院之中，或是訂在荒郊之外，兩下相逢，以有心作為無意，一般相得分明。」（頁二六六—二六七）

在女性方面，以媒婆談論玉香「不燒香、不看會」的至嚴閨訓，亦透露出儘管在當時，婚前與婚後女子仍有家庭之外的遊走空間，例如：參訪寺廟、走訪鄰人、在特殊節慶（如清明時出外掃墓或看會）時同家人出遊等。簡言之，家戶、寺廟與郊外三處，是豔情小說中的女性活動空間，也因而成為男女邂逅的主要地點。

此一空間場景顯然呼應了中國性別制度中「男主外，女主內」、「男女有別」的觀念，而此一概念的根本設計是藉空間隔絕的方式，貫徹性別隔絕之目的，以建立男女防線，減少性誘惑，以維繫社會秩序。然而，此種嚴密的防範僅是一楬櫫的道德理想，在現實狀況下並不全然如此。高彥頤

17 在這方面請參閱高彥頤的研究，她指出：「纏足的具體意義不在禁錮束縛而在導引教化……其所構築的內在收斂型的人格及生活空間，與上文所述閨房之內向性互相呼應，形成一個『婦女－內人』的性別理想」，見高彥頤，〈「空間」與「家」：論明末清初婦女的生活空間〉，《近代中國婦女史研究》，第三期（一九九五），頁二一九。

在其有關明末清初女子生活空間的重要研究中指出：江南地區上層女子（才女）因為商業化、教育導致女性生活空間擴大，有些人能突破家居範圍，寫作、旅遊、教書、郊遊，甚至活躍於公共社群，如詩社之中。另外，部分妓院之從業女性，亦能突破內外與出身之桎梏，而活躍於紳商階層的男性領域。高氏因而宣稱明清時代的婦女仍有很大的遊走空間，不但不是被害者，且具有與禮教規範討價還價的能力[18]。

豔情小說之中的女子大部分並不屬於上述的才女，也多非娼妓，因此我們看不到她們擁有高彥頤所描寫的「自由」。然而有意義的是這些婦女也具有與當時性別制度「討價還價」的能力，有很多走「後門」、鑽禮教漏洞的機會。在豔情小說所設計諸多偷情情節中，多是由男子主動出擊，千方百計進入深閨（所謂「鑽穴踰牆」），女子則處於被動，或是被密謀設計，或是半推半就。然而也有女子積極爭取她們所中意的男子，在有限家戶空間與禮教規範的制約之內，創造出自主遊走的領域。在《癡婆子傳》中，阿娜在婚前主動勾結表弟慧敏，共同作身體的探索；在婚後則「微挑」老奴之子俊，「約之昏暮」，於家中曲廊交歡，「卸中褲而迎俊」（頁七五）；又看到伯父之奴盈郎「白而美」，所以命女婢傳話，「挽之入幃」，也在花園中「去下衣，立狎之」與盈郎相淫（頁七七—七八）；甚至主動引誘兒子的家庭教師谷德音。《肉蒲團》中的玉香怨恨其夫婿未央生遠遊不歸，認為「他既走得邪路，我也開得後門。就與別個男人相處，也不為過。只可惜閨門嚴緊，沒有男子見面」（頁三七四），後來見到賣身的長工權老實，主動勾引，而如願地邀約他夜間辦事。《浪史》中的李文妃在家中往外「獵豔」，「在門首側屋裡掛了朱簾，請著張婆子，與幾個丫鬟，看那南來北往的遊人。正見浪子走過，生得真好標致，裝束又清豔，心裡卻有幾分愛他。」（頁五四—五六）這些女子主動追求情慾自主的情節雖然有可能是男性作者所創造的「花癡」與「餓虎」化的書寫，然亦在某種程度反映女性擁有逾越限制、追求自主空間的可能。

在家戶空間之外女子亦常赴寺廟進香，以祈福、求子或治病。這一類的宗教活動提供婦女（至少暫時）在空間上脫離家庭的可能。在《肉蒲團》第五回，未央生為了要尋覓絕色佳人，出重資在求子嗣的「張仙廟」作寓。他選擇這一間廟的原因是由於其他的寺廟中燒香的婦人多為中老年，而拜張仙廟者「進來求嗣，都是少年女子，不過有一二個老成的陪來」，因而較易得償宿願。每當婦人前來，未央生就躲在張仙背後聽道士為她們通誠（禱祝）：

> 凡婦人入廟燒香，定有個香火道士立在旁邊替他通誠，少不得是，到之時就問他姓甚麼，名字叫甚麼，年紀多少，係那一位信士之妻，住在何坊，何里。那婦人就不說，也定有個家人使婢替他答應。（頁二一六）

未央生就趁此機會與女子照面，有些女子見他「姿容絕世」，「或把眉梢致意，或將眼角傳情，

18 Dorothy Ko, *Teachers of the Inner Chambers: Women and Culture in Seventeenth-Century China*（Stanford: Stanford University Press, 1994）.

都戀戀的不忍回去。也有故意掉下汗巾的，也有有心留下扇子的」。（頁二二五）

《癡婆子傳》中阿娜因為婆婆生病而欲入廟卜問，與她有私密關係的家奴盈郎表示城西的即空寺非常靈驗，阿娜次日即帶著倉頭、家奴，「凝妝而往」，前去詢問吉凶。在盈郎的牽線之下阿娜與寺僧海，以及海的師父在禪床上激情演出，並將自己的陰戶比喻為「小法門」，要和尚進入掛單。（頁九二）

總之，豔情小說中的情節幾乎都環繞著兩性之間的空間隔絕與逾越。在隔絕與逾越的拉扯之中顯示了嚴男女之防的漏洞，也展露出私密世界的形形色色。

情慾的空間延伸：偷窺與偷聽

禮教秩序所要求的性別隔絕限制了男女的交往。然而，這種嚴密的防範反而孕育並增強了人們情慾的能量。豔情小說中的男女往往被描寫為「完全受情欲驅使的人物。他們常處於一觸即發的狀態，好像一有機會就千方百計去鑽禮教的空子」[19]，突破男女防線。豔情小說中對於偷窺與偷聽的描寫很可以反映人們如何以聽覺與視覺來突破空間限制，參與他人的私領域或達到另類接觸。

偷窺與偷聽似乎是人性的一部分，它的吸引力在於觸犯禁忌和窺人隱私所交織而成的快感，因此無論男女都對此深感興趣。坊間八卦雜誌的盛行可以反映此一趨向。然而男女的偷窺之念雖同，偷窺的對象似乎還有很細膩的差異，這就是一些學者所探討的「男性凝視」[20]與「女性凝視」的區別。

從文本來看，男性對於窺視女子身體與情慾活動有非常濃厚的興趣。《肉蒲團》中的未央生一出場就被描繪成生有一對色眼，是偷看女子的專家：

> 那書生的儀表，生得神如秋水，態若春雲……獨有那雙眼睛，更覺生得異樣……這種眼睛，就是世上人所說的色眼。有色眼之人，大約不喜正觀，偏思邪視。別處用不著，惟有偷看女子，極是專門。他又不消近身，隨你隔幾十丈遠，只消把眼光一瞬，便知好醜。（頁一四八—一四九）

上文也曾談到未央生在張仙廟偷看女子進香，「相一相面貌」，而且他有一套看婦人的理論：

---

19 康正果，《重審風月鑑：性與中國古典文學》，頁二二七。

20 所謂「男性凝視」是女性主義提出的一個觀點，意指：男人觀看，而女人就是被觀看被控制的對象，而男人從觀看中得到快感並展現權力。男性是帶著威權的觀看者，而女性就是被觀看的一方，而女人天生的第一任務好像就是讓自己看起來值得「被看」（女性展示）。同時，女性在過程中內化了男性的標準，一方面也習慣被不斷地觀看。總之，形象之中反映了不平等的性別關係。參見 John Berger, et al., *Ways of Seeing*（London: British Broadcasting Corporation; Harmondsworth, Penguin, 1972）.

> 但凡看婦人的方法，與看字畫一般，不用逐筆推求，只消遠遠掛了看他氣魄。氣魄好的自然是名筆，若還氣魄淹滯，又不生動，就像印板印的一般，那樣字畫，隨你筆墨精工，不過是畫匠之畫、書手之字而已，有何貴重？婦人家的姿色，要等男子近身細看方纔露出好處來的，那婦人的姿色就有限了。（頁二一七—二一八）

未央生甚至還準備了一個冊子，將偷窺的結果登記入冊，並品評高下。根據冊中所記，未央生的觀察項目除了體態肥瘦、動作丰彩、妝束濃淡之外，吸引他目光之處特別是「朱唇」、「眉黛」與「那雙眼睛」。（頁二二〇—二二三）此外，賽崑崙在打量豔芳時則注意到手、腳與肌膚：「十個指頭就像藕簪一般，尖也尖到極處，嫩也嫩到極處；一雙小腳，還沒有三寸……擎起手來的時節……一雙手臂全然現在外邊，連胸前的兩個肉峰，也都隱隱約約，露些影子出來。真是雪一般白，鏡一般光，粉一般細膩。」（頁二三一）

浪子在郊外巧遇李文妃外出掃墓，依照禮教規約，非禮勿視，但他卻忍不住地偷瞧：

> 浪子迴避不及，站在階側，卻又偷眼瞧著內中一個穿白的婦人，近二十多年紀，眼橫秋水，眉插春山，說不盡萬種風流，話不盡千般窈窕。正如瑤臺織女，便似月殿嫦娥。浪子一見，魄散魂飛，癡呆了半晌。（頁五〇）

由此可見女子面貌、穿著都是男子觀看的焦點。

然而男子的窺視欲望當然不僅止於此，他們的目光貪婪而渴望地期待觀看覆蓋在衣服之下的女性身體。上文中，賽崑崙看到豔芳的手臂時，眼睛即盯著隱隱約約的「兩個肉峰」。在《癡婆子傳》中，阿娜對家庭教師谷德音產生好感，並知道對方亦不斷伺機注意自己，於是主動寬衣，展示「酥胸」以饗觀者：

予徙居西樓，谷課子居東樓，而窗遙相望也。予曉妝，每為谷所望見。夏月或出酥胸或解裏衣，多為谷所屬目，而谷又時當窗而坐，課予子。予刺紋窗下，谷遙望不移目。（頁九九）

另外，《肉蒲團》中的權老實偷看玉香沐浴，其觀看的焦點亦是女體的重要性徵——「兩個肉峰，一張牝戶」：

一日，玉香在房裡洗浴，他從門外走過，無心中咳嗽一聲。玉香知道是他，要引他看看肌膚，好動淫興。故意說道：我在這邊洗澡，外面是那一個？不要進來。權老實知道這句話是，此處無銀之意。就不敢拂他的盛情，把紙窗濕破一塊，靠在面上張他〔看〕。玉香看見窗外有人，知道是了，起先是背脊朝外，胸膛朝裡的。此時就掉轉身來，把兩個肉峰，一張牝戶，正正的對著窗子，好等他細看。還怕要緊的去處浸在水裡看不分明。又把身子睡倒，兩腳扒開，現出個正面，使他一覽無遺。（頁三七六）

未央生則在牆上打了個洞，觀看婦人小解，這時恰巧馬桶蓋落在地上，那婦人伸手去取，「屈倒纖腰，把兩片美臀高高聳起，連那半截陰門，也與未央生打個照面」（頁三三〇），重點部位恰巧一覽無遺。

男性偷窺的焦點不僅止於女性的性徵，得以在暗處目睹性愛活動的進行則更為刺激火辣。《肉蒲團》中作賊的賽崑崙常在暗處偷窺夫妻交歡：「見他與丈夫幹起事來，口裡哼哼嘎嘎，陰中唧唧咋咋」，因而頗為動興。他更向未央生歸納婦人叫床的三種類型，而第三種最讓偷聽者受不了：

婦人口裡有三種浪法，口氣相同，聲音各別。這些光景，惟有我們聽得清楚，那幹事的男子反不知道。未央生問：那三種？賽崑崙道：初幹的時節，還不曾快活，心上不要浪，外面假浪起來，好等丈夫動興。這種聲氣，原聽得出。大約口裡叫喊身子不動，叫出來的字眼是清清楚楚，不混亂的。幹到快活的時節，心上也浪口裡也浪，連一身的五官四肢都浪起來。這種聲氣，也聽得出，叫出來的字眼是糊糊塗塗，上氣不接下氣的。到那快活盡頭處，精神倦了、手腳軟了，要浪浪不出。這種聲氣，在喉嚨裡面，不在口舌之間，就有些聽不出了。

倒是這聽不出的所在，使聽的人當不起。（頁二〇八）

賽崑崙偷聽到「只見喉嚨裡面，噫噫呀呀，似說話非說話，似嘆氣非嘆氣」之聲後，「不覺淫興大動，渾身酸癢，又不曾打手銃，那精竟自己流出來」。（頁二〇九）偷窺與偷聽之刺激可見一斑。

除了親自偷聽與偷窺之外，看春宮圖與讀「淫書」其實也是一種變相的偷窺。在這方面有時是男子獨自欣賞，有時則是丈夫主動展示由夫妻同觀，以提高性致。例如《肉蒲團》之中，未央生以春宮冊子來開導玉香：

就扯一把太師交椅自己坐了，扯他坐在懷中，揭開春宮冊子，一幅一幅，指與他看。……第一幅乃縱蝶尋芳之勢。……第二幅乃教蜂釀蜜之勢。……第三幅乃迷鳥歸林之勢。……第四幅乃餓馬奔槽之勢。……第五幅乃雙龍鬥倦之勢。……玉香看到此處，不覺淫興大發，矜持不來。（頁一七九—一八〇）

在《浪史》之中，浪子與文妃也有類似「合觀春意」的情節：

只見書桌上有一冊春意，兩個指指點點，看到濃處，便眉來眼去，春興勃發。文妃搿住浪子，將粉臉偎在浪子臉上道：親親，這的可不像我兩人也。把那右邊的小小腳兒，蹺在浪子身上，便要雲雨。當下浪子脫了袴兒，又與文妃脫了，道：吾兩個就在椅上耍一回罷。（頁一一三—一一五）

另外，《肉蒲團》中的寡婦花晨則向未央生說明夫妻如何以「看春意，讀淫書」來助興，看春意必在「未曾動手之前」：

> 我家裡……春宮有十幾副，淫書有幾百種……看春意要在未曾動手之先，兩個穿了衣服，相對如賓，看一幅講究一幅的妙處，就是偶然興動，也還不要做事，陽物等他自舉，淫水等他自流，只是不要去理他，直等看到數十幅之後，萬萬禁止不得，方纔幹起事來，這等一個看法，方纔得那春宮之力。（頁四三三—四三四）

讀淫書則是在「已經動手之後」：

> 讀淫書，要在已經動手之後，未曾竣事之前，讀來方有用處。將幹的時節，先把淫書擺在面前，兩個幹了一會然後揭開，或是他念我聽，或是我念他聽，念到高興之處，又幹起來，

幹到興闌之處，又念起來，這等一個讀法，方纔得那淫書之力。（頁四三四）

由上所述，偷窺與偷聽對男女均有吸引力，但男子這方面的需求似乎要超過女子。豔情小說中的男子偷窺情節顯示：對男性而言，視覺刺激是激發情慾的一個重要媒介（女性則更依賴對情境之想像）。男性目光的焦點不但包含女子的外貌，更包括女體中長久被遮掩的禁忌部位與男女交歡場面。此一書寫一方面固然有生理的基礎，但另一方面，在書寫／閱讀之中亦建構出男性的一項重要特質：藉由對窺視女體的高度興趣，進而強化對女體的好奇心，並進一步渲染偷窺所帶來的極度快感。

與男性凝視相較，女性的目光是以往較少被關注的部分。其中，有關女子偷窺、偷聽與自我陳述等文本的缺乏亦是重要因素之一。在本文所處理的三個文本之中，有不少有關女子偷聽、偷窺的情節，但是這些情節之中摻有不少男性對女性情慾的想像。因此文本所顯示的內容有一部分或許可以反映女子凝視，但有一部分則明顯是男子想像的「花癡化」的女性形象[21]。當然，這一區別並不

21　《巫山豔史》中有聞玉娥偷看表弟李芳的一個情節：「公子只道是秋蘭，舉目一看，卻是表姊。假意裝做睡著的，下面陽物，昂然堅舉豎起了，顛頭簸腦的。玉娥一眼睃著，喫一大驚，小小年紀，倒生得好大一副本錢。看看他是睡著的，就立住了想道，他獨自在此做甚麼，必與僕婦私約，在此等候，也未可知。又把燈近身照著，不覺春心蕩漾，慾火愈濃。」（清）不題撰人，《巫山豔史》（台北：台灣大英百科公司，一

是那麼清楚。相較於其他文本，《癡婆子傳》以女性自述為故事主軸，較為貼近於女子的觀看角度，而《肉蒲團》與《浪史》則以男子角度為主，為訴諸男性讀者的女性形象。《浪史》中文妃與素秋對浪子的窺視可以反映這種「花癡化」與「餓虎化」的書寫，首先是文妃偷窺浪子入廁，看到陽具之後，「不覺陰戶興脹，騷水直流」：

……次早飯畢，婆子也到，又掛起朱簾，兩個坐定，只見浪子又走過去，今日比了昨日更不相同，又換了一套新鮮衣服，風過處，異香馥馥。那婦人越發動火了。又自想道：我便愛他，知他知我也不知呢？那婦人因為這浪子，卻不再把簾子來收，從此連見了五日，也不在話下。那簾子對門恰有一東廁。一日、浪子便於廁中，斜著身子，把指尖挑著麈柄解手，那婦人乖巧，已自瞧見這麈柄，紅白無毛，長而且大。不覺陰戶興脹，騷水直流。把一條褲兒都溼透了，便似水浸的一般，兩眼矇矓，香腮紅豔，不能禁止。（頁五六）

素秋見到浪子時也是偷看了兩眼，便想到他的話兒，因而「騷水淋漓，不能禁止」：

婆子接著坐定，過了兩杯茶兒，只聽得門外有人叫門，素秋耳快，對著婆子道：是誰叫婆婆哩。婆子打一看時，卻是浪子。疾忙進來，對著素秋低低語道：娘子，這個便是梅相公。

婆子托了一杯茶，自出門前來了。素秋便在壁縫裡偷看這秀才，只見丰神雅逸，顧盼生情，真個是世上無對、絕代無雙。素秋不住的道：好書生，好秀才，果然話不虛傳。他說話兒好處也是真的了。這樣標致人兒，話兒一定妙的。把這身兒付與他罷。他兩日正是心火難按，見了這個得意人兒，便不覺陰戶脹滿，吸吸的動，騷水淋漓，不能禁止。（頁一四一——一四二）

《肉蒲團》之中則有一段描寫玉香偷窺權老實與如意「幹事」，而「看出來的淫水，比弄出來的淫水更多」：

（玉香）伺候父親睡了，獨自一個潛出閨房，走去聽他幹事。權老實的陽物是非同小可的，如意雖有二十多歲，只因主人志誠，不曾偷摸過他，所以還是個處子，指頭伸不進的東西那裡塞得棒槌進去。那些叫喊之聲，啼哭之狀，自然驚天動地。連竊聽之人都要替他疼痛起來了。……權老實這一夜見他承受不起，只得草草完事。玉香立了一會，聽不出好處來，只進房睡了。到第二三夜，又去補聽。也還只見其苦，不見其樂。直聽到三夜之後，也是權老實的本事該當出現。以前幾夜，都是吹滅了燈然後睡的。獨有這一晚，竟像曉得有人竊看，要

九九五），頁七一。

去賣傢私的一般，燈也不吹，帳子也不放。未曾動手之際，先把一根八寸多長，一手把握不來的陽物，教如意揑在手中，摩弄了好久一會，方纔插入陰戶。此時的陰戶已被陽物楦大了，不像以前緊澀。權老實就放出本領來，同他幹事，抽送度數，竟與書上一般，不到數千之後不肯住手。如意從奇苦之後忽逢奇樂，那些癡狂之態，呼喚之聲，又不覺驚天動地。以前替他疼痛之人，如今又替他快活起來。看出來的淫水，比弄出來的淫水更多。不但褲子不乾，連一雙凌波小襪都濕透了半截。（頁三七四—三七六）

另一個例子是花晨要丈夫偷丫鬟，自己躲在旁邊偷聽「騷聲」，以此作為一種調情的方式：

花晨道：男子與婦人幹事，那種歡暢之情、淫佚之趣，自己看來也還不過如此，倒是睡在旁邊側耳聽聲的人，替他快活不過。我生平極喜歡聽人幹事。當初男子在的時節，故意教他去偷摸丫鬟，又要他弄得極響，幹得極急。等丫鬟快活不過，叫喚起來。我聽到興濃之際，然後咳嗽一聲，他就如飛爬上床來，把陽物塞進去，狠樁亂搗，不許他按兵法，只是一味野戰。這等幹起來，不但裡面快活，連心窩裡都快活進去。（頁四三四—四三五）

上面的幾個例子都刻意地將女子從偷窺到興起的過程簡化成立即的刺激與反應。這些例子雖不無可能，但似乎移植男性偷窺的經驗（偷看入廁與異性性器官等）直接投射到女子身上。這樣的書寫顯然是為了增加男性閱讀快感，因而將女子描寫為情慾滿漲、一觸即發的形象。

《癡婆子傳》之中對於女子窺視的書寫則與上述的筆法有所不同。以下筆者將阿娜對男性的觀看整理為下表：

觀看對象	文本	頁碼
慧敏	時有表弟，名慧敏者，來投予父母，就師于父母。因留彼就之外宿，予視慧敏，年紀少艾，丰姿瀟灑，足以奪人心目，予甚慕之。	64
俊	家之老奴，有子名俊，俊色麗，且善歌，年亦十七八……。	74
盈郎	奢有奴名盈郎者，年廿一、二，白而美，如秦宮馮子都後身，方以後庭為事，故髮雖捻角而未帽，予目屬之。……盈郎體白如雪……。	77、76
費婿	予以姨常見之，見其魁梧，矯岸真一丈夫，而鼻大如瓶。予自思曰：是必偉於陽者，心願識之。	94

香蟾	……窈窕而媚，最為豪家所顧。予細視之，衫袖輕盈而眉目如畫，絕與美婦人無異，且清謳若絲，管將繞梁，而遏雲豔羨之……香蟾卸女服，服男服，真美少年，此眾女願得而夫者也……燈下凝妝而坐，命女奴扃戶抱香蟾。曰：「玉人也，王子晉耶？其潘安仁耶？」……而予燈下視之，其貌瑩而媚，足令人溺愛而不釋手。	98、97、96
谷德音	年三十頗精健而不肥。……予徙居西樓，谷課子居東樓，而窗遙相望也。予曉妝，每為谷所望見。夏月或出酥胸或解裏衣，多為谷所屬目，而谷又時當窗而坐，課予子。予刺紋窗下，谷遙望不移目。	99、98

以上的例子可以顯示阿娜的目光多在男子的外貌、身材，如「丰姿瀟灑」、「色麗」、「體白如雪」、「魁梧」、「其貌瑩而媚，足令人溺愛而不釋手」、「精健而不肥」。極有趣的阿娜並不對窺視男子性徵那麼感興趣，也不曾千方百計來窺視男子入廁與男女交歡。其中只有一次他看到「鼻大如瓶」而聯想到「必偉於陽」。還有一次她不小心看到她的嫂嫂沙氏與公公欒翁偷情：

> 予偶以細事入問沙，詰女奴。曰：在房也。予見床瑟瑟聲，且鉤帷搖曳。笑曰：姆夢耶，夢遠人歸耶？揭帳視之，而翁方裸而上，沙亦裸於下。急笑欲走……（頁八六—八七）

對於此一無意撞見的姦情，她所感覺到的似乎好玩的成分要超過興奮。

從上述男女凝視的描述，反映出在性別隔絕之下，偷窺與偷聽成為突破禮教（空間與男女）之防的兩種方法。男女似乎都對窺視異性、探人隱私感到興趣，但男性的目光，似乎具有更多的主動性與侵略性，他們企圖深入觀看女性身體中被遮掩的部位與房笫之事；而女性的觀看則多半僅止於外貌與身材。這兩類的書寫一方面顯示男女生理的差異，但是此一生理差異又與強勢性男性書寫所建構的男性角色與男性對女性的認知交織在一起。換言之，男性在性方面的重要特質之一，即是展現對女體窺視的高度興趣，以及由此目的所帶來的強烈快感；同時他們想像女性也具有同樣的視覺需求和一觸即發的情慾反應。目前台灣社會新聞中的男性偷窺、針孔攝影機、偷窺錄影帶等情事，與此種情色意識不無關聯[22]。

偷窺與偷聽所透露的另一層意涵是私領域的問題。明清文化脈絡之下私領域範圍為何，仍有待探索。最廣義地說，私領域代表非國家部門，家族、鄉黨等活動均在此範疇之內。然而，在此之內顯然還有一個具有更高度私密性的生活範疇，亦即身體與情慾世界，此一範疇可謂私領域之核心。隨著文明化的過程，身體與情慾活動逐漸地被界定為不可公開展示的私密範疇。以沐浴來說，漢代時中國仍有「山居谷浴，男女錯雜」、「男女同川而浴」，然而這樣的身體裸露與性別混雜逐漸受到

22 有關當代台灣男子偷窺可參見何春蕤，《豪爽女人》（台北：皇冠出版社，一九九四），頁一二一—一三。

批評，以為有違禮教[23]。在明清時期，身體與情慾活動的私密性已在長時期禮教的規範下穩固建立。此一私密範疇或可以由偷窺的對象加以了解：豔情小說的文本顯示男女身體，尤其是與性別特徵相關的身體部位是最具私密性的，更衣、入廁、沐浴的私密性都與此一身體觀念有關係；再者，男女情慾生活所涉及的動作、聲音也是不可示人的。因此偷窺與偷聽一方面顯示人們對他人私領域的入侵，另一方面也清楚顯示了被入侵者之私密世界。

媒介人物與物品傳遞

在禮教隔絕之下的男女，透過相互窺視之後，往往藉眉目傳情的方式表達情愫，作進一步試探。甚或直截了當地跨越界線，逕自求歡。如上述《肉蒲團》中權老實窺看玉香洗澡的情節，他自忖時機已成熟，便「把房門一推，直闖進去」：

權老實看了這些光景，一來慾火甚炎，不能止遏，二來知道這婦人，淫也淫到極處，熬也熬到苦處，只怕不能赴席，反要怪人，肯去領情，決不拒客的了。就把房門一推，直闖進去，跪在玉香面前，說一句：奴輩該死。就爬起身來，把他摟住。玉香故意吃驚道：你為何沒原沒故，這般膽大起來？權老實道：小人賣身之意，原是要進來親近小姐。起先還要在沒人的去處，訴出衷情，待小姐許了，纔敢放肆。不想今日偶然走過，看見千金之體生得嬌嫩

不過，熬不住了，只得進來冒瀆小姐，求小姐救命。（頁三七七）

然而其他的情況之下，男女私密交往仍需要媒介人物來穿針引線。這些角色包括貼身丫鬟、書僮、家奴、鄰居、朋友與所謂的三姑六婆[24]。如男性想要接近他所愛慕的女子，最重要的協助者就是可以深入閨中的年長婦人。在《浪史》的部分，浪子想要勾引李文妃，請篦頭的女待詔張婆協助：

浪子道：昨日見了李文妃這冤家，魂靈兒都隨了去，特請婆婆計議，怎能夠與他弄一會兒，相謝絕不輕少。婆子聽了，眉頭一皺，計上心來，笑嘻嘻的道：相公真個要他麼？浪子道：真的。婆子附耳低語道：只是這般這般，便得著手。……（頁五四）

---

23 劉增貴，〈中國古代的「沐浴」禮俗〉，《大陸雜誌》，九八卷四期（一九九八），頁九—三〇。文明化的概念採自 Norbert Elias, *The History of Manners*（New York: Pantheon Books, 1978），作者強調環繞著人類性關係所產生的羞恥感是隨著文明的過程增加，而有大幅度的改變，參見頁一六九。

24 有關三姑六婆對婚姻與色情的媒介，可參閱衣若蘭，《三姑六婆：明代婦女與社會的探索》（台北：稻鄉出版社，二〇〇二）。

想要勾引寡婦素秋，則要花費幾錠銀子、兩疋紬緞請「鄰媼」錢婆幫忙，並允諾如果事成將給予一百兩謝金。錢婆的計策是勸素秋養小豬，讓她觀看動物交配而生春興，再藉機勸她放棄守寡，並慫恿她「暗裡來，暗裡去」，與浪子交往，圖個快活。（頁一四二）

在《肉蒲團》的部分，未央生要結交豔芳，則央請友人賽崑崙陪他去豔芳開的店中買絲、搭訕。在買賣時，豔芳遞出絲來，「未央生接絲的時節，就趁手把婦人捏了一把，婦人只當不知，也把指甲在未央生手上兜了一下」。（頁二七五）回家之後，賽崑崙協助未央生打探消息，了解豔芳的家庭成員與屋宇構造，甚至還為未央生規劃偷情路線，「祇消背了你爬到他屋上，掀去幾片瓦，搖去一根椽，做個從天而下」。（頁二七七）

如女子欲通於男子，她所依靠的媒介人物則是貼身丫鬟、家奴與鄰居等。《浪史》中的李文妃想與浪子私通，她得依靠張婆、心腹使女春嬌，以及後門的鄰居趙大娘，以居中接應：

……走到房裡去，文妃卻喚走使的都出去，只留一個心腹使女春嬌與那婆子，三人立著，文妃道：吾有心腹事對你兩個說，你若成得，自有重賞。兩個道：你說出來，卻是甚的？文妃道：這個梅相公，吾也看上了他，他也看上了我。這封柬帖是一封私書。婆子對著春嬌道：這事有何難處，但要重重賞賜，我兩個保你成就。文妃道：乾娘，只依著你便了。婆子道：他既有這封書，娘子可寫一封回書，約他一個日期。只是一件，沒有門路進來，是怎麼

> 好？春嬌道：不妨，後門趙大娘只有女兒兩口，便是藏得的。近晚留到房裡，與娘娘相會，卻不是好？況這趙大娘，平日又是娘娘看顧的，把這一段情由與他說了，再把四五兩銀子與他，保著無辭。（頁六〇）

至於《癡婆子傳》中的阿娜則是由婢女緋桃傳話給盈郎（頁七六）；又由小童玲萃為她向家庭教師谷德音「致殷勤」。（頁九九）

媒介人物不僅要為主子傳達訊息，而且往往也代為傳遞禮物和信物。上文曾談到浪子與文妃之間的書信來往。李文妃的這一封信是寫在金鳳箋之上，上面寫著「一見芳容，不能定情，繼讀佳翰，驚喜相半，其約在後日十三夜，與君把臂談心，莫教辜負好光陰也。」（頁六二）同時為了取信於浪子「僅奉香囊以示信」。《肉蒲團》之中的香雲則是以花箋寫了兩句詩句，封好之後請丫鬟送給未央生。（頁二〇八）這些信件與詩箋多半都是為了傳達邀約的訊息。

男女雙方在接獲訊息之後，如允諾赴約，也需傳達信物，以示達成默契。浪子與素秋之間即依賴錢婆交換戒指與金簪：

> 素秋便拿了一個戒指，付與婆子道：叫他今晚來。婆子拿來交與浪子。浪子道：吾卻沒甚回意，僅有金簪一枝，權表寸意，多拜覆娘子，只今晚便來也。（頁一四三）

另一種更具挑逗性的信物是放在「香盒」之中的「香茶餅兒」，根據文本所述這似乎是一種女性用的催情丸，放入陰道內，會產生香味，以及熱癢的感覺。浪子與文妃曾用過[25]。（頁一一一）這樣的物品自然是一種具有高度性暗示的禮物，如由女子送給男子顯然表示敬請惠顧、歡迎光臨。例如浪子的妹妹俊卿想要勾結哥哥的書僮陸姝，請貼身丫鬟紅葉牽線，紅葉表示：「只要小姐一個印信兒，他方纔敢進來。」（頁九九）第二天一早：

俊卿梳洗畢，拿一個香盒兒，對著紅葉道，你可用心著去對陸姝道，小姐送幾丸香茶與你，叫你有空便進來。紅葉拿了香盒，去不多時，回復道：香已送去了。他道感謝小姐美意。（頁一〇一）

另一個類似的具挑逗性的「印信」是貼身衣物。浪子與友人之妻安哥先是透過「一枝荷花」與詩詞探探浪子情意，結果得知「他也有意吾，吾也有意他」。安哥便以一條自己穿的「粉紅袴兒」作為印信，邀約見面，並要浪子以「隨身袴兒作答」：

安哥道：不要說了，你再去走一遭，今晚叫他便來。春鶯道：沒有甚的印信，他怎肯便來？夫人道：也說得是。便去脫下一條粉紅袴兒與春鶯，道：你去送與他，也要他隨身的袴兒回答。春鶯依著安哥言語，走到書廳裡來，對著浪子道：這個袴兒是夫人隨身的，特地送與相公，叫相公也要隨身袴兒作答，相公今夜便來。浪子見著袴兒，便十分興動，接來緊緊揣在懷裡道：心肝，好肉香也呵，好恩愛也呵。將袴兒著實親的一回，脫下自己一條白紗袴

25 使用香茶餅兒的情形如下：「只見枕邊有一個小香盒，揭開一看，卻是香餅茶兒。浪子拿起一丸，納於戶中，停了半晌。文妃自覺裡邊有些熱癢，浪子卻把麈柄送進去。抽了一會，那婦人香氣便從口出，道：卻又要死也。只見不住的手忙腳亂，便似按摩的一般，幹得良久，戶內熱氣烹蒸，陰精亂流，浪子攪得多時，方纔洩了。」（《浪史》，頁一一二）另外《繡榻野史》之中也提到一個很類似的女性催情丸：「入於婦人陰戶內，能令陰戶緊燥，兩片脹熱，裡面只作酸癢，快樂不可勝言，陰精連洩不止……婦人陰戶上，把甘草水一洗，便平復如舊。」（明）呂天成，《繡榻野史》（台北：台灣大英百科公司，一九九五），《思無邪匯寶》，第二冊，頁一四八。這一類的藥丸在中國醫書之中記載不多，但在日本史的文獻、著作之中卻保留不少，如在蕣露庵主人所著《江戶の秘藥》（大阪：葉文館出版株式會社，一九九九）之中談到十七世紀時（特別流行於元祿時代）日本有一種從朝鮮傳入的春藥「女悅丸」，其用法也是男子在交合之前放入女陰，女子膣內會癢脹，流出愛液。其中一種的配方如下：人參、附子、龍骨、烏賊之甲、細辛、山椒、明礬、麝香、丁子、石榴皮、牛膝、肉桂。見該書頁一一七—一二二。作者感謝張哲嘉先生提供此一訊息。又（明）笑笑生，《金瓶梅詞話》中也提到「香茶餅兒」，似乎是以口含著此物，投入女陰之中，以為催情之用。「原來婦人夏月常不穿褲兒，只單吊著兩條裙子，遇見西門慶在那裡，便掀開裙子就幹。口中常噙著香茶餅兒，于是二人解佩露甄妃之玉，有幾點漢署之香。雙鳧飛肩雲雨一席。」（頁一三四—一三五）

兒付與春鶯，將紅袴兒即便穿了。春鶯笑道：你兩個雖不曾著手，已先著意了。（頁二三三—二三四）

在男女幽會之後，雙方也往往互贈禮物，作為紀念。這一類的禮物多半也是貼身飾品、衣物、自畫像，或頭髮等與身體和情慾活動密切相關的東西，或是其他物品如香囊、扇子等[26]。這些物品在某種程度上都意味著許諾與定情，同時，亦具有作為身體與情慾交歡象徵的另一層意義，可供日後睹物思人，回想歡樂情景。如浪子與文妃在初次雲雨之後，「文妃把一雙紅繡鞋，便是隨常穿的，送與浪子，浪子接來袖了。文妃又把那日騷水淋漓的桃紅褲兒，送與浪子。浪子即便穿了，浪子卻把頭上玉簪一枝，送與文妃，含淚而別。」（頁七一）俊卿與陸姝在初次交歡之後，俊卿將擦拭兩人性器官分泌物的汗巾，作為臨別贈物也作為一夜風月之見證：「當時即把汗巾揩了兩物，這條汗巾也都染紅了，俊卿就送與陸姝道：吾這個身兒已付你了，你切不可輕忽。若是相公不在家裡，吾來喚你，你便進來，不許推托。」（頁一二〇—一二一）

媒介人物以及透過他們所傳遞的訊息、禮物、信物等，將分處不同空間的男女聯繫在一起。定情之後，情欲主體得以共創私密空間，作為交歡的場所。

私密空間與情慾分享

豔情小說中情慾活動的主要場所多半是在房內進行，傳統中國將有關性技巧的書稱為「房中術」自有其道理。然而房中作為一個私密空間是由許多條件所構成。首先，是人的因素。在家庭之中，孩子因為可以不受限制的出入房內外，成為一個會妨礙夫妻隱私的角色。在笑話書與春宮畫之中，有好些例子都描繪男女行周公之禮時受到孩童的騷擾[27]。《肉蒲團》中的花晨，「家裡有個十歲的兒子」，無法讓未央生與香雲、瑞玉等到家中嬉戲，她認為「怕孩子看見不好意思」。而香雲等三姊妹「都是沒有兒子的，只要關了二門，就不見人影了」（頁四四〇），這樣的家居環境自然比較不受打擾。

其次會在房中走動的人是家中奴僕與丫鬟。《浪史》中的文妃趁丈夫出門，要邀請浪子前來作

---

26 如素秋請錢婆送浪子一幅「自家描寫的真容」；浪子贈與櫻桃、文如金扇一柄，「二姬各剪青絲一縷答贈」。（《浪史》，頁一七七、二二六）

27 有關笑話書中孩童打擾父母性生活的笑話如（清）游戲主人纂集，《笑林廣記》中〈嗔兒〉一則：「夫妻將舉事，因礙兩子在旁，未知睡熟否。乃各喚一聲以試之，兩子聞而不應，知其欲為此事也。及雲雨大作，其母樂極，頻呼叫死。一子忽大笑，母慚而撻之。又一子曰：打得好，打得好，娘死了不哭，倒反笑起來。」（頁一七一）亦請參見本書第二章。

第一次的相聚。當天她吩咐家中奴僕「男人不許擅入中堂，女人亦需不離內寢」。同時又吩咐除了貼身丫鬟春嬌留在房內伺候，其他丫鬟都去「廂房裡睡著」。至於浪子，先到鄰居趙大娘家中等候，等春嬌鋪好衾帳，焚一錠龍涎香餅，文妃自己也打扮妥當之後，才將浪子從趙大娘家中領進房內。春嬌接著「閉了中門，又閉了房門，自去睡了」。至此文妃與浪子的情慾空間布置完成。（頁六七—六八）這一空間是依賴門、牆的隔絕，阻礙其他家庭成員的進入，因而帶來隱密感。

然而此一隱蔽性並不完整。上文曾談到《癡婆子傳》中欒翁與沙氏的扒灰行徑，無意間被阿娜所撞見。《肉蒲團》中權老實偷窺玉香洗澡是「把紙窗濕破一塊，靠在面上張看」。未央生與玉香在討論夫妻日間行房之事，也顯示家中私密性不足。玉香說她不曾見過父母在日間做事，未央生回答：

> 這樁事只是兒子看見不得，女兒聽見不得。除了兒女，其餘的丫鬟使婢，那一個不看見，那一個不聽見……娘子不信，請問你母親房裡的丫鬟，說他兩個日裡幹事不幹事。（頁一七七）

由此可見夫妻間的私密行為雖然盡量不讓孩子發現，卻往往瞞不了家中丫鬟、使婢之耳目。

除了空間與人員的隔絕之外，情慾空間的隱密性還涉及光線、帳子等。為了達到完整的隔絕效果，「吹滅燈火，下了帳幔」（浪，頁六八），是許多男女在房中尋歡之前要採取的首要措施，藉此可以形成房內之中更隱蔽的一個空間。豔情小說中將許多情慾活動描寫成在黑暗中進行，所謂「更深夜靜之時，暗室屋漏之處」（肉，頁一七六），即顯示昏暗光線所帶來的私密感。

男女之間最後的一道防線是兩人所著衣物。上述浪子與文妃在房中依偎著，彼此都說：「心肝，脫了衣服吧」，以便進行親密的身體接觸：

> 只見那婦人急忙忙除去了簪髻、脫了衣服，露著酥胸。浪子又道：「主腰兒一連除去。」文妃也就除去了。浪子道：「膝袴也除去。」文妃把膝袴除下，露著一雙三寸多長的小腳，穿一雙鳳頭小紅鞋。浪子道：「只這一雙小腳兒，便勾了人魂靈……。」（頁六八）

由此可見裹小腳的婦人在行房之時仍穿著蓮鞋，這成為交歡時女人身上最後一個蔽體之物。有時女子不但蓮鞋不除，連蓮鞋之上的襪套也不脫除。《肉蒲團》之中有一個例子。未央生與玉香在觀看春畫之後，想要按照冊頁上的光景，模擬一番，未央生先脫她的褲子，再解上衣：

> 玉香……聽憑他鬆金釧解絲絛，除了腳上褶褲不脫，其餘衫裙、抹胸等件，一概卸得精光。為甚麼渾身衣服都脫了，只留褶褲不脫？要曉得，婦人身上的衣服件件去得，惟有褶褲去不得，這是甚麼緣故？那褶褲裡面就是腳帶，婦人裹腳之時，只顧下面齊整，上邊一段未

免參差不齊，沒有十分好處，況且三寸金蓮，畢竟要一雙凌波小襪罩在上面，纔覺有趣，不然，就是一朵無葉之花，不耐看了。（頁一八二——一八三）

褶褲類似「膝褲」，為纏足女性所穿的無底襪[28]。總之，在行房時女子褶褲和蓮鞋一樣多半是不脫除的，這與春宮畫中所顯示的情況頗為一致[29]。

以上的文本顯示男女之間的情慾活動，無論是合法的婚姻關係，或私下進行的偷情，都在一私密空間之中進行。不過兩人在門牆之內、吹熄燈火、放下帳帷、脫去衣服後所進行的活動，只是當時情色表現中的一種類型。其他還有一些私密性不環繞著兩人世界，而有其他人參與的類型。在這些活動之中，情慾生活的分享性，要超過獨占性。

這種情形筆者稱為「本尊、分身」式的情慾分享[30]。分身可以是主人的奴婢（多半為婢女），也可以鄰居或朋友。分身的一種重要功能是「驗貨」。《肉蒲團》之中豔芳在與未央生私通之前，先請鄰婦冒充自己，「探探消息」（頁二九一），看看是否為「用得的」（頁二九八），以免未央生重看不中用，壞了自身名節，卻一無所得。《癡婆子傳》中的阿娜在勾引谷德音時，派遣婢女青蓮當一個餌，作為試探。回來之後阿娜盤問青蓮：「其具何似？」青蓮回答：「昂藏偉壯，非尋常物，似驢之行貨耳。」阿娜大樂，說：「可矣，夜令來。」（頁九九——一〇〇）

奴婢類型的分身有時在情色活動中需隨侍在主人之旁，並不迴避。對主人來說，他們顯然是此一私密空間之內的成員，甚至可以說與自己的身體無異。浪子與文妃交歡時，兩人「陽精陰水都洩了」，「兩個沒有氣力，叫醒春嬌，拿著帕子，把兩個都揩淨了」，這樣的清理工作「惹得春嬌騷水也便直淋」（頁六八—七一）。有時春嬌與其他丫鬟，在目睹交歡過程之後，奉命至廚房取人參湯，為主人餵食，以補元氣。（頁一一五）

又有一回文妃的丈夫去京城，文妃再邀浪子於中秋夜至家中相聚。這一次文妃也是在家戶之內打造出一個私密空間。春嬌向浪子解釋：

> 相公已往京中，有幾個要緊的，都跟隨去。家中走使的婦人，非呼喚都不敢進來，只有一人老嫗，又是娘娘的乳母，卻不壞事的。四、五個丫鬟都已買囑了。中堂之內，三尺童子都不敢進去，門深似海，憑著相公在裡邊快活哩！（頁一〇三）

28 張金蘭，《金瓶梅女性服飾文化》（台北：萬卷樓，二〇〇一），頁一〇二—一〇四。

29 有時纏足女子在睡前會換上「睡鞋」。如清代歌謠集《白雪遺音》之中有一首〈銀燈高照〉，「玉美人兒卸去了殘妝，忙上牙床。換睡鞋，說不盡的風流樣，分外的癲狂。」汪靜之編，《白雪遺音續選》（上海：北新書局，一九三一），頁一二〇。

30 在此我暫不討論參與者身分較平等的群交，亦即一男多女、一女多男或多男多女的性活動。

此次的空間較上次房內的範圍更為廣泛，文妃讓兩個丫鬟「扛著小小桌兒，放在窗前庭內，排下果酒嘎飯」。兩人接著飲酒助興，情興濃溢，想在月光之下，「弄一會兒」。也不管丫鬟站立在一旁，文妃要春嬌立刻布置場地：

當時春嬌把地掃了，就在湖山石畔鋪了羢單，上面鋪了納涼蓆，放上一個錦繡鴛鴦枕，枕邊放下一個寶鼎，焚下沈速香餅兒。那時月光橫空，花陰滿庭，香煙人氣，氤氳不分。（頁一〇四）

兩人當下脫了衣服，在月光之下廝殺一場。完事之後，相擁而眠。這段期間春嬌一直隨侍在旁，目睹這場活春宮，惹得她慾求高漲，回房之後只好以「角帽」（女子手淫用具）解解饞。（頁一〇七—一一〇）

有時分身不僅在旁伺候，他們也參與情色活動。上文曾談到《肉蒲團》中的花晨喜聽騷聲，要丈夫先去偷丫鬟，等聽到興濃之後再回房辦事。（頁四三五）未央生與花晨親熱時，也有幾個丫鬟在一旁助興：

第二日起來，就把多年不看的春意，常遠不讀的淫書，一齊搬運出來，擺在案頭，好待臨

> 時翻閱。他身邊有四個丫鬟，都有姝色。兩個十七八歲，是已經破瓜的，都還承受得起。……從此以後，朝朝取樂，夜夜追歡。（頁四三八）

《浪史》中文妃先後與浪子和陸姝交戰，弄了一會兒之後沒有力氣，因而命令丫鬟春嬌與小雪，代替她上場與陸姝交歡。等到陸姝快要洩了，她才親自披掛上陣，共赴雲雨。（頁一九八—二〇四）

情慾世界無疑是私領域之中很重要的部分，為了情慾生活所構築的私密世界可以說是私領域之內的私領域。豔情小說的文本顯示明清時代私領域之內的情慾空間（無論在房內或房外）受兩個主要因素的影響：一是物質條件，一是社會與家庭結構。就前者來說房門、牆壁、窗子、燈光控制、帷帳、衣物等形成了物質性的屏障，可以阻隔他人偷窺與偷聽。就後者而言，家人（尤其是兒女）、丫鬟、奴僕等都可能是私密世界的入侵者，也可能是情慾活動的旁觀者或參與者。本文所描寫本尊與分身所共享的情慾活動即處於此一特殊時空下的人際關係。高羅佩對十二本約三百幅明代春宮版畫的觀察也配合以上的說法，他發現：「這些版畫之中約有一半只描繪一對男女，另有一半則除了一對男女之外，還有一個或幾個女人在觀察或協助他們。」[31]這兩類型的情慾活動構成豔情小說中所呈現明清私密世界的主軸。

31 R.H. Van Gulik, *Sexual Life in Ancient China*, p. 331.

結論

豔情小說是明清時代描寫情慾生活與性幻想的重要文本，以這些文學性的文本來研究歷史上的情慾活動時的確有一些限制。除了文學想像可能誇大不實之外，豔情小說所反映的景象還有階級的限制，其內容多半是關於家境較富有、衣食不愁之紳商家庭，而且除了少數文本之外（如《癡婆子傳》），絕大多數的小說都是由男性書寫，並訴諸男性讀者的閱讀快感，因而扭曲了女子的形象與感受。簡言之，小說的想像性，以及在階級、性別方面的限制性，使我們無法確切掌握其所揭露、彰顯的私密生活究竟有多少是屬於歷史的實情，如屬實情的話又有多大的代表性。然而有關明清的私情世界並無太多的史料，豔情小說的文本無疑地仍讓我們得以窺視、摹想明清時期情慾生活與私密空間之情狀。

以文中所採用的三個文本來說，故事情節主要都是發生在中下層的仕紳家庭的場景之中，而且這些家庭規模都不算太大，成員也很簡單。這與《金瓶梅》所設計的深具商人、痞子色彩之西門慶、妻妾成群的大家庭架構與食色交歡的複雜場面，有明顯的差異[32]。《金瓶梅》之中的西門慶，在家中其權力無疑地凌駕於妻妾之上，他與妻妾之間，以及妻妾與妻妾之間，都存在各種權力的糾葛與慾望的衝突，或爭風吃醋，或鉤心鬥角[33]。

本文依賴《肉蒲團》、《癡婆子傳》與《浪史》所做的性別與權力之分析，與《金瓶梅》所呈現的景象有所不同。在中下層仕紳的家戶空間之中，人們一方面遵守禮教所規範的性別與空間隔絕；另一方面卻又不斷地企圖逾越此一界線。比較間接的逾越表現在人們以偷聽、偷窺來刺探他人私密活動，滿足己身視聽快感。男性目光關注的焦點多半是是女子外貌、衣著、性徵與交歡場景，例如豔情小說的情節顯示有些男子常常千方百計窺視女子入廁與沐浴，企圖觀看禁忌部位；至於女性目光大致則止於男子的長相與身材。在聽覺部分，引人動興的主要是交歡時的淫聲浪語。較為直接的逾越則是「鑽穴踰牆」式的偷情。無論是已婚或未婚的男女都藉著各種的方式，尤其是依靠媒介人物的牽線與禮物、信物的交換，逾越男女之防。

在空間逾越之中隱密與暴露、偷窺與展現無疑地是其內部相互拉扯的幾股力量。這些拉扯使我們得以釐清私密場域的範疇，以及其中公（亦即可以給外人看的）私（亦即不可給外人看的）界線的游移性、模糊性。以偷情來說，此一活動的進行幾乎都要先刻意布置一隱蔽的空間場景，此一領域依男女關係、偷情時機的不同，可以從房內延伸到房外。值得注意的是豔情小說中私密空間的打造多由女子負責，再引導男子進入。似乎配合了「閫門」的空間區隔，以及男性闖入、女性迎合的性別角色之界定。總之，藉著此一隱密性的空間的開創，情慾主體將可能偷窺與偷聽的入侵者盡可

32 胡衍南，〈食、色交歡的文本——《金瓶梅》飲食文化與性愛文化研究〉。

33 見陳翠英，〈貪欲、財色、權力：《金瓶梅》兩性世界重探〉，《世情小說之價值觀探論——以婚姻為定位的考察》（台北：國立臺灣大學，一九九六），頁七九—一四七。

能地排除在外，並將可以參與或旁觀者網羅在內。曾如本文所顯示的房門、牆壁、窗子、燈光控制、帷帳、衣物等提供此一私密空間形成的物質性基礎；而主人丫鬟、奴婢所形成本尊、分身的關係，則提供了私領域之內情慾分享的社會基礎。

上述諸多暗通款曲之情節不必視為映現歷史之真實，而多半只是折射現實並反映男性作家為男性讀者所創造的「情色烏托邦」。它一方面書寫情慾細節，以滿足「窺淫」（scopophilia 或 voyeurism）的慾望，另一方面則構築兩種女性特質。一種透過女子偷窺的想像，營造出女性是情慾滿漲、一觸即發的「花癡」或「餓虎」；另一種是透過情慾分享的書寫，描繪多女伺候一男，眾人和平共處，並無嫉妒之心的和諧場景。在《肉蒲團》第十七回，上述花晨要她丈夫「去偷摸丫鬟，又要他弄得極響」，來作為一種調情之手段。有一位評點者在此段之上寫「此法若行，天下無妬婦矣」[34]，正是清楚地點明男性書寫對於「天下無妬婦」的期望。此一心態與明清時期女性書寫之中突出「怨」與「妒」之情愫，與「淡化」肉欲的特點，形成明顯的對照[35]。

明清豔情小說的情色情節得以讓我們一窺傳統時期對「房中」世界的想像，至十九世紀下半夜之後，隨著中西文化之激盪與「轉型時期」的來臨，人們對身體與情慾的看法發生了轉變，身體的歡愉感與恐懼感亦發生變遷。其中較為關鍵性的因素包括西方的科學（以醫學為主）、自由民主理念、國族主義、新興傳播媒體，以及全球資本主義市場經濟等，促成了身體觀與情慾觀的現代轉型。

34（清）情隱先生編次，《肉蒲團》，頁四三五。

35 華瑋，〈無聲之聲：明清婦女戲曲中之情、欲書寫〉，《明清婦女之戲曲創作與批評》（台北：中央研究院中國文哲研究所，二〇〇三），頁七〇—八四。

下篇　現代轉型

第六章

從《申報》醫藥廣告看民初上海的醫療文化與社會生活，一九一二—一九二六

前言

十九世紀下半葉以後報刊雜誌在中國社會大量湧現，促成了中國思想文化由傳統過渡到現代，也重新界定了性別角色及兩性對身體與情慾的看法。在各種媒體之中報紙的角色尤為突出。報紙是現代社會中十分重要的一種傳播媒體，它們的內容一部分為新聞報導，另一部分則為廣告。大部分的廣告都是為了激起讀者消費意願的商業廣告，但是從另一個角度來看，這些廣告不僅具有商業的意義，亦反映出該社會的具體生活狀態與價值取向。大眾傳播學者指出，廣告是廠商和讀者互動的結果，廠商在報紙上投下巨資，將商品塑造成一種偶像，並透過長期的反覆宣傳，使廣告所傳達的訊息融入人們的記憶，最後在無形中影響到他們的消費抉擇[1]。不過讀者也不是完全處於被動的接受地位，反之，他們常常是主動地尋找需要的資訊來解決生活問題，而廠商所作的廣告亦須配合消費者的需求，才可能達到宣傳的效果。因此廣告可以說是社會中想像力和願望的濃縮，是社會目標的產物，而有效的廣告訴求正代表了該社會中消費者所認可的生活體驗與思想觀念。觀察報紙廣告雖然無法了解社會的全貌，但卻不失為一個有趣而且有意義的角度，藉此而了解一些透過其他性質的史料所不易觀察到的心理與社會現象。

以一九八〇年代台灣的報紙廣告來說，不必透過數量的分析，我們立刻可以想到一些常常在報紙上看到的巨幅廣告，如房地產廣告、醫藥廣告（例如各種補藥、人工流產、隆乳、減肥等），與語言學習（包括英、日語補習班、錄音帶、書籍、語言學習機等）、兒童專用物品的廣告（從玩具、食物、服飾到書籍）等，部分這類廣告在一九六〇、七〇年代的報紙上也有，但在數量上沒有那麼多；這種情況反映了經濟發展之後，人民物質生活的改善與價值觀念的變遷。在娛樂生活方面，「大家樂」彩券盛行時期，報紙上出現了許多出售「明牌」的廣告；而在一些晚報之上更可以看到透明秀、牛肉場、俊男伴遊、自助賓館的廣告。上述的每一則廣告都蘊含了重要的訊息，我們可以在廣告的背後挖掘到許多具體的社會行為與價值取向。

總之，報紙廣告有相當豐富的意涵，如果我們說神話是「民族的夢」，那麼廣告可以說是「社會的夢」，它有時十分甜美，代表生活的理想，有時則是一場夢魘，反映心中的憂慮。在不同的時期人們會做不同的夢，在不同的時代社會也做著不同的夢。一九八〇年代台灣報紙的廣告主要反映

1 大眾傳播學者對此過程有相當深入的描繪，如 Herbert Krugman 在〈電視廣告的影響〉一文中指出，正是因為電視廣告多半是無聊而瑣碎，所以人們不會刻意做視覺的防禦，於是讓它學了又忘，忘了又學，如此重複不斷，日積月累，終於像摻泥沙、挖牆腳似的，改變了我們的「參考架構」。換言之，將之納入了我們的記憶之中。當購物時無形中就受到廣告的影響。例如我們平時並不注意有那些治感冒的藥，但受到廣告的疲勞轟炸，不知不覺也知道有某些牌子存在。直到有一天，因為感冒而病倒，去藥房買藥時，面對林林總總而價錢相當的牌子，無所適從，這時往往會在潛意識中選擇廣告中熟悉的牌子。作者所討論雖是電視廣告，但在報紙廣告方面情況也十分類似。見李金銓，《大眾傳播理論》（台北：三民書局，一九八三），頁一六七。

的是二十世紀八〇年代台灣的都市社會，在五、六〇年代台灣經濟起飛之前，報紙廣告不是如此，在七、八十年前報紙廣告更不是如此。

報紙在中國社會逐漸盛行大約可以追溯到清末民初時期，翻開當時的報紙，在廣告方面我們看到的是完全不同的景象。例如以一九〇〇年前後的報紙廣告為例，常見的廣告有荷蘭水（今日的汽水）、番菜館、馬車出租、馬糞招標、天仙茶園、新到可倫布廠改良留聲機器戲片、安迪生電燈泡、《新文牘正續》（強調教導如何撰寫國會請願書）等等。這些廣告是我們了解清末民初中國都市社會的絕佳史料。

本文的研究是以民國元年至民國十五年《申報》的醫藥廣告為基本史料，觀察民國初年上海都市社會的一些現象，及廣告所反映的社會心態，尤其關注此一心態對於男性身體觀與情慾觀的影響。這個題目的選擇有以下幾點原因：

(1)《申報》是民國初年發行量最大的一份商業報紙，它較不受政治勢力的干預，而以市場取向作為經營的重要原則，因此該報廣告所占的比率相當高，以民國十一年為例，《申報》全張面積為五八五〇英方寸，而新聞僅占一八二五英方寸；換言之，新聞只占三一%，而非新聞則高達六九%[2]。另一面，《申報》行銷的地區主要是上海，而上海是民國初年最大的商業城市，近代中國社會中的許多變遷是從上海開始，因此從《申報》來看上海的都市社會，可以了解在西方文化衝擊之下，中國社會所產生的變遷。

(2)本研究本擬對《申報》廣告作整體的分析，但接觸史料之後發現問題過於複雜，因此選擇

「醫藥廣告」作為研究之焦點。根據戈公振先生的統計，平均而言民國十一年《申報》廣告的性質與比率如下表[3]：

	項目	次數	英方寸	面積比率
商務門	商事	37	223	10.30%
	商品	36	243	11.20%
	金融	16	125	5.70%
	物價	3	22	1.00%
	機器	3	32	1.50%
	醫藥	69	758	34.90%
	奢侈品	12	387	17.80%
社會門	集會	11	74	3.40%
	聲辯	48	106	4.90%
	法律	21	108	5.00%
	招尋	34	95	4.30%
總計		290	2,173	100.00%

2 戈公振，《中國報學史》（台北：臺灣學生書局，一九七六〔臺三版〕），頁二八五—二八六。該書係民國十六年由上海商務印書館印行初版。

3 戈公振，《中國報學史》，頁二八六，總計與面積比率經作者重新核算。

從上表可以看出醫藥廣告在次數和面積上都居各類廣告之冠，它很容易使閱報者產生突出的印象。此外醫藥廣告涉及的面向甚多，除了社會經濟史之外，還包括科學史、思想史、文化史、身體史的面向，值得仔細考察。

(3) 本研究的斷限起自民國元年（一九一二），終於民國十五年（一九二六）。這樣的劃分是相當武斷的，主要只是就研究方便來著眼。民國元年以後《申報》由國人自行經營，一直到民國二十四年之前都是由史量才（一八八〇—一九三五）主持，因此在民國元年至十五年，《申報》經營與編輯的基本方針並沒有改變，報社的立場不致影響廣告的內容。[4]

擬定上述題目之後，立刻遭遇到「當時有那些人看報」的問題，基本上報紙的讀者必須識字，而且在經濟上必須能負擔每份〇．〇三元（一九一二—一九二六年八月）或〇．〇四元（一九二六年九月一日以後）的報費。從《申報》的發行量來估計，據該報所提供的數字，民國二十年（一九三一）時該報的發行量是十五萬份，發行遍布全國各地，扣除郵遞外埠的六萬四千份，本埠的報紙數約八萬六千份（因為這些數字係該社所發布，必須要打一些折扣）[5]，如果照林語堂（一八九五—一九七六）的估計，當時一份報紙約有十個讀者[6]，那麼在上海每天約有八十六萬人看《申報》，這個數字可能過高，民國二十年上海市人口約有三百三十萬人，保守的估計大約有十五%的《申報》讀者（五十萬人左右），他們可能是上海城市內的商人、學生、政府官員以及人數較少的新聞記者、工程師、律師、會計師、醫生等等，其中以男性居多。

針對這個主題，本文提出下列的研究角度與處理方法。本文將每一則廣告視為一個「真理宣稱」（truth-claim）的陳述（statement），其背後隱含了說話者（speaker）和聽眾（listener）之間的互動關係。因此一方面廣告主希望透過這個媒介，刺激或創造消費者的欲望，但另一方面一個有效的陳述必須提出讀者所樂意接受的理由，就此而言，消費者的集體意向又主導了廣告的內容。

本文的分析方式是歸納這些「陳述」，探討對話的雙方在陳述中所描繪的現實世界，以及所建構出社會行動的可能範圍。並進而探究，是由於那些底層思維規則的存在，才使得這些宣稱成為可能。

本文以民國元年至十五年（一九一二—一九二六）《申報》上的醫藥廣告為史料來作分析，分析時環繞著以下的幾個問題：

(1) 就醫藥廣告本身而言，其基本的形式為何？有那些類型的廣告主？他們採取何種的訴求方式？

(2) 醫藥廣告的思想史閱讀：它們反映了何種對疾病、醫療與身體的看法？這些觀點的淵源為

---

4 有關史量才與《申報》可參考傅德華、龐榮棣、楊繼光主編，《史量才與《申報》的發展》（上海：復旦大學出版社，二〇一三）。

5 上海市地方協會編，《上海市統計》（上海：商務印書館，一九三三），「文化事業部分」，頁一〇。

6 Lin Yutang, *A History of Press and Public Opinion in China*（Chicago: The University of Chicago Press, 1936）, p. 148.

何？並希望進而反省在中西文化接觸的過程中上海都市社會中的醫療文化的特色。

(3) 醫藥廣告的社會史閱讀：廣告的陳述中是否顯示出了上海都市生活的特殊面貌與變遷？

從《申報》醫藥廣告所反映出的觀念與行為，究竟是當時社會中十分普遍的現象，抑或只是一小部分人們的想法與做法（如中上階層的男性，上述閱報人口之中有很大部分屬於此一範疇）？這是一個耐人尋味卻又不易解答的問題。從讀者群的範圍來看，閱報者主要是知識階層，而不包括不識字的車夫、工人、走販等等，但如果說《申報》醫藥廣告所反映的只是當時知識階層的觀念與行為，似乎又過於狹窄，此亦涉及人類學者所謂的「大傳統」與「小傳統」之分，以及以這種劃分來觀察中國社會的各領域是否適當等問題。由於資料的限制與處理的困難，目前本研究只主要就醫藥廣告之內容來作分析，再進而指出其可能的意涵。

《申報》醫藥廣告的基本內涵：廣告主與訴求方式之分析

民國初年《申報》每日發行八至二十四版（二至六大張），週日或節慶增刊則可能多達三、四十版，醫藥廣告在每一版上都有。《申報》上的醫藥廣告可以分為醫療廣告和藥品廣告兩類，兩者的基本形式並不相同。醫療廣告的內容包括醫院或醫生的名稱、地址、電話（亦稱「德律風」）、科別和診療時間與費用，有些醫療廣告並附有介紹人或推薦人的名字。藥品廣告則包括藥物名稱、藥價、購買方式，此外絕大多數的篇幅用來說明適用的症狀與治療的效果，很多廣告還刊登了顧客的銘謝信函。

就性質而言，醫藥廣告包含了兩類的陳述，一類是「事實陳述」一類是「說服陳述」。前者包括了醫院、醫生和藥房、藥品的基本資料；後者則說明為何讀者應該去某間醫院看病，或應服用某種藥品。針對這二類陳述，本節擬分析：(1)民初《申報》醫藥廣告有那些類型的廣告主？(2)這些廣告主要採取何種的訴求方式？

廣告主之分析

《申報》醫藥廣告之廣告主可分為五大類，分別是醫院、診所、藥房、製藥公司與進口洋行，以下分別說明。

(1)醫院：可分為綜合醫院和專科醫院兩類。綜合醫院的廣告全為西醫醫院所刊登，並沒有看到中醫醫院的廣告。例如民國五年三月十二日自新醫院的廣告（圖一），其內容十分詳細，廣告上提到診療科目包括內科、外科、產科、眼科、婦人科、小兒科、花柳科、皮膚科、精神科、耳鼻喉科等，此外還兼種牛痘、並戒洋煙。治療方法則強調以打針和新發明的所謂「雷錠光水」來治病。而門診時間、醫金與各種病房收費狀況也說明得很清楚。門診上午九時至下午四時，初診一元，複診半元；出診原則

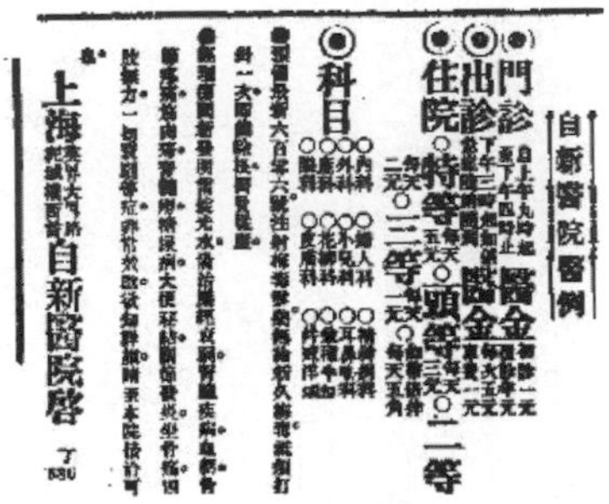

圖一：《申報》，1916 年 3 月 12 日，第 15 版。

上從下午三時起，但如係急診則隨請隨到，出診醫金每次五元，另加車費一元。住院方面病房分為四等，每日費用特等五元、頭等三元、二等二元、三等一元，帶伴則每日另加五角。從上述的資料，我們可以了解民國初年大型西式醫院之診療與收費的狀況。

當時上海有不少外資設立的綜合醫院，如綿貫醫院、上原醫院、河端醫院等均為日人設立，上原醫院的廣告提到，「上原醫士（院長上原宇佐太郎）在中國行醫十又二年，熟悉國人起居習慣，且通華語，診問病情更無隔膜之患」。（一九一六年三月四日）而合組醫院則係旅滬歐美各國醫生二十二人組成（一九二三年九月二十八日）；靜安療病院又略有不同，其中有中國醫生也有外國醫生，如該院江逢治醫生為花柳、肺癆專科，診時是晚間七時至九時，柏男醫生（Dr. Paner）為婦女、小兒、產科，診時是下午二時至四時。（一九二一年九月十八日）部分外國醫生並不通華語，看病時需有通譯協助溝通。

一般的私立醫院收費都較貴，公立醫院和慈善醫院則較便宜。如公立上海醫院「施診號金銅錢五枚，不收藥資；例診小洋三角」（一九一九年五月十九日）；民國十一年三月開幕的衛生醫院則宣稱「本院以普救同胞濟世活人為宗旨……診金藥費一概不取，每人收號金一角」。（一九二二年四月二十日）

專科醫院規模較小，絕大部分亦為西醫，如產科醫院、眼科醫院、牙科醫院、戒煙醫院等。圖二為育麟產科醫院、普明眼科醫院和乃安戒烟醫院的廣告，對於各醫院的診時與診金均有詳細的說明。

圖二——一：專科醫院——育麟產科醫院，《申報》，一九一八年三月三日，第七版。

圖二——三：專科醫院——乃安戒烟醫院，《申報》，一九一三年六月八日，第五版。

圖二——二：專科醫院——普明眼科醫院，《申報》，1916 年 5 月 23 日，第 7 版。

綜合醫院在西方是十八世紀末葉，現代醫療體系建立之後才出現的制度，它反映了近代西方醫學中系統化的思考與宇宙觀，它的特色是以「人」當作研究的客體，採取臨床解剖，並透過精細的分科來治療疾病。綜合醫院是西方近代醫療觀念影響之下所產生的制度構想。中國醫療傳統也有分科，在官僚組織之內亦設有主要為皇室服務的「太醫院」[7]。不過值得注意的是在民間社會，醫療單位是以「醫家」而非「醫院」的形式出現。這個現象值得進一步分疏，至少有下列幾個因素可以

7 參考拙著，〈欽天監與太醫院——歷代的科學研究機構〉，收入劉岱主編，《中國文化新論科技篇：格物與成器》（台北：聯經出版公司，一九八二），頁三一五—三三九。

提出來討論：第一，就醫學教育而言，多數民間醫生是個人透過家中祖傳或拜師習藝的方式學習醫術，因此出師之後也以個人為單位懸壺濟世。第二，就醫學理論而言，中醫所採取的是一種有機整體的世界觀，因此在分科觀念之後還有很強烈的整合的傾向，他們認為身體上任何一處的疾病都涉及身體的其他部位，而診治的方法也必須就整體著眼，在這種觀念下，以醫生個人為單位即可就病人整體的狀況著想而給予治療，也因此較不易產生類似近代西方綜合醫院的構想。從中西醫學分科也可以了解兩者由於基本理論的差異而採取不同的方式面對疾病，西醫的分科主要是針對醫療的部位或診治的對象（前者如內科、外科之分，後者如婦科、兒科之分），分科之間的重疊性甚小；而中醫的分科除了上述二種之外還包括「以不同的治療方法」作為分科的標準，例如唐代太醫署分為醫科、針科、按摩科、咒禁科，而在醫科之下才再分為一般內外科、兒科、耳目口齒科等，唐代以後大體而言官方醫療組織的分科趨於精細，但這種異於西方的多重分科原則至清代甚至民國初年都一直存在[8]。因此就上述四大分科而言，不同的分科都能各自以本科的方法治療同一種疾病。這種分類方式以及所反映出來的醫療觀念與近代西方醫學有明顯的不同，而連帶產生不同的制度構想毋寧也是很自然的。

西方的醫院制度在清代中期傳入中國，道光初年已有英美人士在澳門、廣州、設立西醫院；光緒三十二年（一九〇六）在北京也設立「京城官醫院」區內有中西醫官各四人，採取西式的管理方式[9]。此後中國各地亦出現了所謂的中醫醫院，但大體而言並不普遍，在《申報》上我們並沒有看到中醫醫院的廣告。根據民國二十一年上海市註冊醫院一覽表，共有三十一家醫院在衛生局註冊，這顯然只占總數的一部分，表內西醫醫院有二十八家，中醫醫院三家（分別是浙寧水木中醫院、謙益傷科中醫院、廣益中醫院）病床數分別是一八二三和二〇四[10]，可見中醫醫院的數目與病床數均甚少。其實即使是在今日，大多數的中醫師仍是以診所的形式獨立應診，這種現象並非偶然，而是與中醫的理論和教育方式有密切的關係。

(2)診所：診所的規模較醫院為小，通常只有一位醫生。《申報》醫療廣告中診所廣告數量甚多，其中有中醫的廣告也有西醫的廣告。診所廣告有二個特色：第一，西醫診所的廣告多半是兼治各科的醫生所刊登（亦有專科），而中醫診所的廣告則多係專科醫生所刊登。例如西醫鍾拱辰的廣告，「統治男婦內外科、小兒科，精醫眼耳科、喉鼻科、皮膚病科，擅醫花柳、毒門、疳疔、淋濁等症，並戒煙癮」。（一九一六年二月二十八日）女醫生朱彤章的廣告則說，「統治男女大小內外全科，精醫花柳、眼科，兼理接生」。（一九一五年八月十三日）中醫診所廣告多為專科，例如「祖傳傷科專家」、「喉科大專家濮鳳笙」、「推拿名醫桑曉初」、「寧波櫟社第一針科李芝光」、「祝由科

8 黃克武，〈欽天監與太醫院——歷代的科學研究機構〉，頁三二一—三二二。

9 有關早期西式醫院在中國建立的情形見薛愚主編，《中國藥學史料》（北京：人民衛生出版社，一九八四），頁三二〇—三二二。京城官醫院的資料見朱先華，〈清末的京城官醫院〉，《中華醫史雜誌》，十五卷一期（一九八五），頁三二一—三二二。

10 上海市地方協會編，《上海市統計》，「衛生部分」，頁九。

醫士楊好古」（以辰州靈符治病）等。西醫診所廣告多半為兼治各科之醫生所刊登，此現象與西醫醫院分科精細的精神截然相對；而中醫診所多為專科醫生利用報紙來作宣傳，也很特殊，這種現象必須就當時的社會情況來理解。西醫診所中的醫師所治療的病通常是較輕微的，而且服務的區域較小，兼治各科可使他們有更多的病人，而專科的醫生多半在較高層次的醫院之中。中醫方面其成因還有待探討，作者認為這是因為是兼治各科的中醫師有固定的病人與傳播方式（如口碑），他們並不習慣於利用報紙廣告作宣傳，而專科醫生較需要超區域的病人來支持，再加上當時上海交通已漸發達，刊登廣告之後他們服務的範圍可以更為擴大；另一個相關的因素是許多專科的中醫師是採取巡迴醫療的方式應診，他們通常會在某一間固定的客棧住一、二個月為人看病，當病人較少之後再轉往它處，這種專科醫生尤其需要在報上作廣告。

第二，上海當時醫生的人數是中醫師多西醫師少，但在診所廣告方面卻是西醫的廣告多而中醫的廣告少。根據統計，民國十六至二十二年上海中醫師有四千六百八十一人，西醫師有二百九十六人[11]，中醫人數是西醫人數的八倍左右，但在廣告量上中醫廣告大概還不到西醫廣告的一半。顯然在民國初年，較多的西醫開始進入中國社會，不少的西醫師為了增加知名度，於是在報上大力宣傳，希望能藉此而招攬到更多的生意。

(3)藥房：包括中藥房與西藥房兩項，不過有些廣告很難分辨究竟是屬於中藥房還是西藥房。以下分別敘述。民國初年常在《申報》上作廣告的西藥房有以下幾家：

	名稱	地址	備註
1	科發大藥房	南京路40-42號	
2	五洲大藥房	四馬路棋盤街轉角	創於一九零七年
3	中法大藥房	三馬路	創於一八九七年
4	中英大藥房	棋盤街	
5	中西大藥房	四馬路	創於一八八七年
6	中外大藥房	五馬路	
7	屈臣氏大藥房	棋盤街	
8	太和大藥房	四馬路	
9	羅威大藥房	大新街三馬路北	
10	濟生大藥房	三馬路大舞台對面	
11	韋廉士醫生藥局	四馬路（後移江西路）	

11 上海市政府秘書處編，第七章〈衛生〉，《上海市政概要》（上海：上海市政府秘書處，一九三四），頁六。

上海的西藥業濫觴於十九世紀中葉，最初由英商大英藥房銷售家用成藥，後大英藥房職員自行開設中西大藥房，接著又有中英、華美等家；至黃楚九（一八七二—一九三一）開設中法藥房後，上海才出現由國人自行製造與販賣藥物的西藥房。黃氏業醫，精於眼科，曾發明「艾羅補腦汁」，行銷全國；又創「百靈機」補藥，廣告上聲稱「有意想不到的效力」，宜傳效果甚佳。此外項松茂（一八八〇—一九三二）創辦的五洲大藥房在上海也十分有名，項氏為寧波人，曾用高薪聘請葉漢丞（一八八二—一九六一）擔任化學工程師，負責研究發展，五洲大藥房的產品如人造自來血、月月紅、海波藥、固本香皂等在各大報章雜誌上刊登巨幅廣告，大有名氣[12]。從民國十四年五洲大藥房的一則廣告，可以了解這類藥房規模之大（圖三）：

> 本藥房自製補身治病家用良藥三百餘種，化妝香品數十種，五洲固本香皂、中華興記香皂百餘種，以及工業用藥品……其餘歐美各名廠醫療器械、藥品、照相器材、炖牛汁罐、熱水袋、熱水瓶、煖壺、牛肉汁等應有盡有……。（一九二五年十月二十九日）

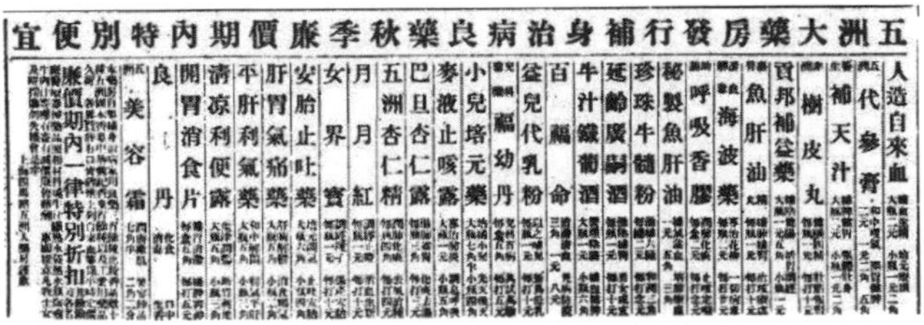

圖三：《申報》，1925年10月29日，第5版。

中藥房的廣告量相對之下較少，常在《申報》上登廣告的中藥房有以下幾家：

	名稱	地址
1	京都達仁堂藥舖	英大馬路
2	京都天寶齋	二馬路中市西鼎新里內
3	崔氏瓣香廬	盆湯弄寧波路口
4	馮存仁藥號	三馬路
5	廣東接元堂老舖	四馬路
6	廣東鹿芝館	河南路三馬路口
7	彭壽堂	河南路
8	廣東種德園	四馬路老巡捕房對門
9	胡慶餘藥號	北京路老閘橋西首
10	采芝堂藥舖	英大馬路

12 楊德惠、董文中編，《上海之工商業》（上海：中外出版社，一九四一），頁一一四；陳定山，《春申舊聞》（台北：晨光月刊社，一九五五，四版），頁五、九三。

中藥房在名稱上與西藥房有明顯不同，它們多不稱「藥房」而稱「藥號」、「藥舖」或稱某某「齋」、「廬」、「館」、「堂」、「園」等。店中所賣的東西也與西藥房大不相同，如民國八年八月十九日胡慶餘藥號的廣告：

本堂開設以來，荷蒙各界賞臨，經營發展。茲當夏令，如諸葛行軍散、八寶紅靈丹、胡氏密製辟瘟丹、痧氣丸，以及各種沙甑花露等諸要藥，特在西湖廠房誦經齋戒，虔誠修合，庶冀發售，即今靈驗無比，賜顧君子認明杭州大井巷、上海北京路老閘橋西首，自建高大洋房，中堂供奉天醫神便是，庶不致誤。[13]

從上述的廣告可以了解當時中藥房的經營狀況，他們製藥的過程講究宗教的儀式與身心的虔誠（甚至有些藥房還講究配藥的時辰），而製成的藥品稱丹、丸或散等，此外藥號的中堂還供奉了天醫神。

其次值得注意的是，清末民初以來上海的四大中藥店分別是雷允上、童涵春、蔡同德、胡慶餘四家，它們分別設立於一八六〇、一七八三、一八二二和一九一六年[14]，然而在《申報》上除了最晚成立的胡慶餘較多作廣告之外，其他的三家老店則鮮少刊登廣告，顯然這些老字號的藥房已經建立了穩固的銷售模式，他們並不覺得需要利用報紙廣告來促銷。

整體而言，無論是中藥房還是西藥房，需要廣告宣傳的藥品絕大多數是成藥，很少生藥。例如人參、當歸等藥材幾乎都不需要作廣告。從經濟學的角度看，成藥為高度「不透明商品」，多數的消費者並不了解隱藏在丹、丸、散、膏、露等名稱之後的成分與成本，因此廠商有一個充分的空間來操縱商品的銷售，換言之廠商可以利用廣告宣傳來刺激商品的需求曲線，然後再不動聲色地將廣告成本加在售價之上，而消費者卻無法發覺。從另一方面來看，生藥的成分和成本卻較透明，大家心裡都較有數，可供商人操縱的空間或許較小，廣告也因此較少。

(4) 製藥公司與進口洋行：這兩類廣告主所刊登的廣告是製造或進口的藥品，它們通常會註明本藥品「各大藥房均有出售」，或詳列各地的經銷處。這類藥品也是以西藥居多，但有些製藥公司亦生產中藥成藥。常在《申報》上刊登廣告的製藥公司有美商兜安氏西藥公司、英商第威德公司、美國紐約利亞化學製藥公司、江逢治製藥公司、大生製藥公司等等。其中兜安氏西藥公司廣告量最大，該公司出產的「兜安氏秘製保腎丸」長期在《申報》上刊登巨幅廣告，堪稱居於民初各類醫藥廣告之冠。

在進口洋行方面，如愛爾白洋行、好時洋行、天經洋行、老晉隆洋行等均進口西藥。而進口的國家包括英、美、德、法、日諸國。各類進口藥品中最醒目的是專治性病的六〇六和九一四，廣告

---

13 《申報》，一九一九年八月十九日，第七版。

14 吳逸、陶永寬主編，《上海市場大觀》（上海：上海人民出版社，一九八一），頁二四〇—二四二。

上常會介紹這些藥：

> 西曆一九〇五年德國愛而立喜氏在其化學室分析砒素，令秦氏試驗動物，始識其第六〇六次之製品有治梅毒特效，當時姑用六〇六之名稱報告，殆發行上市時則定名為沙兒排兒散，其後因用法不便，再製出九百十四號，則新六〇六是也，功效略同。[15]

以上是醫院、診所、藥房、製藥公司和進口洋行五類廣告主。從以上的敘述，我們可以看到民初上海都市社會中，中、西醫藥傳統並存的局面。大致而言，中醫和中藥房的數量遠超過西醫和西藥房，但在報紙廣告上所看到的景象卻正好相反，後者的廣告量勝過前者，中國近代社會之中，中、西醫藥勢力的轉移已略見端倪。有一則廣告上曾說「自西學東漸，中醫日晦，潮流所蕩，國粹潛消」（一九一三年六月十一日）；另一則廣告中則說「泰西醫學輸入中國，社會對西醫漸形信仰」（一九二〇年五月十四日），其中第一則廣告的敘述雖略有誇大，但西醫對中醫造成了強烈的衝擊，卻正是當時部分人們心中的一種感受。西醫、西藥在中國社會的流行，一方面是由於其有效的治療成果，例如種牛痘以預防天花、膀胱結石與眼科手術等，皆中醫所無，自然容易取得國人信任；但無疑地，也與他們在報上所作的大規模的宣傳有密切的關係。

訴求方式之分析

醫藥廣告的目的在促銷，為了達到這個目的，廣告陳述中必須說服讀者相信他們所提供的是一種有效的藥品或服務，歸納這些訴求的方式，大致環繞著以下各項：

(1) 治癒之證明：這一類的陳述數量最多，多半是刊登使用者或就醫者的感謝函，通常還附上病前與病後的照片或圖片，以供佐證（圖四）。如民國五年兜安氏秘製保腎丸的廣告刊有小學教員何祝齡、陝西郵局魏鏡軒、廣九鐵路車務處陳紫泉等人的謝函，每人都附「小照一張，聊以申謝」，信函內容不外是「自幼多病，後經友人勸服」或「閱報消閒無意中得悉」而服用該藥，結果「藥到病除」、「身體強健」、「容貌豐美」。（一九一六年九月三日）

(2) 名人之介紹：這一類的訴求是借社會名流或軍政要人的名義，在報上刊登介紹信，這是一種訴諸權威的傳播方式，診所廣告最常採取這種訴求方法。例如孫中山先生曾介紹「名醫章君來峰」和「日本名醫高野太吉」，他還現身說法談到高野先生曾治好他的胃病（一九一三年三月三十一日；一九二二年十二月三十

圖四：治癒者之信函及服藥前後對照。《申報》，1916 年 11 月 27 日，第 7 版。

15 參見《申報》，一九二〇年九月三日，第五版「六〇六」之廣告，此藥可內服亦可外抹。

日；見圖五）；又如岑春煊曾介紹內外科醫生朱彥甫（一九二二年五月十三日）；蔡元培介紹儒醫杜同甲（一九一二年五月三日）。此外常在醫藥廣告上看到的介紹人有虞洽卿、朱藻三、陸費逵、王文典、丁福保、丁甘仁等上海名人。其中虞洽卿的名字最常看到，他所介紹的醫生多達三、四十人，裡面還包括一些花柳毒門的專科醫生。此類名人推介之廣告中有部分為造偽作假。

(3) 秘方：醫藥廣告中常看到的秘方有祖傳秘方、宮中秘方、古代秘方，甚至還有泰西秘方。中國社會長久以來就將秘方視為具有神奇的效力，此種想法至今不衰。如天根月窟丹號稱是「海寧查氏家傳秘製」。（一九一三年五月三十日）

(4) 異地：聲明藥品來自西藏、印度或非洲等地，異地的宣稱增加了商品的不透明性，使讀者產生一種靈驗的想像。例如永達藥房發行西藏靈藥二十餘種，係「藏中所產著名神藥，御用貢品……其功效靈奇，百試百驗，實可稱藥中之王」。（一九一六年十一月十五日）此外德英藥房發行「印度眼藥」、大同春藥房有「印度草根丸」、五洲大藥房有「非洲樹皮丸」等。其中「非洲樹皮丸」的廣告號稱有「健腦固精之功效」：

> 產自非洲，命其名曰樹皮者，蓋非洲此種樹皮質內

孫文介紹名醫

孫文

圖五：名人介紹。《申報》，1922 年 12 月 30 日，第 10 版。

含一種養腦固精增力之滋養料，經醫藥專家分析試驗，的能培補人身，功效偉大，故以化學之法提煉原質，配製成丸。（一九一三年十一月十三日，第十四版）

(5)國貨：以民族主義來鼓勵國人愛用國貨，最顯著的例子是中法大藥房的「人丹」廣告，它強調漏卮的嚴重性，認為中國人買中國貨是最好的救國方式，這很可能是為了對抗日本製的「仁丹」所致。以國貨來促銷是民初報紙廣告常用的手法，相對於一九八〇年代，由於台美貿易逆差，台灣報紙廣告有所謂「愛國就買美國貨」的說法卻是一個明顯的對比，不過卻足以顯示廣告中的民族主義具有強烈工具性的意味，只要能說服讀者，可以為任何目的服務。下列的廣告也是訴諸提倡國貨而抵制外貨：

> 欲抵制莫好提倡自製之國產，本堂痛金錢之外溢，思挽救於萬一，自去夏發明靈寶救急丹、回生疫痧散……功能遠勝外來某丹某丸等數倍。（一九一九年七月十八日）
>
> 同胞注意，完全國貨日要丸……茲值提倡國貨之際，務祈熱心國貨諸君試用，方知名實無欺也，定價極廉，批發尤為克己，望各寶號代為推銷，如荷俯允，非但振興華藥，喚醒國民，則中國富強可立待也。（一九一五年七月九日）

除了藥品廣告之外，其他的商品也常以民族主義為號召，例如《申報》上有「大愛國牌香煙」、「旅大牌香皂」（提醒國人勿忘收回旅順、大連）等廣告。

(6)外國貨：與愛用國貨相對的一個訴求方式是號稱商品為外國貨，國貨與外國貨均為有效訴求顯示出國人愛憎交雜的心理，一方面希望支持民族企業，另一方面又覺得洋貨比土貨來得好。在醫藥產品之中較能為國人接受的外國貨是德、法、美國貨，以及部分的英國貨，至於日本貨（當時稱為「倭貨」）在抵制日貨運動興起後還是較受到排斥。

(7)號稱以上選藥材古法精製：中藥的廣告常用這種方法。例如彭壽堂的產品是「人參鹿茸、靈芝野朮、海狗腎補血生精如意丸」；瓣香廬的「廣嗣金丹」則強調「擇天醫良辰，黃道吉日，親自監工督製」；葉樹德堂廣告：

> 本主人存心濟世，非獨圖利，採辦藥料修合丸散無不虔誠求精，謹擇於六月十一、十二、十三天醫療病良辰，禮懺戒齋，修合辟瘟丹。（一九一二年七月十九日）

(8)號稱以西法化學製造，或科學試驗證明：西藥多採此種方法。例如中法大藥房「精神丸」廣告說該藥係以「柏林攜歸最新化學驗器……驗得內含多數普羅台陽納真及其他種最新發明之滋補藥，確無妨害衛生之弊」。也有廣告結合七、八兩種訴求方式，如新民製藥社「養生液」強調「純

用國產土品補料，以化學格取精華煉成」。（一九一七年七月二十日）

(9) 以醫師或藥品發明人的學經歷、品德來號召：西醫常用美國或德國的博士學位來做宣傳，中醫則以醫學世家或名醫高足來提高聲望；藥品方面也是如此，如「清毒丸」註明是由德國柏林大學醫學博士江逢治所發明。

(10) 以當代的獎勵來提高聲望：如亞東製藥會社的外製淋病藥桿聲稱獲得「農商部頭等嘉獎」；瓣香廬的廣嗣金丹註明「農商部審查國貨特頒一等獎」。

(11) 以打折或贈品的方式鼓勵消費：根據當時的商業習慣，每逢朔望或端午、中秋以及週年慶、國慶時，各藥房會打折扣或送贈品，招攬客人。例如中法大藥房為答謝顧客，「滿洋一元者贈醒獅舞台當晚頭等廂座戲券一張」；五洲大藥房慶祝民國二年的國慶，舉辦大贈送，「買一元者贈西洋牙刷一把，紙包牙粉一包」，而買百元者「贈銀殼寶石鑽表二枚，水晶寒暑表一座」。（一九一三年十月二十五日）

(12) 廠商保證：第一類是藥品內容之保證，例如存濟局醫生周文卿在廣告中發誓，「誓不用清掛水銀，倒提升藥，如用偽藥，終身不振」（一九一三年十月二十四日）；永壽大藥房的「立好白濁丸」廣告則表示「用上選王道正藥配合，並無升提霸藥在內，如用霸烈之品，雷殛火焚」。（一九一三年十月十八日）第二類是醫藥效果之保證，例如保證醫治之後「醫到病除，永不復發」或者「有病治病，無病補身」、「立保單，包醫包癒」、「如無靈驗，包可退藥還銀」（一九一三年一月二十四日）；更具體的保證則如「生殖靈」藥，「老翁服回復青春，老婦服還少妊娠，生殖器衰弱者

服絕大強壯」。（一九二五年十一月二十日）

⒀ 以某種醫學理論來說服讀者：廣告中常說明某種狀況是「病」需要預防、服藥或就醫。文化人類學者指出在人類史上有些疾病是普遍性的，受到體質或生理因素的影響；但是也有一些疾病是受文化制約的（culture-bound syndrome），或受心理因素的影響。這種文化制約的病常出現在廣告的陳述之中，腎虧和遺精是《申報》上最常見的兩個例子，它們往往被描繪成「或不早治，不特有關嗣育，且恐促短壽元」的嚴重疾病，因此需要服用廠商所提供的「補藥」。再者，「神經衰弱」也屬於此一範疇。此外廣告中還有一些陳述和文化制約無關，而是廠商所編造出來東西，它們帶有高度的意識型態的色彩，目的是為了賺錢。例如粹華製藥廠「清血丸」的廣告，以課本的形式（假借課本的權威）說明血液和各種疾病之間的關係（圖六）：

> 第九課清血，語云血液一清則百病不生，信然。夫人身之血脈猶江河也，江河淤塞則水溢橫流，血液不清則疾病叢生，皮膚瘡疥其病之發於外者也，宜服清血片，即能常保吾人之健康。（一九二三年十月七日）

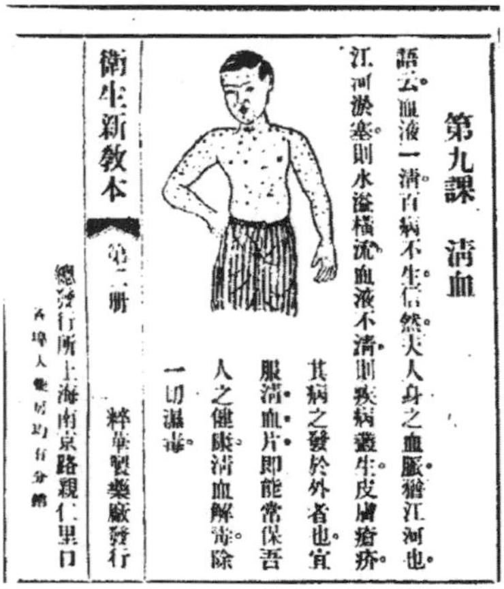

圖六：假借課本權威的訴求方式。《申報》，1923 年 10 月 7 日，第 7 版。

這一類以醫學理論來說服讀者的廣告涉及當時社會所流行的對疾病與醫療的看法，在下一節中我們將作較詳細的分疏。

綜觀以上十三種醫藥廣告中常用的訴求方式，可以發現這些一點一滴的廣告陳述結合在一起，正反映了當時社會中複雜的心態。就其訴諸之權威的性質而言，有實證性的權威，如全就醫藥之功效著眼；也有附加性的權威，如名人介紹、政府獎勵或個人的學經歷等。就權威的來源而言，有來自傳統或中國的，如古法、秘方或國貨；也有來自現代或西方的，如科學製造或外國貨。這些表面看似矛盾，實際卻是相容的想法，巧妙地結合在當時人們的心中，充分顯露當時價值觀的複雜性。

從另一個角度來看，如果將上述的訴求方式和英、日兩國有關醫藥廣告的禁令和報社或藥商的自律公約作一比較，我們可以發現上述很多項都與這些規定相牴觸。當然國外這些規則多半公布於二十世紀中葉，以之評估民國初年的中國社會可能並不恰當，不過卻不失為一個很有意思的對比。例如日本在一九一六年代政府的法令規定，廣告中不得刊登醫生之經歷及學位，亦不能以明示或暗示的方式作不實之誇張；一九六六年日本新聞協會與藥商協會的自律規範及部分報社的自律規範，禁止宣稱絕對有效而無事實根據，或用「最好」、「絕對完美無缺」、「萬病有效」等字眼。英國在一九八五年由報社與廣告代理商聯合制定「醫藥及治療廣告準則」規定廣告中不應含有表示可根治任何疾病之肯定詞句、不應允諾無效退款、補藥廣告不應暗示可治療性機能衰退等[16]。然而上述為

16 見林煌村，〈臺北報紙不良醫藥廣告現狀之研究〉（台北：國立政治大學新聞研究所碩士論文，一九七一），

國外規章所禁止的訴求方式，在民初《申報》廣告中卻十分普遍。大致而言，英日醫藥廣告的限制來自政府法令、醫藥公會和新聞界等三方面，在民國初年卻沒有這些限制，以《申報》廣告章程為例，只規定廣告的大小、價格與錯誤或延期的處理方式，完全不談廣告倫理與社會責任[17]。以上的比較並不企圖批評民初《申報》的醫藥廣告，而是希望在對比中凸顯其特色，然後我們可以進一步問為甚麼在當時這些廣告會被人們認為是一種有效的陳述？這就涉及民初中國社會的醫療文化，下面我們從這個角度來看《申報》的醫藥廣告。

《申報》醫藥廣告反映之醫療文化

從以上的敘述我們可以了解民初上海中醫、中藥的影響力仍然很大，但西醫、西藥的勢力亦逐漸興起，而且後者積極地利用廣告來作宣傳，而造成了彼消此長之勢。中西兩大醫療傳統的並存與競爭是民初上海都市社會中很明顯的現象，除此之外民俗醫療體系（folk sector），亦即如乩童之類的宗教性醫療人員在當時也很重要，不過在廣告中很少看到這方面的記載（唯中醫中有「咒禁科」，以靈符治病，與此十分類似，下詳）。在中、西文化衝擊之下，當時人們對疾病和醫療抱持著怎麼樣的看法？還是一個很有意義卻又不易探討的問題，事實上當代社會中許多對疾病與醫療的觀念正是從這樣的歷史脈絡中產生的。人們對疾病與醫療的看法以及衍生的行為本文統稱之為醫療文化，在本節中我們無法對醫療文化作全面的探討，僅能就史料所及，從思想史的角度討論當時社會所流行的對疾病成因以及醫治方式的觀念。作者認為這些觀念是隱藏在許多醫療行為之後的主導因素。然而無論如何，民初以來中國人對身體、疾病與醫療的看法深受大眾傳播媒體的影響，尤其是報紙上的醫藥廣告經年累月地傳達出來的訊息，都深深地印在不少人的腦海之中，而讀者的看法又反過來促使廠商作這樣的宣傳。誠然我們無法釐清當時社會中到底那些人或多少人持有以下所描述的看法，不過可以肯定的是這些反覆出現的陳述是當時的廣告主與讀者，或說整個結構環境，所共同塑造出來的。

對疾病成因的看法

疾病（disease）是指一個人生理或心理功能失調，而無法適應的一套過程與現象。在所有的人類社會都有所謂的疾病，但人們對疾病的看法卻因文化而有所不同，例如某一種現象在某一文化中被認為是疾病，但在另一個文化中可能是正常現象；同一種現象在不同的文化中可能都被視為疾病，但卻給予不同的解釋與不同的名稱。本節不擬討論當時上海流行甚麼疾病，而企圖研究《申報》醫藥廣告中對疾病成因的看法；換言之，希冀了解廣告陳述中認為甚麼是「病」，而這些「病」是怎麼產生的等問題。

頁一六—三二、五六—五八。

17 戈公振，《中國報學史》，頁二九六—二九七。

從《申報》醫藥廣告我們可以發現，中醫和西醫兩大醫療傳統對疾病採取完全不同的理論來解釋其成因。中醫理論認為疾病的產生是因為人內在有七情六欲，外在有風寒暑熱，所以「偶一不慎」就會生病；因此生病是由於人類某種器官或能力使用過度或不足，導致身體喪失平衡所致。醫藥廣告中常以臟腑配合陰陽五行或內外環境與行動的失調，來解釋各種不平衡的狀態。茲舉數例：

(1) 瓣香廬「化痔仙丹」廣告提到痔瘡的成因，「總不外乎濕熱下注，或則地處卑窪，或則色欲過度，或嗜酒操勞，或好食水果，或多坐而運動失靈，或思慮而精氣耗散」。（一九一六年十一月十一日）

(2) 錬雲大藥房「蓋世耳聾還聰丸」廣告說明耳聾的成因，「皆因腎水下虧，相火上鬱，炎火傷肝，以致耳聾目昏」。（一九一五年七月五日）

(3) 漢華製藥公司「腳腫無憂丹」廣告談到腳腫是因為「腎虛陰虧，血液不和，濕熱下住，氣積相蒸」。（一九二五年九月三日）

以上各例均採陰陽五行、濕熱、虛虧等字眼來描繪病因。此外還有一種常見的病因觀是將疾病歸之於「毒」。毒是一個含意相當豐富的字眼，泛指一切有害身體的東西，但是從《申報》醫藥廣告來看，「毒」特別用來解釋皮膚病和性病，所以花柳科亦稱「毒門專科」，治性病的藥則號稱「毒門聖藥」。例如京都天寶齋「珠黃八寶化毒丹」，專治「男女楊梅、結毒、横痃、下疳、小便皮破腫爛，一切毒門」（一九一九年七月四日）；老惠和堂「止痛止濁丸」的廣告中談到：

淋濁一症皆由宿娼受毒而成者居多，或濕熱下住，或先天不足、體瘦腎虛亦有此症。（一九一五年七月二十九日）

上述廣告陳述對病因的解釋基本上是源於中醫，另一類廣告則以西醫的理論來解釋病因，最常見的是「病菌」的觀念。例如江逢治化學製藥公司「清毒片」的廣告以螺旋菌以及接觸傳染來解釋梅毒：

自從德國名醫蕭定 Schaudin 博士發明梅毒螺旋菌，大家才曉得各種梅毒症狀全由傳染螺旋菌，引起體內組織變化而起的……毒的病源不是甚麼濕氣，實是一種螺菌……一經交合，立即傳染。（一九二二年六月二十九日）

此外一些有關呼吸系統的疾病或時疫（如鼠疫、霍亂等），在很多西藥廣告上也歸之於細菌作祟，例如英商康德有限公司「滅菌藥餅」的廣告：

黴菌瀰漫於充滿塵埃之空氣中，到處皆是，此項致人於危之微生物恆藉吾人呼吸而附著於喉管、氣管之裡層，於是疼痛發炎與夫劇烈之喉肺各症即因以生矣！（一九二三年八月十三日）

中國紅十字會發行所「避瘟藥水」廣告中談到各種傳染病是由於感染黴菌的結果：

考厥由來大都微生蟲之為害，微生蟲又名黴菌，體質至微，非顯微鏡不能見之，茲生之繁尤為可怕，每分鐘化生數萬，隨風飄颺，散布食物器用中，誤中其毒即為疫癘。（一九一三年七月七日）

以上我們分別敘述廣告中中醫、西醫對疾病成因的看法，可以看出兩者有明顯的差異。但是如果因此而說中醫、藥的廣告都採中醫理論，西醫、藥的廣告都採西醫理論卻又不然。上述「瓣香盧」應屬中藥房，但「鍊雲大藥房」、「漢華製藥公司」從名稱上來看卻像西藥房或西藥的製藥公司。如果後者確屬西藥房，那麼上述現象顯示了兩種可能：第一，當時的西藥房和西藥製藥公司也販賣、製造中藥成藥；第二，西藥房所賣的是西藥成藥，但是他們為了說服讀者，因此採取了一些讀者可以了解並願意接受的中醫語言來描繪他們的「商品」因而出現了中、西醫藥在宣傳時發生理論互借的現象，這與佛學傳入中國時即產生之「格義」的現象很相近。從史料上我們無法加以區別，但顯然這兩種情形在當時都存在，而又以後者西藥借用中醫語彙來作廣告的例子特別多。難怪民國十四年清華大學學生在從事報紙廣告之分析時就感覺到醫藥廣告「中醫和西醫的界線無從區別」[18]。因此從中西醫藥分疆劃界的觀點來看醫藥廣告十分困難，因為多數廣告陳述都混雜了源自兩方面的語彙與理念。

拋開廣告主和中醫、西醫的糾纏，直接觀察廣告中的病因解釋，我們發現無論是中醫、西醫方面的廣告往往環繞著三種病因論，亦即性的病因論、腦的病因論與血的病因論，以下分別敘述。

(1) 性的病因論

在傳統中國，「性」在社會上特別就是一個不能公開談論的主題，一直到民國初年風氣雖略微開通，情況卻沒有根本的改變，在公開的場合仍諱言房內之事[19]。但是相對地，在報紙醫藥廣告上「性」卻成為一個大家關注的焦點，作者發現在《申報》廣告上許多的疾病都用與性有關的因素來解釋，這與中國社會中對性的嚴格禁忌形成強烈對比。這一方面是因為性病是一種隱患，大多數人諱疾忌醫，因此可以免除人與人直接接觸的報紙成為一個很重要的傳播管道；但是當我們發現有許多和性並不直接相關的疾病也用「色慾過度」來解釋時，這種情況就變得很複雜了，它似乎是反映「性」是社會心理上一種「揮之不去的煩惱」（obsession），對男性來說尤其如此，因此廠商只要在

18 余湘林、黃元熙，〈五種報紙的廣告分析〉，《清華學報》，二卷二期（一九二五），頁六四六。

19 以「性」來翻譯英文的 sex 大約從十九世紀末期日本開始，後傳入中國，至一九二〇年代在中文世界才普遍採用。參見：Leon A.Rocha, "*Xing*: The Discourse of Sex and Human Nature in Modern China," *Gender and History* 22, no. 3（2010）, pp. 603-628. Howard Hsueh-Hao Chiang, "Why Sex Mattered: Science and Visions of Transformation in Modern China"（Ph.D. diss., Princeton University, 2012）, pp. 66-70.

此稍微著力，立刻可以得到他們所期望的宣傳效果。

許多這類廣告是採用中醫的說法，例如上述瓣香廬「化痔仙丹」廣告即指出色慾過度是痔瘡的一個成因；「腳腫無憂丹」則以腎虛陰虧說明為何會有腳腫，而在中醫的理論中腎是藏精之所，腎的虛、虧是表示性能力的不足。此外咳嗽和氣喘等病也有廣告認為是色慾過度的結果，彭壽堂「半夏露」的廣告引治癒者的感謝函：

> 僕少傷於酒色，致患咳症，百計醫治，始獲痊可。（一九一五年七月十五日）

瓣香廬「哮喘病急救命仙丹」：

> 夫精生氣，氣生神，神氣充足則百病不侵，人過中年以後精血漸漓，真氣不足，故有哮喘氣急之息，如少年色欲過度，精髓內虧，先起咳嗽，漸成喘急。（一九一八年五月六日）

誠然中醫理論有很強烈的「有機整體論」，身體上任何一部分的不正常都會影響其他部分，就此而言以上的陳述是可以理解的。但醫藥廣告上「性」的因素似乎被過度強化了，我們可以在與性有關的醫藥廣告中進一步地看到當時社會心理上的「性的煩惱」，性的毛病被描繪為幾乎是百病之源。中法大藥房「精神丸」廣告提到：

> 精腎虧損乃生病之根，以精神丸培補必得良效。（一九一四年三月二十九日）

廣嗣金丹的廣告也說，由於手淫與遺洩，結果「非惟膝下猶虛，百病因之俱起」（一九一二年三月三十一日）。

在有關「性」病的廣告中，治療「遺洩」或稱「遺精」、「夢遺」一症狀的廣告數量甚多，它們都談到遺精的成因與影響，茲舉數例：

例一、大生製藥公司「遺精新藥」：

> 遺精之症由於腎經缺乏，精關不固，或勞心過度相火妄動，以致遺洩精液，日久身體消瘦，四肢無力，腰酸背痛，耳鳴眼花等症隨之而起。（一九二五年九月二十七日）

例二、錬雲大藥房「立癒夢遺金剛百錬丸」：

> 吾人之禍福全在精，精固則強，精竭則亡，關係何等鄭重，世人之患夢遺者實因相火妄動，或濕熱蘊結，心腎不交，以及中年憂慮操心，致有精關不固，夢遺滑洩從此起矣。明知

精乃養身之源，豈任常洩，若不早治，不但有礙嗣續，且從此精神疲倦，腰膝痿軟，百病叢生，甚至促及壽限。（一九一六年八月十九日）

京都天寶齋「包癒立止夢遺聖藥」：

凡患遺洩病症，皆因腎水虛耗，命門受損，或思慮太甚以至心腎不交，久之而面黃肌瘦，腰酸腿軟，四肢無力，虛損勞傷由此起矣。（一九一九年六月十八日）

例四、華僑製藥公司「遺精可畏」廣告：

每年由遺精而致瘐亡者不勝其數，人類為之減少，國運因之不振，其害若虎，焉得不畏。（一九二三年七月十六日）

遺精（nocturnal emission）在「現代」醫學中被認為是正常的生理現象，但在不同的時期與不同的文化中對之卻有不同的構想。例如中古歐洲時人們認為遺精的一個原因是遇到夢魔，它會在夜間侵入生人的床鋪和他作愛。因為遺精和生育無關，在基督教的觀念中被視為一種罪行，而且是神職人員經常要處理的一種罪；當時認為遺精之後當事者需立刻起身，唱七篇懺悔詩，第二天早上再補三十篇，不過如果是在教堂內睡覺而夢遺，那麼要罪加一等，需吟誦整個詩篇。十七世紀時歐洲人認為精液的喪失是一種疾病的先兆，一六四二年一本義大利出版的書上說，「浪費精液會導致痛風、便秘、駝背、呼吸濃濁和鼻子紅腫」；十八世紀一位日耳曼醫生認為「精液的損耗會帶來倦怠、衰弱、動作無力、昏沉、發熱、口乾舌燥等」；十九世紀歐洲的醫生會告訴人們，一再流失精液會導致精神、肉體和道德的崩潰，最後死於腦子枯竭[20]。

在《申報》醫藥廣告中對遺精的看法與十七世紀之後歐洲所流行的看法有些類似，不過卻源於不同的理念，在上述理論中（不論是中藥房所作的廣告或西藥房所作的廣告），特別以「腎虧」來解釋遺精，腎和精的關係在下一則廣告中說得很清楚：

> 五行之中腎屬水，其形如豆，其系貫脊，部屬於腰之左右，分左腎右腎，先天之本也。夫腎生精，為五臟之本源，精生髓，為百骸之主體，精足則髓足，髓足則骨強，智巧才力必有大過人者。（一九二〇年十月十九日）[21]

---

20 蕾伊・唐娜希爾原著，李意馬譯，《人類性愛史話》（台北：野鵝出版社，一九八六），頁八八、二一八。書名原為 *Sex in History*，此書係節譯本。

21 此則廣告是上海當時一間著名的西藥房「五洲大藥房」，為其產品「人造自來血」所作之廣告的一部分。

從傳統中國的性觀念來看，「精」是人體中最寶貴的物質，精的充沛就代表了生命力的旺盛，而喪失則代表生命力的枯竭，所以「房中術」特別強調男子「固精」或「多御女少洩」，因為洩精會損失陽氣，有傷身體。反之，如果在性活動中，男性能在陽精動搖之時，閉目閉口張鼻吸氣，將陽精重新吸回，並使之順著脊髓上升至髓海（腦），則能滋補身體，上述的過程被稱為「還精補腦」[22]。在這種觀念下，喪失寶貴物質的「遺精」成為一種嚴重的「病」，它是腎虧的一個徵兆，也與腦力的衰弱有直接的關係；而基於同樣的理由，手淫很傷身體，也是導致腎虧的一個重要原因。

腎虧是一個更複雜的病，它是一個典型的文化制約的產物，幾乎在所有華人社會中都存在這種病，人們（尤其是男子）在性方面的問題，無論是生理上或心理上，統稱為「腎虧」[23]。廣告上一致地指出，腎虧主要是由於性方面縱慾所致，光華堂藥房的「保精丸」廣告很詳細地說明了「精虧腎虛」的四大原因：

> 凡青年無知，誤犯手淫為第一原因；文人用腦過度，遺精滑洩為第二原因；破身太早，濫耗精水為第三原因；縱情狂欲，五淋白濁為第四原因。（一九一五年三月七日）

愛華製藥社「實驗保腎固精丸」也舉出類似的三大原因：

君知身體衰弱之原因乎？吾輩身體衰弱，其最大之原因有三，一思慮過度，二幼年斲喪，三不知節欲，有一於此間足以使腎虧精耗。（一九二五年十一月十二日）

腎虧時常會出現的症狀除了遺精之外，廣告中還提到腰膝痠痛、四肢倦怠、夜不成眠、面色萎黃、口乾舌燥、神昏意憒、胃呆食滯、肌肉消瘦等症，幾乎身體上各種不易找到原因的輕微不適都

22 參考翟本瑞，〈中國人「性」觀初探〉，《思與言》，三三卷三期（一九九五），頁二七—七五。原始資料見《醫心方》，卷二八，〈房內〉，此書為唐代的著作，如至理第一云「……宜知交接之法，法之要者在於多御少女而莫數瀉精，使人身輕，百病消除也」；〈和志〉第四云「但接而勿施，能一日數十交而不失精者，諸病甚愈，年壽日益」；〈還精〉第十八云「仙經曰，還精補腦之道，交接精大動欲出者，急以左手中央兩指，卻抑陰囊後大孔前壯事抑之，長吐氣並喙齒數十過，勿閉氣也，便失其精，精亦不得出，但從玉莖復還上入腦中也。」有關《醫心方》一書的來源見高羅佩（R.H.Van Gulik），*Sexual Life in Ancient China*（Leiden:1974）, pp. 122-123. 台灣的書攤上可以買到《醫心方》卷二八的白話譯本，但書名改為《珍藏古本中國回春秘傳奇書》。有關「還精補腦」一觀念在英文方面的解釋見 Susan L. Mann, *Gender and Sexuality in Modern Chinese History*（Cambridge: Cambridge University Press, 2011）, p. 87.

23 文榮光等人曾研究過這一個問題，見 Jung-kwang Wen and Ching-lun Wang, "Shen-K'uei Syndrome: A Culture-Specific Sexual Neurosis in Taiwan," in Arthur Kleinman and Tsung-yi Lin eds., *Normal and Abnormal Behavior in Chinese Culture*（London: D. Reidel, 1981）, pp. 357-369.

被說成是腎虧的徵兆。在這種疾病觀之下，報紙上出現了大量具「補腎固精」效果的藥品廣告。

在中醫理論上腎虧是不分性別，男女都有的，但在《申報》醫藥廣告上卻特別地訴諸於男性讀者，這似乎反映男子在性方面的煩惱要比女子為甚。因為房內之事不太適合與朋友討論，當時人們性知識的來源仍不外乎《房中術》之類的秘笈或春宮畫、春宮小說等，而這些書中所描繪的情節多數是超乎尋常，比較之下男性讀者自然覺得相形見絀。同時若是因為年齡漸高或諸事繁雜，偶不順意之後便產生了「腎虧恐懼症」。

除了中醫、中藥廣告談腎虧與補腎之外，一些西藥公司的藥品也借用這種觀念，如前述「兜安氏秘製保腎丸」即係外商兜安氏西藥公司發行的，它的廣告雜有中、西醫的各種理論，常常會訴諸腎虧病因論，一方面該藥以保腎為名，另一方面它在廣告上明言「腎虧百病叢生，腎強一身舒泰」（一九一四年三月十七日，圖七）、「此丸專治腎虧各症，效驗夙著」以及：

> 背脊疼痛、頭痛心悸、沙淋石淋、腰穴酸痛、耳鳴眼花……上列諸症皆由腎虧而來，兜安氏秘製保腎丸，治補並行，奇效卓著，洵腎弱致病者之至寶也。（一九一五年八月二十五日）

不過該廣告所謂的「腎」顯然較接近西醫理論中的腎（kidney）：

腎形如扁豆，居背脊骨之兩旁，職司濾血，譬之沙濾水然。緣人身之血，每三分鐘必經腎濾清，純淨之血液復行周身，榮養百體，其提出之尿酸污毒約有三磅之多，輸入膀胱而為小便，若腎稍有虧耗，必減其滌血之功用。由是血液不清，尿酸污毒逐漸停蓄，迨尿酸量足，則性命危險矣！（一九一三年三月十五日）

兜安氏秘製保腎丸的廣告透露了二個重要的意義，第一，民國初年中西文化的衝擊與融合有許多不同的型態，在不同的層次往往有不同的融合方式，上述的廣告一方面借用中國社會所流行的腎虧恐懼症，另一方面又將之與西醫對腎的看法結合在一起。第二，上述中醫補腎丸廣告中的「腎」與「兜安民氏秘製保腎丸」廣告中的「腎」並不相同，換言之，在中、西醫理論中雖然都將一個器官叫「腎」，但實際上兩者分屬不同的理論體系，絕不可相提並論。在西醫理論中腎是形成尿液的器官，它與其他器官形成很複雜的關係[24]；然而在中醫理論中，腎是藏精之

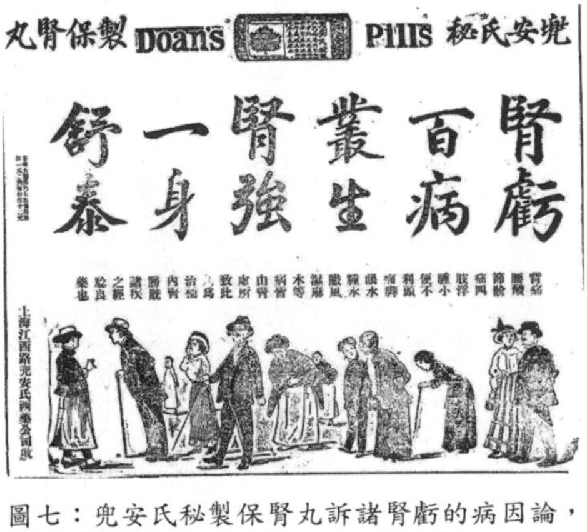

圖七：兜安氏秘製保腎丸訴諸腎虧的病因論，《申報》，1914 年 3 月 17 日，第 3 版。

24 根據「維基百科」：腎（Kidney）是脊椎動物的一種器官，屬於泌尿系統的一部分，負責過濾血液中的雜

所，它不單只代表腎臟，還泛指有關的神經機能，特別是性神經機能，並涉及內分泌作用。因此從西醫的觀點來看，腎與性能力並無關係，腎虧之說荒誕不經；但從中醫的理論來看，卻是可以說出一番道理。總之，中醫的腎和西醫的 kidney 不可同日而語，它在不同體系內具有截然不同的意義。

從廣告上來看女子在性方面有另一類型的困擾，報紙上最常出現的是治月經不調與白帶的醫藥廣告。這兩種症狀也被解釋成諸病之源，如五洲大藥房「月月紅藥丸」的廣告指出：

> 女界中有月信不信，紅潮不紅，非但生育艱難而且終生病累。（一九一六年九月六日）

京都天寶齋「婦科降生丹」廣告：

> 夫婦人固無不育之理，不育者即有病也，然病多起於月經，月經不調則非受孕之兆，氣血不和必致經候失常，諸恙所以並生也！（一九一九年十二月二十一日）

白帶為陰道排液，是由陰道黏膜滲出物以及上皮脫落細胞等物所構成，在正常情況下排液的質與量隨月經週期而變，只有當白帶的色、質、量發生異常改變才是生病的徵兆。在以下的三則廣告中白帶被描述成癆症的初期徵兆：

婦女白帶一症大傷元氣，此症因溼熱滯積，月經愆期，或憂怒思鬱，動即洩精，寒痰凝聚，胱膀（疑為膀胱）受溼，以致脾胃不和，腰酸肚痛，面黃肌瘦，頭暈眼花，久則百病叢生，漸成癆症。（彭壽堂，「秘製婦科白帶靈丹」。一九一三年五月二十五日）

凡婦女赤白帶下，淋漓不止，面黃肌瘦，腰酸腿軟，四肢無力，醫治不早必成癆症（濟生藥房，「體虛白帶丸」。一九二一年四月十四日）

世上婦人患白帶者居多，故曰十女九帶，所流者乃經血也，變成白帶時，常腰背酸痛、面

質、維持體液和電解質的平衡，最後產生尿液經由後續管道排出體外；同時也具備內分泌的功能以調節血壓。在人體中，正常成人具備兩枚腎臟，位於腰部兩側後方，因此又稱為腰子，狀似拳頭大小的扁豆子，儘管尺寸不大，通過腎臟的血流卻占有總血量的四分之一。在生理上，腎臟主要可影響血流量、血液組成、血壓調節、骨骼發育，並帶有部分重要的代謝功能，因此若有相關病變可引起發育異常、水腫或脫水、免疫系統的破壞，甚至可導致死亡，http://zh.wikipedia.org/wiki/%E8%85%8E。（點閱時間：二〇一五年三月一日）

黃肌瘦、四肢無力、體虛挾濕者多，大抵瘦人多火，肥人多痰，瘦人流白帶體虛挾濕，肥人流白帶濕痰下流也。如久久常流，經血大虧，變成癆症。（德法藥房，「立止白帶丸」。一九二一年四月十四日）

有趣的是在其中一例中分泌物被解釋成經血，而經血的喪失則出現上述各種病症。因此「調經止帶」是各種婦科補藥最常聲稱的功能。

總之，性在中國社會中是隱諱之事，與性有關的疾病也成為難以啟齒的隱疾，廣告廠商掌握了社會心理上這一個特點，在醫藥廣告上大作文章，而形成了上述形形色色以性為中心的病因論。進一步地觀察，在民初上海都市社會中，性似乎是人們心中煩惱的焦點，不少男性擔心腎虧，不少女性害怕白帶，這種內心的煩惱正是「性的病因論」之所以會出現的根本原因。

(2)腦的病因論

腦是當時醫藥廣告關懷的另一個焦點。傳統中醫理論主要是以五臟六腑為中心，腦（稱為「髓海」）相對於臟腑來說仍居於從屬的地位[25]。然而在西醫理論中腦司記憶、思考，地位十分重要。《申報》醫藥廣告中對腦以及腦與疾病之關係的看法基本上源於西醫的理論，不過偶爾也雜有中醫的語彙。

首先廣告中指出西醫較重視腦：

> 治腦之法中醫向不講求，自泰西醫學傳入，始知腦之功用於人身有極大之關係。（中西大藥房，「坦晏拿補腦壯陽」。一九一二年七月十二日）

> 嘗考中華論病偏重心血，西醫論病偏重腦筋。（中法大藥房，「艾羅補腦汁」。一九一八年六月六日）

> 我國醫家向誤腦為心，故謂思想之發生皆屬於心，自解剖學說倡行於世，而腦之功用大顯。（中法大藥房，「艾羅補腦汁」。一九二三年二月二日）

其次它們指出腦是身體健康與否的關鍵，影響至鉅，如維亞兒藥房「渣普多補腦丸」廣告：

> 腦為髓海即為一身主宰，其腦氣筋環繞周身、四肢、百體、臟腑內外及耳目口鼻等處，曲折皆到，故全體皆賴，運動無不從令，其或腦筋力弱，則疲痿、麻木、痛暈、癲狂、癱瘓等症在在難免，如或腦力充足則聰明、智巧、才識、學問、康強等福隱隱自致，蓋腦之關係一身富貴祿壽者大。（一九一二年五月二十八日）

---

25 項長生、汪幼一，〈祖國醫學對「神」與腦的認識〉，《中華醫史雜誌》，十六卷二期（一九八六），頁九三。

中法大藥房「艾羅補腦汁」的廣告：

> 腦為全身之總機關，猶為一國之有元首，發號司令唯此是賴。元首無能，全國紛亂，腦筋衰弱，一身麻木，百病由之而起，肝胃不和，腰酸骨痛，面黃肌瘦，手足無力，婦女則經痛白帶，小兒則疳積瘦弱，此則腦之關係於身體之健衰者。（一九二三年十一月二十日）

有些廣告則以腦和身體其他部位的配合來說明疾病，例如腦與血或精血的配合，天經洋行「不死藥」的廣告說：

> 吾人得生活於世者，純賴乎血氣……因氣乃由腦筋所分布，故西醫稱腦氣筋，而血乃由心經所發行，凡血薄氣虛者即腦弱心虧之表狀也，故世人欲得健康而長壽命，必須腦強血足，二者少一不可。（一九一四年四月六日）

中法大藥房「精神丸」廣告則表示由於精血雙虧導致腦筋衰弱，接著會胸悶、胃呆、心臟虧弱；而該藥可以生精補腦，助血運行，治療虛弱諸症。（一九一四年二月十三日）

(3)血的病因論

在《申報》醫藥廣告的陳述中，血也是影響身體健康的一個關鍵。許多廣告談到血多則身體強健，血少則身體衰弱、百病叢生：

人不充其血則體不強，血也者為營養五臟之原料，流通百脈之主體也，人之周身凡四肢七孔二十四脊椎三百六十五細骨，在在均恃血以為作用，即外至指甲毛髮，亦無非以血養成，故天下未有血液枯涸而身體反強者，亦未有血液豐富而身體反弱者。（中西大藥房，「血中血」。一九一二年十月二十三日）

夫人之體質以血為宗，血多則百體強壯，血少則百體虛弱，血枯則百病叢生，以致連綿不癒。（民立公司，「保強丹」。一九一二年五月二日）

亦有廣告以為血的新鮮和乾淨與否影響很大：

人身百體全賴血液營養，血陳老則百病叢生，血新鮮則百體活潑。（科發大藥房，「科發新血」。一九二五年十一月二十日）

江河淤塞則水溢橫流，血液不清則疾病叢生。（粹華製藥廠，「清血片」。一九二三年八月二日）

在民初《申報》醫藥廣告中，特別強調這種病因論的廣告有五洲大藥房的「人造自來血」廣告，廣告中血液成為人類生死攸關之物：

> 吾人起居動作昕夕勤勞，其身體健康與否，罔不視血液盛衰為標準，故血盛則精強力富，能戰勝環境一切困難，血衰則體弱身虧，必致百廢莫舉；質言之，吾人有血即生，無血即死，生死關係間不容髮。（一九二二年十月二十六日）

五洲大藥房為西藥房，但有時它的廣告卻雜有一部分中醫語彙：

> 五行之中心屬火，其形圓，上闊下尖……又有一總管，運血出行遍于周身，回轉於心，此即內經心主血脈之說也，是故心血足則氣體充實，精神活潑，其人未有不康健勝常者；反是而或患驚悸怔忡，夜不安寐，甚且面黃肌瘦，腰酸骨痛，疲倦乏力，索然無生氣者也。（一九二一年六月十八日）

另一個常用血的病因論來作廣告的藥是前述兜安氏西藥公司發行的「兜安氏秘製保腎丸」。該藥雖名為保腎，是訴諸腎虧病因論，但細繹其內文可以發現有時是藉腎與血的關係強調血的病因論：

> 血之清濁惟腎是賴，腎強則血清人健，腎弱則血濁人病。（一九二三年九月二十八日）

> 血乃身中至寶，肢體百骸強壯活潑，視聽、言動之聰明敏捷，皆血液榮養之功也。然非恃有強壯之內腎以濾清血液，不能享康寧之幸福。……若內腎虧耗，濾血功失，血含污毒，留滯百脈，累及它臟，由是強者弱、弱者衰，種種疾病起矣！（一九一三年九月十六日）

血的病因論常常會和腦的病因論與性的病因論結合在一起。例如「艾羅補腦汁」的廣告強調腦與血的關係：

> 腦主使百體，需有清潔之血液營養之，腦部貧血或積血過多，則生各種腦病。（一九二五年十二月十二日）

「性」與「血」的關係就更密切了。廣告中常常談到「生精補血」或「精血相生」認為缺乏血會導致性能力的衰弱與身體的不適：

> 勞心則耗血，勞力則耗神，血神既衰，於是萎頓疲乏、腰酸背痛、面黃肌瘦、耳鳴頭暈、盜汗寒熱、夢遺滑精等虛發現，治療之法惟用補血生精之劑。（太和大藥房，「人中寶」。一九二五年九月十三日）

> 腎為藏精之所，精血相生，精虛不能灌溉脈絡，血虛不能營養筋骨，以致腿足不能行動。（五洲大藥房，「人造自來血」。一九一六年十一月八日）

> 終夜不還陽，這不是血的原故麼？……因血少運行全身就失其滋養之力，所以面黃肌枯、腦力衰弱、失眠、遺精、癆療諸疾相繼而起。（五洲大藥房，「人造自來血」。一九一四年一月十二日）

下一則廣告將夢遺、腦筋衰殘與缺血等症連結在一起解釋病因：

夢遺滑精為腦筋衰殘所現病狀之一也，腦筋衰殘由於缺乏清潔稠紅之新血所致。（韋廉士醫生藥局，「紅色補丸」。一九一三年九月十三日）

以上是以民初《申報》醫藥廣告探討其中所反映的對疾病成因的看法，很明顯地當時中醫「陰陽五行論」與西醫「病菌論」同時並存，但是更普遍的則是中、西醫藥理論互相交雜的情況。進而言之，在報紙廣告上由於商業因素的影響，使中、西醫藥在宣傳時發生互相採借理論與語彙的現象，許多西藥的廣告採取中醫的理論或語彙來作宣傳，這些廠商企圖透過國人所熟悉的語言而達到促銷的目的；至於中醫、藥方面這種情形較少，至多只是說參用西法。在這種情況下，當時人們對疾病成因的看法也呈現中西交雜的現象。

撇開中西理論的糾結，《申報》醫藥廣告所反映的病因論環繞著性的病因論、腦的病因論與血的病因論。性的病因論涉及十分複雜的中醫理論與傳統中國的性觀，它所反映出來的想法是：腎是藏精之所，而精代表身體中最純粹、最寶貴的物質，也可以說象徵著生命力，因此腎強則精固，精固則體健；反之腎虧則精衰，精衰則百病叢生。因此許多疾病的發生都與性能力的衰弱有關，而直接與性有關的夢遺、手淫或腎虧等現象，則被視為是足以致死的危險疾病。中醫理論本身並不那麼強調性的病因論，但在報紙廣告上卻被扭曲成上述的情況，其中所反映的社會心理頗堪玩味。腦的病因論較與西醫理論有密切的關係，而血的病因論則可在中、西醫雙方面找到根據，二者均被認為是身體健康與否的關鏈。《申報》醫藥廣告的陳述常常是從腎（或精）、腦、血三者（或其中二者）

來解釋疾病的發生。

就《申報》醫藥廣告反映的情況而言，民初上海都市社會中大致主要有三類對疾病成因的看法，第一類型完全採取中醫的陰陽五行論，而不接受西醫的看法；第二類型純採西醫的理論，而視陰陽五行，濕熱、虛虧等說法為無稽之談；第三類型則為兼容並蓄型，同時接受中醫與西醫的理論，某些疾病採取中醫的解釋，某些疾病則接受西醫的看法：例如遺精是因為腎虧，喉痛是因為火氣大，但肺病或時疫則是空氣中細菌作祟。作者推測在民初上海持第二、三類看法的人似乎有愈來愈多的趨勢。

對醫療方式的看法

病因論是醫療行為的核心，在此影響之下產生了與之對應的對醫療方式的看法。民初上海有下列三種類型的醫療觀念。第一種類型相信中醫，排斥或不知道西醫，這些人生病時會依一些自己熟悉的藥方至藥店抓藥，或購買中藥成藥，自我治療無效之後則向中醫師求診。第二種類型相信西醫而排斥中醫，這些人生病時會先到西藥房購買成藥，無效的話則至西醫診所或醫院看病。第三種類型較複雜，他們並不清楚區別中醫與西醫，而是普遍地從外界吸收參差不齊的醫療觀念，再依不同的病況採取不同的措施；例如一旦當他自我診斷是腎虧之後，患者較傾向於服用中藥補藥或者找中醫師治療，但如果是得了梅毒，他可能會請西醫師為其注射六〇六；總之，他們會記住何種方法有效，下次生病時再依樣使用，若不靈則換別種醫療方法，並將自己的經驗告訴親朋好友。就《申報》史料來觀察，第三種類型的醫療觀念在民初上海十分普遍。此外，求神問卜的醫療方式在當時必然有其重要性，但因史料性質的限制，在此不予討論。

大致而言，當時對醫療方式的看法環繞著服藥與就診兩方面。當人們感覺不適時，他們會依文化中對病的定義與分類，判斷病症並給予病名；其次再決定自行調理或服用成藥；當這些措施都無效之後則前往診所或醫院就診。

從《申報》醫藥廣告來看，生病初期依本身所有的疾病觀念而自行診治的現象十分普遍，其間又受人際關係網絡與大眾傳播媒體的影響，像親戚、朋友、同學、鄰居等人都會提供各種醫療訊息，而報紙亦刊登了許多醫療選擇，最後生病者或他的親人會決定服用某種家中現成的藥，或去藥房購成藥服食。下列兩個例子一個是妻子吃先生曾吃過的藥，一個是媳婦吃公公吃剩的藥，有趣的是竟然都因此痊癒，這二則廣告所敘述的事情不一定真有其事，而且很可能是廠商偽造的，但值得注意的是在廠商的觀念中卻認為這樣的敘述是合理而且人們可以接受的：

> 余妻自于歸後常疾病，屢受月信不調之苦，有時遲至十禮拜之久，稍食微物便即嘔吐，腦筋衰弱異常，不能任其獨居，當其未病之前，余曾服韋廉士大醫生紅色補丸而得奇效，余亦以是丸與妻試服，數瓶之後體漸復原。（一九一三年十一月五日）

> 鄙人由北回南為患肝胃心痛……幸商務〔印〕書館謝省三兄相訪，述徐氏乙癸丹……購服

痛果隨止，連服三瓶未完，痼疾從此脫體。次媳患行經腹痛，翻覆痛極，屬欲覓煙自盡，舉家無措，因將鄙人服剩藥服之，頃刻痛止安睡。（一九一九年八月二十四日）

也有廣告提到有人偶爾看到報紙上的藥品廣告，發現所述醫治之現象與本身症狀類似，因而購買服用：

逆旅中整檢行裝，瞥見衣物堆中有舊報紙包面真憑實據四大字，略閱數行……極言自來血養陰培元，確有靈驗之效力，鄙人多病之軀頗為感觸，憶自甲辰患陰虧失音之症，時癒時發……遂就近向貴分銷處購買。（一九一六年十月十六日）

余與內弟俞珮珊君同患夢遺之症……乃相顧無策，去秋俞君檢視《申報》，攜來相示，指為上海三馬路對面鍊雲藥房，秘製金剛百鍊丸善治夢遺滑洩，功效非常，適與爾我之病相似，盍然試之，當投郵局匯洋四元購得一料。（一九一六年五月三十一日）

總之，在患病初期採取自我治療在民初上海甚為普遍。這一方面固然是由於醫院與診所的收費較高，一般人民負擔不起；另外一方面則因為購買成藥十分方便。根據《上海市政概要》一書，民國十六年七月至二十二年六月，在衛生局註冊有案的藥房計中藥房二十二家，西藥房五十三家[26]，實際上應不只於此；此外在一般的百貨公司和雜貨店都經售「家用成藥」，圖八的廣告顯示科發藥房家用良藥的經售處有二百多家，因此對民初上海市民而言，購買成藥是一件十分方便的事。

成藥的種類很多，有中藥也有西藥，但是我們發現無論是中藥還是西藥，當時社會存有一些很普遍的對藥的看法。首先認為服藥的效果可能是「有病治病，無病強身」，例如「人中寶」的廣告宣稱：

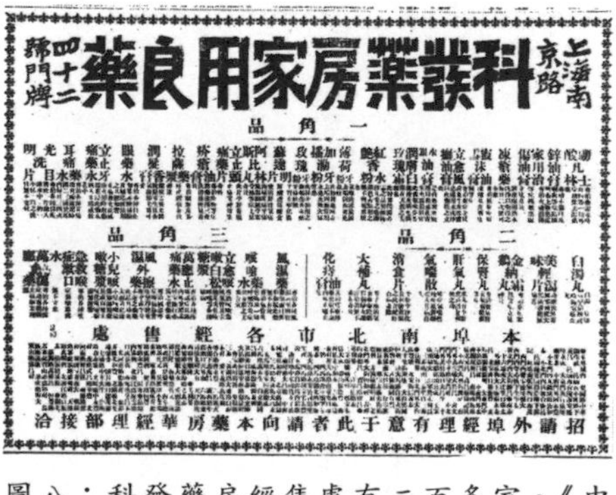

圖八：科發藥房經售處有二百多家。《申報》，1921年1月1日，第13版。

> 有十補之功能，誠人中之至寶……有病治病，無病強身，男女老幼無不相宜。（一九二五年十一月三日）

「百靈機」的廣告表示：

---

26 上海市政府秘書處編，第七章〈衛生〉，《上海市政概要》，頁七。

> 本公司秘治之百靈機，補精補血補腦，開胃健脾潤腸，病人服之，其病即癒，常人服之，加倍強壯。（一九二三年十二月二十日）

上述廣告中透露出的一個想法是，將服藥視為一個滋補的過程，藥物即為補品，所以無病之人服之可以強身。中國社會中補藥的盛行其來有自。從廣告上來看，當時人們認為身體上最需要補的是腎（或精）、腦、血。報紙上強調可以強精補腎的醫藥廣告數量甚多，例如京都天寶齋「補腎衍慶丸」：

> 此丸補腎益髓，健體壯陽，並治諸虛百損，五癆七傷，夢遺滑精，腰酸骨痛，四肢無力。（一九二五年十二月二十一日）

永壽大藥房「生精丹」：

> 此丹功能回精益髓，滋陰補腎，又能治濁驅毒，真可謂九牛二虎之力也。（一九一四年四月二十二日）

愛華製藥社「實驗保腎回精丸」：

能培養貞元，補益臟腑……尤妙在有病去病，無病補身，男女可服，四時咸宜，服一盒有一盒之功，服一打得一打之效。（一九二五年十一月十二日）

有趣的是當時有不少外國的製藥公司或進口洋行也製造或販賣這一類的藥，如美商上海飲和室公司「育亨賓丸」啟事：

本公司獨家經售德醫博士斯牝額爾氏所發明之老牌育亨賓丸……功能補腎生精，強身益腦，固精壯陽，此丸行銷全球，最得中外人士之歡迎。（一九二六年四月六日）

愛爾白洋行進口德國著名奇喜藥廠「補腎丸」廣告（圖九）：

此丸耑治體質虛，操勞過度，如腎虛、腦虛、氣虛、精

圖九：洋補腎丸之一。1914 年 3 月 19 日，第 10 版。

衰、血虧、胃呆、目眩、力疲，耳〔疑為或〕陽痿遺精，或婦女經期不調，赤白帶下等症，凡服此丸，無不強筋堅骨，立見其功。（一九一四年三月十九日）

此外還有英商第威德製藥公司發行「第威德補腎丸」廣告上特別宣稱「治遺精症」以及「英國製造」（圖十）。以上這些「洋補腎丸」的廣告顯示，民國初年補腎丸之類的藥不只是中醫師或中藥房才製造、販賣，許多外商與西藥房也訴諸中醫理論中「補腎生精」的觀念來銷售他們的商品。這些洋補腎丸的內容我們不得而知，不過大多數恐怕和以「人參、鹿茸、靈芝、野朮、虎筋、海狗腎汁」製成的土產補腎固精丸大不相同。

除了腎之外當時認為腦和血也很需要補，報紙廣告上專門補腦的藥有「艾羅補腦汁」、「補腦密燐粉」等；補血的藥就更多了，有「人造自來血」、「九造真正血」、「科發新血」、「利亞婦女補血汁」等，此外「韋廉士紅色補丸」名為紅色，正是訴諸一種血的聯想，所以它宣稱「補血健腦」而且專治「血薄氣衰」。《申報》醫藥廣告中補腎、補腦、補血三者並重的觀念明顯地反映在羅威藥房「三素」廣

圖十：洋補腎丸之二。1923 年 10 月 6 日，第 7 版。

告之上，它號稱「腎素即補腎精，腎水之母；腦素即補腦精，精神之母；血素即補血精，心血之母」（一九一三年四月五日）；而中法大藥房的「第一總統牌精神丸」也宣稱治療「腦力衰弱、房勞過度、男婦血虛」（圖十一）。

在這「三補」之中補腎或補精似乎最受人們重視，我們發現幾乎所有的補藥，甚至一般的藥都明白或暗中表示有增加性能力的效果，顯然是訴諸男性的消費者。例如中外大藥房所售「保壽丸」、「健陽保腎……能令陽衰者，自然精液生濃厚，得以續嗣」（一九一五年四月二十一日）；光華堂藥房「珍珠牛髓粉」，「大有驅寒活血，補腦充髓，固腎生精之功」（一九一五年十二月十八日）；華大寶利魚肝油，「能治一切房勞過度，咳嗽吐血」（一九一四年五月六日）；甚至專治咳嗽的瓣香廬「驥製半夏」也聲稱：

> 能將已成之痰淘汰，化為精液，以補天一之水，其汰出之痰或走大腸，或從口吐。（一九一二年三月二十二日）

總之，從《申報》醫藥廣告來看，在身體感覺不適的

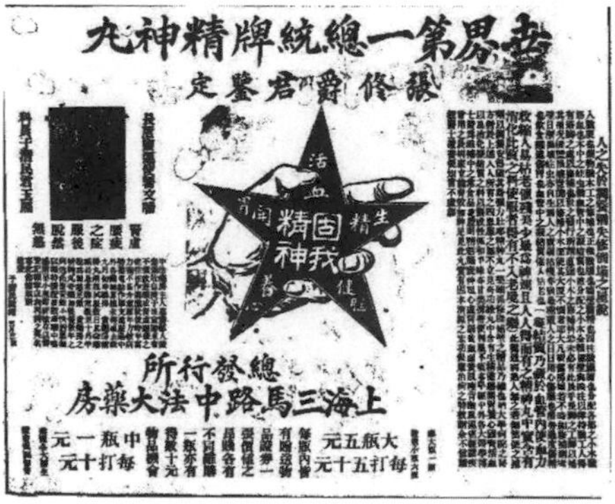

圖十一：《申報》，1914 年 6 月 24 日，第 5 版。

初期，多數人們會以其所具有之疾病觀念判斷、診治這些「病」，並就近至藥房購買成藥服用；如果在服用成藥之後，病情並未改善，病人會前往醫院或診所就診。

在當時的觀念中，中醫和西醫有不同的分科與互異的診療方式，西醫方面的分科計有：內科、外科、小兒科、婦產科、牙科、耳鼻喉科、皮膚科、花柳科、時疫科、精神病科、X電科等，而診治方法是：

> 聞症筒以辨其病因何狀，行敲診鎚板以定其病體何級，施顯微鏡、診脈表、探熱針、量肺尺以審其病根何由，驗病既真方行療治，或有藥石之不達者，則用注射法、水療法、電療法、空氣療法、營養療法，及各種衛生法補助其功，排除其害。（唐拾義醫生廣告，一九一六年九月十八日）

中醫方面的分科有男婦方脈（診療男女成人）、兒科、傷科（專醫跌打刀砲傷，並有接骨）、男婦花柳毒門、瘋科（治療四肢癱瘓、痲木不仁）、眼科、喉科、針灸科、推拿科（以按摩法治療）、祝由科（以符咒治病）等；中醫的治療方式主要是望聞問切，不過有些專科會用一些較特殊的治療方式，如瘋科醫生以針灸治病：

余患瘋症，初則四肢痠楚，繼而遍身麻木不仁……赴寓請翟先生診治，即用神鍼按穴艾灸，並給黃色圓藥二十一服。（「鳴謝翟鼎彝先生治瘋聖手」，一九一六年八月三十日）

祝由科醫士楊好古：

辰州靈符治病，五雷正法圓光，凡久病不癒，服藥不效以及身體虛弱之人，無謂沉疴痼疾，本醫士概以極水靈符治之，或用推拿手術、古法針灸，統治咳嗽、氣喘、吐血、勞傷、筋骨疼痛……小兒急慢驚風、婦女胎前產後、內外一切雜症。（一九一四年十一月十五日）

在送醫診治方面，前文談到三種型態的醫療觀，其中第三種不分中醫、西醫而追求實效的醫療觀是一種很普遍的想法，亦即認為生病時可依情況先看中醫，或先看西醫，若醫治無效再換另外一種，廣告中常提到：

余患氣痛六年，未嘗一日間斷，苦楚萬狀，幾不欲生，延請中外醫士不下數十人，服藥達數百帖。（「敬謝湯美琳醫士」，一九二〇年五月二日）

鄙人拙荊……近年來邀延中西各醫，服藥時好時反，不堪其苦。（「感謝推拿名醫桑曉初」，一九一七年六月十日）

總之，中醫、西醫在當時的觀念中具有不同的分科與診療方式，但多數人並不覺得兩者是互不相容的，反之，他們採取的是追求實效的醫療觀，何者有效就採用何種方法治病。

以上分別敘述《申報》醫藥廣告反映之對疾病成因與醫療方式的看法，其中最顯著的現象是這些觀念明顯地受到中西兩大醫療傳統之互相衝擊的影響。過去學者研究民國初年的醫療文化多著重中西醫療傳統的衝突面，如中醫、西醫之爭或廢止中醫等問題；然而從本章可見民國初年都市社會中更普遍的是，中西醫療傳統在生活層面的密切結合，無論對病因的看法、對醫治的態度，二者都能毫不衝突地結合在一起。上述的融合是在緩慢而且不知不覺的過程中逐漸形成的，大眾傳播媒體在這個過程中扮演了十分重要的角色。從《申報》醫藥廣告中我們明顯地看到，廠商為了達到宣傳的目的，不論他們賣的是中藥還是西藥，在廣告的陳述中交錯地使用來自中西雙方面的語彙與理論，這些陳述基本上出於商業的動機，目的是以一套「知識」遂行社會控制，希望賺取讀者口袋中的金錢；然而在這個互動的過程中，逐漸地孕育出一種異於傳統的病因觀與醫療觀，目前台灣（與其他華人地區）社會所流行的一些看法，有很重要的一部分正是從此一歷史脈絡而來。

其次，我們發現無論是疾病成因還是醫療方式的看法，都環繞著性、腦、血三者，而其中又以

「性」的角色特別凸顯。前文曾將廣告比喻為社會的夢，如果借用佛洛依德心理分析的觀念來看，以性為中心的醫藥廣告在民國初年以來中國社會中長期存在，這種現象似乎反映了人們（主要是男性）集體潛意識裡對性的壓抑，以及連帶產生高度的心理焦慮與恐懼。

《申報》醫藥廣告反映之社會生活

報紙廣告與社會生活息息相關，許多社會上流行的事情都表現到廣告之上。本節嘗試就民初《申報》醫藥廣告，探討當時上海的都市生活。此一上海都市的生活情境是上述心態產生的社會背景。誠然這些史料所顯示的只是當時生活的點點滴滴，並非全貌，而且許多重要的變遷在廣告史料中可能完全看不到，然而無疑地，這些材料所展露的視野可能也是其他史料所罕見的。

時疫與救治

民初上海由於人煙稠密，夏秋之際常有傳染病。一八四三年上海的人口只有二十七萬人左右，至一九一〇年人口高達一・一八五・八九五人；一九三〇年更到達三・一一四・八〇五人。就人口密度而言，一九一〇年時每平方公里約有一・四一三人；至一九三〇年每方公里平均人數，上海市是三・四四〇人，公共租界是四四・五九五人，法租界是四二・五四四人[27]。由於人口密度的增高，上海都市成為疾病傳播的溫床，一則發售「衛生避疫香」的廣告很生動地描繪了這種情況：

今年天時入夏以來涼燠不均，以致近來痧疫發生，蔓延日廣……推原其故，皆因上海一埠居民擁擠，人煙繁密，而沿路垃圾污濁之物未能掃除清潔，行客居民聞此穢氣，不久即有眩暈、昏厥，吐瀉諸症，此皆穢氣由鼻竅而入肺腑，由肺腑而轉筋絡，所以醫治稍遲多成不治。（一九一九年八月十一日）

所謂的痧疫主要是指霍亂，此病在夏季時傳染甚速，甚至有人「兄弟姪輩內眷計大小八人，先後同染痧疫」。（一九一二年三月二十四日）

曾任職於中國公立醫院紅十字會分醫院的侯光迪醫生，在民國元年七月二十四日《申報》之上，發表〈夏令時疫種種及其預防法〉一文，對上海夏令時疫發生的原因與疾病的種類有很詳細的介紹，可以補充我們對這個問題的了解。根據他的分析，時疫發生的原因主要有四點：第一，地理因素，「滬地為濱海之區，氣候多變，寒暖無定」；第二，人口擁擠，幾有人滿之患；第三，環境衛生欠佳，通衢要道尚屬整潔，而閭巷之內卻是遍地垃圾，加上中式房屋光線與通風都不足，蚊蠅聚集，最易致病；第四，個人衛生習慣不良，一般人喜歡吃惡劣之瓜果、生冷之蔬菜、不煮之飲料，甚至有人晚間席地而臥，裸腹睡眠；所以夏天常常發生霍亂、赤痢、瘧疾與鼠疫等傳染病。

在當時治療時疫可服用中藥或西藥，中藥中如諸葛行軍散、八寶紅靈丹以及十滴藥水等最為普遍；西藥則有避疫臭藥水、樟腦丸、金雞納霜片、奎寧餅等等。夏秋之際報上有許多防疫藥品的廣告，這些廣告一方面希望患者能夠購買，另一方面更鼓勵慈善家大批購買施捨貧民，施藥救疫是當時慈善活動中的重要項目，而各藥房對施捨之藥在價格上也格外從廉：

> 本藥房盡衛生之天職，選用療痧避疫經驗方劑，製水煉丸，以供社會之需求，家居旅行均宜常備，夏秋多癘，猶不可不預防也……慈善家如欲大批購備施送，取價格外克己，以答誠意，而表歡迎。（五洲大藥房，一九一九年七月二十八日）
>
> 奉勸衛生家無論家居外出，或在公共場所，總宜常將痧藥水攜帶身邊，遇災施捨功德無

27 上海的人口數字參考，全漢昇，〈上海在近代中國工業化中的地位〉，收入《中國經濟史論叢》（香港：崇文書店，一九七二），冊二，頁七〇二。人口密度的統計，見上海市地方協會編，《上海市統計》，「人口部分」，頁一。

量，如慈善團體富貴大家定〔訂〕購大宗為施捨之用者，本藥房當照批發價，再與特別折扣，以示濟世同情。（科發大藥房，一九二一年六月五日）

此外因為病患眾多，成立了許多治療時疫的專科醫院，亦有些醫院在夏季開辦時疫科或臨時治疫所支援救治，英界時疫醫院的廣告談到該院自六月二十日開辦，到七月二十九日，已醫癒二百餘人（一九一二年七月二十八、二十九日），通常要到九月底或十月初時疫病患才逐漸減少。時疫醫院的經費大多依靠慈善捐款，因此收費十分低廉，貧者就醫甚至不取分文，不過在數量上仍不敷使用。

下列敬謝時疫醫院的廣告很詳細地描繪了一位患者發病、急救、住院到康復的過程，有助於我們了解當時的狀況：

余室人在舍親處，於前月念二日晚八點鐘，忽患癟螺急痧，上吐下瀉，四肢厥冷，兩目塌陷，指甲發黑，命在垂危，敝戚速至時疫醫院，告知帳房，蒙以橡皮臥車來接，到院求治，蒙柯師醫生、亨司德峨利生醫生、王培元醫生等竭力救治，開刀兩次，始獲更生。承會計房、藥水房諸君相慰問，以及女僕看護之周到，飲食之清潔，大有樂不思蜀之境。（一九一二年八月十五日）

上述情景顯然是中上之家遇病時的處理方式，至於一般貧民多半是「際此米珠薪桂，衣食維艱，勢不能預防，及此一旦身染時疫，命在頃刻，鮮不束手無方」。（一九二二年七月十八日）

隱疾與郵購

《申報》醫藥廣告中篇幅最多的類別無疑地是有關男女性病的廣告，林語堂在民國二十五年（一九三六）出版的 *A History of the Press and Public Opinion in China* 一書，對當時《申報》上的性病廣告大加誅伐，他認為觸目所及的這類廣告對人們的心理造成嚴重損傷，這是隨著現代新聞媒體成長而出現的新興的罪惡[28]；羅家倫更將之描述為「血肉模糊一大片」[29]。撇開道德判斷的問題不談，性病廣告在民初社會的氾濫有相當複雜的因素，例如缺乏專業性的醫學倫理與新聞規範等，此外從心理上來看，性病為一種隱疾，不少人因此諱疾忌醫，這種心理使治療性病的醫藥成為一種高度依賴廣告的商品，廠商自然在報上大作廣告；再其次，上海都市社會中有不少人罹患性病顯然也是一個重要的因素。

男性的隱疾從廣告上看主要是梅毒、白濁、下疳、橫痃等，病因則多因接觸妓女遭病毒感染，

---

28 Lin Yutang, *A History of the Press and Public Opinion in China*（Chicago: The University of Chicago Press, 1936）, p. 143.

29 轉引自賴光臨，《七十年中國報業史》（台北：中央日報，一九八一），頁五七，原文未注出處。

下列幾則廣告中的敘述反映出當時男子狎妓的快樂與患病的悔恨：

> 僕旅遊滬江，誤狎邪僻，引入柳巷，花天酒地，詎樂極悲生，竟染楊梅毒瘡，痛苦萬分，眠食俱廢……花柳悔過生。（一九一三年九月二十八日）

> 鄙人於民國八年因公赴滬，適遇譜弟王介梅君，因闊別多年，一時所見以談久隔之情，非常莫逆，將看戲請酒，不料酒後糊塗，誤入妓院，大有樂而忘返，是此旬日，不意號信催歸，隨即乘車回京，詎料未及數日，忽覺小便刺痛，濕濁淋漓。（一九二一年五月八日）

> 嘗見富家子弟，學校青年，平日家庭約束，非不周至，或朋好過從，暗相牽引，或星期放假，言不及義，鼓酒後茶餘之興，生冶遊娛樂之思，去足花叢，在所難免，沉溺日久，惡疾釀成，又復隱忍不言，顧全顏面，此在身受者，其痛苦為奚如耶！（一九一六年十月十六日）

婦女的隱疾則如赤白帶症、月經不調、子宮發炎、梅毒等。由於性格的影響，女子對隱疾的避諱較男子為甚，亞東製藥會社「婦人白帶藥球」的廣告談到：

此種藥球專供外治，納入陰內，藥力直達病所，而且勿須醫生著手，患婦可以自己取用，靈效非常，簡便非常，況吾國婦女，得此病者，十人而九，因病屬下體，羞以告醫，終身隱忍而不治者，比比皆是。（一九一九年七月二十四日）

由於諱言隱疾的心理，有不少藥房提供郵購藥品的交易方式，根據當時的商業習慣買者通常不必另付郵費，但如果用郵票的話，只能照面值的九折或九五折計算；郵購使買賣雙方不必透過面對面的接觸而完成交易。從社會變遷的角度來看，傳統中國社會是一種面對面的社會，人與人互相熟悉，用費孝通的話來說是一種「禮俗社會」，但是隨著都市化的發展，逐漸由禮俗社會轉變為「法理社會」[30]，郵購正是促成法理社會形成的一股力量。從另一個角度而言，根據醫療人類學者的分析，在傳統中國生病是整個家族為單位參與疾病的防治，而不是病人單獨應付[31]，從郵購的現象我們發現，在上海都市社會中，已經慢慢地出現較多以個人為單位自行處理疾病的情形。

30 費孝通，《鄉土中國》（上海：觀察社，一九四八），頁五。

31 張珣，〈臺灣漢人的醫療體系與醫療行為：一個臺灣北部農村的醫學人類學研究〉，《中央研究院民族學研究所集刊》，第五六期（一九八四），頁三九。

戒煙

吸食鴉片是清末民初中國社會的一大弊病，對各方面的影響至深且鉅，而沿海的都市社會中此問題較內地尤為嚴重。根據林滿紅的研究，一九〇六年江蘇省人口三千一百萬人，使用鴉片二十四萬擔，平均每十萬人使用的鴉片量是一一四擔，消耗量在全國僅次於浙江和福建兩省；該省鴉片的來源包括進口的外國鴉片，以及四川、雲南等地產的本國鴉片[32]。上海吸食鴉片的風氣似乎較江蘇其他地方為甚，光緒二十四年（一八九八）時有人曾估計上海有百分之五十的苦力、百分之三十的工人與百分之四十的商人吸煙[33]，至民國初年，雖然沒有找到精確的統計數字，估計普遍吸食的情況並沒有改變。上海鴉片煙的流行，有幾項促成因素，首先都市社會中商人數目較多，他們在經濟上有能力購買鴉片，而吸食高級的進口鴉片又是社會地位的象徵，因而形成風氣；其次對為數甚多的工人與苦力而言，吸食鴉片使他們能忘卻繁忙的勞力工作，暫時紓解身心，因此他們雖無法購買進口鴉片，卻願意花錢購買較便宜的土產鴉片。而上海又是水陸交通中心，外國鴉片由此進口，國內運至此地也很方便，因此在上海購買鴉片並不困難。另外一個原因則是禁煙工作推行不徹底，尤其上海存有租界，租界之內禁煙更不徹底，成為吸煙者的樂園[34]。以上的因素使得清末民初以來，政府與民間雖屢倡禁煙運動，而上海吸食鴉片的風氣並未改善，甚至有資料記載上海在當時是全國最大的毒窟[35]。

民國初年的禁煙運動可分為兩個階段，民國五年以前為官民合禁；民國五年至北伐之前，政府無力控制鴉片，軍閥又常包運煙土，因此毒害再盛，這時禁煙工作主要由民間組織的拒毒委員會等機構來推動。

從《申報》醫藥廣告來看，民國元年至十五年之間，戒煙藥丸和戒煙醫院的廣告一直不斷。廣告中提到當時人們沉溺煙癮，無法自拔的情況：

僕幼染煙癮，已歷三十餘年，日吸兩餘，屢欲戒除，輒因體弱，又患氣喘，老症中止不果，自問常為廢人。（一九一八年五月六日）

僕因病吸煙，二十年矣，體瘦胃弱，為禁煙期迫，就報載……往戒之，每至中途腰酸骨軟，舊疾復作，如是受害不下十次。（一九一六年十月三十一日）

32 林滿紅，〈清末社會流行吸食鴉片研究——供給面之分析（一七七三—一九〇六）〉（台北：國立臺灣師範大學歷史研究所博士論文，一九八五年七月），頁三四一、三六三。

33 王樹槐，《中國現代化的區域研究（一八六〇—一九一六）：江蘇省》（台北：中央研究院近代史研究所，一九八四），頁六〇五。

34 王樹槐，《中國現代化的區域研究（一八六〇—一九一六）：江蘇省》，頁六二二。其實租界也取締鴉片，只是並不嚴格，如民國十四年十月二日《申報》本埠新聞版記載，許某攜帶煙土一皮箱，行經法租界，因形色慌張，為巡警抄出煙土帶入捕房之後被判罰洋三百，煙土沒收。

35 于德恩，《中國禁煙法令變遷史》（上海：中華書局，一九三四），頁一八一。

戒除煙癮可至戒煙醫院求診（部分綜合醫院亦設戒煙專科），或購買戒煙丸服用。醫院方面的情形可以以佳新戒煙醫院為例來說明，該院位於拋球場恆生里，有房舍十數幢，治療時間該院號稱「戒期輕則二星期，重則三四星期」，即可脫離「黑籍」；診治方式有三種，第一種是住院，第二種是走戒，第三種是醫生到府就戒。（一九一三年十月十八日）另外一家保德天然戒煙醫院則採白天自由出入照常辦公，晚間至院住宿的方法：

本院……開設法租界大馬路口黃浦灘，延請法國著名良醫李古監視，其藥每天服三次，服藥後照常吸煙，其癮自然減少，隨吸隨戒……所有煙具煙膏，以及被褥均須貴客自備，日間仍可自由出入，照常辦公，惟服藥吸煙時刻，必須到院，其夜間須至本院住宿，俾可休息涵養……戒絕後煙具須留本院以絕後患。（一九一三年一月二十二日）

戒煙藥的情況較為複雜，當時市面上所售的戒煙藥多達二、三十種，其成分不一，有的號稱以林文忠公古方配製，有的則說以中西貴重補品提煉；但無疑地有不少戒煙藥含嗎啡、煙灰等毒品，實際上是鴉片的代用品，服用之後只有抵癮之效，卻無法斷根，許多廣告都批評含毒質的偽藥，但購買者實在無從分辨孰真孰假：

> 邇來售戒煙藥者，皆自稱是良方妙藥，百發百中，謗他人則嗎啡煙灰，偽藥欺人……此丹純是中國貴重藥材，生剋相宜，君臣相配，出類拔萃，辟易群芳，絕無嗎啡煙灰等品。（一九一二年一月二日）

> 市上藥品僅能抵癮，不能斷癮，一因貪其價賤，不知服後無效，一因藥品龐雜，大都攙入毒質，故有服藥數年，而宿癮仍未脫離者。（一九一六年十一月十一日）

> 鴉片流毒中土，受其害者，無慮恆河沙數，然吸而思戒，難若登天！因市上戒煙之藥，俱含煙毒，抵癮則可，戒除則不足。（一九二一年十二月七日）

仔細閱讀戒煙丸的廣告，我們發現部分的廣告的確十分可疑，如「槍上戒煙膏」號稱以參苓等藥製成，可在槍上吸食，味道與鴉片無異：

> 此膏純用華產參苓貴重藥品煎熬成膏，裝在槍上燈吃，能收癮除化之功，而奇者呼吸與鴉片無異。（一九一二年十二月二十一日）

所以當時想戒煙的人特別感覺到「戒煙易而難守，服煙丸而難斷丸」（一九一六年十一月九

日），也有人感嘆地說「代煙藥丸其毒害人實有甚於鴉片也」。（一九一二年五月一日）

總之，民國元年至十五年之間，上海鴉片吸食的風氣仍然盛行，禁煙運動的失敗一方面固然由於戒除不易、社會制裁力量薄弱與租界等因素的影響，另一方面市面上攙毒偽藥的充斥，也是一個重要的原因。

女性生活

清末民初以來婦女在中國社會所扮演的角色發生了很大的變化，從男尊女卑逐漸走向男女平等，婦女地位的提高得力於纏足風氣的革除、女子教育的發展與女子就業的普遍等因素，使她們在生理和心理雙方面都突破了傳統的束縛。尤其是五四運動以後，不少女子力爭平權，在各方面都不讓男子專美於前。

女子生活的改變從醫藥廣告中也透露出一些消息，例如五洲大藥房出產一種放腳藥，其標題為「婦女們快快放腳」，內文是：

> 天足快樂纏足苦，女界中盡人皆知，況中國衛生學漸漸普及研究，放腳之法必須經驗輔助之藥品，本藥房精製一種極妥良之藥水，凡婦女已經纏足者，按法試用莫不贊為驚奇，此藥活血壯筋，日常用之非但放腳有效，大益衛生，且能輔助生育。（一九一七年六月十五日）

民國初年上海也出現了不少女醫生，她們多半專精於婦產科，其中有中醫，也有西醫，有些人是在國內拜師習醫，也有人接受過國外的醫學訓練。如張希孟女士「係蘇州胥門外，老針瘋科尤松泉先生入室弟子」。（一九一三年九月二十二日）陳沈麗生女士「乃蘇州天師莊婦孺醫院美醫生卜明慧先生之弟子」。（一九一四年三月八日）龐織文女醫士則是一位留日學生：

畢業於日本東京女子醫學專門學校，曾在帝國大學附屬病院及著名產婦濱田醫院實習，精究女科、產科、內科、兒科。（一九一九年八月十一日）

女西醫朱彤章是國內的醫學堂畢業：

先生醫學優富，曾在廣州法國高等醫學堂畢業，領有法國政府發給醫學博士證書。（一九一四年三月二十四日）

也有一位汪人傑女醫士自幼學習歧黃，年長又拜兩位西醫生為師，而成為一位兼貫中西的醫生。（一九一五年十月四日）當時在上海的女醫生不外上述這五種出身。

另一種和女性生活有關的廣告是美容藥品的廣告，從這些廣告所關懷的重點，我們可以了解當時女子對美的看法。大致而言美容藥品環繞著兩個重點：一個是皮膚，尤其是臉部的皮膚；另一個是頭髮。沈製「鏡面散」是當時很流行的美容藥，專治雀斑、粉刺、煙容、瘡疤等，此外「嫩面玉容散」、「的的嬌」、「皮膚白嫩色」、「兜安氏美容膏」都是使皮膚細膩、潔白、粉嫩的化妝品。在頭髮方面，當時以「潤澤光潔」、「烏黑亮滑」為美，「玫瑰香油」、「生髮香水」、「生髮膠」、「婦女生髮水」等是常見的藥品。民國十年科發大藥房進口一種「滋養指甲的佳藥」叫古德克斯，號稱可以使閨閣淑女得到美麗、可愛、清潔、舒適之指甲，美的領域又有一個新的焦點。（一九二一年十月七、二十八日）

民國初年大多數人仍秉持著多子多孫的理想，下列「盧普安女科丸」的廣告記載了二位女子的對話：

> 姊姊：你的福氣真好呀，容顏如此美滿，子女如此眾多，我實在羨慕得很。
>
> 妹妹：我從前的身體還不如你，現在能夠到這樣的地步，全是服了盧普安女科丸的效果。
>
> （一九二五年十一月二十一日）

在廣告的插圖上被稱為妹妹的女子，身邊圍繞了四個小孩。這種多子多孫的理想在民國十一年以後也逐漸開始轉變，近世提倡生育節制最力的美國山額夫人（Margaret Sanger，1879-1966），在民國十一年四月應北京大學的邀請，演講「產兒限制的什麼與怎樣」，由胡適翻譯，當時聽講者甚多，講稿傳出後更是轟動一時[36]。此舉播下了生育節制之觀念的種子。

在民國十四年的《申報》之上，我們看到好幾則有關避孕法與避孕藥的廣告，前者是由位於上海北京路鹽業銀行樓上的中華制育會所刊登：

防妊新法，不用藥品、器具、灌洗，及其他一切麻煩手續，可以操縱防妊期限之久暫，一切手續可親到或附郵致函詢問。（一九二五年十一月九日）

後者有二類，一為藥錠，一為避孕球：

文化日漸頓悟，繁產為人生之疣累，敝行供時世之要求，運銷哈德富制育良友藥錠，專功〔疑為供〕節制生育，大受社會歡迎。（一九二五年九月十三日）

多子多累古有明訓，蓋產兒過多，小之足以影響家庭生計，大之足以阻止人種改良，此山額夫人所以有提倡產兒限制之舉也。本公司前由美國運到萬應避孕球一種，功能節制生育，

36 陳東原，《中國婦女生活史》（台北：臺灣商務印書館，一九七七，臺五版），頁四〇八。

屢試不爽……凡抱有多子多累之苦痛者，請及早購用，勿再自貽伊戚。（一九二五年十二月五日）

這些避孕方法是否普遍為人們所接受我們不得而知，但可以確定的是從民國十四年前後開始，上海的都市社會中已經有一些人運用現代的科學方法實施避孕。

買藥與看病

《申報》醫藥廣告中對於藥品的價格與就醫的診療費用也有相當豐富的資料，從這些記載，我們可以了解民國初年都市社會中醫藥的價格。大體來看，在我們研究的時間範圍內醫藥價格並沒有很大的變化。以前文所述五洲大藥房之人造自來血為例，民國元年時「大瓶洋二元，每打三十元；小瓶一元二，每打十二元，至民國十四年還是這個價格，甚至到民國二十二年時也是如此。兜安氏秘製保腎丸的價格略漲，民國二年時每瓶一元二角，五年時一元四角，十四年時一元五角。以下略述數種藥品的價格。

例如感冒咳嗽，可服用瓣香廬驥製半夏，這是一種很有名的止咳中藥，大盒二元四角，小盒一元一角，每料六大盒十三元二角，該藥在廣告中宣稱，「尋常之症只須一小盒立奏奇功，雖至重至危症，如一息尚存，連服一料，包可立起沉疴，斷根不發」（一九一三年十月十八日），甚至宣稱「永無再咳之患，近更精益求精……能將已成之痰淘汰，化為精液，以補天一之水」。（一九一二年八月十五日）或者服用唐拾義久咳丸，每瓶一元，半打五元。（一九一五年一月一日）。這兩種藥價格也一直沒變。如服西藥，可購五洲大藥房的助肺呼吸香膠，「隨時服化一二片，立能咳止氣舒」，小匣每盒洋二元，每打二十元。（一九一三年五月十日）此外大生製藥公司有感冒藥片，號稱「服後能於三點鐘內立見效驗」，每大瓶大洋一元，小瓶六角。（一九二五年十一月十八日）

兒科藥物方面較有名的有五洲大藥房的福幼丹，此藥係中醫師朱少坡所製[37]，統治兒科各症「每瓶一元，小瓶五角」。（一九一九年五月五日）瓣香廬有小兒百病無憂散，也是大瓶一元，小瓶五角。（一九一九年七月十五日）韋廉士醫生藥局賣嬰孩自己藥片，一瓶六角，六瓶三元。（一九二五年十二月三十一日）

婦科方面五洲大藥房的月月紅、女界寶是通經補血之藥，價格都是每瓶一元，每打十元。中藥則有廣東鹿芝館的參茸白鳳丸，可調經種子，治療諸虛百損，價格「雙料每盒五丸，大洋一元；單料每盒十丸，大洋一元」。（一九一九年七月十六日）至於上述名為哈德富制育良友的避孕藥，「每盒一打價一元，每十二打價十元」。（一九二五年九月十三日）

男性專門購買的藥一為治療性病的藥，一為強精補腎的壯陽藥。太和大藥房賣的六〇六分內服與外抹二種，前者每瓶洋一元七角五分，後者每盒一元。（一九二三年十月二十三日）伯庸大藥房

37　朱少坡曾參加民國十五年創辦的一個中醫團體「上海醫界春秋社」，確知係中醫師，見張贊臣講述，王慧芳整理，〈上海醫界春秋社創辦的概況〉，《中華醫史雜誌》，十六卷四期（一九八六），頁二〇二。

的新六〇六藥片價格略便宜，每瓶是一元五角。（一九二一年六月九日）補腎丸方面價格並不很便宜，彭壽堂海狗腎補血生精如意丸，單料每瓶一元，雙料每瓶二元，大瓶四元。（一九一三年九月十五日）瓣香廬的廣嗣金丹，每盒二元，雙料五元。（一九一九年六月五日）英國製的第威德補腎丸，大瓶裝藥一百粒，每瓶二元七角五，小瓶四十粒，一元五角。（一九二二年十一月十一日）

大致而言藥品價格每盒（或瓶）是一至二元左右，若買整打則以十盒的價錢計算。至醫院或診所看病收費就略貴了，一般而言西醫是門診一元，出診五元或面議，另加號金一角；門診時間也有固定，有的是上午十時至十二時，下午二時至四時，有的則為十時至三時，天氣炎熱時還有醫生開放夜間門診；出診不限時間，隨請隨到，但深夜往診費用要加倍。茲舉數例：

遊美畢業西醫陳仲篪內外科，門診一元一角，上午十時至十二時，下午二時至四時，出診五元四角，下午四時以後，早晚加倍。（一九一三年十月六日）

西醫周邦俊，門診下午二時至五時，診金一元，號金一角；出診五時以後，診金五元，號金二角，提早逾時加倍。（一九一五年十月四日）

杏林醫院西醫符研輝，門診隨到隨診，診金一元一角，貧病送診，出診隨請隨到，診金四元，複診一律減半。（一九一九年七月二十八日）

顧君皋武孟河名醫費哲甫老先生之內弟也……診例上午十時起，門診一元二角，出診六元六角。（一九二五年九月十四日）

有些醫生或診所收費很有彈性，如綿貫醫院，軍警界看病減收四分之一，西醫湯美琳與一琴醫院廣告中都表示「貧病不計」；此外還有醫生定期義診：

女西醫朱彤章……每逢星期二四六上午九點至十點施醫贈藥，祗收號金一角。（一九一五年八月十三日）

或以醫術行公益，不求賺錢：

泰西醫學輸入中國，社會對西醫漸形信仰，唯生計困難，一家數口已有招呼不易之歎，遇有疾病，醫費繁重，竭蹶狀況更堪憐憫，為特訂以最廉之醫例，門診收洋五角，出診收洋一元，時間門診上午九時至十二時，出診下午二時至九時。（一九二〇年五月十四日）

中醫方面情況與西醫不太相同，從廣告來看，多數中醫師只規定診療時間卻沒有訂收費標準，如傷科秦秋濤先生，「常寓南市施家弄前，午後門診，逢禮拜日午後二時至五時，設期英租界寶善街中來安旅館」。（一九一五年十月二日）祝由科醫士楊好古「門診上午九時起二時止」。（一九一四年十一月十五日）甚至有些醫生診時與診金都不規定，中醫在這方面彈性顯然較西醫為大。中醫師中界定較清楚的是針灸科，如金針醫士魏指南：

> 診所設在天津路致遠街開泰客棧，定於陰曆三月初三日開診，惟恐就診人多，仍請先期到該棧掛號，以便約定鐘點，隨到隨診，診例仍舊，門診一元二角，自上午九時起，下午五時止，出診六元二角，均不論針數。（一九一九年五月五日）

李培卿針灸廣告也詳細談到時間地點與診金：

> 本醫生自舊曆九月起，馬家聽診期已停，惟英大馬路華商總會內，每逢四五六日上午九點開診，下午二點止，後在三馬路望平街同生公，二點至四點，診資門診一元，掛號一角，拔號加倍，出診另有規目。（一九一七年十一月十四日）

總之，當時去醫院或診所看病一次約要花費一至二元，請醫生出診則至少要五、六元。

對照當時人們的收入狀況，我們可以更清楚地了解這些價格的意義。民國九年至十四年，上海一般商業企業的「經理薪水普通三十至五十元，跑街帳席二十至三十元，少則五、六元」[38]；大公司的高級職員薪水較高，但一般的店職員收入卻很低，以規模最大的永安百貨公司為例，下表為民國十四、十五年各類人員平均工資[39]：

項目	1925年（元／月）	1926年（元／月）
管理	135.40	148.18
部長	58.94	66.69
帳房間職員	63.35	72.10
一般店職員	22.22	24.05
技工	21.00	19.83
勤染工	11.92	12.69
練習生	2.77	3.06

工人和農民的收入目前只找到較晚的資料。民國十七年上海各業工人每月平均收入，男工從十五元到四十四元，女工從五元到二十九元，童工從六元到十五元不等[40]。農民方面，民國二十一年曾對上海市陸行等八區農戶作實地調查，各地農戶全年之農產物、

38 自上海社會科學院經濟研究所編著，《上海永安公司的產生、發展和改造》（上海：上海人民出版社，一九八一），頁九七。
39 自上海社會科學院經濟研究所編著，《上海永安公司的產生、發展和改造》，頁九七。
40 上海市地方協會編，《上海市統計》，「勞工部分」，頁二。

副產物與副業合計，平均的收入如下[41]：

區別	平均每戶收入（元）
陸行	365
三林	286
漕涇	307
顓橋	391
真如	204
七寶	301
殷行	220
劉行	443
平均	314

從表中可見農戶平均收入全年是三一四元，平均每月只有二十六元，如果一戶以五人來說，其收入比工人差甚多。

從當時的收入標準來看，民初上海的醫藥價格並不便宜，一個月看一次病或買一瓶補丸，大約就花費掉中等人家十分之一的收入。

以上我們分時疫與救治、隱疾與郵購、戒煙、女性生活和買藥與看病等五方面，看醫藥廣告所反映的上海都市生活，作者不否認廣告陳述所呈現的世界可能與真實的生活有一段差距，也同意有很多重要的社會現象在廣告中完全看不到，但這些記載卻多少可以幫助我們更具體地了解當時的社會。整體而言，西方文化的影響逐漸地深入日常生活的層次，這種現象在都市中尤其明顯。人們進補時除了吃海狗鞭、補腎丸，也吃魚肝油和牛肉汁；人們生病時除了吃草藥、針灸、推拿之外，也可以接受注射、開刀等西醫的治療，這時雖然不少人腦子裡面還是存著「補腎固精」等傳統觀念，但西方文化所提供的各種新選擇已經逐漸地改變中國社會的面貌。而對內陸的許多地區而言，民初上海的都市生活正是它們未來的縮影。

餘論：醫藥傳統與文化變遷

以報紙廣告作思想史與社會史的分析是一個新的嘗試，其實任何過去所留下來的片紙隻字、一磚一瓦，只要善於發掘都可能透露出一個鮮活的歷史世界。廣告史料是一個有趣而又複雜的東西，其背後帶有廣告主與讀者之間的權力運作，前者企圖藉著廣告的陳述創造或強化後者的消費意願，但更重要的是無論是廠商的動機或是讀者的心態都受到文化的制約，他們是在文化所許可的範圍之內活動。因此廣告中一些習以為常的陳腔濫調（cliché），其實正展現了文化的特色。基本上本文是從「文化」的觀點探討《申報》醫藥廣告，思索近代中國在西方文化的衝擊之下，國人在心態與生活層面所發生的一些變遷，尤其著重對男性身體觀的影響。

近代中國在西方文化的衝擊下，從沿海的都市社會開始發生變化，今日看來這是一場波瀾壯闊的巨大變遷，然而在當時卻是一點一滴逐步凝聚而成的。首先在物質生活的層次，西方文化提供了許多新的選擇，無論是外國廠商在華投資，本國商人進口外國貨品，甚至留學國外的學生返國服務，都將一些新的東西帶到中國社會。剛開始這些新的事物並不立刻為人們所接受，因此廠商利用報紙廣告大作宣傳，他們甚至訴諸於中國傳統的世界觀來說服消費者，使消費者願意接受他們所販賣的「商品」，前文曾提到許多西藥廠商運用傳統中國「補腎」的觀念來推銷他們的藥物，就是很

41 上海市地方協會編，《上海市統計》，「漢藥部分」，頁四四。

好的例子，於是逐漸地，西方的物品成為人們生活的一部分。

物質生活的改變步調很緩慢，但影響卻很深遠。法國年鑑學派學者布勞岱（Fernand Braudel）在《文明與資本主義：十五世紀至十八世紀》的第一冊「日常生活的結構」指出：人乃其所食，麥、稻米、玉米三種主要作物代表了三種不同的文明型態，人吃的東西同時也象徵了在此背後有與食物相配合的社會組織與思想觀念，因此歷史發展要對文明有所作用，必須能改變物質生活的結構，才具有實質的意義[42]。從這個角度來看，吃補腎丸的行為背後有一套與之相應的世界觀，而吃魚肝油或維他命的人則有另一套想法，因此物質生活改變在不自覺之中也同時隱含了心態的變遷。歷史的複雜性往往超乎人類的想像，近代中國在西方文化的影響下，民國初年的都市社會中，有人專吃補腎丸，有人專吃魚肝油，更有人二種都吃。前文提到三組對應的對疾病成因與醫療方式的看法正可說明此一現象。我們無法統計某一類型有多少人，但同時接受中西二種醫藥傳統的人顯然愈來愈多。這種情形又與大眾傳播媒體上中、西醫藥界線不明有密切的關係。

中、西醫藥在報紙廣告中以及日常生活中雖然沒有清楚的劃分，但在理論上卻是截然不同的，前文分別談到中醫、西醫具有不同的分科原則、不同的制度構想以及不同的病因與醫療觀，甚至中醫觀念中的「腎」和西醫觀念中的 kidney 也不可同日而語；這顯示中醫和西醫是二個不同的醫療體系。因此從一個醫療系統的觀念去看另一個系統的觀念，常常是扞格不入。在中西文化融合的過程中，醫藥方面出現二種完全相反的現象，一種是前面所述在廣告和生活層面中西醫療傳統密切結合，毫不衝突；但是在學術領域兩者有時卻水火不容，這確實是很有趣的現象。從五四時代的傅斯年到當代的李敖、陳永興等人不斷地抨擊中醫是不「科學」、必須廢止或認為應該選擇性地融入「現代醫學的潮流之中」[43]，這種看法的基本預設是一種線性史觀，認為世界醫學的發展，不論地域與文化的差異，是由「野蠻」進步到「理性」與「科學」的一個過程，而西方現代醫學是屬於這條直線發展的最前端；所以他們認為沒有中醫、西醫之分，只有傳統醫學與現代醫學之分。胡適本來也持這樣的看法，民國十年他患腎病，西醫束手無策，結果北平的名中醫陸仲安治好了他的病，他才逐漸改變觀念[44]。本文不擬討論中、西醫之爭的問題，但基本上認為必須放棄線性史觀的思考

---

42 Fernand Braudel, "The Structure of Every Day Life," vol. 1 of his *Civilization and Capitalism: 15th-18th Century*（New York: Harper & Row, Publishers, 1981）, pp. 104-182; Fernand Braudel, *After Thoughts on Material Civilization and Capitalism*（Baltimore: The Johns Hopkins University Press, 1977）, pp. 11-12. 中文方面的介紹參考翟本瑞在《思與言》雜誌發表的多篇文章。

43 傅斯年的意見主要見〈再論所謂國醫〉、〈所謂國醫〉，《獨立評論》，第一一五號（北平：一九三四），頁二—八、一七—二〇；李敖，〈修改醫師法與廢止中醫〉，收入氏著，《傳統下的獨白》（香港：中華圖書出版公司，一九八〇），頁一四〇—一七五；陳永興，《醫療．人權．社會》（台北：新地出版社，一九八五），頁一四四—一五二。

44 鄭曼青、林品石編著，《中華醫藥學史》（台北：臺灣商務印書館，一九八二），頁四〇八—四一一。此事在胡適的日記上有記載，參見胡適，《胡適日記全集》（台北：聯經出版公司，二〇〇四），冊三，頁五九，一九二一年一月二十四日。

模式，承認不同的系統各自有其本身的系統性，中西醫療傳統的差異不是「傳統—現代」一言可以蔽之的。因此，作者認為以西方醫學的標準將中醫「科學化」，或者將中醫納入西醫系統之內，都是很值得反省的路。當然我們並不否認中醫、西醫有互相採借、學習的可能，但是中醫的改良必須從其本身理論做起，再配合醫療組織與教育方式的革新，可能這才是一條值得嘗試的路，在這個過程之中，西醫的理論只能提供有限的協助。

本文的研究主要是針對民國元年至十五年之間，上海都市社會中的各種現象，這些現象和當代之間的關聯也是一個十分值得討論的問題。以中國大陸的情況來說，中共政權建立後，上述對疾病與醫療的看法是否有相當大的變遷？作者抽樣地檢索五〇年代以來《人民日報》上的醫藥廣告，發現它所呈現的景象的確與民初《申報》上的情況很不相同。在報紙上我們幾乎完全看不到環繞著性的醫藥廣告，大部分的醫藥廣告都是「國營」製藥廠所出產之西藥的廣告。上述醫藥廣告的變遷涉及許多複雜的因素，從經濟的層面來說，廣告基本上在資本主義社會特別重要，許多所謂「不透明的貿易」都需要利用廣告來刺激需求曲線，然而在中共建國初期，醫院、藥廠、報社全為公營企業，這種經濟結構的變遷使舊的醫藥廣告消失殆盡。從思想層面來看，中共的意識型態認為與性有關的疾病是資本主義社會下的惡習，必須完全鏟除，在一本一九八二年出版的家庭醫學全書（內容包括中醫與西醫，是針對家庭的需求，提供衛生保健之知識的一本書）中，我們看不到「腎虧」這種病，而在男子性功能障礙一條下，書中提到[45]：

常見的男子性功能障礙有陽痿、早洩、遺精等……陽痿、早洩、遺精的防治，主要在於端正革命思想；樹立正確的世界觀，發揚革命樂觀主義精神，解除顧慮，克服一切不良習慣，正確對待性生活。

以端正革命思想來治療遺精的想法有一點令人匪夷所思，然而卻傳達出中共「正統」思想對這個問題的看法。不過傳統的影響根深柢固，並非想改變就可以徹底改變的，在一九八六年二月十九日的《人民日報》上，有一則吉林省長春人民製藥廠發行老君爐牌「鞭寶」一藥的廣告，談到：

鞭寶是採用多種動物的鞭與腎為主藥，配伍梅花鹿茸、人參、鹿尾粑和幾十種中國馳名藥材精工細做而成。該藥具有補腎益精、壯陽的功能。用於治療腎虛陽痿、腰膝疼痛、性神經衰弱等症。

顯然傳統的醫藥觀念並沒有完全消失，它們在蟄伏多年後，因為社會環境的改變，又重新冒了出來。

45 上海第一醫學院《家庭醫學全書》編輯委員會，《家庭醫學全書》（上海：上海科學技術出版社，一九八二），頁六九四—六九五。

轉而觀察台灣的情況，從民國初年至今日的確改變了很多，例如西醫由於日新月異的進展，在社會上已經取得優勢地位，他們較少在報上刊登廣告，反而中醫的廣告變得較多；此外新聞界與政府法令對醫藥廣告也有比較多的限制；但是類似民初《申報》上的醫藥廣告還是很普遍，尤其地方性的報紙和調幅廣播電台，以及一些隨報附送的廣告單，充斥著各種補藥與中醫診所的廣告，以一份民國七十六年（一九八七）底夾在報紙中，散發於台北南港地區的中醫廣告單為例，裡面反覆地談到：

> 腎為五臟之首，人生主命，妥善保養才能精旺神足，否則精氣枯竭，會誤了寶貴生命……所謂「精」並非單指精液這樣簡單，廣泛來說是指人體內一切活動的精力而言。人到中年難免腎虧，補養之道審慎將事。

由此可見男子的腎虧恐懼感並未隨著西方醫學的普及而消逝。這類廣告陳述的出現有非常複雜的文化與社會心理的因素，並非法規罰則所能徹底解決的。

當代大陸和台灣的醫藥廣告與醫療文化，及其對男性身體觀的影響，需要另作研究，在此無法細緻處理，不過本文以民國初年的史料所作的分析，或許可以視為一個參考點，而作為進一步研究之基礎，近代中國的許多變遷在這種比較研究的視野之下可以更充分地展現。

第七章

廣告與跨國文化翻譯

——二十世紀初期《申報》醫藥廣告的再思考

前言

本章之主旨在接續上章，以《申報》醫藥廣告探討二十世紀初期以來國人的身體觀，尤其男性的身體觀，如何受到全球化與資本主義跨國公司的衝擊，所產生的變化。《申報》中的廣告長期以來受到學者們的關注，研究者曾自不同角度切入，試圖理解廣告在該報中扮演了何種角色？又反映出近代中國歷史上哪些重要的思想觀念、物質生活與社會文化現象？在二手文獻之中已經有一些較重要的研究成果。較全面地討論《申報》廣告的文化意涵者為王儒年與許紀霖的作品，他們的研究顯示，《申報》廣告呈現出近代中國消費主義的意識型態，並建構起「物欲主義」和享樂主義的人生觀、男女性別角色與審美觀，以及民族與身分的認同感。就男性形象而言，《申報》廣告建構出「肌肉發達」、「身體強壯」的健美觀，此外理想男子還要有「發達的腦力」、「實用的知識」，以肆應物競天擇的世界，而達成「振興民族」的目標。在女性形象方面，廣告建構出男性所喜愛的「健康而性感的女性美」，包括「豐滿的胸部、修長的四肢、嬌嫩的皮膚、白嫩的面龐、烏亮的頭髮、整齊潔白的牙齒、精緻的指甲和略顯風騷的體態」[1]。由此可見理想的男女形象已生變化。其他的研究者多在此基礎上，做更細緻的剖析。他們藉由廣告來說明當時某些新觀念的傳播、新式知識的建構，以及在民國時期廣告如何塑造出一些有別於傳統的社會角色。例如：以鋼筆廣告研究現代書寫與身分認同、以香皂等清潔用品之廣告研究現代衛生觀念與現代氣味之出現，或以汽車廣告研究新的生活場域與男女互動；又如以服飾、用品（如藥品、乳品、百貨公司），以及塑身美容與銀行等廣告研究「摩登女郎」（modern girl）、「現代家庭主婦」（modern housewives）或「理想女性」的形塑[2]。不過廣告所建構的情境並不全然是一個嶄新的世界，而呈現了「中／西」、「新／舊」交織之圖景，因而反映在「時間、空間、語言及意象的多重混雜性」的矛盾性格之上。例如，許多廣告將象徵「中國」與「西方」的兩個意象「並置」於一個虛構的畫面中，而在當時的現實生活中，

1 王儒年，《欲望的想像：一九二〇—一九三〇年代《申報》廣告的文化史研究》（上海：上海人民出版社，二〇〇七）。許紀霖、王儒年，〈近代上海消費主義意識形態之建構——一九二〇至一九三〇年代《申報》廣告研究〉，收入姜進主編，《都市文化中的現代中國》（上海：華東師範大學出版社，二〇〇七），頁二五五—二五七。

2 祝平一，〈塑身美容、廣告與台灣九〇年代的身體文化〉，收入盧建榮主編，《文化與權力：台灣新文化史》（台北：麥田出版，二〇〇一），頁二五九—二九六。Tani E. Barlow, "Buying In: Advertising and the Sexy Modern Girl Icon in Shanghai in the 1920s and 1930s," in Alsy Eve Weinbaum, et al.（eds.）, *The Modern Girl Around the World*（Durham and London: Duke University Press, 2008）, pp. 288-316; Weipin Tsai, *Reading Shenbao: Nationalism, Consumerism, and Individuality in China 1919-37*（London: Palgrave Macmilian, 2009）, pp. 71-102；廖佩君，〈清潔、衛生與民國時期的消費文化〉（台北：國立臺灣師範大學歷史研究所碩士論文，二〇一〇）。

此種刻意將中西並置的現象亦屬相當流行[3]。

中西、新舊之並置在《申報》的醫藥廣告之中尤其明顯。在本書第六章筆者曾剖析這些琳琅滿目的醫藥廣告創造出一種新的、夾雜中西醫療元素的「身體知識」。這些醫藥廣告之論述大致可分為兩種類型：第一類是綜合型，亦即宣稱無所不治或無所不補的醫療方式或藥品。第二類是專門針對某種部位的藥品，其中腎、血、腦三處最受重視，被認為是最應滋補、調治的身體部位[4]。筆者在文中指出：藥商在設計廣告之時很有技巧地結合新舊、中西醫療傳統的若干訊息，建構出一套關於「身體知識」的論述模式；此類知識自清末以來在中國社會發揮了深遠的影響力，其內容甚至可能要比從專業、正統的醫學資訊，亦即醫院、醫校、醫生，或醫學期刊、雜誌等來源所得到的知識更加重要。這種混雜了各種訊息的廣告文字，有效地提升了某些藥品，尤其是來自西方藥品的形象，並進而加強了其在市場上的競爭力。拙文的看法與 Barbara Mittler 等人的發現相配合，認為《申報》醫藥廣告呈現出上海文化中混雜、交織的特殊樣貌[5]。

近幾年的研究成果，讓我們對《申報》醫藥廣告及其文化脈絡有進一步的認識。高家龍（Sherman Cochran）的 *Chinese Medicine Men*（《中國藥商》），以藥品業作為切入點，進而理解二十世紀前半葉的中國是如何因應全球化的衝擊。他指出，當時中國消費文化有兩個不同的發展方向：一是大型跨國公司由上往下的「同質化」（top-down process of homogenization）過程，另一個則是由下往上的「地方化」（bottom-up process of localization）發展。除此之外，於此運作的同時，還有一種居間的掮客與代理人，或所謂在地企業家，在「上往下」與「下到上」之間，從事調節的工作。他們不但能將新產品從上海那樣的大城市推展到內陸城鎮與東南亞的華人社群，也有能力將外國商品轉變為國人所熟悉之商品[6]。此書處理了北京同仁堂（販賣傳統中藥）、中法大藥房（販賣人丹與艾羅補腦汁等）、五洲大藥房（販賣人造自來血等）、新亞製藥廠（販賣當歸兒、培生蒙與醫療用具等）與虎標永安堂（販賣萬金油）等幾家藥廠和產品。作者尤其強調在各種藥品的行銷方面，廣告扮演了極為關鍵性的角色，例如中法大藥房黃楚九推銷西式「新藥」的成功，與其具有

3 Barbara Mittler 探討具濃厚商業取向的《申報》，如何從一個外國人經營的報紙，轉變為一份在人們日常生活、公眾領域中非常重要的中國報紙。作者曾以「仁丹」與「散拿吐瑾延年益壽粉」（Sanatogen）廣告中結合了來自東西文明的「符徵」（signifiers），說明上海生活與文化上複雜交織的性格。總之，它既與傳統有所不同，又與影響它的西方（與日本）原型有所差異。Barbara Mittler, *A Newspaper for China: Power, Identity, and Change in Shanghai's News Media, 1872-1912*（Cambridge, Mass.: Harvard University Asia Center, 2004），pp. 318-321.

4 黃克武，〈從《申報》醫藥廣告看民初上海的醫療文化與社會生活，一九一二—一九二六〉，《中央研究院近代史研究所集刊》，第十七期（下）（一九八八），頁一四一—一九四。參見本書第六章。

5 Barbara Mittler, *A Newspaper for China*。黃克武，〈從《申報》醫藥廣告看民初上海的醫療文化與社會生活，一九一二—一九二六〉；參見本書第六章。

6 Sherman Cochran, *Chinese Medicine Men: Consumer Culture in China and Southeast Asia*（Cambridge: Harvard University Press, 2006），pp. 53-60.

創新性的廣告手法密切相關[7]。這一觀點與張寧對於黃楚九「艾羅補腦汁」之研究相配合。張寧指出該藥品之廣告即同時訴諸於西方「腦」與「腦氣筋」之理論，以及道家仙徒所言「腦為髓海」之概念，宣稱「腦為一身之主」，以及此藥品之療效不僅為腦，也包括遍布全身的各種病症[8]。

誠如高家龍、張寧所示，欲於中國販賣西藥（或「新藥」）須仰賴在地化策略，像是將外國廣告的內容、要旨，轉換成為中國民眾容易接受和理解的訊息。這方面較深入的個案研究，可以參見吳方正對《申報》中有關「長命洋行的衛生電帶」廣告的討論。

此種自美國進口而具療效之商品，其原名並無「衛生」，而為"Dr. Mclaughlin's electric belt"（Mclaughlin 博士的電帶）。在美國販賣時，廣告圖像是採用《聖經》中大力士參孫（Samson），或希臘羅馬神話中英雄的形象，藉以傳達出一種可以在使用該商品之後變為強壯的概念。但在引進中國販賣時，廣告策略便隨著文化、國情的改變而有所轉換。因此，該商品在一九〇五年《申報》上刊登的廣告，便放棄原先西方文化中的力士圖樣，轉而以晚清薙髮長辮的中國男子形象出現[9]。有趣的是，下半身卻保留美國廣告中英武健美的身軀。作者不確定此種抽離文化脈絡的圖像策略在當時是否奏效，不過他認為此一廣告圖像預示了日後「裸露的身體描繪」之誕生[10]。

吳氏比較了相同產品在相異的文化情境中，如何將西方的廣告內容，加入中國式的元素，此種「廣告創意」實為當時在中國販賣「洋貨」的重要手法。該文的研究取徑，亦即跨國廣告文本對比，為廣告史研究開啟了一個嶄新的視野。如能以此來分析醫藥廣告，那麼除了更深入認識廣告與所其宣傳之藥品外，還能進一步理解民國初年那種中西混雜的「身體知識」是如何經由翻譯、挪用、改寫的過程而形成的。

本文將以幾種二十世紀初期在中國販賣的西方醫藥產品為例，分析這些藥品廣告在中國的呈現方式與同一商品在美國、澳洲、紐西蘭、新加坡、日本與台灣等不同國家或地區販賣時，其呈現方式之異同，並闡述其文化意涵[11]。其中，焦點將特別著重於跨國「文化翻譯」在《申報》與其他媒

---

7 Sherman Cochran, *Chinese Medicine Men: Consumer Culture in China and Southeast Asia*, pp. 38-63.

8 張寧，〈腦為一身之主：從「艾羅補腦汁」看近代中國身體觀的變化〉，《中央研究院近代史研究所集刊》，第七四期（二〇一二），頁一九—一二二。

9 Carl Crow（1884-1945）是一位民國初年在上海從事廣告業的美國商人。他指出當時販賣成藥亦有類似的現象：假設我們告訴你，一些中國運動員之所以擁有如參孫般的力量，是因為他也服用了此補藥。而在幾世紀前，成吉思汗之所以能統一天下，也是靠這種藥呢！你說，這豈不是頗具說服力？我可以確信，這的確很有效。Carl Crow, *Four Hundred Million Customs*（New York: Halcyon House, 1939）, p. 213.

10 吳方正，〈二十世紀初中國醫療廣告圖像與身體描繪〉，《藝術學研究》，第四期（二〇〇九），頁八七—一五一。吳方正也曾分析二十世紀初期報紙中裸體畫、裸體寫生等的報導與廣告，及其反映人體再現引入中國的過程。吳方正，〈裸的理由——二十世紀初期中國人體寫生問題的討論〉，《新史學》，十五卷二期（二〇〇四），頁五五—一一〇。

11 本文有關美國地區的報紙係運用美國國會圖書館的〈Chronicling America 報紙檢索系統〉，http://chroniclingamerica.loc.gov/。

體的醫藥廣告中所扮演之角色。此處所討論的「翻譯」，不僅是指在對等語詞中進行商品廣告的翻譯，而是更加強調利用詮釋、挪用與引申等手法，在主方語言（host language）與客方語言（guest language）之間，建立一個具有假設性對等關係的比喻。此一模糊的中間地帶（middle zone）即是廣告操作的基礎[12]。其中，負責拿捏與呈現這些醫藥廣告的人便是廣告公司經紀人或外國藥廠在中國分公司中廣告部門的工作者。他們將藥品的原始廣告內容加以改換，並加入中國當地的元素，以有效地傳達訊息，而助其增加銷量。此種文化翻譯的商業策略，是二十世紀初期得以透過報紙廣告建構出一種「新身體論述」的重要原因。在本章中，筆者將嘗試從知識定位與國際文化傳譯的角度，來觀察《申報》醫藥廣告中所呈現的文化圖景。

民初身體知識之圖譜

《申報》中的醫藥廣告到底具有那些意涵？這是個相當複雜的問題，其中至少涉及了以下幾個面向：一、經營面，如藥商如何利用廣告傳播的方式建立商業網絡與販賣商品；二、媒體面，例如探討藥商所採取的廣告策略（名人推薦、以廣告偽裝新聞、圖像設計等）與媒體選擇（報紙、雜誌或看板等）等；三、社會與政治面，例如廣告所訴諸的消費物件，以及創造出何種理想或國族的身分認同；四、知識面，廣告內容建構了哪些關於身體與醫療的認知。

上述四個面向之間是相互影響的，而筆者擬將把焦點放於前述第四點，亦即探討這些醫藥廣告究竟傳遞出何種身體知識？此一部分對其他三者亦產生影響。本文中所謂的「知識」是指有道理而能配合真理的信念，亦即"justified true beliefs"，而這樣的觀點也牽涉到何謂「科學知識」。二十世紀後半葉之後，西方學界出現了一種反駁波普（Karl Popper）式的實證主義思潮，轉而強調科學的「典範論」。如孔恩（Thomas Kuhn）的典範理論與羅蒂（Richard Rorty）的實用主義哲學所揭示，所有科學觀念與歷史性的構想常常糾纏不清，因此只能將之視為是在某一特定「典範」影響之下所從事具有解決問題能力之「常態研究工作」。而典範亦會隨著時間而改變，在所謂「技術崩潰」，並出現大量不符合典範的變異現象時，也就是新典範即將建立的時刻。這樣一來，沒有任何的科學知識可以宣稱，該理論能夠完全把握客觀而普遍的真理，同時這一理論也泯滅了「科學知識」與「意識型態」（依照席爾斯〔Edward Shils〕所說的定義）之間的區別[13]。

孔恩的典範論源於近代西方思想上的懷疑主義與相對主義，是「悲觀主義認識論」

---

12 關於主方語言與客方語言在翻譯中的問題，請參見：Lydia Liu, *Translingual Practice: Literature, National Culture, and Translated Modernity—China, 1900–1937* (Stanford: Stanford University Press, 1995), pp. 40-41.

13 對席爾斯來說，意識型態是一種信仰體系或生活指南，它通常將事實與規範性的陳述結合成一個明確而易於了解的體系，並以一些簡明的口號來顯示其意旨。此一體系具有權威性與強制性，可謂為人類行為提供合法性的依據。

（epistemological pessimism）的發展[14]。其理論受到諾貝爾獎得主的物理學家Steven Weinberg的強烈攻擊，認為孔恩縮小了自然科學作為一種客觀的、超越文化之知識體系的範圍[15]。不過典範的觀念仍有其價值，可以幫助我們對廣告傳達之知識作一定位，並區隔描寫與評估，避免從某一特定觀點評估其他觀點（如以西方科學為「真理」，而認為其他觀點則是「迷信」）。

因此，以下嘗試宏觀地來觀察民初身體知識的概況。其整體面貌十分複雜，然大致可分成三種知識典範：一、傳統中醫論述。以「陰」、「陽」、「五行」等概念為基礎來解釋身體與疾病；二、以現代西方科學為基礎的西方醫學典範；三、中西混雜，結合上述兩種典範概念的醫學論述。此三類醫學論述，實並存於民國初年。甚且，今日在中國大陸、台灣及世界各地（尤其是華人社區），仍可發現此三者並存之情形。

中國傳統醫學有長遠的歷史背景，在民國初年之後的中醫論述仍保有其生命力。在此可以惲毓鼎（一八六三—一九一八）為例。惲毓鼎原籍江蘇常州，寄籍順天大興，一八八九年（光緒十五年）中進士，歷任日講起居注官、翰林院侍講、國史館協修、纂修、總纂、提調，與文淵閣校理等，著有《惲毓鼎澄齋日記》。辛亥革命後，他以滿清遺老的身分居於北京，過著行醫、鬻字的生活。據其日記記載，惲毓鼎自一九〇一年便開始以研治傳統儒家經典的精神來習醫，並為人治病。他不但行醫濟世，而且自信診病時只要從傳統醫書「經文所見證象，以理想實之，自信無殊實驗」。此外，他也努力提倡傳統醫學教育，是近代中醫學校創立的先行者。他曾說：「吾平生大願，欲請鉅款設一極大醫學……附立傷科、產科，兼立醫院，以為實地練習，藥物檢查，所以杜藥肆偽混，開中華四千年未有之業，造億萬百姓健全之福。」[16]

惲毓鼎雖也閱讀西醫書籍，然其對中醫的看法，以及透過醫學實踐與醫書著述所表達出的論點顯示：惲毓鼎的身體知識仍是屬於傳統醫學的論述範疇[17]。民國以後，像惲毓鼎那樣延續傳統醫學論述的人不在少數，這和一些人在二十世紀初期所觀察到的一樣，即便當時人們已受到現代教育的薰陶，然大多數人仍十分相信傳統的醫學與醫師。直至一九三〇年代，甚至到一九五〇年代後，如 Wakeman 所述，傳統醫學論述雖有曲折的發展，其間又遇到中西醫之間的鬥爭，然中醫論述的根基仍屹立不搖，並受到像陳果夫、陳立夫等政壇要人的支持[18]。

---

14 Thomas Metzger, *A Cloud Across the Pacific: Essay on the Clash between Chinese and Western Political Theories Today*（Hong Kong: The Chinese University Press, 2005）, pp. 21-50.

15 Steven Weinberg, *Facing Up: Science and Its Cultural Adversaries*（Cambridge, Mass.: Harvard University Press, 2001）, pp. 207-209.

16 惲毓鼎著，史曉風整理，《惲毓鼎澄齋日記》（杭州：浙江古籍出版社，二〇〇四），頁六一四。

17 另一個有趣的例子是張錫純（一八六〇—一九三三）。請參見：Angelika C. Messner, "On 'Translating' Western Psychiatry into the Chinese Context in Republican China," *Mapping Meanings: The Field of New Learning in Late Qing China*（Leiden: Brill, 2004）, p. 650.

18 Frederic Wakeman, Jr., "Occupied Shanghai: The Struggle between Chinese and Western Medicine," in *China at War: Regions of China, 1937-45*（Stanford: Stanford University Press, 2007）, pp. 265-287.

第二類為在中國的西方醫學典範。它源於明末以來傳教士與留學生等人所譯介之西方現代醫療衛生方面的相關知識。這一典範可以《婦女雜誌》中「醫事衛生顧問」的主持人杜克明、程瀚章兩位醫師的言論為例。這兩位都是專業的西醫：杜克明是上海同濟醫學院的畢業生，負責「醫事衛生顧問」的時間較短，僅一九二五年中的三個月，其後由程瀚章接手。程瀚章生於一八九五年，字念劬，江蘇吳江人，教育背景不詳，可能有留學之經歷，也可能與包天笑（一八七六—一九七三）一類型的人物類似，自習日語而從事翻譯[19]。他曾在商務印書編譯所任職，參與過許多中小學教科書的編輯。程瀚章編寫的《新學制衛生教科書》共四冊，每冊十六課，每課均採取三段式的結構：先以暗示、問題和觀察等形式導入，然後是簡短的課文，最後再以衛生方面的習題深化課文主題。或許因為教學的物件是小學高年級學生，課文內容以身體器官和傳染病的成因、症狀等理論知識為主，並輔以急救、看護病人、綳帶使用等實用型知識。書中所附的圖片不多，多為基本人體臟器構造圖。作者另外還編纂了配套的《新學制衛生教授書》四冊，供教學時參考[20]。此外，他還出版了許多有關生理衛生、運動醫學、醫藥辭典方面的書籍。一九二六年一月起，他擔任「醫事衛生顧問」的主持人，同時還在《婦女雜誌》上翻譯日本醫學新知或親自撰寫醫藥衛生方面的文章。

根據張哲嘉的研究，杜克明、程瀚章兩位醫師均「致力宣揚現代醫藥衛生觀念」、「貶斥中國傳統醫學為荒唐迷信」。他們認為西醫是以「科學為立腳點」，一切均根據實驗，「腳踏實地，至為穩妥」；而中醫的陰陽五行之說，「虛無縹緲」、「乃是自欺欺人之談」。在對於成藥的態度方面，他們則是「貶斥中醫或偏方，而大力支持經過科學驗證的西藥」[21]。

第三類典範是中西交雜的折衷醫學論述。許多研究者均指出，雖然西方醫學觀念早在晚明就已傳入，但傳統身體知識仍然廣泛流傳於中國社會。在民國時期，此種現象有如「傳統身體觀念的幽靈仍一再出現」，在人們身上與現代衛生觀念交織糾結著，這也成了西醫診療時最大的困擾。他們往往要比附病人對於自己身體的認知，同意有中醫所謂的「肝火」、「腎虧」等現象，才能獲得病人的信任，而有機會替他們治療[22]。這種情況反映出當時中國社會，存在著一種中西交織的身體論述。此一想法大致上具有以下的特點：一、混雜性：其內容結合了傳統醫學與現代西方醫藥衛生的語彙與觀念，且不具系統性，並隨時因資訊更新而產生變化和調整。這一觀點有時與前兩類論述會形成對抗的關係；二、以實效性為判準：論述的判準或內容與行動之取捨，以是否能即時、有效說明疾病成因，並治癒症狀為依據；三、此類論述主要經由大眾傳播媒體，尤其是借著報紙與雜誌廣

19 包天笑，《釧影樓回憶錄》（台北：龍文出版社，一九九〇）。

20 朱慧穎，〈民國時期小學衛生教育初探——以天津為例〉，《浙江社會科學》，第四期（二〇〇八），頁八三—八七。

21 張哲嘉，〈《婦女雜誌》中的「醫事衛生顧問」〉，《近代中國婦女史研究》，第十二期（二〇〇四年十二月），頁一四五—一六八。

22 張哲嘉，〈《婦女雜誌》中的「醫事衛生顧問」〉，頁一五七—一五八；雷祥麟，〈負責任的醫生與有信仰的病人：中西醫論爭與醫病關係在民國時期的轉變〉，《新史學》，第十四期（二〇〇三），頁四五—九六。

告來傳播與形塑的。

這一種中西混雜的醫學論述與身體知識究竟是如何形成的呢？其中涉及許多思想與非思想的因素，尤其是近百年來中西醫間的衝突，知識、身體與國家權力的競逐和角力等[23]。不過形塑這種論述最直接的力量，無疑是大眾媒體在一個跨文化翻譯過程中所傳達的各種訊息。這類廣告翻譯的工作，靠著許多廣告設計人才，尤其是參加上海廣告協會（Advertising Club of Shanghai）的一些新聞機構及廣告業者的投入，才得以完成。例如，Carl Crow 曾在上海經營一家廣告公司，負責將美國公司的商品廣告加以轉譯，再刊載於中國本地報紙。從 Crow 的記錄來看，當其欲「製作」一則廣告時，通常就是將原廣告圖像加以重繪[24]。著眼於此，《申報》的醫藥廣告，確為一可供研究者觀察跨國「文化翻譯」之場域。本文將通過幾則事例，說明文化轉譯如何影響醫藥廣告並形塑身體知識。可惜的是，筆者未能掌握這些廣告公司或外國藥廠在中國分行的相關檔案材料。因此，僅嘗試從比較幾種商品之廣告內涵入手，析論其所反映的身體知識與意義。

跨文化翻譯影響下的《申報》醫藥廣告

清末民初許多西方與日本的藥品開始輸往中國市場，同時，本土藥廠亦推出所謂的「新藥」在市場上與之抗衡[25]。雙方之間的競爭，帶出一場報紙、雜誌上的廣告戰爭。因此，醫藥廣告也成為最受矚目的欄位，在《申報》、《婦女雜誌》與《東方雜誌》等報章上的狀況均是如此。

前文曾提及，《申報》的藥品廣告大多集中於幾種疾病與症候，如腎、血、腦等三處，這些藥品在銷售之時大都會依賴上述的跨文化的翻譯策略，以下分別說明。

補腎丸

關於補腎藥品的部分，本文將以兜安氏西藥公司（Foster-McClellan Company）販賣的之「兜安氏秘製保腎丸」為例，來做說明。此藥由加拿大籍的 James Doan（1846-1916）發明、行銷，其後被引入中國。根據其家族史所述：

---

23 參見楊念群，《再造病人：中西醫衝突下的空間政治（一八三二—一九八五）》（北京：中國人民大學出版社，二〇〇六）。

24 Carl Crow, *Four Hundred Million Customs*, p. 105; Paul French, *Carl Crow—A Tough Old China Hand: The Life, Times, and Adventures of an American in Shanghai*（Hong Kong: Hong Kong University Press, 2006）, pp. 91-97.

25 有關新藥之界定請見張寧之研究。張寧，〈阿司匹靈在中國——民國時期中國新藥業與德國拜耳藥廠間的商標爭訟〉，《中央研究院近代史研究所集刊》，第五九期（二〇〇八），頁一〇三。文中指出：當時各西藥房賣的成藥之中，有中藥原料與東藥名詞夾雜其間，故不宜稱為西藥而改稱「新藥」。一九二七年在黃楚九倡議下成立了「上海新藥工會」。

兜安先生為藥理系出身，一八六七到一九〇四年間於 Kingsville 開業。他是「兜安氏保腎丸」的創始人，並將此藥推廣至北美大陸。據報導指出，該藥還在創始階段時，兜安先生曾以本身技術與加拿大多倫多的 T. Milburn Co. 交換，用以求取製藥成分。其後，因為需求量日增，兜安氏乃將此藥專利權賣給 T. Milburn Co.，而美國部分的專利賣予 Foster Milburn，海外專利權則給 Foster-McClellan Co.。這些事項皆在兜安先生一九〇四年退休前的六年之內完成。[26]

該製藥公司於世界各地設立了許多分公司，分別設在紐約、倫敦、雪梨與上海等地。從商務印書館編輯的《上海指南》及其他相關史料則可知 Foster-McClellan Co.在上海的分行為「兜安氏藥坊」，或稱「兜安氏西藥公司」，其地址目前得知者先後為：

一九〇八　泗涇路九號[27]

一九一四　河南路[28]

一九二〇—一九二五　北京路五號[29]

一九三〇　江西路七一號[30]

從地理位置上來看，其地點均位於黃浦江與蘇州河之間，為英國租界區內的繁榮地區，且距離知名妓院「薈芳里」只有幾個街區之遠。

兜安氏西藥公司所販賣的藥品，主要對治的焦點集中於腎、血、肺，止痛及霍亂等。其中最知名的產品當屬「兜安氏秘製保腎丸」。它內含：杜松油、硝化鉀、一定量的樹脂、葫蘆巴種子的粉末、小麥、玉蜀黍、澱粉等。這些成分中，值得注意的是其中包含「葫蘆巴的種子」之粉末。葫蘆巴原產於地中海，可能於唐、宋之時即傳入中國，在中藥之中它被用來治療腎虛等方面的問題，也有中醫師認為葫蘆巴具有促進男性健康的功效，包括治療早洩和性欲減退等[31]。「兜安氏秘製保腎

---

26 Alfred Alder Doane and Gilbert Jones Doane, *The Doane Family*（Boston, 1961）, p. 32. 該公司之英文名稱應為 "Foster-McClellan"。

27 *The Straits Times*（Singapore）, 19 November 1909, page 10, column 4.

28 商務印書館編譯所（編），《上海指南》（上海：商務印書館，一九一四），第六卷，頁一一二。

29 商務印書館編譯所（編），《上海指南》，頁一九五。

30 林震（編），《上海指南》（上海：商務印書館，一九三〇），頁一四五。

31 據（明）李時珍編撰的《本草綱目》（香港：商務印書館，一九三〇）。《本草綱目》：葫蘆巴，苦，溫，入腎、膀胱二經，功用為補腎陽，祛寒濕，治寒病即腹脅脹滿，治冷氣疝瘕、寒濕腳氣，益在腎，暖丹田。見〈葫蘆巴的功效及來源〉，http://blog.yam.com/bsamsq/article/15176729。（點閱時間：二〇一二年二月二十九日）亦參見維基百科對該草藥之介紹。除了促進男性健康之外，此藥材具有其他多種功效，包括治療便秘、痢疾、

丸」因包含葫蘆巴種子，因此對治療與性能力相關的病症可能有一定之功效。不過「兜安氏秘製保腎丸」在一九二〇年代的美國，曾被判定為是一種「假藥」[32]。在上一章筆者曾指出，該藥品在《申報》上刊載的廣告，一方面訴諸傳統中國「秘製」、「腎虧」的觀念，強調「腎虧百病叢生，腎強一身舒泰」；另一方面則介紹西方醫學中「腎功能」的觀念，如利尿及清血。在此一表述之中模糊了中醫論述之中的「腎」與西醫論述之中的kidney，因而忽略了兩者的不對等性。此外，該藥還宣稱可治療背痛、腰酸、四肢浮腫、水腫、小便不利、風濕麻木等症狀[33]。「兜安氏秘製保腎丸」廣告，結合中國與西方醫學對於「腎」的雙重論述，該藥又使用中藥材中所有的葫蘆巴種子，使其在宣傳概念與藥品內涵上均表現出中西混雜的性格。

兜安氏的「補腎丸」似乎並未輸入至日本和台灣，其原因不很明確，或許是因為這兩地禁止

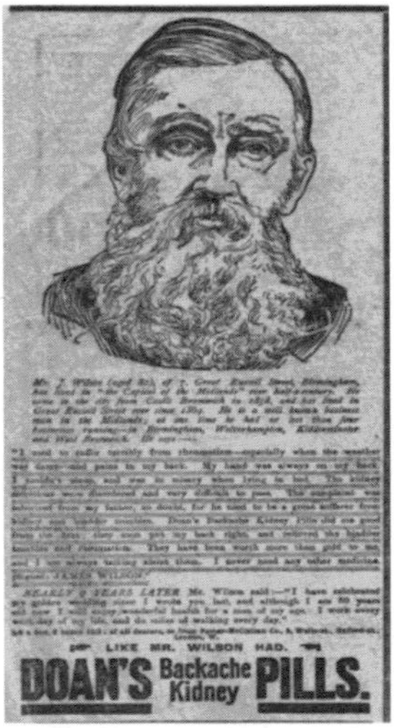

圖一[34]

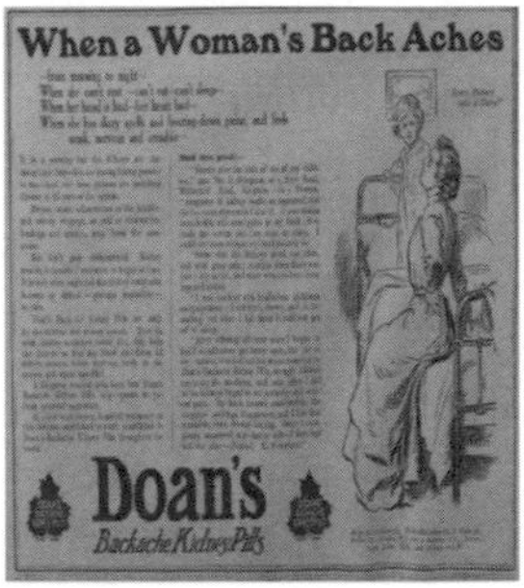

圖二[35]

圖三[36]

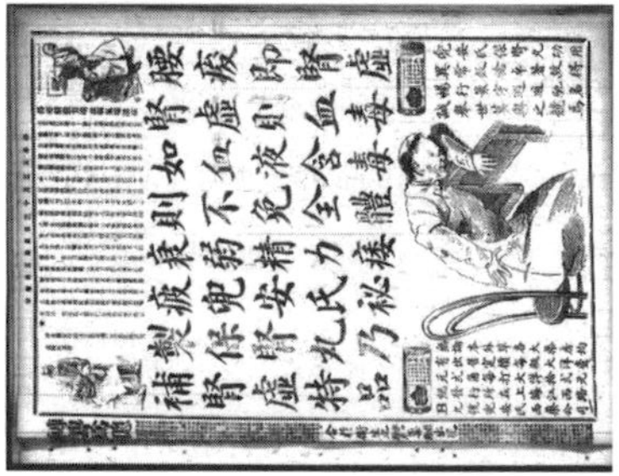

圖四[37]

圖五[38]

消化不良，控制糖尿病，降低膽固醇，舒緩喉嚨痛和咳嗽，促進乳房發育和孕期產乳量等作用，http://zh.wikipedia.org/wiki/%E8%83%A1%E8%8A%A6%E5%B7%B4。（點閱時間：二〇一二年六月八日）

32 對於此種藥物成分的詳細分析，請參見：British Medical Association（ed.）, *Secret Remedies-What They Cost and What They Contain*（London: British Medical Association, 1909）, pp. 67-69. 美國對假藥之認定，請參見：American Medical Association（ed.）, *Nostrums and Quackery: Articles on the Nostrum Evil and Quackery*（reprinted from the Journal of the American Medical Association）, Vol. 2（1921）, p. 191.

33 黃克武，〈從《申報》醫藥廣告看民初上海的醫療文化與社會生活，一九一二—一九二六〉，頁一六六—一六七。參見本書第六章。

34 *Kentish Express & Ashford News*（UK）, 14 May 1910.

35 *The Illustrated London News*, 18 June 1914.

36 *The San Francisco Call*, 10 April 1904.

37 《申報》，一九一四年三月十七日。

38 《時報》，一九一一年五月十三日。

販賣此類成藥所致[39]。然而，在新加坡與其他東南亞國家，則可看見兜安氏西藥公司採取類似的廣告策略，在華文報紙上以中國人所能接受的腎虧概念販賣保腎丸；在英文報紙上則採取與歐美、澳洲等地相同的英文論述方式[40]。若我們將此藥品在英國、澳洲、紐西蘭與美國的廣告與《申報》（及《時報》）上中文廣告加以比較，將會發現兩者有極大的差異。（見圖一至圖五）首先，中文廣告的論述明顯地企圖將腎與男子的「精力萎疲」連結在一起，而「腎虧」、「腎虛」所指涉的即是性能力衰弱，乃至整體的衰弱。英文廣告則著重在「腎」、「血」、「背痛」三者之間的關係，亦即衰弱的腎會使血液有毒、有毒的血液則是腰酸背痛的主因。換言之，「腎虧」和治療性功能障礙等涵義在英文廣告中並不存在。其二，英文廣告強調該藥物在治療成年男女的風濕及背痛，從廣告圖像為一因背痛而苦的家庭主婦，可知該藥廣泛訴諸不分男女的使用者，而家事操勞的女性是宣傳的重點。中文的廣告雖亦表達普遍性的要求，然主要針對男性「腎虧」之恐懼。由此，便可看出同一藥品在不同地區販賣時，因論述策略之不同，其所針對之消費族群是有所差異的。不過，我們也不可過度強調兩者差異的絕對性。事實上在一九三〇年代《申報》「兜安氏秘製保腎丸」的廣告（如一九三四年十二月十二日），雖仍用「腎虧」之概念，然其主旨與英文廣告十分相同，都是訴諸腰酸背痛的婦女，「背痛腰酸、風濕痛為腎虧之警告，切勿輕視……此藥強腎清血，專治腎虧各症，萬無一失」[41]。

另一個例子是「第威德補腎丸」，原名為 De Witt's Kidney and Bladder Pills（第威德氏腎與膀胱丸）。其英文廣告是訴諸可改善因尿酸或腎功能過濾尿液不全，所導致的背痛、腰酸及腫脹。然而，其在《申報》中的一則廣告，卻將焦點放在專治「遺精症」[42]。（圖六、圖七）類似的廣告，還有新加坡華文報紙上的 Lawsno's Kidney Pills，中文譯作「英京羅士露大醫生強精補腎丸」[43]。不過此商品未能在英文廣告中找到，有可能是華人所製的藥品，卻掛著洋人的品牌販賣。

---

39 明治早期，日本政府針對成藥販賣訂定嚴格的法令。這方面可參見：高木與八郎、小泉榮次郎編，《賣藥製劑備考》（東京：英蘭堂，一八九七），頁七七二—七七六。

40 值得注意的是，該醫藥廣告在新加坡英文報紙上所採取的策略與原本英文廣告的文化語境相似。如 Doan's Backache Kidney Pills，在一九三〇年七月一日的 *The Straits Times* 上的廣告。

41 值得注意的是，在傳統中醫理論中腎虧並非男子專有的病症，婦女亦有腎虧。如專記婦人疾病之書《婦人大全良方》即有「本事青鹽丸治肝腎虛損。腰膝無力。顫振亸曳」、「下虛者，腎虛也，故腎虛則頭痛；上虛者，肝虛也，故肝虛則頭暈」。上文中之「腎虛」即專指婦人之病症。參見 http://www.theqi.com/cmed/oldbook/book111/b111_04.html。（點閱時間：二〇一二年六月八日）作者感謝張哲嘉教授提供此一參考資料。

42 《申報》，一九二三年十月六日。黃克武，〈從《申報》醫藥廣告看民初上海的醫療文化與社會生活，一九一二—一九二六〉，頁一七六。參見本書第六章。

43 「英京羅士露大醫生強精補腎丸」，《叻報新聞紙》（新加坡），一九一五年五月十日，頁三。

圖六[44]

圖七[45]

補腦藥

在補腦藥方面，《申報》廣告中最有名者應屬中法大藥房黃楚九所販賣的「艾羅補腦汁」。他從藥師吳坤榮處取得滋補劑處方製作安神藥水，並配上瓶身貼有 Dr T.C. Yale's Brain Tonic 等字樣的西式玻璃瓶，此舉予人一種認為該藥為西方藥品的印象。一九〇四年，中法藥房推出此項產品，其成分據說內含磷質與蛋白質[46]。黃楚九的靈感應該是來自西方各類補腦藥品，故在廣告上採用英國傳教士合信（Benjamin Hobson, 1816-873）與陳修堂合著的《全體新論》中「腦氣筋纏繞周身圖」，來說明透過補腦可以滋補全身[47]。當時此類中國市場上西方的補腦藥為數不少，例如德國 Bauer Chemical Company，在一八九八年推出一種商品稱為 Sanatogen。在中國市場上，它被翻譯為「散拿吐瑾」。（圖八、圖九）該藥的美國廣告，號稱其藥效能夠「活化疲勞的神經與身體」[48]。一九一五年，由於德國與澳洲因一次大戰處於敵對關係，而使澳洲政府禁止販賣德國醫藥產品。來年，英國成功將此藥另一衍生版本推入澳洲市場，命名為「散拿蓮」（Sanagen），以「大腦與神經的修補者」為標誌，宣稱此和德國製的「散拿吐瑾」（Sanatogen）有異曲同工之妙[49]。

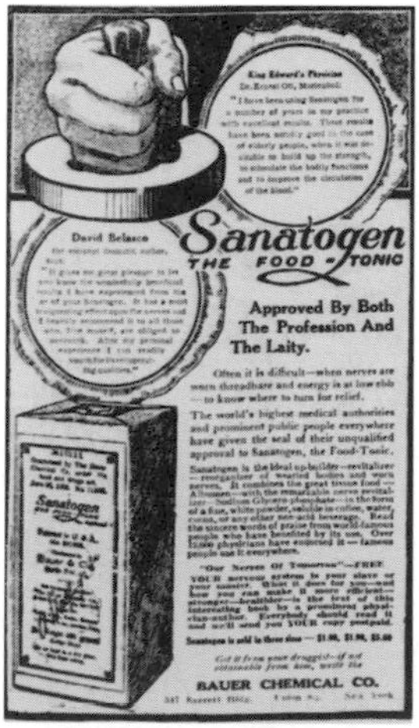

圖八[50]

圖九[51]

44 *The San Francisco Call*, 9 January 1910.

45 《申報》，一九二三年十月六日。

46 Sherman Cochran, *Chinese Medicine Men*, pp. 39, 51-57.

47 張寧，〈腦為一身之主：從「艾羅補腦汁」看近代中國身體觀的變化〉，頁二〇——二一。

48 *New York Daily Tribune*, 1 October 1910, p. 3.

49 *Mercury*（Australia）, 2 August 1916, p. 6.

50 *New York Daily Tribune*, 1 October 1910.

51 《申報》，一九三〇年十二月二日，頁一。

此藥品在中國版本的廣告，則特別強調「散拿吐瑾」的主要療效在於續命或說「延年益壽」，以及作為一種工作勞累者適用之補品。再者，中文廣告的著重之處，與此藥於西方文化中的語境相似：服用「散拿吐瑾」，對腦筋（意指大腦，或腦和神經系統）較虛弱的人十分有益。例如，一九一二年的《申報》上曾出現這樣一則廣告：「散拿吐瑾為絕妙之良劑，於腦筋衰弱，血液氣衰者，最有裨益。」[52]

圖十與圖十一的兩個廣告尤其可以顯示一九一二年《申報》上的「散拿吐瑾延年益壽粉」的廣告是從一九〇九年英文版本翻譯而來。這兩者的上方是一幅相同的希臘神話的圖，中文版的圖像略微縮小，且主標題 A Second Life 被譯為「再生之德」[53]；在圖像方面中文版有兩大變動：首先英文版中幾位男子半裸之身軀均加上了衣服，顯示公共場域的裸體展示似乎仍為禁忌；其次，右下角一個西洋女子之髮型、服裝與顏面均改換為一個中國女子之樣貌。在內容方面，中文版分三段，其文字均採自英文本的 A Revitalizing Force 與 Tonic Food for the Brain and Nerves，以及 Medical Opinion 之段落。只是中文版的「名醫讚頌」部分沒有推薦者的親筆簽名。再者，在左下角增加了一個本土化的圖像，為一穿著長袍馬褂之微胖中年男子，以及一個對聯「踵我門無憂疾病，服此藥立至康強」，並註明「此藥每包均有左圖為記」。由此可見此一圖記應是為中文藥品所設計的辨識標誌。總之，透過兩種版本的對比，可見中文版本廣告的創制者一方面依賴英文版，然在許多細節的部分做了本土化的調整。

值得注意的是，在這些廣告中出現的「腦筋」一詞，是一個於二十世紀之交進入中國的新名詞。這個辭彙在現代中國僅指「大腦」，其前身則是十九世紀中晚期，翻譯自英文「nerve」的「腦氣筋」[56]。大約從十九世紀中葉《全體新論》一書開始，「nerve」即被翻譯為「腦氣筋」。該辭彙保留了「brain」與「nerve」的關聯性。譚嗣同在其名著《仁學》中，就曾多次使用此一譯名。不過嚴復並不接受此一譯名，他在一八九八年出版的《天演論》將之依照發音譯為「涅伏」。到了一九一〇年前後，「腦氣筋」與「涅伏」兩個譯名，又被日譯的「神經」所取代，而成為現代中文裡「nerve」的正式譯名。由上可見，最初創造「腦筋」來翻譯此

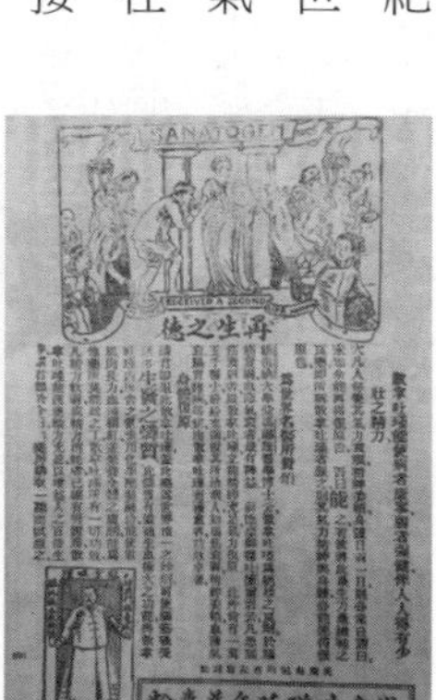

圖十[54]

圖十一[55]

52 《申報》，一九一二年九月四日；還可參見：Barbara Mittler, *A Newspaper for China*, p. 321.

53 此一成語指救命之恩德，典出（明）西湖漁隱主人《歡喜冤家》第三回：「賢妻，牌頭金玉之言，實為再生之德」，用「再生之德」來翻譯「a second life」十分恰當。

54 《申報》，一九一二年九月四日。

55 *The Illustrated London News*, 13 February 1909.

56 陳萬成，〈西醫東傳史的一個側面：「腦筋」一詞的來歷〉，《自西徂東：中外文化交流史叢稿初編》（香港：嘉葉堂，二〇〇八），頁一一七—一四三。

詞，實保存了西方結合頭腦與神經系統的原始觀念[57]。

「散拿吐瑾」在當時成為一種有名的補腦藥品，許多人均曾服用此一補藥。例如魯迅家中的桌上經常放著麥精魚肝油、「散拿吐瑾」等。魯迅還說「散拿吐瑾」是補品中最麻煩者，須兼用冷水和熱水調和[58]。徐志摩也是「散拿吐瑾」的愛用者，他在寫給陸小曼的情書之中曾說：「這幾天身體怎樣？散拿吐瑾一定得不間斷的吃，記著我的話！」[59]而且根據徐志摩所述，諾貝爾獎得主泰戈爾在體力透支時「差不多是靠散拿吐瑾過日的」[60]。

在「神經」一詞普遍化後，廣告中隨之又出現了一種稱為「神經衰弱」的新病，此詞是 **neurasthenia** 的翻譯[61]。它大約在一八三〇年代出現，一八七〇年代在英美成為較普遍的疾病名稱。一九二〇年代中期才在中文世界流行開來，一九三〇年代逐漸在小說及自傳文體中出現。例如，一位留學日本的西醫汪企張，在一篇懺悔性文章裡自訴其「不衛生」的行徑：「開了情竇之後，又不免犯了手淫，弄得神經衰弱。」[62]此種疾病概念在華文世界的傳播流衍，亦代表相關藥品之販賣已普及開來。人們可從日常的報紙廣告用語中，發現「神經衰弱」一詞。例如，一九三〇年五月十三日《申報》的兜安氏「補神藥片」廣告，其英文標題為 Doan's Nerve Tonic Tablets。內容宣稱此種針對神經的藥品專治「神經衰弱」[63]，「此藥專治男婦神經衰弱……文人學士因思慮過度，每到中年神經衰弱者，此藥尤為絕對補神妙品。」[64]不過，查找西文廣告卻未能看到兜安氏有此一商品。

「神經衰弱」一詞不但透過報紙廣告廣為流傳，同時也經由文學作品、科普書籍而變得十分普

遍。民初新感覺派的小說家穆時英（一九一二—一九三九），在〈被當作消遣品的男子〉中即有「醫

---

57 黃克武，〈新名詞之戰：清末嚴復譯語與和製漢語的競賽〉，《中央研究院近代史研究所集刊》，第六二期（二〇〇八），頁一八。值得注意的是，「腦筋」一詞並不存在於日本辭彙之中。

58 魯迅，《魯迅全集》（北京：人民文學出版社，一九八一），第十一冊，頁一八九。

59 徐志摩，《愛眉小劄》，收入蔣復璁、梁實秋主編，《徐志摩全集》（台北：傳記文學出版社，一九六九），第四輯，頁三七二。

60 徐志摩，《徐志摩散文》（北京：中國廣播電視出版社，一九九二），頁二四二。

61 彭小妍，〈一個旅行的疾病：「心的疾病」、科學術語與新感覺派〉，《中國文哲研究集刊》，第三四期（二〇〇九），頁二〇五—二四八。

62 雷祥麟，〈衛生為何不是保衛生命？民國時期另類的衛生、自我、與疾病〉，《臺灣社會研究季刊》，第五四期（二〇〇四年六月），頁四三。

63 Hugh Shapiro, "Neurasthenia and the Assimilation of Nerves into China," unpublished paper presented in the 23rd International Symposium on the Comparative History of Medicine（Taniguchi Foundation）on "Toward a Medical Historiography for the 21st Century," Seoul National University, Medical College, Seoul, Korea, 5-11 July 1998. 巫毓荃、鄧惠文，〈熱、神經衰弱與在台日本人〉，《臺灣社會研究季刊》，第五四期（二〇〇四），頁六一—一〇四。

64 《申報》，一九三〇年五月十三日。另可參見：彭小妍，〈一個旅行的疾病：「心的疾病」、科學術語與新感覺派〉，頁二二八—二三八。

癒了我的女性嫌惡症，你又送了我神經衰弱症」的文句[65]。由此可見，「神經衰弱」在中國的概念意涵中，不但有腦與神經的異常，還與男子性方面的恐懼結合在一起。而這些概念的廣泛傳播，也反映出治療該疾病之藥物在中國市場的銷售程度。

補血藥

第三類藥品是補血類。當時最有名的補血藥，可能是五洲大藥房所出產並宣稱可治療貧血的新藥「人造自來血」。它採用西式的包裝，並在中文世界的媒體中大作廣告，因而能在全國各地乃至東南亞銷售[66]。

此一「人造自來血」的概念，應該是受加拿大韋廉士大藥房生產的「紅色補丸」（Dr. William's Pink Pills）所影響。該藥發展簡史如下：

> 紅色補丸的成分，結合了氧化鐵與鹽。起初是販賣給獨立戰爭中的老兵，他們有消化系統、瘧疾、傷疤和情緒失調上的問題。後期，廣告則訴諸於緩解婦女方面的病痛，活化血液和神經。一八九九年，紅色補丸聲稱能治療男性和女性的運動失調症、身體部分癱瘓、風濕性舞蹈症、坐骨神經痛、神經痛、風濕病、神經性頭疼、感冒和心悸所造成的副作用、面容蒼白……等症狀。上述這些病徵皆肇因於血液方面的問題。[67]

此藥品於一八九〇年代開發，最終在全球八十二個國家都可看見它的廣告[68]，其所訴諸的消費物件皆集中於女性族群。在中文世界裡，紅色補丸除了具有這些特色之外，療效更有進一步的擴展，藥商聲稱其不僅僅能治療女性貧血，更可治百病、戒鴉片與解決遺精問題等[69]。

若將中國與美國紅色補丸的廣告加以比較，便能發現兩邊的廣告文字，均向消費者講述青少女成長時會遇到的問題。（圖十二、圖十三）其中，唯一不同之處在於中國版的廣告有兩種圖像：其一為一位身著傳統服裝的女孩；其二為女孩的家庭場景，家庭成員正在討論女性方面的症候[70]。由此可見，該廣告強調女性初經的重要性；在此階段，女性會因大量失血而身體虛弱，以致引起許多

---

65 彭小妍，〈一個旅行的疾病：「心的疾病」、科學術語與新感覺派〉，頁一三八；嚴家炎（選編），《中國現代各流派小說選》（北京：北京大學出版社，一九八六），第二冊，頁三二五。

66 Sherman Cochran, *Chinese Medicine Men*, pp. 71-73.

67 “Cool Things—Pink Pills for Pale People”, http://www.kshs.org/cool3/pinkpills.htm。（點閱時間：二〇一〇年八月一日）

68 關於韋廉士公司的歷史，請參見，Lori Loeb, “George Fulford and Victorian Patent Medicines: Quack Mercenaries or Smilesian Entrepreneurs?” *Canadian Bulletin of Medical History* 16（1999）, pp. 125-145.

69 張哲嘉，〈民初報刊中韋廉士醫生紅色補丸面面觀〉，中央研究院歷史語言研究所講論會，二〇〇九年四月三十日。

70 《東方雜誌》，二一卷二三期，一九二四年十二月十日。

其他身體上的問題。韋廉士紅色補丸號稱對這些容易體虛的人最有效。在美國版方面則是一位身穿西方服飾，有著蒼白面容的女孩，虛弱地癱坐在椅子上。其焦點則是一位十五歲大的少女，因病使她原本紅潤的臉頰漸趨蒼白，但在服用補丸後，遂完全康復，且再也沒有生過病。另還有類似此二種前後對應式圖像的廣告，將補丸定位為：可療癒所有男性和女性身體虛弱的毛病[71]。

對於報紙上紅色補丸的廣告，梁實秋的印象十分深刻。他在《雅舍小品》中說道：

> 從前雜誌背面常有「韋廉士紅色補丸」的廣告，畫著一個憔悴的人，弓著身子，手拊在腰上，旁邊注著「圖中寓意」四字。那寓意對於青年人是相當深奧的。可是這幅圖畫卻常在一般中年人的腦裡湧現，雖然他不一定想吃「紅色補丸」，那點寓意他是明白的了。[72]

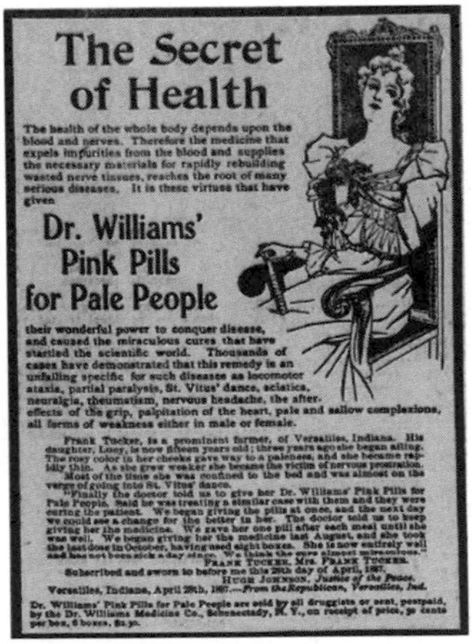

圖十二

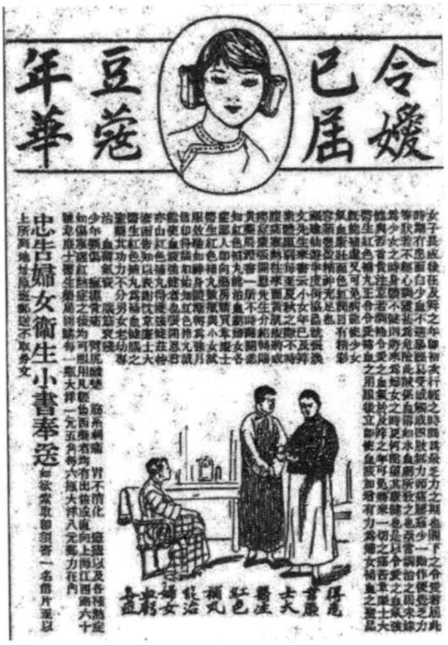

圖十三

上文中的「圖中寓意」可能是翻譯英文 Doan’s Backache Kidney Pills 廣告中“Every picture tells a story”它所附的圖正是一個弓著身體、手拊在腰上的中年男子。

總的來說，中、美兩方的廣告，涉及了幾種與血液相關的病症，茲分別羅列如下：

美國版廣告	中國版廣告
運動失調症	血薄氣衰
身體部分癱瘓	腦筋衰殘
風濕性舞蹈症	少年斲傷
坐骨神經痛	瘋〔風〕濕骨痛
神經痛	臂尻酸楚
風濕病	胃不消化
神經性頭疼	瘴癘以及各種熱症

比較以上兩張清單，除了「風濕」一項是中、美雙方廣告的共通點之外，其餘症狀皆不相同。從美國的清單中可發現，紅色補丸主治的病狀集中在幾種特殊病徵，尤其是和身體動作及疼痛方面有關。反觀中文廣告，則是一系列與血液、氣、神經，與性能力相關的疾病列表。誠如筆者在前章所述，這幾種與腎、腦、血相關症狀在民國初年相當常見。其中，將血液與氣連結在一起的想法特別受到傳統醫學理論的影響[73]。如此一來，紅色補丸順理成章的成為一種治百病的藥物。經由

71 *The Independent*（Honolulu）, 3 February 1900.

72 梁實秋，《雅舍小品》（台北：正中書局，二〇〇五），頁一〇二—一〇三。

73 吳章，〈血症與中國醫學史〉，收入余新忠編，《清以來的疾病、醫療和衛生》（北京：生活・讀書・新知三聯書店，二〇〇九），頁一六二—一六三。

中、美清單對比上的差異便可看出韋廉士藥房為了能夠在中國順利販賣紅色補丸，主要是由於配合國情與文化背景，而採用本土化的廣告圖像和用語。

當時，中國還有一些類似的商品。例如一九三〇年《申報》上有「補爾多壽」（Blutose）補血藥的廣告[74]。（圖十六）此藥號稱「滋補聖品、全球馳名」，「補血強精靈藥，芳香美味，質料濃厚……專治各種血虧、體弱、神經衰弱、精力不足、精神不振」。廣告上並附有該藥品的圖像，是一種西式包裝的玻璃瓶（根據現存的瓶子，其長寬為二二・三與八・三公分），上面並無中文字樣而全為西文。

圖十四[75]

圖十五[76]

這則中文廣告特別聲稱，該藥為德國休米脫伯兒博士（德文可能是 Schmidt Böll）的發明。該名字可能採自一則台灣廣告中所述的醫生姓名。台灣報紙的廣告出現於一九二八年《臺灣日日新報》，上面寫道，「補爾多壽」是一位德國醫生シュミーデベルヒ（Shumideberuhi），萃取哺乳類動物肝臟的精華，製成此藥[77]。（圖十七）若將日本（與台灣）版本與中國大陸版本的廣告加以相較，便可發現一些明顯的差異[78]。（圖十四至圖十七）首先，中國大陸版廣告刻意隱瞞該藥品實為日本商品的事實，而宣稱是德國貨（當然也可能是日本藥品採取德國配方所製成的）。它實際上來自日本藤澤友吉商店（Fujisawa Pharmaceutical Company），該公司為一間於一八八四年成立於大阪的藥商。藥品廣告隱瞞來源之舉可能與一九二八年濟南慘案後，中日之間的緊張關係和抵制日貨的背景有關。第二，三個版本的廣告在視覺形象上很不相同。日文版最單純，只有藥品的名字，加上「補血強壯」四個字；台灣版的廣告有一男一女圍繞著桌子上的一小瓶藥，註明該藥為「補血強壯增進劑」，乃家庭「平安和樂之基礎」。中文版的廣告最複雜，是一隻很大的手拿著一瓶藥，瓶口兩旁是「補血強精」四個大字，同時手持的藥瓶從「補血」與「強精」之間插入，在其上有兩個中老年男性的笑臉，舉杯共飲，具有豐富的性暗示。

第三，日文版中的「補血強壯」被更改為「補血強精」，由此可知，中文廣告似乎以「強精」

---

74 當時中法大藥房的「賜爾福多延年益壽粉」可能與此藥之譯名有關，見 Sherman Cochran, *Chinese Medicine Men*，第三章附圖。

75 《朝日新聞》（東京），一九二八年十月二十八日。

76 《朝日新聞》（東京），一九二八年十月二十五日。

77 《臺灣日日新報》，一九二八年一月二十三日。有關 Blutose 在日治時期台灣的情況，請參見：梁瓈尹，《臺灣日日新：老藥品的故事》（台北：臺灣書坊，二〇〇七），頁一五—二〇。

78 日文廣告的部分，本文徵引自《朝日新聞》（東京），一九二八年十月二十五日及一九二八年十月二十八日。

之概念增加了改善性能力的隱喻。第四，中國和台灣的廣告皆列舉出幾種對治病症，例如神經衰弱、精力不足等。在台灣更增加了梅毒與駝背的項目，然而，日本方面則完全未提及此藥所對治的是哪些特定的疾病。很顯然的，在中國與日治時期的台灣廣告，試圖為此種藥品創造一種可治百病的形象，進而使得此一形象能夠呼應「補爾多壽」與「平安和樂」的意象[79]。

其他公司亦多採取類似模式。例如，黃楚九中法大藥房所推出的「賜爾福多」（圖十八），以半裸女子的形象來行銷，似乎也是訴諸男性讀者，又此四個字與「補爾多壽」十分神似。若將兩者相較，「賜爾福多」一名似乎更勝過「補爾多壽」，因其倒著念亦能得到相似之意。此外，「賜爾福多」的商標名稱之後還加注一副標題：「延年益壽粉」，此部分則很可能襲自「散拿吐瑾」。

結語：中西折衷的身體論述

蘇珊・桑塔格（Susan Sontag, 1933-2004）在《疾病的隱喻》一書指出人們對結核病、癌症和愛滋病等疾病的認識，背負著許多具有道德倫理價值評斷的社會文化意涵。她說「疾病並非隱喻，而看待疾病的最真誠的方式——同時也是患者對待疾病的最健康的方式，是盡可能消除或抵制隱喻性思

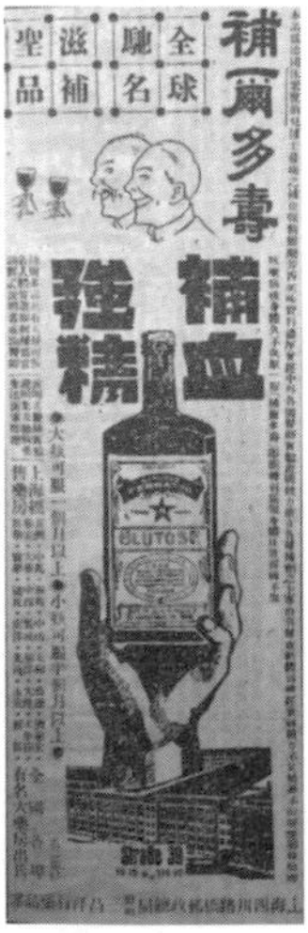

圖十六[80]

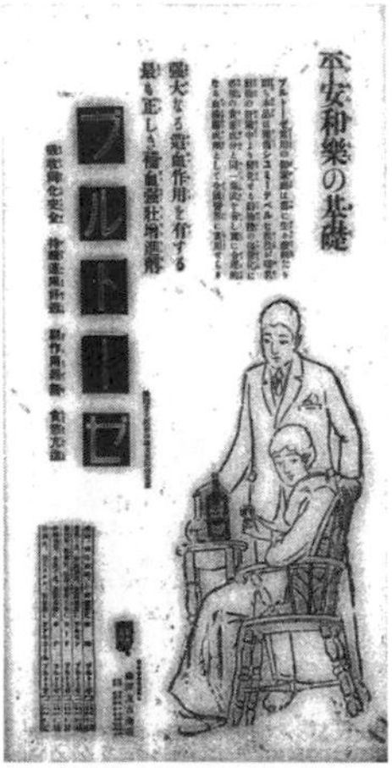

圖十七[81]

考。」[82]蘇珊．桑塔格所說的那種對疾病的「隱喻性思考」是在一個歷史文化過程之中累積而成的。在中國，許多疾病也因二十世紀初期以來的一些歷史經驗而承載了各種類似的複雜意涵。本章即希望對《申報》藥品廣告作一分析，藉此來剖析身體、疾病、醫藥與社會文化價值之間的關係，其中環繞著男子的「遺精」、「腎虧」、「神經衰弱」等病而產生的「性恐懼」最為突出。

圖十八：賜爾福多的月份牌

一九一〇—一九二〇年代開始，世界上大多數的西方藥商公司（以及一些日商）均在上海設立

---

79 吳詠梅關於近代中國的日本醫藥、化妝品廣告的分析，以及孫秀蕙等人關於日治時期《台灣婦人界》廣告的分析，也同樣發現在滿洲與台灣的日商廣告均為了因應當地的社會情況，或受到政治壓力，而出現「本土化」的宣傳策略。吳詠梅，〈銷售衛生及美的現代性：近代中國的日本醫藥和化妝品廣告〉，吳詠梅、李培德編，《圖像與商業文化：分析中國近代廣告》（香港：香港大學，二〇一四），頁一七三—二〇六；孫秀蕙、陳儀芬、王湘婷，〈再現「現代女性」：日治時期臺灣婦人界的廣告圖像符號研究〉，吳詠梅、李培德編，《圖像與商業文化：分析中國近代廣告》，頁二〇七—二三二。

80 《申報》，一九三〇年十一月十八日，頁一〇。

81 《臺灣日日新報》，一九二八年一月二十三日，頁一。

82 Susan Sontag, *Illness as Metaphor and AIDS and Its Metaphors*（London: Penguin Books, 1991）.

駐點。它們在中國實行的銷售策略，如同於其他地區一般，皆盡可能地運用印刷媒介來宣傳其專利成藥及其他各種藥品，以吸引中國四億多的消費人口，並進而創造更大的收益。此一現象反映出全球化趨勢。然而全球化之趨勢僅僅是此一複雜歷史進程的一個面向。誠如高家龍所述，觀察民初消費文化需同時看到兩條線索，亦即：商品的「全球化」與「同質化」，其實伴隨程度相符的「地方化」與「差異化」。中國方面的廣告經紀人，便在此種消費文化的傳播過程中扮演著重要角色[83]。本章比較了二十世紀初期，相同的西方藥品在不同地區之廣告策略，發現許多商品在「全球化」與「同質化」中，參雜了許多中國方面廣告經紀人運用本地語言所採取的「地方化」策略。換言之，全球化與地方化的過程是交織在一起的。此舉固然出於藥商賣藥牟利的動機，但卻也創造出一種結合中西醫學觀念與辭彙的折衷式身體論述。按白露（Tani E. Barlow）的說法，此現象反映出一種「通俗科學的身體論述」[84]。

此種折衷論述的核心，在某種程度上乃奠基於中國醫學傳統中「身體為一有機體」（organic body）的觀念，亦即身體中的許多部位皆息息相關。基於此種身體觀，某些西方藥品原先僅能療癒單一種類的人體病徵，如腎、腦、血。但是，這些藥品在賣入在中國之後，卻轉變成為可治百病，尤其是可以增強男性性能力的藥物。腎、腦、血三處，是這些成藥原本所訴諸的焦點，但為了在中國本地順利販賣這些西藥，使商人有必要依賴西方科學知識向消費者重新詮釋這三種器官的重要性。因此，針對於腎方面的藥物，便強調利尿及清血功能。腦方面的藥，則宣稱「腦與神經」為一身之主，並非中醫傳統下的「心」。至於血的部分，則強調人體血液循環功能。然而，雖有西方醫學元素的加入，但中醫傳統的觀念亦滲入其中，並與上述西方觀念結合在一起。例如，將腎的利尿與清血功能與性能力之增強（補腎）加以結合，用以推銷「兜安氏保腎丸」。其次，利用中醫傳統認知中「氣」、「血」關係，作為韋廉士「紅色補丸」的廣告推銷主軸[85]。至於醫癒大腦的「艾羅補腦汁」較無挪用傳統元素；它訴諸於大腦及神經系統，強調其對神經衰弱症、甚至是陽痿、遺精、早洩等性功能疾病方面的療效。

總之，這樣對西方或日本觀念之取捨、並搭配本土醫學中的固有觀念的廣告宣傳，不僅僅促銷了新藥，更塑造出一種雜揉中西醫學觀念的身體論述，至今此一論述仍保有其影響力，並形塑了近代中國許多男性對身體與疾病之認知。

83 Sherman Cochran, *Chinese Medicine Men*, p. 4.

84 Tani E. Barlow, "Buying In: Advertising and the Sexy Modern Girl Icon in Shanghai in the 1920s and 1930s," pp. 288-290.

85 清代王清任便曾提倡過氣虛與溢血的觀念。參見吳章，〈血症與中國醫學史〉，頁一六九—一七一。

第八章
近代中國私領域觀念的崛起與限制

近代中國男性對身體與情慾的看法不僅受到新興傳播媒體的影響，也與自由主義、個人主義、隱私觀念等息息相關。近代中國隨著自由民主思想與個人主義的傳播，一方面出現國家控制之外「公共領域」或「市民社會」，同時相應於個人自由、權利概念的引介，也開始出現以往所不曾有的「私領域」（private sphere）、「隱私權」（privacy）的觀念。這樣的想法與傳統「公私」觀念中以公為正面價值、私為負面價值的想法截然不同，而是隨著新觀念的引介，尤其是二十世紀初期，梁啟超所著《新民說》中有關「公德」、「私德」與群己關係的討論而出現的[1]。嚴復所譯介的《群己權界論》（一九〇三）可以說是近代中國首次透過對自由、權利觀念的闡釋，將西方「私領域」的想法介紹到中國來。在該書中嚴復很清楚地說明「行己自繇」的範圍：「以小己而居國群之中，使所行之事，利害無涉於他人，則不必謀於其群，而其權亦非其群所得與。」同時嚴復也非常肯定私有財產與個人求利的合法性。然而嚴復在譯介此一私領域觀念之時，亦有誤解，而與彌爾所認識的私領域概念有所不同。特別是嚴復無法像彌爾那樣毫無保留地肯定個人的「慾望與衝動」（desires and impulses）「具有內在而實質的價值」（as having...intrinsic worth），因此只能給予個人自由一個比較狹窄的範圍，尤其是限制了情慾伸張的諸多可能。本章嘗試分析嚴復等中國近代知識分子在引介西方私領域概念時所遭遇的困難與限制。筆者認為嚴復等人無法精確地譯介「本體論上的個人主義」與「認識論上的個人主義」，影響到國人對私領域範疇的限定與尊重。這樣的誤解在近代以來的中國思想界有一定的代表性，而源於中國主流的道德語言與西方自由主義對於「群己權界」的不同看法。簡單地說，中國現代國家體制建立之後，這一套源於西方的現代國家與傳統價值相結合，反而使國家機器對於男女身體與情慾之管控範圍與強度要遠遠超過明清時期禮法之約束。

前言

在現代生活中，確立私領域的範疇以保障個人的隱私權，亦即每一個人對與公眾無關之個人生活，擁有控制權與自主權，是人們所秉持的一個非常重要的信念。此一信念雖有傳統的淵源，但是誠如漢娜・鄂蘭（Hannah Arendt, 1906-1975）所指出的，「它那特殊的多樣性和複雜性，在現代以前的任何時期，都是不為人知的」，因此在本質上它「是一種現代思想」[2]。換言之，「私領域」與「隱私權」是由現代西方文化，特別是其中強調個人主義、自由主義、民主政治、資本主義的思想脈絡中，所建構出來的。

近代以來中國私領域與隱私權的觀念乃是從西方所引進。在傳統中國雖然法律與道德允許人們一定的私人生活的空間，也有一些思想家倡導「反禮教」、「情慾解放」，但從未有人主張：每一個

1 Peter Zarrow, "The Origins of Modern Chinese Concepts of Privacy: Notes on Social Structure and Moral Discourse," in Bonnie S. McDougall and Anders Hansson, eds., *Chinese Concepts of Privacy*（Leiden: Brill, 2002）, pp. 121-146.

2 Steven Lukes, *Individualism*（Oxford: Basil Blackwell, 1973）, p. 59.

人對於涉己之事，具有受法律保障而不容他人侵犯的「權利」。在清末，隨著自由民主思想與個人主義的傳播，一方面出現國家控制之外「公共領域」或「市民社會」的想法[3]，同時伴隨著個人自由、權利概念的引介，也開始出現以往所不曾有的「私領域」與「隱私權」的觀念[4]。嚴復所譯介彌爾的《群己權界論》，以及其他相關的著作，可謂近代中國首次透過對自由觀念的闡釋，將西方私領域的想法介紹到中國來。在該書中，嚴復很清楚地說明彌爾對「行己自繇」之界定：「以小己而居國群之中，使所行之事，利害無涉於他人，則不必謀於其群，而其權亦非其群所得與。」[5]「凡事吉凶禍福，不出其人之一身，抑關於一己為最切者，宜聽其人之自謀；而利害或涉於他人，則其人宜受國家之節制，是亦文明通義而已。」[6]

然而上述保障私領域的想法在近代中國的傳播過程中，卻因「先天不足與後天失調」，而飽經挫折。尤其是一九四九年共產政權建立後，中共以「大公無私」、「破私立公」之名，大力摧殘私領域。在 Steven Lukes 所撰寫的《個人主義》（*Individualism*）一書中，曾討論到西方「隱私」的概念。他指出與此一隱私觀念相衝突的學說亦有不少，如威權主義，以及從盧騷（Jean-Jacques Rousseau, 1721-1778）到 Elton Mayo（1880-1949）的思想傳統[7]，然而其中最引人注目的是二十世紀中國毛澤東的思想，毛批評「小資產階級的自私自利性」，鼓吹「關心黨和群眾比關心個人為重，關心他人比關心自己為重」。毛的思想更進一步落實在各種政策、制度，以及他所發動的政治運動之中[8]。他所謂「靈魂深處」的一場革命，其精髓即是將每一個人所資憑藉的物質與精神資源剝奪殆盡，而向毛所代表的黨與抽象的「人民」投誠效忠。

曾經經歷二十二年勞改的當代小說家張賢亮，很生動地描寫了在私領域被剷除、人與人之間的親密感與信任感被破壞之後，個人在面對黨國機器時的恐懼與無奈：

3 Thomas Metzger, "The Western Concept of Civil Society in the Context of Chinese History," in Sudipta Kaviraj and Sunil Khilnani, ed., *Civil Society: History and Possibilities*（Cambridge: Cambridge University Press, 2001）, pp. 204-231.

4 在中國傳統語彙中「陰私」的觀念，並有「不責人小過，不發人陰私」的說法，「陰私」與「隱私」有類似之處，然缺乏「隱私」中的「權利」觀念。至於「隱私」二字在中文語彙的出現可能是在十九世紀初年傳教士的作品之中，如一八二三年馬禮遜的《新遺詔書》中有「如大輩常集之所，我隱私無所講」，香港中國語文學會編，《近現代漢語新詞詞源辭典》（香港：漢語大詞典出版社，二〇〇一），頁三二五。《申報》之中一篇談及日本男女同浴的文章有「細細拭及隱私之處，無不周徧」，見〈論東洋人男女同浴〉，《申報》，一八七二年六月四日，第一頁。

5 John Stuart Mill 著，嚴復譯，《群己權界論》（上海：商務印書館，一九三〇），頁一一〇。

6 John Stuart Mill 著，嚴復譯，《群己權界論》，頁八九。

7 Mayo 曾任哈佛商學院教授，強調在工業社會中人際合作與組織對生產的重要性，人與人的衝突可以藉教育而消解，見 Ralf Dahrendorf, *Class and Class Conflict in Industrial Society*（Stanford: Stanford University Press, 1959）, pp. 109-114.

8 Steven Lukes, *Individualism*, pp. 65-66.

一九四九年以來，有一種恐懼逐漸地深入人們的靈魂深處。這種植根於靈魂深處的恐懼，其力度大大超過性的關係、血緣關係和人類的一切親密關係，不要說是同性戀者，即使真正的夫妻、真正的父子也會相互告發檢舉。然而，新時代、新社會畢竟不同於舊時代、舊社會，這種恐懼卻是以勇敢的姿態出現的。要不然為什麼領導總要號召人們「大膽揭發」、「大膽檢舉」呢？恐懼是和「大膽」聯繫在一起的，這怎樣解釋？[9]

張賢亮所問的問題不但是人們為何既大膽又恐懼地去揭發他人的「罪狀」，而是進一步地質問這樣的體制究竟是怎麼出現的？這的確是一個耐人尋味的問題。共產革命對中國社會所產生的衝擊至今未息，而深深地影響到國人對「隱私」的態度，並造成中外之間公、私領域觀念的隔閡[10]。

台灣在一九四九年之後，採行了結合資本主義與民主政治的另一套制度。在中華民國憲法之中，雖有許多有關人權的條文，但是在私領域的保障上，並不完善。例如在刑法一百條廢除之前，人們並不具有充分的思想與言論的自由，而且時至今日也還存在一些不合時宜、不符正義的法律條文。林子儀教授指出：「國內這些相關的法律規定，尚未能提供個人隱私合理的保障……台灣大眾……對隱私何以重要、隱私概念的界定、隱私權的內涵等，仍然模糊。」[11]例如，在日常生活之中，隨意探詢他人收入、資產、性向，或窺人私密並公之於眾等情況，仍時有所聞。總之，一直到今日海峽兩岸仍然不斷地面對私領域的範圍如何，以及如何保障個人隱私權的問題。其中不但涉及法律條文的制定，更涉及社會輿論、民情對個人主體價值的尊重程度。

其中尤其以涉及身體、情慾的議題最具爭議性。我們可以舉出發生在二〇〇四年八月的一個例子來作說明。中國大陸四川宜賓兩名男子，因在家裡登錄浙江一色情「淫穢」網站，瀏覽色情圖片並留言，被當地公安逮捕。這兩人被迫「在大量事實和證據面前供認不諱並深深悔過」，四川省公安廳並表示根據「治安管理處罰條例」，「點擊、瀏覽、查閱色情網站是違法的」[12]。台灣雖然不

---

9 張賢亮，《我的菩提樹》（台北：九歌出版社，一九九七），頁二一一。

10 最有趣的一個例子是女廁。在一九九〇年代末年之前中國大陸的女廁（大城市除外）多數都不夠隱蔽，是「一條溝及無門狀態」，誠如一位赴大陸旅行的台灣人所述：「大陸廁所通常沒有門，即使有門也沒鎖，即使有鎖也壞了，即使沒壞，大陸同胞也不鎖。」（《聯合報》，二〇〇三年八月十一日）更有趣的在大陸私密性的廁所反而成為流言傳布的「公共空間」，人們在如廁之時可輕鬆交談。另一個現象是女性不以露出內褲為禁忌。在一九八〇年代，中國城市每天早上上班時間的一個奇特景象是大量的女性穿裙子騎腳踏車上班，許多人毫不顧忌地露出內褲，公園中的女性也是如此。這一景象讓當時在中國的一位日本學者頗為驚異。井上章一，《パンツが見える：羞恥心の現代史》（東京：朝日新聞社，二〇〇二），頁三七五—三七六。

11 林子儀，〈資訊與生物科技時代的隱私權難題〉，Ellen Alderman and Caroline Kennedy 著，吳懿婷譯，《隱私的權利》（台北：商周出版社，二〇〇一），頁 vi-xii。

12 〈在家瀏覽色情網站算違法嗎？〉，http://news.sina.com.cn/s/2004-08-23/12133470499s.shtml。（點閱時間：

曾發生像大陸警方禁止人們瀏覽色情網站的情況（設立色情網站仍屬非法），但台灣的公權力同樣地大力管制情色活動。台灣警察宣稱為保護未成年人，依據兒童及少年防制性交易條例第廿九條，積極地以「釣魚」的方式，打擊援交[13]。再者，台灣（以及南韓）是在世界上少數幾個仍保持「通姦罪」的地方。中國大陸雖廢止了通姦罪，對社會上對通姦行為仍維持負面觀感，並多以其他方式加以懲罰[14]。

這幾個例子均涉及法律對個人情慾活動的管制。其背後的一個預設是情色訊息的創造、傳播與消費是危險的，會導致個人犯罪行為，影響社會秩序。此一觀念和前幾章所述中國傳統「萬惡淫為首」的想法，有一定程度的關聯，反映出中國文化圈內人們對在私人生活中，伸張情慾活動的不信任感。海峽兩岸的人們似乎都繼承此一傳統。上述兩岸公權力對人們情慾活動的壓制，與十九、二十世紀英國、美國對酒的禁令，有類似之處。彌爾在 *On Liberty* 之中，即大力抨擊「禁酒之令」，認為這是「以社會而侵小己之自由」[15]。成年人以瀏覽色情網站、發抒情色感想來伸張情慾，以及上網尋求交歡對象，乃至發生婚外情慾關係，和飲酒類似，對個人的道德成長與社會風氣可能會有一些負面的影響，但公權力應否介入呢？這些爭論顯示私領域的界定問題仍具有現實的意義。本文將嘗試以清末民初宣揚自由民主理念的中國知識份子對私領域問題的引介，以及他們所遭遇的一些困難，來反省此一議題。

西方自由主義傳統對私領域的界定

人們在社會生活中，需要維持一個私領域，亦即一個不受公眾干涉的思想與行為的範疇，是自由主義的核心觀念。我們甚至可以說，自由主義就是一種關於私領域的界線何在，以及國家干涉從何而起等議題的一個學說[16]。自由主義者認為對某些範圍內的個人思想或行為，尤其是與個人身體

二〇〇四年十一月三日）有關當代中國大陸有關性的法律問題及其反省，請參考李銀河，《性的問題》（北京：中國青年出版社，一九九九）。

13 見《中國時報》，二〇〇四年九月九日，此一舉動受到人們的批評。有些台灣學者認為，警方雖然聲稱打擊援交是為了保障未成年者，然觸犯禁令的未成年人卻往往因不熟悉法律，在警方設下的陷阱之中，觸犯法網，受到嚴厲的懲罰；此一做法與其說是保障青少年，還不如說製造犯罪，並對其人格發展造成負面的影響。其次，人們散布性交易訊息，而未到實際性交行為之前是否有罪，值得斟酌。再其次，此一法律主要是保護未成年者，但成年人對性的自主權（包括有些人提出的娼妓的「性工作權」），是否該在「保護兒少」的前提下被犧牲，亦值得討論。

14 對於通姦行為，世界上大多數國家（包括中國大陸在內）之刑法並未設有處罰規定，台灣之刑法則有第二百三十九條通姦罪規定，最高處一年以下有期徒刑。

15 John Stuart Mill, *On Liberty and Other Writings*（Cambridge: Cambridge University Press, 1992）, p. 88.

16 Steven Lukes, *Individualism*, p. 62.

與親密活動相關的部分，公眾（包括國家、社會等）不應干涉，並不得侵犯的觀念，其本身是一項終極價值，或是評估其他價值的一個價值，也是實現其他的價值，如自我發展、自我實現，以及政治、經濟、宗教個人主義的一個手段。

保障私領域的核心觀念是為了維護個人的隱私權。在英美的自由民主社會，隱私權是每一個人都享有的權利，意指每一個人都有隱密而不欲人知的私人生活，要求寧靜獨處而不受干擾。在此一私人生活的領域內，只要不影響他人，個人不應受到干涉，能夠做他所中意的任何事情，或是自由思考、自在行動，或與親愛的人發展各種親密關係。這是柏林（Isaiah Berlin）所謂「消極自由」（negative freedom）中非常重要的一部分[17]。隱私權的內涵包括個人身體，以及思想、情慾、財產的相關訊息。所謂破壞隱私權是指國家或他人干涉私人生活，或是未經當事人的同意，將他人私密之事公之於眾。

西方隱私權作為一種被法律保護的權利，發軔於一八九〇年，兩位美國的法學家在《哈佛法學評論》所發表的“The Right of Privacy”一文，其後才逐漸被各國立法所接受[18]。不過隱私權的觀念實際上植根於自由主義的思想傳統之中。尊重私領域觀念可以在自由主義的思想家，如洛克（John Locke）、潘恩（Thomas Paine）、柏克（Edmund Burke）、傑斐遜（Thomas Jefferson）、阿克頓（Lord Acton）等人的思想中都找得到，尤其在彌爾（John Stuart Mill, 1806-1873）的著作中有非常清楚的闡述。

彌爾在《論自由》（*On Liberty*, 1859）一書中將個人事務區別為「涉己」與「涉他」兩類，前者不會對他人造成影響，所以是自由的，後者會影響他人，所以需要加以規制[19]。此一劃分雖然清晰，但也引起許多爭論，尤其是「涉己」與「涉他」有時往往難以區分。例如以上文曾述彌爾所討論到的禁酒令來說，飲酒雖是個人行為，但是個人的飲酒行為會造成社會治安的問題，也有人因飲酒而失業，造成社會的負擔。這樣一來，個人單純涉己的某些行為，往往也會涉及他人。這一觀點被稱為「社會權利」。禁酒的頒布即是為了防範個人行為對他人「社會權利」的影響。彌爾反對上述的觀點，他認為此一規定顯示：全人類對於彼此的道德、智力、甚至身體的完善，都有一定的責任與關係，而所謂完善的定義，是由請求者根據其自身的標準而訂定的，不一定具有普遍性的意義。因此彌爾強調人們不可以依據「社會權利」的說法來限定個人自由（如買酒與飲酒）[20]。

彌爾推論的出發點是從自然權利論者的角度，來界定公共領域與私人領域之關係。根據此一觀點，個人將原本屬於自身自由權利的一部分，交給公共，以換取對於個人仍保持之自由與權利之保障。因此公共領域是工具性的領域，其目的在保障私人權利，並消除個人之間的衝突，使個人在私人領域能充分發展，而能成就一個更美好的個體。這樣一來，保障個人私領域是終極目的，而公共

17 Isaiah Berlin, *Four Essays on Liberty*（Oxford: Oxford University Press, 1969）, p. 127.
18 詹文凱，〈隱私權之研究〉（台北：國立臺灣大學法律研究所博士論文，一九九八），頁一三。
19 John Stuart Mill, *On Liberty and Other Writings*, p. 75.
20 John Stuart Mill, *On Liberty and Other Writings*, pp. 88-90.

領域中的公共利益，應與個人之利益有共通之處，或是可以幫助個人利益之提升。這是自由主義傳統對於公共領域與私人領域之關係的基本看法。

再者，彌爾的推理也是奠基於功利主義的觀念之上。他說「在一切道德問題上，我最後總是訴諸於功利的。但是這裡所謂的功利必須是最廣義的，必須是把人當作進步的存在而以其永久利益為根據的。」[21]對彌爾來說，保障涉己的範疇，而使之不必屈從於外來的控制，是最符合這樣的功利。

一九九八年美國總統柯林頓的白宮性醜聞案可以幫助我們西方社會對隱私權與公私領域之關係的討論。此一醜聞案發生後，美國社會形成正反兩面的觀點。攻擊柯林頓的人都不滿他在橢圓形辦公室之中的穢行，也痛恨他隱瞞事實的態度。他們指出在現代媒體勢力的籠罩之下美國總統的私生活都是公眾性的，柯林頓所為不但破壞了總統形象，為孩童樹立壞榜樣，也嚴重干擾政務的運作、影響美國的聲望，應予彈劾。然而也有人同情柯林頓，而反對上述看法；其中一個較重要的說法即環繞著保障「隱私」的觀念。他們認為總統「有權獨處」（right to be let alone），他和每一個人一樣有法律所保障的私生活。整體而言，不去挖掘政治人物的隱私，對一個合理的政治生活來說，是比較有益的。例如，紐約大學哲學與法律教授 Thomas Nagel 即指出，尊重隱私是人類文明生活的一個必要條件，因為每一個人的內在生活都是一個思想、情感、幻想與衝動的叢林，如果我們把這些內在的感覺都表達出來，或是將心靈深處的慾望、攻擊、貪婪等悸動都挖掘出來的話，那麼社會生活，或說一個文明的社會生活，將是不可能的。這種看法的背後是基督教對人性的看法（原罪觀），也配合近代自由主義者對人性幽暗面的深刻體認。Nagel 教授的看法可以反映西方社會對於隱私權的尊重[22]。

嚴復與近代中國私領域觀念的出現：貢獻與限制

近代中國對於「私領域」觀念的介紹，可以追溯到嚴復所翻譯的《群己權界論》（*On Liberty* 的中譯本）。在這一本書中，嚴復將西方自由主義者對於維護個人自由之想法，介紹到中文世界。在該書中，嚴復將彌爾對於個人自由的重要性，特別是對於有關涉己之行為，每一個人有絕對的自主權之觀念，說明得非常清楚：

> 是故一人之言行，其不可不屈於社會者，必一己之外，有涉於餘人者也。使其所為於人無

---

21 John Stuart Mill, *On Liberty and Other Writings*, p. 14.

22 黃克武，〈白宮情色風暴——隱私權每一個人的內在生活都是一個思想、情感、幻想與衝動的叢林：新聞自由、個人穩私、道德秩序能否得兼？〉，《聯合報》，一九九八年九月二十二日，第十五版。有關 Thomas Nagel 對公私分際之詳細論證，請參閱蔡英文的〈公共領域與民主共識的可能性〉一文，收入江宜樺、黃俊傑編，《公私領域新探：東亞與西方觀點之比較》（台北：台大出版中心，二〇〇五），頁二二一—二四二。

與，於是其自主之權最完，人之於其身心，主權之尊而無上，無異自主之一國也。（一九三〇：一〇）[23]

至於涉己行為之範圍，嚴復的譯文是：

然社會於小己之所為，多不外間接之關係，其人所為，僅為一己之利害，即或有所牽涉，亦由他人之自發心，非事主所罔誘恫喝者，凡此皆與社會無與者也。（一九三〇：一二）

此一與社會無與之範疇，亦即「自繇界域」，也是私領域的範疇，首先包括了個人的思想、言論、出版的自由：

一凡其人所獨知者，此謂意念自繇，所賅最廣，由此而有理想自繇、情感自繇，與其所好惡敬怠之自繇。凡此無論所加之物，為形上，為形下，學術德行，政法宗教，其所享自繇，完全無缺，不待論已。乃至取其意念而發宣之，此若有本己及人之可論矣，然以人表裡之必不可以二也，故所懷與所發，不可以殊科。由是以意念自繇，而得言論自繇、著述自繇、刊布自繇之數者之自繇，亦完全而無缺。（一九三〇：一二）

其次是個人品味與追求，嚴復將之譯為「行己自繇」：

> 凡其人所喜好嗜欲，與其所追趨而勤求者，內省其才，外制為行，禍福榮辱，彼自當之，此亦非他人所得與也。使我無所貽累致損於人，則雖以我為愚，以我為不肖，甚至為舉國天下之所非，有所不顧。（一九三〇：一二）

第三是有關人與人相結合的自由，嚴復將之譯為「氣類自繇」：

> 如前之二事，皆關乎一己者也，然人各有己，由一己而推之一切己之合，第使各出於本心，則所以自繇之理同也。同志相為會合，而於人無傷，則一會一黨之自繇，與一人一己之自繇，其無缺完全正等，非外人所能過問者也。（一九三〇：一二）

私領域與隱私權的保障和私有財產制度有直接的關聯。在嚴復的著作之中，在捍衛「自繇界域」的同時，他也大力攻擊傳統中國將公與私以及義與利兩者之區別加以絕對化，他肯定顧炎武、黃宗羲以來所謂「合私以為公」的想法，並翻譯亞當斯密的 *Inquiry into the Nature and Causes of the*

---

23 以下引文後之數字代表上海商務印書館一九三〇年版《群己權界論》之頁數，不另加注。

Wealth of Nations（譯為《原富》），提倡個人追求利益的合法性，並將之稱為「開明自營」[24]。上述嚴復的翻譯與著作環繞著保障個人自由與權利的觀念，對自由主義以及私領域觀念在中國之傳播，有正面的貢獻。

然而，嚴復在譯介彌爾思想之時，亦遭遇不少困難。其中一個例子是有關彌爾 "legitimate and illegitimate self-interest" 的翻譯。彌爾說人們的意見受許多因素影響，有時是理性，有時是偏見，但是最常見的情況，是受到合理或不合理的一己利益的影響。對彌爾來說"self-interest"是一個中立性描述個人特點的詞，意指每一個人都有的一些自私自利的傾向，而這種自私自利之傾向，可能是合理的（legitimate），也可能是不合理的（illegitimate）。嚴復的譯文卻無法精確地翻譯此一概念。如上所述他雖然肯定「開明自營」，卻無法以中立的語彙（amoral concept）翻譯"self-interest"。換言之，他不像彌爾那樣體認到有一些自我利益，不一定「開明」，卻是「合理」的。他反而強調如果個人的動機是出於「私」的話，不用說，當然是不合乎理的（「夫欲畏不過關於一身之私，而私之當理與否，又何論乎？」一九三〇：六）。在此例之中，嚴復無法以中立的概念來翻譯彌爾的想法，而只能以中文具負面意義的「私」（selfishness）來傳遞 self-interest。事實上一直到今天，中文語彙之中還沒有一個適當的詞彙可以翻譯"self-interest"。另一個類似的例子是"vested interests"，在西方可以用該語詞來指稱道德上是合法與合理之概念，在中文之中「既得利益者」卻具有道德上的負面意涵。總之，將"self-interest"理解為與公益相反的私利，在某種程度上影響到中國知識分子合法化西方私領域的概念。

嚴復也不夠注意到彌爾對於個人自由的推理不但源於自然權利說，也奠基在上述功利主義觀念之上[25]。他將彌爾所謂“the most unquestionably legitimate liberty of the individual”（最無疑義的個人既合理又合法的自由）翻譯為「生民天賦之自繇」（一九三〇：一〇一），將私領域的保障完全奠基於抽象的「天」，而忽略了具體的法律的面向，以及其背後功利主義的論證。對嚴復來說，天賦的想法似乎要比從功利主義觀念出發的「利害」的說法更具說服力。這很可能是因為「利害」或「功利」在中文語境之中都具有負面的意涵。

嚴復不但不易了解彌爾基於功利主義對個人利益的肯定，也無法充分欣賞彌爾有關個人獨特性的想法。彌爾受到德國人文主義與浪漫主義的影響，強調個人的原創性、獨特性，而降低對群體的順從性。他認為減少社會對個人的壓制可以培養每一個人，發揮其獨特性，而成就其主體價值。因此彌爾很肯定個人的“individual spontaneity”（個人自然流露之思想與行為）與“desires and impulses”（慾望與衝動），認為表現出個人的創造力與生命力。嚴復的翻譯之中有時忽略這些詞彙，有時則沒有傳達這些詞彙的正面意涵。例如他將“desires and impulses”翻譯為「感情嗜欲」與「血氣」（一

24 黃克武，〈從追求正道到認同國族：明末至清末中國公私觀念的重整〉，收入黃克武、張哲嘉編，《公與私：近代中國個體與群體的重建》（台北：中央研究院近代史研究所，二〇〇〇），頁九八—九九。

25 在西方自由主義發展史上，彌爾的一個重要貢獻是將功利的原則與自由主義的原則成功地融為一體，參見李強，《自由主義》（北京：中國社會科學出版社，一九九八），頁九八。

九三○：七○），從讀者的角度來看，「血氣」一詞不但不具有崇高的價值，而是個人必須謹慎節制的對象。（見《論語・季氏》：「君子有三戒：少之時，血氣未定，戒之在色；及其壯也，血氣方剛，戒之在鬥；及其老也，血氣既衰，戒之在得。」）

很明顯地對嚴復而言，人類最高的價值不像彌爾那樣，環繞著個人的自發性、衝動、差異性與創造力。嚴復受到儒家的影響，認為理想的人格特質是能夠實現聖人之道並克服自私。沉浸優游於一個私人空間，並與他人有所不同，不是傳統儒者的目標，也不是嚴復的目標。相反地，根據儒家的觀點，個人獨處在道德上十分危險，因此君子必須「慎其獨也」（《中庸》）。「慎獨」指的是人們在獨自居處之時，要能嚴於律己，謹慎地對待自己的所思所行，防止有違道德的欲念和行為發生，從而使道義時時刻刻伴隨自身。

總之，嚴復翻譯的《群己權界論》一書顯示他一方面將西方自由主義者對個人自由的尊重充分地表達出來，並從「涉己」、「涉人」的區別，界定一個個人自由的範圍，因而將西方自由主義理念中「私領域」的想法引介到中國來。然而，因為他對於彌爾自由思想中一些核心觀念的誤會，使他無法像彌爾那樣給予個人自由一個較寬廣的範疇。如果我們用二十世紀晚期的詞彙來說，嚴復的翻譯並沒有清楚地區別私人領域、公民社會與政治核心，而且他比彌爾更為強調法律、道德與輿論對個人自由的制約，因而將私人生活限制在一個較為狹窄的境域。例如，嚴復可以肯定個人求利的合法性，卻難以像彌爾那樣，肯定情慾、衝動，並從情慾的伸張表現個人的獨特性[26]。嚴復所追求的理想體制，不是讓個人享受「消極自由」並發揮其無止盡的創造力，而是尋求一個儒家「成己成物」理想下的群己平衡，並幫助國人在社會達爾文主義所揭示的競爭世界中成為能夠存活於世的「適者」（這一點和本書第六、七章所討論《申報》廣告所建構的男性身體觀相互配合）。換言之，嚴復對自我（或「私領域」）的認知受到儒家的背景以及國族主義的影響，與彌爾奠基於本體論與認識論的個人主義理念有所不同，筆者認為此一文化上的差異使他無法將彌爾式的私領域的概念成功地移植到中國思想界[27]。

結語

在近代中西交會的過程中，嚴復受到本身思想與語彙的局限，未能充分地將以彌爾為代表的西方個人主義，以及其中對於私領域和隱私權的保障，引介到中國來。或許有些人認為，他的失敗在晚清思想界不一定具有代表性。然而如果就二十世紀中國歷史演變的大勢來觀察，彌爾式自由主義

26 例如嚴復與彌爾對於通姦行為（彌爾所說的 fornication），有不同的看法。彌爾表現出更為容忍的態度，這很可能與彌爾和已婚的 Harriet Taylor 之間的戀情有關。

27 有關彌爾與嚴復在認識論上的差異（前者傾向悲觀主義的認識論，後者傾向樂觀主義的認識論），請參閱黃克武，《自由的所以然：嚴復對約翰彌爾自由思想的認識與批判》（台北：允晨文化實業股份有限公司，一九九八）的詳細討論。

的失敗，以及極權政權的興起，則是一個不容否認的歷史事實。

一九四九年中國共產革命成功之後，標榜實現了「大公無私」的社會主義理想，建立起一個中國亙古未有的新社會。這個社會的一個重要特徵不但在於以公有財產制取代私有財產制，更開始逐步打擊奠基於私有財產的「民間社會」與「私人領域」，而終致將之徹底消滅。最為驚心動魄的是以政治力的介入，強行打斷家庭成員間情感連結的紐帶。從一九五〇年代以來的各種政治運動，讓原本私領域之中最為親密的家庭關係，如父子、兄弟、夫婦等遭到撕裂，更不用說師生或朋友的情誼等，亦幾至蕩然無存[28]。在政治風暴之下，原本具有親密關係的人們或是宣布「劃清界限」，甚至是落井下石、彼此揭發、相互出賣；而告發檢舉的材料往往是最為私密的日記、男女之間的情書，或私底下的言行。法官也依賴這些私密的材料，作為判定犯罪的證據[29]。誠如王汎森所指出的，在中國大陸思想改造與自我批判政治運動之中瀰漫著「反隱私」的想法，人們毫無疑義地認為「為了道德轉化，『私』的領域應該全部透明，應該將個人全部的隱私置於公共之處，以便在他人的幫助之下，去除藏躲在暗處的渣滓」[30]。這些例子都顯示政治力對私領域的侵蝕。這一場觸動「靈魂深處」的革命是近代中國倫理觀念與人際關係的一大變革，也是二十世紀中國歷史研究者最值得反省的課題之一。

嚴復乃至近代中國自由主義者的失敗，是否在某種程度上導致了共產革命的成功呢？這是一個不容易回答的問題。或許我們只能籠統地說，所有思想與非思想的因素共同促成此一結果。而嚴復與彌爾之差異，所顯示中西文化對群己關係與私領域的疆域有不同的構想，應是一個不容忽視的原因。

一九四九年之後的台灣與一九七六年之後的中國大陸，在某種程度上都走上一個肯定市場經濟與民主、法治的道路。隨著對大陸改革開放與台灣民主化的進展，逐漸地有不少學者更為注意到保障私領域與隱私權的重要性，以及中國傳統公私觀念對建立現代社會的影響。為何在中國社會之中一方面在理想上冠冕堂皇地宣揚「大公無私」，另一方面在事實上卻讓私欲肆意氾濫，而且極其缺乏對個人隱私的尊重呢？兩位中國大陸的學者在提出上述的問題之後，有一個意味深遠的宣言：「二十世紀，中國人不斷地追求『德先生』（democracy）與『賽先生』（science）；二十一世紀中國人在追求新的公共理性的同時，還需請『樸先生』（privacy）站起來。」[31]

中國是否需要完全移植一個西方式的「樸先生」或許還有一些爭論的餘地，然而如何更深入地

---

28 參考王友琴，〈一九六六：學生打老師的革命〉，http://blog.boxun.com/hero/wenge/75_2.shtml。（點閱時間：二〇一四年五月二十五日）

29 在章詒和的書中有不少的例子，如羅隆基談到被「同居十載的女友」浦熙修所揭發，「浦熙修為了自己生，不惜要我死啊！把床第之語，也當作政治言論，拿到大會上去揭發。」章詒和，《最後的貴族》（香港：牛津大學出版社，二〇〇四），頁三一六—三四三。

30 王汎森，〈近代中國私領域的政治化〉，《中國近代思想與學術的系譜》（台北：聯經出版公司，二〇〇三），頁一六一—一八〇。

31 劉澤華、張榮明，《公私觀念與中國社會》（北京：中國人民大學出版社，二〇〇三），頁五。

認識中西道德語言的差異，及其對於界定公私領域的不同影響，並思索如何給予個人情慾發抒的合理空間，無疑地是一個當務之急。

結論

男子氣概、情慾表述與隱私觀念

近年來男性史與女性史一樣，逐漸成為一個重要的研究領域，不過在中國史之中相關研究尚有所不足，亟待補充。在本書中筆者企圖採取一種「男性史」的研究視角，以幾種文本為中心，探討明清以降男性世界中環繞著「言不褻不笑」所形成的幽默感與身體感。透過對於這些「幽默」文本的研究我們可以重新思索幾個中國史上的「嚴肅」議題，包括中國文化之中男性氣概的界定、情慾書寫與身體想像，以及個人自由與隱私等。

本文所謂的「男性世界」是一個文本所構築的心靈世界，此一心靈世界是男性中心社會形成的一個重要支柱。「男性世界」在嚴格的意義上只能說是一個隱喻，更確切地說或許可以指涉從男性視野所看到的兩性關係。本書中所分析的幾種文本，如情色笑話與俗曲、豔情小說、醫藥廣告等在當時社會中是與商業消費行為結合在一起的商品或媒介。本文的出發點是關注這些文本的性別意涵與心態建構。筆者認為這些文本雖不乏女性讀者，然主要呈現的歷史圖像仍是在男性中心社會，由男性作者主要訴諸於男性讀者，來形塑男性慾望及男性想像之男女關係的一些文本，其中同時包括性愉悅與性恐懼等複雜的情愫。

當然此一男性世界有其局限性，並非數百年間所有男子均在其中，文本所能呈現的世界至少要「粗通文墨」、「略解人事」者方能參與其構成，而女性消費者也在很大的程度上受到這些男性主流價值取向的影響。上述的視角與筆者成長的環境有密切的關係。在一九七〇年代以來的台灣社會之中，各種「黃色書刊」，如《肉蒲團》、《金瓶梅》、《白雪遺音》、張兢生的《性史》或各種各樣的「小本」等，雖受限制卻十分容易取得。其他的一些與情色相關的消費還有情色錄影帶、電影院線片、自行播放的小電影、電子花車、牛肉場、摸摸茶、軍中樂園等。此外，所謂「強精補腎」以防止「腎虧」之說更是充斥於報紙、廣播、電視的醫藥廣告之中。資訊的網路時代來臨之後，色情網站、有線電視（像台灣的有線電視松視專門播放成人電影，諧音「爽死」）更將情色訊息以新的管道迅速傳播。總之，這些合法或非法的以男性為中心的性消費在台灣一直存在，成為性自由乃至性抗爭的一部分，也直接造成「性權利」的不平等。這些訊息在近年來雖受日本與歐美情色文化的影響，然其中有一些核心的部分仍源自傳統，或說來自本書所探析的明清以來的男性世界。以下從男性氣概、情慾想像及現代轉型等方面來作說明。

首先是中國文化之中男性氣概的界定問題。雷金慶（Kam Louie）的書以「文」與「武」來討論中國文化之中的男性特質。他所謂的「文」則指文采、教化與感性；「武」意指強壯、勇敢與忠誠。他指出雖「文」要比「武」更受到人們的肯定，然只要具備其中之一，即成為具有男性氣概之男子。沙培德在評論中指出雷金慶的論點雖有所見，卻失之於過度抽象與單一。雷氏沒有多方面地探討有關男性氣概之論述，例如從儒家與佛教的禮教文本、教育文本（如教科書），或典範的形象等方面來作分析。總之，沙培德認為如果分析不同的文本會得到不同的面向[1]。的確，本文所分析的情色文本可以補充雷著所提出的想法。

1 Peter Zarrow, "The Real Chinese Man: Review Essay,"《近代中國婦女史研究》，第十一期（二〇〇三），頁三五一—三七二。

如果我們從情慾面來思考，中國文化中男性氣概不能忽略情慾方面的特質。本文的分析反映出一種男子對於情慾生活的高度重視。一個理想的男性，可以是文弱型（文），也可以是陽剛型（武）。以《肉蒲團》來說，未央生表現出書生氣息的陰柔之美，權老實則是身強力壯的陽剛之美。兩者比起來，未央生型顯然更受到歡迎，然而不論何種型態，男子的理想在追求以「壯陽」的方式表現出性能力的強大。豔情小說之中對於男性魅力的描述，除了錢財、權勢、外貌與心思之外，特別突出「貨妙」的重要性[2]。

所謂「貨妙」的第一條件是以壯陽的方式達到陽具的粗大、有力。壯陽的方法頗多，在食補方面可食用韭菜、龍眼湯或人參等，在藥補方面則依賴各種藥方，如「金槍不倒丸」、「海狗腎」等，以強身健體，補大陽具[3]。第二個條件則有賴於男子對於性技巧的掌握。這方面豔情小說反映出傳統「房中術」對情慾活動中「採」、「補」功能的看法。其觀點或是以性活動為男女雙方角力之戰場，在此過程中男子應避免早洩、多洩，其理想是「多御女而少洩」、「採陰補陽」、「還精補腦」，防止因遺洩過多而影響身體健康，此一觀點與民初報刊醫藥廣告中對「補腎」的追求與對於「腎虧」、「遺精」的恐懼是聯繫在一起的。另一方面則以性活動為陰陽之調和；因此情慾活動的重心在使伴侶達到高潮迭起，充分滿足，同時亦追求本身之歡愉，以培育子嗣，傳宗接代[4]。如此方可謂「馭女有術」。

明清豔情小說所反映理想的男性氣概除了「貨妙」之外，還有一個很普遍的對情慾生活的看法，此一觀點，可以稱之為具有「兼好男女色」的特徵。對於此一特徵本書沒有太多的著墨。筆者認為最具有代表性的陳述是晚清小說《品花寶鑑》第十二回之中所謂，「我最不解今人好女色則以為常，好男色則以為異，究竟色就是了，又何必分出男女來？好女而不好男，終是好淫，而非好色。」[5]在本書所分析的男性性冒險的故事之中，除了男女情慾的部分外，有不少男男情慾的情節。上文曾提到浪子與書僮陸姝交歡之後說「男風」之美無法言喻，要超過「女人滋味」。從晚明男色小說也可以看得出來，這些男男關係的情色小說也兼寫男女情慾，同時在角色認定上，主動角色與被動角色身分固定；並以對女性美貌品評之語彙與標準來書寫被動角色，因而表現出「雙性戀

2 「貨妙」一語出自《浪史》第十七回：「婆子道：『偷婦人的要訣，卻有幾件。』浪子道：『甚得幾件？』婆子道：『第一件計較，第二件容貌、第三件錢鈔、第四件貨妙。如今相公這三件都有，只是沒有計較。』」（明）風月軒又玄子，《浪史》，頁一三〇。

3 劉正剛、王強，〈明代成人性藥品探析〉，《醫學與哲學（人文社會醫學版）》，第九期（二〇〇六），頁六六—六七。蘇玉芬，〈明代春藥研究〉（台北：國立政治大學歷史研究所碩士論文，二〇一一）。

4 有關明代男性的身體文化，如養生觀與房中術、廣嗣與男科中的固精之道與種子之方等，參見 Ping-Chen Hsiung, "Recipes of Planting the Seeds and Songs of Sleeping Alone: A Profile of Male Body Culture in Ming-Ch'ing China," 收入熊秉真編，《欲掩彌彰：中國歷史文化中的「私」與「情」——私情篇》（台北：漢學研究中心，二〇〇三），頁三四九—四一〇。

5 （清）陳森著、徐德明注，《品花寶鑑》（台北：三民書局，一九九八），頁一八七。

的行為框架，異性戀的書寫模式」[6]。此種對「色」的認知也是男子氣概的一個組成部分。

文本對於男子氣概的建構同時和對於女子身體與情慾的想像結合在一起。在這方面有三點最為突出。第一，女性身體中有所謂「花心」，此部位是觸發女子性高潮的關鍵點。花心之位置因人而異，或深或淺，然只要觸點花心可引發性高潮，而使女子噴出類似男子之陽精的「陰精」[7]。此一觀點筆者稱為「花心高潮」，與西方醫學所謂之「陰蒂高潮」、「陰道高潮」或「G點高潮」有所不同，值得再做探究。至於女性身體的其他部分，最突出者為「金蓮崇拜」，其重要性可媲美西方男子對乳房的愛慕。

第二，男子所想像的女性有「花癡化」或「餓虎化」的傾向，亦即認為女子因受禮教束縛而壓抑其情慾，然事實上只要以適當的方式挑撥，均為一觸即發、情慾高漲的性愛對象。此一女性情慾之想像在某種程度上很可能是男性情慾之投射。

第三、豔情文本企圖建立一個「天下無妒婦」、情慾和諧共享的情慾烏托邦。這種情慾想像一方面是儒家家庭倫理的妥協，另一方面也與當時的妻妾制度有關。對男子而言，在情慾生活之中最難處理或最不願處理者即是女子的嫉妒問題，尤其是妻妾之間的爭風吃醋。在中國文學史上也一直有「妒婦」、「妒婦湯」、「化妒丹」等的書寫傳統[8]，可反映此一心態。豔情文本對於情慾共享、締建和諧家庭之想像可以反映出男子對女子嫉妒的厭惡態度。換言之，理想女子的一個重要條件是不會嫉妒。此一男性心態與明清婦女文本所呈現環繞著「怨」、「妒」與「淡化肉欲」、「一往情深」的女性書寫形成明顯的對比[9]。簡言之，男女對於「情色滿足」之界定有所不同。

6 蕭涵珍，〈晚明的男色小說：《宜春香質》與《弁而釵》〉（台北：國立政治大學中國文學系碩士論文，二〇〇四），頁一五二—一五九、一六五—一六六、一七一。王德威對《品花寶鑑》的分析也有一個類似的結論，他說「陳森因襲傳統為女性而設的修辭論述來描寫那些易弁而釵的男子……強化了舊有的異性愛欲的綱領。」王德威，《被壓抑的現代性：晚清小說新論》，頁九八。

7 「陰精」的說法和一九二〇年代張競生所提出的「第三種水」有一點類似。

8 （宋）李昉，《太平廣記 五百卷》（台北：臺灣商務印書館，一九八三）中如「報應」、「詼諧」、「婦人」等篇即有多則關於妒婦凌虐婢妾、毆詈丈夫的記載。「妒婦湯」的典故可以參見《紅樓夢》第八十回「美香菱屈受貪夫棒，王道士胡謅妒婦方」：

寶玉道：「我問你，可有貼女人的妒病方子沒有？」王一貼聽說，拍手笑道：「這可罷了。不但說沒有方子，就是聽也沒有聽見過。」寶玉笑道：「這樣還算不得什麼。」王一貼又忙道：「貼妒的膏藥倒沒經過，倒有一種湯藥，或者可醫，只是慢些兒，不能立竿見影的效驗。」寶玉道：「什麼湯藥？怎麼吃法？」王一貼道：「這叫做『療妒湯』，用極好的秋梨一個，二錢冰糖，一錢陳皮，水三碗，梨熟為度，每日清早吃這麼一個梨，吃來吃去，就好了。」寶玉道：「這也不值什麼，只怕未必見效。」王一貼道：「一劑不效，吃十劑；今日不效，明日再吃；今年不效，吃到明年。橫豎這三味藥都是潤肺開胃、不傷人的，甜絲絲的，又止咳嗽，又好吃。吃過一百歲，人橫豎是要死的，死了還妒什麼！那時就見效了。」說著，寶玉茗煙都大笑不止，罵「油嘴的牛頭！」

有關中國文學史中妒婦的書寫，請參考林保淳，《三姑六婆 妒婦 佳人：古典小說中的女性形象》（新北市：暖暖書屋，二〇一三）。

9 華瑋，《明清婦女之戲曲創作與批評》，頁七〇—八二、四一八。

上述明清時代所建立的男子對身體、情慾的心態在現代中國文化的轉型之中有延續亦有變遷。這一個課題仍然需要再做深入的探討。本書六、七、八等三章以及附錄之中幾篇文章可共初步的參考。其中最核心的問題是現代國家、科學知識建立之後對於男性身體與男女情慾的管制與保障。這些現代管制的範圍與強度要遠遠超過明清時期禮法的束縛。馮克（Frank Dikötter）有關民國時期性醫學、優生學乃其與國族主義的緊密關聯已有深入的討論（參見附錄二）。筆者則嘗試從隱私權來探測此一議題。在現代社會中情慾發抒是隱私權的核心部分。不過從清末對於「隱私」觀念的譯介，到民國以來法律與道德權威對男女情慾的管制，無論從國家的優生措施、人口管制，到多次的「掃黃」（參見附錄四）、「取締流氓」、「通姦」等，都反映出道德意識對情慾的節制，以及國家對於與個人情慾的不信任與規訓。近年來由於性學研究者的努力，有關「性權利」（性自由、性平等、性隱私、性快樂、性教育等）觀念的介紹，對不合理的性法律的批判，已經有部分成果。例如有些學者提出「性權就是人權」宣言，主張：

> 人的性愛卻被制度壓縮成為生育手段，除了被「指定」的異性戀一對一模式之外，一切多元的性愛模式（包括愛與自己相同性別的人，愛超過一種的性別、愛穿異性的衣服、愛採用「非認可」的性愛方式、愛做異性等等）都被介定為不道德、野蠻或變態。

性權就是基本人權，是每個人在性上應享有和該受尊重的權利。雖然，性權是人權中一個非常重要的部分，但由於它屬於隱私的範疇，性權被剝削的情況比想像中更為嚴重，我們需要讓性議題公共化，更需要改善性的不平等權力。[10]

又如有些學者努力揭發現行法律之中對於與性問題相關的判決所蘊含的諸多不合理的現象，例如廢除「聚眾淫亂罪」、支持「妓權運動」等[11]。他們的努力已逐漸帶來一些改變。總之，中國現代社會之中的情慾問題仍須面對許多挑戰，筆者僅能期望本書所做的歷史分析及男性主體意識之反省，對此議題能略盡棉薄之力。

10 中央大學性／別研究室，〈「性權就是人權」宣言〉，http://intermargins.net/repression/theory/t7.htm。（點閱時間：二〇一五年三月八日）

11 李銀河，《性的問題》。何春蕤，《性工作：妓權觀點》（台北：巨流出版社，二〇〇一）。

附錄

附錄一

近代中國笑話研究之基本構想

笑是一種本能，也是人之異於禽獸的一個重要特徵，幾乎每一個人都會笑，但不一定都能了解「笑」所具有的深刻而複雜的意涵。笑是溝通的一種方式，也是心靈火花的碰擊，唯有成功而即時的溝通才能引發出會心的笑。有些笑話每一個人都覺得好笑，但也有些笑話有人覺得好笑，有人覺得不好笑。不好笑的笑話往往需要進一步的解釋，解釋的需要則是由於溝通雙方背景知識的差異所致，實際上正是一種溝通不良的反映。

從更廣的角度來看，溝通是一種文化現象，不同的文化群體通常採取不同的溝通模式。語言的差異是最明顯的表徵，實際上它所顯示的是思維方式的不同，或說文化背景的不同。從這個方面來看，笑話與文化群體有相當複雜的關係，它不但反映了這一群體的價值取向與社會關係，同時它也可以界定此一群體，或說笑話的界線也正是群體界線；而群體的大小可以小至幾個人或一個社團，大至一個國家或一個民族。有人指出美國的定義之一是這一國家創造了一群對同一些笑話感到好笑的人。

笑話的相對性格可以是地理的、階層的、年齡的、職業的，也可以是時間的。不同地區的人有不同的笑話，中國各地的方言笑話是最明顯的例子，廣東人的笑話上海人沒有辦法欣賞，而台灣人的笑話往往只有通閩南語的人才能體會個中精髓，這可以顯示笑話和語言的密切關聯。除了語言與地域差異之外，社會關係也對笑話有所影響，例如在西方社會中嘲諷岳母的笑話十分普遍，這涉及西方社會中的親屬關係，岳母為了保護女兒總是企圖控制女婿或他們的小家庭，而岳母笑話反映了對這種權威的挑戰。在中國社會中岳母笑話相對較少，主要由於岳母角色不同所致，有趣的是在傳統笑話書中有關「傻女婿」的笑話卻較多，成為家庭關係中嘲諷的重點。年齡與職業在笑話研究中亦是不可忽略的變數，不同的年齡群與職業團體，由於生活範圍與關懷對象的差異，而有不同的笑話。此外，笑話不但是群體內的也是群體間的，城市人喜歡講鄉下人的笑話，有錢人則以取笑窮人為樂，另一種是在大群體中取笑某一特殊的小群體，在中國古代有所謂「宋人笑話」，如「守株待兔」（見《韓非子．五蠹篇》）、「揠苗助長」（見《孟子．公孫丑上》）都是嘲諷這一國人；近代上海則有許多有關蘇北人的笑話。在西方社會中有關少數移民群體的笑話例子就更多了，在英國有愛爾蘭笑話，在美國則有波蘭笑話，這些少數群體由於語言上常帶有特殊口音，外貌上與眾不同，且多從事下層體力勞動，因此當優勢群體要講愚笨笑話時，多舉這些人為例，實際上這是一種國際現象，據初步研究至少在三十幾個國家或地區可以找到類似的例子[1]。

時間因素對人類笑之行為的影響也很明顯，首先在於主題的變遷，笑與社會生活有直接的關聯，多數的笑是發生在具體生活之中的，傳統文人雅士的笑和他們對經典詩詞的熟稔有關。傳統文

1 Christie Davies, "The Irish Joke as a Social Phenomenon," in John Durant and Jonathan Miller eds., *Laughing Matters: A Serious Look at Humour*, pp. 44-45.

人之間有一種談笑的方式叫「擬經」，亦即用一種詼諧的方法模仿經典，這在民國新式教育興起之後甚為少見；歷代有關小腳的笑話在民初婦女解放運動之後逐漸消失了，當社會生活變遷後，笑的主題也隨之改變。除了主題之外，笑話功能的變遷也很明顯，例如清中葉石成金《笑得好》一書強調笑話在道德教化上的作用，他在每一則笑話之後都寫上該笑話的道德教訓，此舉可謂「笑話經世」；而民國二〇、三〇年代各雜誌上的笑話或漫畫（最好的例子是林語堂所辦的期刊《論語》）則明顯環繞著政治諷刺，笑話實際上是知識分子一種較緩合的政治批判。

在西方對笑話或幽默的研究涉及許多不同的學科，從生理學、社會學、心理學、美學、語言學到人類學、歷史學，甚至還有一些科際整合式的研究，這些理論與實際的研究成果對我們處理中國史料具有相當大的啟發性。早期經典性的著作是佛洛依德（Sigmund Freud, 1856-1939）的《笑話及其與無意識的關係》（*Jokes and Their Relation to the Unconscious*, 1905），他認為笑話和夢或說溜了嘴同樣地表示出被壓抑的或無意識的願望。人在「原欲」（libido）受阻的情況下，心靈採取改裝與潤飾的作用，以笑話的方式逃避超我的檢查，這可以解釋為什麼在所有文化中黃色笑話與挖苦、諷刺別人的笑話十分普遍，甚至在知識分子之間也很受歡迎，弗氏認為在正常情況下性與攻擊的欲望遭到社會的嚴格禁止，但當以笑話形式出現時，基本上參與者同意這些「不算數」或「不當真」並「不接受社會規範的控制」，因此潛藏的欲望得以透過緩和的方式得到滿足，而心理的緊張亦得以紓解。另一位先驅性的研究者是法國的哲學家柏格森（Henri Bergson, 1859-1941），柏氏已體認到笑是一種社會行為，而且觀眾愈多，笑聲就愈多，他認為我們所嘲笑的對象其本質是非社會的，他之所以好笑是因為他無法適應環境，或在無心之中忘了考慮別人，笑聲是社會對他的懲罰，是一種社會規範的力量，要求其端正行為。弗氏的心理學理論與柏氏的社會懲罰論可以解釋一部分的笑話但無法解釋全部的笑話。這種理論所留下來的解釋空間給與其他學者許多機會，一九八八年英國出版了二本書，企圖綜合前人研究對幽默（Humour）建立較全面性的了解，一本是 Michael Mulkay 的 *On Humour: Its Nature and Its Place in Modern Society*（Cambridge: Polity Press, 1988），另一本是會議論文集，由 John Durant 與 Jonathan Miller 主編，書名是 *Laughing Matters: A Serious Look at Humour*（Essex: Longman Scientific & Technical, 1988）。Michael Mulkay 是約克大學社會學教授，他以當代英國與北美社會中各種型態的幽默為例，檢討隱藏在幽默之後的基本原則，他以「嚴肅論域」（Serious Discourse）與「幽默模式」（Humorous Mode）的劃分作為分析的起點，一方面描述現實生活中兩者之間轉移的過程，另一方面探究幽默的原則與社會功能，他認為人們運用幽默有意地創造不和諧與內在矛盾，使幽默與生活的嚴肅面分離，但弔詭的是這種分離卻使我們將幽默用於嚴肅的目的。他舉出年輕人之間的黃色笑話帶有傳遞性訊息、態度與情感的功能，這種訊息的傳遞在嚴肅論域中受到禁止；醫院中年長醫生對年輕醫生所說的笑話其目的在糾正錯誤但又不傷和氣；小酒館中買醉者對女服務員講的黃色笑話實際上在試探對方是否有帶出場的可能性。他並分析政治卡通與電視中的政治諷刺劇之背後所反映的政治態度，認為在英國這些政治幽默表面上有強烈的批判性，實際上傾向保守而非企圖破壞現存的政治生活的模式，他們的目的是強化讀者原有的政治信念，而非去改變舊有的想法。

與 *On Humour* 一書比起來 John Durant 與 Jonathan Miller 的書凝聚性沒有那麼強，但包含的範圍卻較廣。John Durant 曾經任教於牛津大學，是一個動物學家與科學史家，他對演化理論與動物與人類行為之關係感到特別的興趣；Jonathan Miller 是一位藥學博士以及影片、劇場和歌劇的導演。在該次討論會中他們邀請了哲學、社會學的教授、神經心理學家以及英國 *The Independent* 報的政治卡通漫畫家，和一位小丑學校的創辦者等，從各種角度嚴肅地探討幽默。其中最具有理論深度的是 Jonathan Miller 的「範疇錯亂」（Disorder of Categories）的理論，他認為幽默的價值在於它涉及對原有世界中範疇與分類的反省，並嘗試提出新選擇的可能，他以卓別林（Charlie Chaplin）的電影《淘金記》（*The Golden Rush*）為例，在電影中卓別林飢餓到必須吃他自己的靴子，這時觀眾很緊張，因為傳統範疇處於險境，但當他們看到卓別林像吃麵條那樣用叉子捲起鞋帶，而且用刀將鞋底切成一小塊，像吃牛排那樣吃它的時候，觀眾不禁大笑，Jonathan Miller 認為好笑的原因在於鞋帶和鞋底原來屬於不可吃與骯髒的範疇，但卻被帶到桌上轉為可吃與清潔的範疇，範疇轉換所導致的不協調是引人發笑的根源。他指出我們或許不必面臨吃靴子的險境，但是經由這種愉悅的經驗，我們使自己不至於變成現存範疇的奴隸。這也是為什麼幽默總是被視為危險且具有反叛性格的東西，在英語中 Joker 不但指愛講笑話的人，也是指一副撲克牌中王牌（the wild card，可取代其他任何的牌）。這個理論有相當強的解釋性，法國導演布紐爾（Luis Bunuel）在《中產階級拘謹的魅力》（*The Discreet Charm of the Bourgeoisie*）一片中將餐桌與馬桶倒置，影片中在客廳裡每個人坐在馬桶之上嚴肅地對話，吃飯時則個別到一個小房間中偷偷進行，其原則與上述卓別林的電影並無二致。《鏡花緣》中林之洋在女兒國的故事是大家所熟知的，而李汝珍所運用的手法正是男女範疇的轉換，將傳統社會中各種對待女性的方法用到男人身上，深刻地呈現了當時社會的婦女問題。

以上所述多半從理論層次探討幽默的本質與功能，但在西方學界歷史學者也對這個主題感到興趣。例如對英國幽默史的研究顯示，在十八、十九世紀之交時英國的幽默性質與表現方式有一重大轉變，復辟時代諷刺傳統漸消失，取而代之的是較敦厚的歡愉感（a more amiable sense of fun），這是十九世紀英國社會平靜與穩定在幽默上的反映，但一九一八年之後，這種社會背景消失，一種硬心腸（tough-minded）的幽默又再度出現[2]。對於法國近代幽默之研究要推 Theodore Zeldin 對一八四八年至一九四五年間法國歷史研究的巨著，在書中他討論了許多有趣的主題，其中之一是快樂與幽默。首先他指出階級與笑的關聯，認為在當時法國有幾種形式的笑，大眾的、中產階段的與知識分子的；此外鄉村與城市又有不同，這涉及城鄉生活空間的差異，在十九世紀中葉農民的笑與二種制度有關，一種是 veillée 是村民的晚間聚會，在忙了一天之後大夥聚在一塊，女性做些針黹，男性則修理工具，在這種聚會中總是流傳著一些老掉牙但仍津津樂道的笑話；第二種制度是 traveling entertainers，他們在各地巡迴演出，這些人包括魔術師、小丑、特技演員、算命者，或演一些短劇與啞劇，同樣地在這些場合中新奇不是最必要的，許多笑話都是大家耳熟能詳，但卻樂此不疲；在

2 Stuart M. Tave, *The Amiable Humorist: A Study in the Comic Theory and Criticism of the Eighteenth and Early Nineteenth Centuries*（Chicago: The University of Chicago Press, 1960）.

城市中娛樂生活則環繞著 Café，以及附帶的表演，他們常是業餘的演出者用唱歌的方式來說笑話，例如諷刺地主、官僚、債主、岳母等，而黃色笑話是不可或缺的，同時與當時政治事件或犯罪案件有關的歌也很受歡迎。接著作者以當時娛樂界幾位名人為中心，探討他們出身背景與作品風格。他也注意到幽默報刊與政治諷刺，例如在一八三〇年代，Charles Philipon（1800-1861）辦了二份支持共和的報紙，諷刺當時的國王路易菲力（Louis-Philippe I, 1773-1850，在位期間一八三〇—一八四八），他因為在漫畫中將國王畫成一只梨子而入獄，其實他嘲諷的對象非常廣，從髮型、時裝到軍人、律師、妓女，以及無可避免的——中產階級。另一個有趣的現象是因為漫畫是一個十分重要的政治武器，因此每一個政黨幾乎都有本身的幽默報刊；不但如此，在十九世紀時，許多行業都有自己的幽默報紙，例如軍人、運動員、佃農、啤酒業、廣告商、銀行家等等，這些報紙上的笑話一方面合於本身群體的口味，另一方面也是攻擊敵人的工具。法國的政治諷刺有長遠的傳統。二〇一五年初《查理週刊》（*Charlie Hebdo*）因諷刺伊斯蘭教，遭恐怖攻擊，有十餘人喪命。對法國人而言諷刺是言論自由的一部分，「一直以來是對抗專制、不誠實和愚蠢的自由力量」。

Theodore Zeldin 等人的研究取向很明顯地是歷史的，無論在處理手法與史料運用上都有很大的啟發性。在中國近代史的領域中，有關笑話的史料如筆記、小說、歌謠、劇本、雜誌、報紙等非常豐富，尤其民國以來由於周作人、林蘭、婁子匡、王利器等人的費心蒐集，目前史料的運用已十分方便。主要的問題還是研究取向上的，過去學者的研究多半從俗文學的角度出發，忽略了笑話與歷史脈絡的關聯，以及運用西方理論來解釋中國史料的可能性，因此目前無論是英文或中文我們似乎還找不到一本較好的著作處理中國近代笑話史的作品，筆者所撰寫有關《鏡花緣》之幽默的論文（收入本書第三章）是這種意念下的一個嘗試，實際上還有許多方向值得努力：

(1)個案的研究，無論是清代張南莊的《何典》、繆蓮仙的《文章遊劇》、清末各種諷刺小說或民國以後的《最新滑稽雜誌》、《論語》，甚至民國流傳的一些笑話書如《暢所欲言》或《一見哈哈笑》等都可以作專題式的處理；此外視覺幽默，亦即政治卡通或漫畫也不可忽略，抗戰時期反日的漫畫，以及在國共鬥爭期間中共出版有關蔣介石的漫畫或國民黨諷刺中共頭目漫畫都有相當豐富的資料。

(2)將笑話研究與社會史、思想史和文化史相結合，例如笑話與中國社會組織與結構的關係；黃色笑話是否可以反映中國社會的男女關係與性觀念。又如由各地的方言笑話是否可以看出區域文化的差異；在清末民初西方文化影響下中國笑話的性格有無重要的轉變；另一個較複雜但卻十分值得做的工作是中國笑話與其他文化之笑話的比較等等，都值得加以研究[3]。

3 墨子刻教授曾表示猶太人的笑話與中國人的笑話有一個值得注意的對比：猶太人的笑話多嘲諷自己；中國人的笑話則多嘲諷他人（如中國古代的傻子笑話等）。

附錄二

評馮客著《性、文化與現代化：民國時期的醫學與性控制》

書名：*Sex, Culture and Modernity in China: Medical Science and the Construction of Sexual Identities in the Early Republican Period*

作者：Frank Dikötter

出版地：Honolulu

出版者：University of Hawaii Press

出版時間：一九九五

頁數：二三三

本書作者馮客為荷蘭人，日內瓦大學畢業，專攻現代史與俄國文學，後獲得英國倫敦大學歷史學博士，曾任教於該校亞非學院（SOAS），現為香港大學歷史系講座教授。他主要的研究領域為中國近代文化史、思想史，最近又涉足中華人民共和國史。馮氏著作豐富，除了本書之外還有 *The Discourse of Race in Modern China*（Stanford: Stanford University Press, 1992；中譯書名《近代中國之種族觀念》）；以及一本有關中國的優生學的書，*Imperfect Conceptions: Medical Knowledge, Birth Defects and Eugenics in China*（London: Hurst, 1998）；另外還編有 *The Construction of Racial*

Identities in China and Japan（Honolulu: University of Hawaii Press, 1997）。此外還有關近代中國的犯罪、懲罰與監獄、鴉片、物質文化、毛澤東的大饑荒等方面的著作[1]。

以上馮氏有關近代中國種族、性觀念、優生學、犯罪學等方面的研究表面上看來頗為零散，但實際上彼此之間是相互聯繫的，共同地關注：近代中國科學知識的形成與中西文化、傳統與現代化之間交織互動的關係。換言之，他是從文化史的角度探討近代中國的「科學史」，以及知識與政治之間的關係，這樣一來「科學」並非源於西方的一種普遍性的「現代知識」，更非探討客觀不變的真理，而是與人們的「建構」（construction）、「想像」（imagination）等聯繫在一起的文化活動。

雖然作者沒有明白地表述，但上述文化史的研究視角與傅柯（Michel Foucault）、孔恩（Thomas S. Kuhn）等人的著作有一定的關係，亦有所差異[2]，而特別表現在作者在方法學方面所謂的

---

1 參考維基百科「馮客」條的介紹，http://zh.wikipedia.org/wiki/%E9%A6%AE%E5%AE%A2。（點閱時間：二〇一五年三月一日）

2 在這裡我特別指 Foucault 的 *The History of Sexuality* 與 Thomas Kuhn 的 *The Structure of Scientific Revolution.* 參見孫隆基，〈論中國史之傅柯化——評馮客（Frank Dikötter）〉，《中央研究院近代史研究所集刊》，第四四期（二〇〇四年六月），頁一五五—一六八。馮客，〈對孫隆基先生「論中國史之傅柯化」的回應〉，《中央研究院近代史研究所集刊》，第四五期（二〇〇四年九月），頁一九五—一九八。在回應之中馮客表示他與傅柯的觀點有所不同：「我的大多數論著都對傅柯所用的方式、方法採取了批判的態度。傅柯派學者所捍衛的是知識產生於權力，而我認為知識也源自於對事物的認識。因此在所有論著中，我都闡明了中國的

discourse（論述或論域）的觀念之上。根據作者的看法 discourse 的研究法有以下幾個特色：第一、它與研究政治事件、社會經濟變動的歷史不同，但可以互補（頁一二）；第二、它與研究大人物的思想史也有所差異；第三、它依賴「文本」（texts）來作研究，而文本一方面反映環境，另一方面也在環境之中運作；第四、文本之中有不同的觀點，甚至相互矛盾的聲音（voices）；第五、作者要進一步從不同聲音之中找到超越個人作者所有的「知識與意義的結構」。（頁六—七）

在《近代中國之種族觀念》一書作者研究有關種族的論述；在《性、文化與現代化：民國時期的醫學與性控制》一書他所研究的則是在民國時期有關「性」的論述，亦即探討有關性的一種「科學的」知識結構是如何形成的？他把此一論述的創造者稱為「現代化菁英」（“modernizing elite”），他們包括記者、社會改革家、性教育者、大學教授、政治理論家與文化傳播者等。（頁五）作者強調這一論述是在「民間社會」（“civil society”，頁一一）之中形成，而與國家或官方機構的倡導沒有直接的關係。最明顯的例子是在人口政策方面，主流的性論述很強調控制生育、優生學，但當時的國民黨政府卻基於三民主義，主張增加人口。（頁一一七）

從歷史發展上看，民國時期的性論述是對「儒家論述」（Confucian discourse）的突破，是從儒家「玄學」的宇宙觀（包括以陰陽觀念為基礎的兩性觀）到「科學」的宇宙觀（從生物學的角度來看「自然的」兩性）之演變；亦即形成了與現代化息息相關的醫學化的性觀念。另一方面也與一九四九年共產政權建立之後的情況有所不同，一九四九年之後性論述的特色是將性、科學（醫學）與國家緊密地聯繫在一起，知識與政治權力之間有直接的關係（頁六），並對性行為與生育採取強制性的國家控制。

作者不但看到歷史的斷裂與發展，也非常強調歷史的連續性。他同意柯文（Paul Cohen）在《在中國發現歷史：中國中心觀在美國的興起》（*Discovering History in China: American Historical Writing on the Recent Chinese Past*）一書中的看法，避免將「中國」、「西方」以及「傳統」、「現代」視為相對立的概念；同時也要避免薩依德（Edward Said）所說的東方主義的觀點，以西方為中心來扭曲東方，並忽略西方內部的歧異。他所研究的民國時期的性論述即表現出多元、交織的特點，並有不同的來源與互異的發展方向（頁一二），而不能用單一範疇或中西混雜等概念來描述。例如新論述的形成不但是單純地引進西方的科學，也不能說是西方文化的「衍生物」（derivation，頁六九），而是有傳統的背景。早在十七、十八世紀之時中國士人如徐光啟、洪亮吉與汪士鐸的作品之中就已奠立新人口觀的基礎[3]；在西力衝擊之前中國就有專業化的「婦科」（頁一六）；同時在民

知識分子們並沒有單單『回應』『西方的影響』。反之，他們在可以認識和接收的範圍內，積極地把那些當時流通全球的思想和技術挪為己有。」見該文頁一九七。後來孫隆基又有評論，見氏著，〈「後現代史學」為名，「西方中心論」為實——馮客的中國研究背後是什麼？〉，收入李金強主編，《世變中的史學》（桂林：廣西師範大學出版社，二〇一〇），頁二八五—三一〇。不過對於這一篇文章馮客並未予以回應。

3 作者對汪士鐸的討論非常精采（頁一〇六—一〇七），他在十九世紀中期就提出與後來優生學很類似的觀點。

國時期，「傳統醫學」與「現代醫學」之間也沒有清楚的界限。（頁一五七）作者借用人類學家David Parkin的話將這一論述稱為“latticed knowledge”（格子狀的知識）。總之，運用discourse的方法，馮客一方面企圖看到複雜多變的思想史的現象，另一方面則希望掌握變遷底層之中一種不變的知識結構。

本書的主體部分即是描寫與分析民國時期，特別是一九二〇、一九三〇年代中國社會對於性問題的討論。作者很清楚地意識到這一現代化的、醫學的、性的論述（他稱之為「相對地整合的網」，或「一個整體」，“a relatively coherent web”、“a whole”，頁八）的形成（“discursive formations”）是由許多不同的因素所促成的，有個人的因素，也有集體的因素；有政治、社會、經濟方面的因素，也有思想的因素：包括個人對性快感的耽溺、對生理現象的認識與解釋、疾病觀、生育觀、家庭結構的異動、教育活動、商業活動（特別是新興的出版、印刷文化，頁四）、城市的生活空間（提供兩性接觸的新場所）、社會階層的變化、新思想觀念的出現（主要有演化論、社會有機體論、國族主義，與科學主義，頁八、一一七），以及更廣的對於「現代性」、「現代文化」的追尋等。

在上述因素的互動之下中國知識界所產生的主要的觀點是：民國時期現代性觀念的形成並不走向個人的解放，性和生育與人口、種族、優生學等觀念結合在一起，形成一套追求國族富強的思想傾向。作者也隱含地表示這一歷史背景與一九四九年之後極權政府對性與生育（如一胎化、優生等）的控制有某種程度的關聯。

他反覆描寫的話語包括：

女人的「性」是依賴的，並對於更直接的而且工具性的男人的「性」的反應，它被建構為一個「母性的本能」，主要是與生育活動連結在一起。（頁六一）

性活動的目的是種族的延續。（頁一一〇）

政治活動不再被視為是公眾或個人道德的結果，人口上的優勢才是決定國家強弱的關鍵。（頁一〇八）

周建人以為優生學的原則應該管制人的情愛活動。（頁一一〇）

種族需要改良，才能使中國適應物競天擇的天演界。（頁一〇七）

人類的生育使個人與人口之間建立一個生物學上的聯繫，因而使生育活動必須要因為種族的健康而受到管制。（頁一一七）

青春期的同性戀和手淫類似，被認為是社會上所學得的惡行，為了自己，為了夫妻關係與國家，這一惡行應由規訓來克服。（頁一四〇—一四一）

手淫影響個人健康，會導致滅種亡國。（頁一六五—一七一）

性病（如梅毒）不僅影響個人與家庭的健康，也影響種族。因此性、病、集體、未來是相互關聯的，國家應教育人民並管制他們的性生活。（頁一二二、一二六—一三〇）

性從來不曾與生育切斷聯繫。（頁一三八、一八五）

本書文字流暢、論證明晰、論點新穎，對這一課題有「性」趣的讀者來說，是一本絕對不宜錯過的好書。尤其重要的是在他的分析、解剖之下，我們常常視為理所當然的一些詞彙如「性」、「婦女」、「青年」、「疾病」（無論是精神性的「歇斯特里亞」hysteria 或官能性的梅毒）、「健康」、「人口」、「種族」等，都有新的一層意義，它們不再是客觀、中立、透明的概念，而是在歷史過程之中逐漸地被建構出來，並帶有深刻的文化意涵。總之，以文化史的角度來研究思想史的處理手法在本書之中表達得很徹底，順此方向思考可以開展出許多新的研究課題。除此之外該書還有兩個非常重要的特色：

(1) 方法學方面：作者所採用的 discourse 研究法與中西之間的對比法，在處理此一課題之時是非常有效的方法。例如作者不但探討文本所代表的不同聲音；更挖掘不同聲音所共同具有的預設，這樣的處理方式與拙著對於思想史方法論的想法頗為配合[4]。再者，作者所作的比較常常能凸顯出對比雙方的特點，給人耳目一新之感。例如作者指出中國與西方都有優生學，但是民國時期與西方不同之處是沒有立法，因而不對人民生活產生法律性的管束，這與納粹時代的德國政府對猶太人、吉普賽人、殘障、同性戀的政策性的迫害有所不同。（頁一一六）總之，在方法學方面，作者一方面表現出深厚的理論根基，卻又避免艱澀、抽象的討論，或引用意義不明的詞彙，而能將此方法熟稔地運用在處理中國問題之上。

(2) 材料運用的廣泛：該書所分析民國時期的出版物超過三百五十種，除了大家所熟知的《東方雜誌》、《婦女雜誌》、《教育雜誌》、《學生雜誌》、*The China Medical Journal*（《博醫會報》）之外，更運用各種手冊、指引、教科書、科普書刊等非常罕見的出版品，這是非常令人佩服的。在內容方面，作者不但引用文字性的論述，也徵引重要的圖表，使讀者產生深刻的印象。同時作者對於西方學界，尤其是英文、法文的相關研究也很熟悉，注解之中常常可以看到很有用的書目。

評者也以為本書有一部分的觀點可以商榷。其中最值得討論的一個主張是作者認為民國時期性論述與救亡的要求結合在一起，所以性與生育、優生等觀念不曾有所分離，性的目的是強種強國，因而是需要控制的。換言之，性論述之中性只是達成國家富強的方法；而不把個人在性方面的快樂，與個人的表達當作一個終極目的。

作者上述的分析雖然是以民國時期的性論述作為對象，但這種中國近代思想史的觀察其實是一個很多人曾提過的觀點。茲舉二例，一是史華慈（Benjamin Schwartz）對嚴復的研究，一是李澤厚所謂「救亡壓倒啟蒙」的說法。在史氏的書中，他將嚴復描寫為主要受到國家主義（“nationalism”）的驅策，景仰西方文化中浮士德、普羅米修斯精神所代表的動力（“Faustian-Promethean nature of

4 黃克武，《一個被放棄的選擇：梁啟超調適思想之研究》（台北：中央研究院近代史研究所，一九九四），頁三七—三九。

Western civilization”、“dynamism”），因此對嚴復來說，他在引介約翰彌爾那樣的「西方自由主義」之時，並不重視個人自由價值在本質上的意義，而強調它對國家富強的貢獻。有些人並進一步地認為這樣的思想傾向因而成為後來集體主義的源頭[5]。史華慈的想法和李澤厚對五四以來對中國思想界的觀察是相互配合的，李氏以為五四時期中國思想家提出種種追求個體自由與個性解放的「啟蒙」理想，並以為啟蒙與救亡是「並行不悖相得益彰」，但是這樣的局面「並沒有延續多久，時代的危亡局勢和劇烈的現實鬥爭，迫使政治救亡的主題又一次全面壓倒了思想啟蒙的主題」[6]。

馮客的論點顯然與史華慈和李澤厚的看法有異曲同工之妙，這種對中國近代思想史上的個人自由、個體意識、個性解放的解釋可否立足呢？救亡真的壓倒了啟蒙嗎？我認為這一想法雖有一定的解釋力，然亦有其盲點。近年來史、李二人的觀點已受到學界的修正，有一些學者開始了解到近代中國思想界並不完全將個人自由視為是達成國家富強的方法。例如拙著《自由的所以然：嚴復對約翰彌爾自由思想的認識與批判》針對史華慈的觀點提出反駁，認為嚴復對個人自由有本質上的尊重，對他來說個人自由不可化約為國家富強的工具。嚴復對個人價值的肯定是建立在群己平衡的基礎之上，亦即他所說的「克己自繇二義不可偏廢」。他既沒有將個人置於群體之上，也沒有將群體置於個人之上，而是秉持了一種植根於中國傳統中「成己成物」、「明德新民」之觀念，而有的第三種選擇：個人與群體一樣地重要。對他來說，個人自由與社會利益（即傳統語彙中的群己、公私、利義）可以攜手並進而不相衝突[7]。

拙著所要強調的是在近代中國民族主義誠然是一個強勢的霸權論述，但此一論述並沒有完全的籠罩性，在當時思想界仍有另一個與傳統背景密切相關的，強調個人自由、情慾自主的聲音。換言之，在眾聲喧譁之中，個人自由與個性解放的追求並沒有完全為救亡的吶喊所掩蓋。

性與個人自由和個性解放有直接的關係，近代以來對個人自由的追尋幾乎都伴隨著性方面再思考。如果我們以上述拙著有關個人自由的看法來觀察馮客所研究的近代中國的性論述的話，我發現民國時期國人對於性的討論不適合完全描繪成「性與生育一直沒有分開」，或說性一直被認為是達成國家富強的手段，而無本身的價值；反而我們可以找到大量的文本討論個人在性行為之中的歡愉，把性快感的追求當作具有本質性的意義。

張競生的《性史》無疑地是當時性論述中非常重要的一個作品，這一本書中一方面的確可以看到像作者所說的，將性與「優種」結合在一起，但是另一方面性也被描寫為是追求「男女彼此心靈

---

5 Benjamin I. Schwartz, *In Search of Wealth and Power: Yen Fu and the West*（Cambridge: The Belknap Press of Harvard University Press, 1979 [1964]）. 學界有關清末思想與後來集體主義的淵源之討論請參考黃克武，《一個被放棄的選擇：梁啟超調適思想之研究》，頁二四。

6 李澤厚，〈啟蒙與救亡的雙重變奏〉，收入《中國現代思想史論》（台北：風雲時代出版公司，一九九一），頁二九。

7 黃克武，《自由的所以然：嚴復對約翰彌爾自由思想的認識與批判》（台北：允晨文化實業股份有限公司，一九九八）。

上最協洽與和諧……於肉慾中得到心靈的愉快，於心靈中又得到了肉體的滿足」（張競生編後附記）。在該書之中所收的各文，多半也不完全把性與國家富強或優生強種直接地聯繫在一起，反而非常突出個人在性方面的歡愉，認為這樣的歡愉是「科學的」、「藝術的」與「健康的」。例如平江所寫的〈初次的性交〉，描寫一個十六歲的男孩江平與董二嫂之間的性關係（婚外情），他說：

出精的時候，我這才是第一次感受著至樂的，神異的境界，這才是第一次嘗著了人生的真味。哦！活著原來還有這一種奧妙啊！我對於人生發生了一種新見解，我出神了。我們便實行了那俗說的「觀音坐蓮台」法……這一次算是我們性慾的第一次的大滿足。我們覺得我們幸福極了。我們不顧一切，我們根本就忘了一切。的確，這種快樂，連生命犧牲在內，都是可以的。

江平如何來評估他的情人董二嫂呢？他說「她不是一個淫婦……她畢竟不是一個下流的婦人……她把靈魂均勻地放在肉裡面，這就是她。」張競生在評論這個故事時也沒有因為這是一個婚外情而大加譴責，他環繞著男女相互調和的問題，說「董二嫂與小江平能互相調和，所以彼此相愛得如膠似漆了。」[8]總之，在江平的話語之中我們似乎看不出受到強烈國族主義的影響[9]。

這樣的論述在《性史》之中非常多，它不但與新的科學論述密切結合，而且與明清以來的情慾文本有很強的連續性[10]。我認為張競生所標舉出對性方面的討論有非常複雜的內涵，如果就其中群己關係來說，他所企圖塑造的理念雖然包含了馮客所說的將性與優生強種結合為一的看法，但也包括大量將性視為是個體的歡愉、是追求男女情慾的自主。作者在討論民國時期的性論述之時，如能同時注意到強種與自主兩方面的情況，以及兩者之間相離相合的複雜關係，或許可以展現出一個更為持平的歷史圖像[11]。

---

8 張競生，《性史》（出版時地不詳），頁三七、四四—四五、五九、六〇。最近廣州出版社出版了《張競生文集》（廣州：廣州出版社，一九九八），上下卷，將張氏所編、寫的主要作品都收羅在一起，在運用上更為方便。

9 彭小妍對該書的書評與筆者的觀察有一致之處，她質疑作者提出的「個人在性行為中的愉悅（pleasure）則從未受重視，也不曾單獨成為議題」的觀點。彭小妍指出「當時不僅在性論述方面有知識分子如張競生提倡重視婦女情慾和人格發展的問題，以及婦女性高潮和優生的關係，文學作品方面也有上海崛起的創造社作家如郁達夫和張資平等，在小說中反覆辯證個人情慾和社會禁忌的衝突。近年來海派研究大盛，專事探討男女放縱情慾的新感覺派作品已成為熱門研究。」見彭小妍，〈評介 Frank Dikötter: *Sex, Culture and Modernity in China*〉，《近代中國婦女史研究》，第五期（一九九七），頁二一〇。

10 在這方面還需要做一些研究。

11 本文原刊於《中國現代史書評選輯》，輯二二（一九九九），頁三七三—三八五。

附錄三

性與政治——論張賢亮《男人的一半是女人》[1]

張賢亮（一九三六—二〇一四）是當代中國大陸一位傑出的小說家，他的小說《肖爾布拉克》、《土牢情話》、《男人的一半是女人》（以下簡稱《男》書）、《我的菩提樹》等書在台灣出版之後，立刻轟動一時成為暢銷書。張賢亮的魔力在於他曾經歷勞改營的痛苦生活，這種歷練使他的文字帶有一股強勁的生命力，再加上細膩而唯美的筆調，讀來令人盪氣迴腸。《男》書的含意非常豐富，可以從許多不同的角度來解讀，對於史學工作者而言，作者特別感受到其中所反映出的時代訊息與思想文化的意涵。進一步來說，我覺得該書環繞著「性」與「政治」二個交織在一起的主旋律，反映出文革前後中國大陸人民（尤其是居於社會底層的一般老百姓）內心最深沉的感觸。該書不但「通過飲食男女，表現了我們這個民族靈魂深處的溫順、達觀和樂天知命的宿命觀」[2]；同時我覺得它更企圖批判這種溫順得可怕的民族靈魂，以及造成此種狀況的歷史因素。

《男》書的時間背景是文化大革命前後，地點為河套地區的農村；故事的主軸是「一個沒有女人的男人」章永璘，和「一個沒有男人的女人」黃香久之間的「愛情」故事。章是「臭老九」與「反革命分子」，黃則為「勞改釋放犯」。兩人初次在蘆葦叢中邂逅，當時黃女正在裸浴，章永璘在無意中發現而偷窺：「她在洗澡。……她的整個身軀豐滿圓潤，每一個部位都顯示出有韌性、有力度的柔軟。……尤其是她不停地抖動著的兩肩和不停地顫動著的乳房，更閃耀著晶瑩而溫暖的光澤。」（頁五四）彼此發現之後默默相視，似乎二人都期待發生另一件事情，作者描寫了男主角章永璘的感受：

> 她的飢渴也是我的飢渴；她是我的一面鏡子。我心中湧起了一陣溫柔的憐憫，想占有她的情欲滲進了企圖保護她的男性的激情。她那毫不準備防禦的姿勢，使我的心似乎收縮了起來；生理上的要求不知怎麼消失了，替代它的是精神上的憂傷。（頁五七）

然後章在呻吟了一聲便拔腿跑掉了。八年之後二人再度相逢而結婚，婚後章永璘在性生活方面無法滿足妻子的需求，而造成黃香久紅杏出牆，與共產黨員曹書記有染。後來章雖然由「半個男人」變成「一個男人」，但內心始終存有芥蒂，而導致二人離婚。

《男》書的情節與大衛連（David Lean）導演的電影《雷恩的女兒》（*Ryan's Daughter*, 1970）的故事有一部分很類似。二者都是男女婚後因為丈夫性能力的缺憾，而有紅杏出牆與種種的悲歡離

---

1 張賢亮，《男人的一半是女人》（台北：文經出版社有限公司，一九八七年七月五版），共二八七頁。

2 見林明德的書評，〈飲食男女之外：論張賢亮《男人的一半是女人》〉，載《民生報》，一九八八年四月二十六日，第九版。

合。然而二者卻分別發生在截然不同的時空環境，《雷恩的女兒》發生在二十世紀初年的愛爾蘭；《男》書的故事則在文革前後的中國大陸。二者的故事結構雖相近，但卻傳達出很不相同的訊息。《雷》片反映的是天主教社會中對性的態度，認為婚姻之內的性活動是造物者為繁衍下一代所設計的，是一種神聖的行為，然而追求性的愉悅卻是嚴重的罪惡；但另一方面人們卻又覺得完美的性結合是人類感受到真實存在的重要途徑，因此西方社會中性的問題主要來自源於宗教的社會壓力與內心強烈欲求之間的衝突。

《男》書所反映的問題與宗教無關，它所關心的是：人們都渴望愛情，但是為什麼在經歷了文革的中國大陸，愛情被各種政治、社會因素磨損得只剩動物性的生理需求？書中對之深感憂傷：

> 純潔的如白色百合似的愛情，戰戰怯怯的初戀，玫瑰色的晚霞映紅的小臉，還有那輕盈的、飄浮的、把握不住的幽香等法國式羅曼蒂克的幻想，以及柏拉圖式的愛情理想主義，全然被黑衣、排隊、出工、報數、點名、苦戰、大幹磨損殆盡，所剩下來的，只是動物的生理性需求。可怕的不是周圍沒有可愛的女人，而是自身的感情中壓根兒沒有愛情這根弦，於是，對異性的愛只專注於異性的肉體，愛情還原為本能。（頁三五——三六）

在這一段話中作者點出了「性」與「政治」這兩個密切相關的主題，以及政治因素對情慾之扭曲。

從性這一方面來看，書中顯示中國大陸的人們在思想上要求道德的純淨，男女為革命而結合（並將嫖妓視為資本主義社會的惡習）；另一方面社會中大多數人們卻無法享受以愛情為基礎的性愛生活，結果生理性的衝動成為生活中重要的動力，這種「非理性的本能，渴求一個活生生的，實實在在的肉體結合，不管她是誰，只要是我親眼看到並刺激起我情慾的異性。」（頁九〇）書中反覆地提到這一點：

> 十年來「大批判」的發展剝去了人的一切發展，頂峰也就是出發點，於是我們最終還原為生理學意義上的男人與女人，返回到猿剛變成人的一瞬間……既然我們剛剛才變成人，還帶有靈長目動物的原始性，那麼我們相互聞聞身上的氣味就行！（頁一一三）
>
> 這裡的愛情呢？有愛情嗎？去他媽的吧，愛情被需求代替了！（頁一一四）

書中也談到從北京來的女知青何麗芳私下從事賣淫工作，在「北京」與「知青」二個名詞的陪襯下，這個例子顯示出強烈的諷刺意味。此外男女主角的結婚也是如此，婚前二人並無愛情可言，對章來說，最吸引他的還是「那赤裸裸的、柔軟而又生氣勃勃的肉體」（頁一〇七）或說「立體感與肉質感」（頁一一八），所以談婚姻時「純粹就像是在談買賣」。（頁一一六）然而想像總是比較美麗，一旦面對現實時，現實反而變得像虛幻的夢境那樣無法掌握。婚前最吸引二人的情慾的需求，婚後卻成為內心最大的負擔。而在當時中國大陸的社會中卻又不提供紓解的管道，當他們發現性生活不能協調時，黃建議她的丈夫去醫院治這種病，二人在黑暗中無奈地對話：

「現在醫院哪有看這種病的？只有人工流產、結紮……」

「到大醫院去。」她的聲音好像離我很遠。「要不，找走江湖的郎中。」

「笑話！」我像是自言自語的說，「到大醫院要證明，別說幹部不給我開這樣的證明，就是開了，醫院一看我這樣的身分，又是這種病，連號都不會讓我掛。江湖郎中？現在那兒有江湖郎中，早讓人家當『資本主義尾巴』割掉了！」（頁一八七）

作者同時又從性的苦悶反省到政治問題，因為一個「沒有愛情，只有欲求」的社會和一個只有人工流產、結紮，沒有治療功能障礙疾病的社會，是中共幾十年來發動各種革命的結果。這是一個相當複雜的問題，涉及中共的意識型態之控制與政權維繫等。從思想層面來說，中共意識型態認為各種心理疾病的產生是由於革命思想不夠堅定所致，所以治療的方式是思想教育（例如讀《毛語錄》或馬克思的作品來從事「思想改造」）。對於男子陽痿、早洩等症，他們也秉持著類似的看法，在一九八二年上海出版的一本《家庭醫學全書》中，提到治療男子性功能障礙的方法：

陽痿、早洩、遺精的防治，主要在於端正革命思想，樹立正確的世界觀，發揚革命樂觀主義精神，解除顧慮，克服一切不良習慣，正確對待性生活。[3]

然而讀馬克思真的能解決「賽克思」（sex）的問題嗎？作者在書中藉著男主角和馬克思之幽靈的對話，對之質疑，書中馬克思說：

孩子我聽到了你心裡的呼喚……但恐怕在這方面我不能對你有所幫助。（頁一七五—一七六）

這句話表面上看來平淡無奇，讀來卻讓人覺得深具諷刺的意味，諷刺那個將革命思想當成萬靈丹的意識型態。

另一方面作者又藉著性無能的比喻諷刺大陸的知識分子，說有些知識分子是在心理上受了政治的閹割，終身任人驅使，無所作為；有些知識分子則是「沒有被人騙淨，能力喪失了，慾望卻還存在，最後被它自身的慾望折磨得發瘋」（頁一五一）；所以國家才被搞成這般模樣。整個社會都在玩語言的遊戲，上面的人在「愚民」，下面的人在「愚君」，因此最安全的生活方式就是作個安分

3 上海第一醫學院《家庭醫學全書》編委會，《家庭醫學全書》，頁六九五。

守己的人，躲在人群之中，把知識和思想隱蔽起來。然而這不正是作者所諷刺的被閹掉的知識分子嗎？書中藉著大青馬的嘴，沉痛地說：

> 唉！我甚至懷疑你們整個的知識界都被閹掉了，至少是被發達的語言敗壞了。如果你們當中有百分之十的人是真正的鬚眉男子，你們的國家也不會搞成這般模樣。（頁一五〇）

章永璘結婚前的一位室友周瑞成是一個很好的例子，他原是國民黨某軍事學院的畢業生，舊學底子很厚。年輕時非常活潑，玩樂器、打籃球，還跳交際舞，從忠誠坦白運動開始到文革，他寫了五百多份的檢舉材料，結果：

> 每寫一份檢舉就削去我一分活力。我為了救自己，使自己能過個平平安安的日子，卻把人生最寶貴的東西丟掉了，最後成了這副人不人、鬼不鬼的樣子。（頁二三三）

他所寫的告密信先是交給領導，後來又交給造反派，在檢舉、揭發之中，他被送入牢中。在牢裡又拚命寫申訴信為自己辯護，可是從來不管用。他認為「不是不管用……是上面沒有見到。準是讓甚麼人在中間卡了。」張賢亮卻藉著章永璘的角色很清楚地說明，根本的原因是「被他『提供』

過『歷史材料』的原國民黨人員，這時不知是誰平了反，又在農墾系統中恢復了職務，於是『在中間卡了』他的申訴書。」（頁九三）。

周瑞成是一個典型的被政治閹割了的知識分子，書中描寫的埋頭寫申訴信的情景在當時顯然也是十分常見的事。然而其中透露了一個很重要的訊息，亦即在那些寫申訴信的人們心中，要為他們的苦難負責的不是「上面」的領導階層，而是卡在中間的小人，在意識中他們仍然相信，只要上面賢明的領導看到他們的申訴，他們立刻可以洗刷冤屈，獲得平反；這樣的希望是支持他們活下去，並使他們有勇氣繼續寫申訴信的根本原因。事實上從書中我們可以發現，作者嘗試指出要為人民之苦難負責任的不是卡在中間的小人，也不單純是上面的領導，而是整個體制，包括被閹割的知識分子與活在政治神話之下的順民。

《男》書在中國大陸的盛行是一個十分可喜的現象，作者在書中點破了許多的神話，值得深思，他更表明了人們希望不要活在一個只有需求而沒有愛情的世界，不要活在一人連「掏一回廁所也要說成是學了毛××著作的結果……」（頁一五〇）的世界。因為「在政治口號的表層下，在過著最普通生活的最平凡的人的心中，有一種不能被政治征服的、想過好日子的、可怕的利己欲望。這種慾望像鬼似地藏在每一顆心的死角，不管甚麼政治運動都衝擊不到它。相反地，它還會叫人冷不防地鑽出來，把政治給人的影響化為烏有」。（頁八七—八八）我想這些話正是經過文革苦難之折磨者的心聲，這一點點的想過好日子的利己欲望，或許是未來中國大陸共產體制發生變化的一個原動力。這個問題涉及人類生活中「公」與「私」（或說「群體」與「自我」）二個領域之相互關係。

在中共政權之下，長期地將「公」的要求推展到極致，因此在大公無私的「革命理想」之下，一切私人領域的事情都變得不重要，它們只有在為革命服務時才有意義[4]。然而這種理想可能被實現嗎？當革命熱情退卻之後，或者當革命神話不再為人們接受之後，主政者必須妥當安排人民的利己私欲。張賢亮的小說反映出人們這種內心的渴望。然而弔詭的是利己欲望的發展可能走向尊重人性的理想社會，也可能成為人欲橫流的悲慘世界。像韋伯（Max Weber）所說的，欲望像具有動力的火車，而經由觀念、理想所形成的「世界圖像」則像是鐵路的轉轍員（railroad switchmen）[5]。這列欲望的火車將駛向哪一個方向我們不得而知，不過如何合理地安排人欲，而非雷厲風行地全面禁制，無疑地是當代人們所要面對的一個重要挑戰[6]。

4 翟志成，〈宋明理學的公私之辨及其現代意涵〉，收入黃克武、熊秉真編，《公與私：近代中國個體與群體之重建》（台北：中央研究院近代史研究所，二〇〇〇），頁一—五七。

5 Max Weber, *From Max Weber: Essays in Sociology*, Translated, edited, and with an introduction, by H.H. Gerth and C. Wright Mill（Oxford: Oxford University Press, 1958）, p. 280.

6 本文原刊於《當代》，第二七期（一九八八），頁一四四—一四九。

附錄四

論「六四」後中國大陸的掃黃運動

從一九八九年八月底開始中國大陸展開全面性的掃黃運動。這次掃黃所涉及的層面相當廣，不但貫徹到邊遠地區，並滲入社會各階層。至該年十月中旬《人民日報》宣稱掃黃工作有相當豐碩的成績，計沒收黃色書刊三千餘萬冊，錄音、錄像帶四十多萬盒，破獲犯罪窩三百多個，逮捕犯罪分子一千八百多人。海南省甚至還處決了一名看黃色錄像帶與強姦少女的罪犯；文中認為這種成效是黨政各級幹部認真執行的結果[1]。但是根據中共官方《經濟參考》與香港一些雜誌的報導，有些地方掃黃掃得過火，要求在校學生每人必須向學校交一本黃色書刊，有些小學生認為有女人頭像的就是黃色書籍，於是大批有女人頭像的非黃色書刊上繳學校，也有孩子把牆上的女明星像撕下交給老師，更有學生把黃色封皮的書當作黃色書刊；不過最苦的還是學生家長，孩子回家軟索硬要，一定要找出一本黃色書刊交給學校，有些家長向老師表示家中確實沒有，得到的回答是，學校規定每人交一本，實在交不出，不妨找別的書代替一下；也有些家長乾脆以高價買一本上繳[2]。上述三千多萬本書中無疑地有一部分是這樣掃出來的。到十一、十二月時掃黃這一陣風已經逐漸平靜下來，接著雖還有「除六害」的運動[3]，然掃黃的呼聲已經逐漸地銷聲匿跡。事實上一九八九年之前幾年已經搞過二次全國範圍打擊非法、淫穢出版物的活動，二次都是在高潮過後不久，這些出版物又捲土重來，而且來勢更猛。根本的問題不在於掃黃做得徹不徹底，而在於以掃黃來處理六四民運的後遺症，顯然是對錯症、下錯藥。

李瑞環在「六四」之後發動掃黃並非空穴來風，這項工作是他批判「資產階級自由化」的一個環節，在其背後有一套解釋系統。這套解釋系統認為「六四」反革命暴亂是資產階級自由化思想氾濫的結果，而根本原因是國際資產階級反動勢力運用「和平演變」的策略，企圖誘惑人們採行西方資本主義的「邪道」。根據此一解釋，反動勢力一方面在政治上宣傳所謂的自由、民主與人權，另一方面則從生活上以黃色書刊、淫穢音像製品等來腐蝕人民意志、敗壞公共道德，二者均為資產階級的腐朽文化，相輔相成，目的是促成資本主義在中國的「復辟」。因此為了防止復辟暴亂的發

1《人民日報》海外版，一九八九年十月二十三日。有關此次掃黃運動的相關資訊，參見任克編，《「掃黃」在一九八九》（北京：中國人民大學出版社，一九八九）。

2這方面有一個有趣的先例。一九三〇年代中國有些地方厲行放足政策，縣級地方政府奉命每個月要上繳一定數額的舊裹腳布，作為縣政考核之依據。結果，許多縣長為了應付此一命令，便從坊間購買全新的裹腳布，向纏足婦女交換舊品交差。此舉反而延續了纏足之風。高彥頤，《纏足：金蓮崇拜盛極而衰的演變》，頁一三一。

3一九八九年十一月十三日，國務院做出部署全國統一行動來除「六害」，所謂「六害」意指「在全國範圍內開展掃除賣淫嫖娼、製作販賣傳播淫穢物品、拐賣婦女兒童、私種吸食販運毒品、聚眾賭博和利用封建迷信騙財害人等社會醜惡現象的統一行動」。

生，必須打擊資產階級自由化思想，打擊資產階級自由化思想則必須掃除黃害，如此才能重建社會主義的精神文明，完成社會主義的偉大建設。這是李氏掃黃工作的理論基礎。

掃黃理論有幾個重要的特點，第一掃黃是高度政治化的運動，它的目的不只是掃除黃色書刊，更把政治上對民主的要求與淫穢書籍的氾濫結合在一起，一併打為「資本主義的文化糟粕與精神垃圾」，其根本目的還是在打擊國內要求民主自由，反對一黨專制的浪潮。第二，該理論把黃害與資產階級復辟的陰謀理論結合在一起，因此他們認為黃色書刊、錄像帶等是由資本主義國家的一些陰謀分子有意傳入的，而中國社會是被污染的。整體而言，這次掃黃源於對八九民運的反響，是中共當權者在武裝鎮壓之後，企圖進一步清掃國內的民主勢力。

然而進一步思考，我們可以發現這次政治化的掃黃，其理論基礎相當薄弱。第一，將八九民運視為資產階級自由化思想氾濫的結果，是一種一廂情願的說法，它忽略了政治制度的局限、經濟變革的刺激，思想傳統的影響等因素所起的重要作用。第二，把民主自由的要求與淫穢書刊扯在一起也是不倫不類。這二者根本是不同層面的東西，唯一的可能聯繫是二者均為人民內心的真實要求。質言之，民主自由的要求可以與資本主義社會結合，也可以與社會主義制度結合；同樣地黃色書刊的問題也不是資本主義社會特有的弊病，而是所有人類社會共同面臨的問題，而且到目前為止幾乎可以說沒有任何一個社會可以徹底解決這一個問題。第三，所謂的「國際資產階級反動勢力」或「和平演變政策」是憑空杜撰的東西，是中國共產黨為了鞏固統治所創造出來的政治神話，實際上這些東西根本不存在。大陸的黃色書刊雖然有些是由日本、香港等外地傳入，可是這些人動機並非出於政治陰謀，而是因為有利可圖。如果我們接受這樣的分析，可以斷言：第一，黃色書刊不可能絕對清除；第二，以掃黃來達到政治目的將注定失敗，因為二者風馬牛不相及，即使是掃黃得再乾淨，只要是繼續採行改革開放的政策，民主思潮還是會再度蓬勃。

也有人認為掃黃是李瑞環的障眼法，「六四」之後照理說應該大規模整頓知識界，應該把掃黃的精力用來掃知識界才對，但李又不願意這樣做，或者怕這樣做很可能根本做不下去，弄了半天還是像從前「反精神污染」那樣不了了之，因而會對他的威望有損，所以就找了掃黃當替代品。因為這件事大家骨子裡面喜歡，表面上卻是一致地深惡痛絕。對李來說發動掃黃的勝算必然比發動另一場反精神污染來得大。的確，結果也是如此，這一陣子大夥掃得熱火朝天，一方面好像確實對反革命暴亂的根源大力聲討，另一方面對曾涉及民運的人士來說又是不痛不癢，甚至可以跟著喊打。這樣的運動可以說是皆大歡喜，唯一倒楣的還是黃色書刊的業者，他們成了民運的代罪羔羊。

再談黃色書刊的問題，淫書在中國有一個源遠流長的傳統，大可不必求助於外國。尤其是宋代以後，新儒家思想將天理與人欲二極化，力求要「存天理而去人欲」，把和生育無關的性的需求視為嚴重的罪惡。這種趨勢到明清之際愈為強化，在社會上也出現二種極端的現象，一方面貞節婦女的數量大為增加，另一方面色情文學蓬勃發展。《金瓶梅》與《肉蒲團》等性愛小說都是這種高壓之下的反彈。從歷史經驗我們可以了解，當社會壓力愈大時，人們內心潛藏的欲望就愈不能滿足，而企圖閱讀黃書的心理就變得愈強烈，社會上色情文學的數量也就愈多。筆者認為中國共產主義與傳統新儒家思想，用韋伯（Max Weber）的話來說有一種「選擇性的親近」（其關係類似基督新教倫理與資本主義精神），二者均為要求徹底改造世界的轉化思想，對道德問題亦都要求絕對的純淨，對性的態度基本上也沒有太大的差異。中共意識型態對色情書刊的態度可以從這一個角度來理解。簡言之是偽君子、假道學的心態，一方面在公開的場合大聲疾呼掃黃，認為閱讀色情書刊有害身心，另一方面部分的高幹私下卻偷偷摸摸欣賞又大喊精采。在《肉蒲團》一書的評語中將「假道學」心態說得淋漓盡致：

> 這部小說，惹看極矣。吾知書成之後，普天之下，無一人不買，無一人不讀。所不買、不讀者，惟道學先生耳。然而真道學先生未有不買、不讀者。獨有一種假道學，要以方正欺人，不敢買去讀耳。抑又有說，彼雖不敢自買，未不倩人代買。讀之雖不敢明讀，未必不背人私讀耳。[4]

總之，在大力禁絕的政策下產生的結果是愈禁止大家就愈想看，導致色情書刊成為稀有資源，而製造與販賣這種貨品成為高利潤的行業，投機分子自然趨之若鶩。政治特權又與之掛鉤，造成只許「特權」放火，不許百姓點燈。不能改變這種基本社會架構，黃色書刊的問題絕對無法解決。從掃黃所遇到的障礙清楚反映目前政治、經濟改革的困境。

再從思想的層次來看，這一次中共官方的掃黃理論有以下二個思想上的預設，一、知識論的樂觀性，認為色情的定義很清楚，而且色情與非色情的分別相當明顯。在這次掃黃風潮中報上的文章幾乎是一致支持，少有討論如何區別與區別上的困難等。然而如果英國政府實行掃黃，色情認定的問題很可能是報章上最熱門的題目。二、目的的純淨性。掃黃的工作是要杜絕所有的黃源，要使黃禍無處存身，而且掃黃的工作除了消極的沒收現有的黃色書刊，更要積極地用健康、有益的作品去占領思想文化的陣地。這種目的上的絕對純淨性是很特殊的現象。這套想法與中共官方意識型態是一致的，是一種具有強烈烏托邦色彩的改革理念。這一類思想的優點是參與者具有高度的革命熱忱，缺點則是理想過於高遠而不切實際。此種烏托邦色彩是掃黃的另一個致命傷。總之，其措施仍是禁絕而非疏導，成效之不彰將是必然的。

筆者的想法是對性的好奇是人性的一部分，是無法禁絕的，也不是「健康」作品能夠取代的，應該採取的措施是以一種「平常心」來對待。例如加強中、小學中的性教育，除去性的朦朧的面紗，這或許是比較健康的態度。另一方面既然無法根絕黃源，不妨有限度的開放色情書刊，並訂定法律嚴加管理。在英國一般的雜誌店可以販售「軟性色情」（soft pornography）它們一般被陳列在最高層的架子上，而且不賣給未成年人，至於「熱火色情」（hot pornography）則只准在登記有案的「性店」（sex shop）出售，這種店十八歲以下的年輕人是不准進入的，這也是一種足以借鑑的管

4 （清）情隱先生編次，《肉蒲團》，頁一四二。

理方式[5]。無論如何擬定一個較為持平的「性政策」，需要進一步的探討，以及各種配套措施，然而其基礎應為面對人性，不再秉持假道學心態[6]。

5 有關色情品的合法化及合理管制問題，請參考阮芳賦，〈從現代性學看「猥褻品」〉，《華人性文學藝術研究》，總第二期（香港，二〇〇九），頁五—八。

6 本文原發刊於《中國論壇》，第三五八期（一九九〇），頁七三—七六。

參考書目

一、史料

（南朝 宋）劉慶義，《世說新語》（四部叢刊初編），台北：臺灣商務印書館，一九七九。

（南朝 宋）沈約，《宋書》，台北：鼎文書局，一九八〇。

（唐）孫思邈，《珍藏古本中國回春秘傳奇書醫心方——房內篇》，出版者與出版地不詳。

（宋）李昉，《太平廣記五百卷》，台北：臺灣商務印書館，一九八三。

（宋）張致和，《笑苑千金》，收入《宋人笑話》，台北：東方文化供應社，一九七〇。

（明）西湖漁隱主人編，《歡喜冤家》，台北：台灣大英百科公司，一九九五。

（明）呂天成，《繡榻野史》，收入陳慶浩、王秋桂主編，《思無邪匯寶》，台北：台灣大英百科公司，一九九五。

（明）李時珍，《本草綱目》，香港：商務印書館，一九三〇。

（明）沈德符，《萬曆野獲編》，北京：京華出版社，二〇〇一。

（明）東魯落落平生，《玉閨紅》，收入陳慶浩、王秋桂主編，《思無邪匯寶》，台北：台灣大英百科公司，一九九四。

（明）風月軒又玄子，《浪史》，收入陳慶浩、王秋桂主編，《思無邪匯寶》，台北：台灣大英百科公司，一九九五。

（明）笑笑生，《金瓶梅詞話（明萬曆本）》，東京：大安株式會社，一九六三。

（明）馮夢龍等，《明清民歌時調集》，上海：上海古籍出版社，一九九九。

（明）趙南星，《笑贊》，收入陳維禮等編，《中國歷代笑話集成》，卷一，長春：時代文藝出版社，一九九六，頁三八八—四一七。
（清）小石道人輯，《嘻談錄》，收入陳維禮等編，《中國歷代笑話集成》，卷三，長春：時代文藝出版社，一九九六，頁五二八—七〇〇。
（清）王鳴盛，《十七史商榷》，上海：商務印書館，一九三六，重印本。
（清）不題撰人，《巫山豔史》，收入陳慶浩、王秋桂主編，《思無邪匯寶》，台北：台灣大英百科公司，一九九五。
（清）石成金，《笑得好》，收入陳維禮、郭俊峰主編，《中國歷代笑話集成》，卷三，長春：時代文藝出版社，一九九六，頁一二九—一九九。
（清）江左誰菴述，《醉春風》，台北：雙笛國際事務有限公司出版部，一九九六。
（清）李汝珍，《繪圖鏡花緣》，北京：中國書店，一九八五。
（清）芙蓉夫人輯、情癡子批校，《癡婆子傳》，台北：雙笛國際事務有限公司出版部，一九九四。
（清）姑蘇癡情士筆，《鬧花叢》，收入陳慶浩、王秋桂主編，《思無邪匯寶》，台北：台灣大英百科公司，一九九五。
（清）葉德輝編，《雙梅影闇叢書》，長沙葉氏郎園自刊，光緒癸卯刊本（一九〇三）。
（清）陳森著、徐德明注，《品花寶鑑》，台北：三民書局，一九九八。
（清）曹去晶，《姑妄言》，收入陳慶浩、王秋桂主編，《思無邪匯寶》，台北：台灣大英百科公司，一九九五。
（清）崑岡奉敕撰，《清會典事例》，北京：中華書局，一九九一。
（清）曹雪芹，《繡像紅樓夢》，北京聚珍堂活字印本，光緒二年（一八七六）。
（清）情隱先生編次，《肉蒲團》，收入陳慶浩、王秋桂主編，《思無邪匯寶》，台北：台灣大英百科公司，一九九四。
（清）程世爵撰、鄧柯點校，《笑林廣記》，武漢：長江文藝出版社，一九九三。
（清）游戲主人編，《笑林廣記》，台北：金楓出版社，一九八七。
（清）游戲主人、（清）程世爵撰，廖東輯校，《笑林廣記二種》，濟南：齊魯書社，一九九八。
（清）煙水散人編次，《桃花影》，收入陳慶浩、王秋桂主編，《思無邪匯寶》，台北：台灣大英百科公司，一九九五。
（清）醉茶子（李慶辰），《醉茶說怪》，台北：新文豐出版公司，一九七八。
（清）錢泳著，張偉點校，《履園叢話》，北京：中華書局，一九七九。
上海市地方協會編，《上海市統計》，上海：商務印書館，一九三三。
上海市政府秘書處編，《上海市政概要》，上海：上海市政府秘書處，一九三四。
上海社會科學院經濟研究所編著，《上海永安公司的產生、發展和改造》，上海：上海人民出版社，一九八一。
王利器輯，《歷代笑話集》，上海：上海古籍出版社，一九八一。

王貞珉、王利器輯，《歷代笑話集續編》，瀋陽：春風文藝出版社，一九八五。

王曉傳輯錄，《元明清三代禁毀小說戲曲史料》，北京：作家出版社，一九五八。

包天笑，《釧影樓回憶錄》，台北：龍文出版社，一九九〇。

左丘明著、竹添光鴻會箋，《左傳會箋》，台北：鳳凰出版社，一九七七。

田濤、鄭秦點校，《大清律例》，北京：法律出版社，一九九九。

任克編，《「掃黃」在一九八九》，北京：中國人民大學出版社，一九八九。

老舍，《趙子曰》，上海：商務印書館，一九三七。

汪靜之編，《白雪遺音續選》，上海：北新書局，一九三一。

周作人，《周作人全集》，台中：藍燈文化事業股份有限公司，一九八二。

林震編，《上海指南》，上海：商務印書館，一九三〇。

胡山源編，《幽默筆記》，台北：河洛圖書出版社，一九七四。

胡適，《胡適日記全集》，台北：聯經出版公司，二〇〇四。

徐志摩，《徐志摩散文》，北京：中國廣播電視出版社，一九九二。

徐志摩，《愛眉小劄》，收入蔣復璁、梁實秋主編，《徐志摩全集》，台北：傳記文學出版社，一九六九。

高木與八郎、小泉榮次郎編，《賣藥製劑備考》，東京：英蘭堂，一八九七。

高楠順次郎、渡邊海旭都監，《大正新脩大藏經》，東京：大正一切經刊行會，一九二四—一九三四。

商務印書館編譯所編，《上海指南》，上海：商務印書館，一九一四。
國立政治大學古典小說研究中心主編，開口世人輯，聞道下士評，《李卓吾先生評點四書笑》，台北：天一出版社，一九八五。
婁子匡等，《呆子的笑話》，台北：東方文化書局，一九七五。
梁實秋，《雅舍小品》，台北：正中書局，二〇〇五。
陳如江等編，《明清通俗笑話集》，上海：上海人民出版社，一九九六。
陳慶浩、王秋桂主編，《思無邪滙寶》，台北：台灣大英百科公司，一九九四—一九九七。
惲毓鼎著、史曉風整理，《惲毓鼎澄齋日記》，杭州：浙江古籍出版社，二〇〇四。
費孝通，《鄉土中國》，上海：觀察社，一九四八。
楊德惠、董文中編，《上海之工商業》，上海：中外出版社，一九四一。
網珠生，《人海潮》，上海：出版者不詳，一九二六。
魯迅，《魯迅全集》，北京：人民文學出版社，一九八一。
韓非著，陳奇猷校注，《韓非子集釋》，台北：河洛圖書出版社，一九七四。
嚴家炎（選編），《中國現代各流派小說選》，第二冊，北京：北京大學出版社，一九八六。
穆勒（John Stuart Mill）著，嚴復譯，《群己權界論》，上海：商務印書館，一九三〇。

二、報紙

《人民日報》（海外版）。

《中國時報》。

《申報》。

《叻報新聞紙》（新加坡）。

《東方雜誌》。

《時報》。

《朝日新聞》（東京）。

《臺灣日日新報》。

《聯合報》。

Kentish Express & Ashford News（UK）.

Mercury（Australia）.

New York Daily Tribune.

The Illustrated London News.

The Independent（Honolulu）.

The San Francisco Call.

The Straits Times（Singapore）.

三、專書

(1) 中文專書

上海第一醫學院《家庭醫學全書》編輯委員會，《家庭醫學全書》，上海：上海科學技術出版社，一九八二。

于德恩，《中國禁煙法令變遷史》，上海：中華書局，一九三四。

戈公振，《中國報學史》，台北：臺灣學生書局，一九七六（臺三版）。

王晴佳，《台灣史學五十年：傳承、方法、趨向》，台北：麥田出版，二〇〇二。

王溢嘉，《情色的圖譜》，台北：野鵝出版社，一九九九。

王詩穎，《國民革命軍與近代中國男性氣概的形塑（一九二四—一九四五）》，台北：國史館，二〇一一。

王德威著，宋偉杰譯，《被壓抑的現代性：晚清小說新論》，台北：麥田出版，二〇〇三。

王儒年，《欲望的想像：一九二〇—一九三〇年代《申報》廣告的文化史研究》，上海：上海人民出版社，二〇〇七。

王樹槐，《中國現代化的區域研究（一八六〇—一九一六）：江蘇省》，台北：中央研究院近代史研究所，一九八四。

王鴻泰，《三言二拍的精神史》，台北：國立臺灣大學文學院，一九九四。
弗雷澤（James G. Frazer）著，汪培基譯，陳敏慧校，《金枝：巫術與宗教之研究》，台北：久大／桂冠出版社，一九九一。
衣若蘭，《三姑六婆：明代婦女與社會的探索》，台北：稻鄉出版社，二〇〇二。
何春蕤，《性工作：妓權觀點》，台北：巨流出版社，二〇〇一。
何春蕤，《豪爽女人》，台北：皇冠出版社，一九九四。
余舜德編，《體物入微：物與身體感的研究》，新竹：國立清華大學出版社，二〇〇八。
吳同瑞、王文寶、段寶林編，《中國俗文學概論》，北京：北京大學出版社，一九九七。
吳存存，《明清社會性愛風氣》，北京：人民文學出版社，二〇〇〇。
吳逸、陶永寬主編，《上海市場大觀》，上海：上海人民出版社，一九八一。
李孝定，《漢字史話》，台北：聯經出版公司，一九七七。
李金銓，《大眾傳播理論》，台北：三民書局，一九八三。
李強，《自由主義》，北京：中國社會科學出版社，一九九八。
李零，《中國方術考》，北京：人民中國出版社，一九九三。
李夢生，《中國禁毀小說百話》，上海：上海古籍出版社，一九九八。
李銀河，《性的問題》，北京：中國青年出版社，一九九九。
李澤厚，《中國現代思想史論》，台北：風雲時代出版公司，一九九一。

周振鶴、游汝杰，《方言與中國文化》，上海：上海人民出版社，一九八六。
易家鉞、羅敦偉，《中國家庭問題》，上海：泰東圖書局，一九二六（一九二一）。
林亨特著，江政寬譯，《新文化史》，台北：麥田出版，二〇〇二。
林保淳，《三姑六婆、妒婦、佳人：古典小說中的女性形象》，新北市：暖暖書屋，二〇一三。
林淑貞，《寓莊於諧：明清笑話型寓言論詮》，台北：里仁書局，二〇〇六。
胡衍南，《飲食情色金瓶梅》，台北：里仁書局，二〇〇四。
香港中國語文學會編，《近現代漢語新詞詞源辭典》，香港：漢語大詞典出版社，二〇〇一。
孫佳訊，《鏡花緣公案辨疑》，濟南：齊魯書社，一九八四。
孫琴安，《中國性文學史》，台北：桂冠圖書公司，一九九五。
孫楷第，《中國通俗小說書目》，北京：人民文學出版社，一九八二。
栗山茂久著，陳信宏譯，《身體的語言：從中西文化看身體之謎》，台北：究竟出版社，二〇〇一。
高彥頤，《纏足：金蓮崇拜盛極而衰的演變》，台北：左岸文化，二〇〇七。
康正果，《重審風月鑑：性與中國古典文學》，台北：麥田出版，一九九六。
張在舟，《曖昧的歷程：中國古代同性戀史》，鄭州：中洲古籍出版社，二〇〇一。
張秀民，《中國印刷史》，上海：上海人民出版社，一九八九。
張金蘭，《金瓶梅女性服飾文化》，台北：萬卷樓，二〇〇一。
張國星編，《中國古代小說中的性描寫》，天津：百花文藝出版社，一九九三。

張賢亮，《我的菩提樹》，台北：九歌出版社，一九九七。
張賢亮，《男人的一半是女人》，台北：文經出版社有限公司，一九八七。
張競生，《性史》（出版時地不詳）。
張競生，《性史》，收入《張競生文集》，廣州：廣州出版社，一九九八。
梁璨尹，《臺灣日日新：老藥品的故事》，台北：臺灣書坊，二〇〇七。
章詒和，《最後的貴族》，香港：牛津大學出版社，二〇〇四。
郭松義，《倫理與生活：清代的婚姻關係》，北京：商務印書館，二〇〇〇。
陳永興，《醫療．人權．社會》，台北：新地出版社，一九八五。
陳定山，《春申舊聞》，台北：晨光月刊社，一九五五（四版）。
陳東原，《中國婦女生活史》，台北：臺灣商務印書館，一九七七。
陳翠英，《世情小說之價值觀探論——以婚姻為定位的考察》，台北：國立臺灣大學出版委員會，一九九六。
陶慕寧，《金瓶梅中的青樓與妓女》，北京：文化藝術出版社，一九九三。
傅德華、龐榮棣、楊繼光主編，《史量才與《申報》的發展》，上海：復旦大學出版社，二〇一三。
寒聲主編，《上黨儺文化與祭祀戲劇》，北京：中國戲劇出版社，一九九九。
華瑋，《明清婦女之戲曲創作與批評》，台北：中央研究院中國文哲研究所，二〇〇三。
馮唐，《不二》，香港：天地圖書，二〇一四。

黃克武，《一個被放棄的選擇：梁啟超調適思想之研究》，台北：中央研究院近代史研究所，一九九四。
黃克武，《自由的所以然：嚴復對約翰彌爾自由思想的認識與批判》，台北：允晨文化實業股份有限公司，一九九八。
楊念群，《再造病人：中西醫衝突下的空間政治（一八三二—一九八五）》，北京：中國人民大學出版社，二〇〇六。
詹姆斯·瓊斯（James H. Jones）著，王建凱等譯，《金賽的秘密花園：性壓抑的歲月》，台北：時報文化，一九九八。
福田和彥編著，《中國春宮畫》，芳賀書店刊，出版時地不詳。
翟本瑞，《思想與文化的考掘》，嘉義：南華大學，一九九九。
劉康，《對話的喧聲：巴赫汀文化理論述評》，台北：麥田出版，一九九五。
劉達臨，《性與中國文化》，北京：人民出版社，一九九九。
劉達臨主編，《中華性學辭典》，哈爾濱：黑龍江人民出版社，一九九三。
劉澤華、張榮明，《公私觀念與中國社會》，北京：中國人民大學出版社，二〇〇三。
鄭曼青、林品石編著，《中華醫藥學史》，台北：臺灣商務印書館，一九八二。
賴光臨，《七十年中國報業史》，台北：中央日報，一九八一。
錢鍾書，《管錐編》，香港：中華書局，一九八〇。

蕾伊・唐娜希爾原著，李意馬譯，《人類性愛史話》，台北：野鵝出版社，一九八六。

戴蒙德著，王道還譯，《性趣何來？》，台北：天下文化，一九九八。

薛亮，《明清稀見小說匯考》，北京：社科文獻出版社，一九九九。

薛愚主編，《中國藥學史料》，北京：人民衛生出版社，一九八四。

瞿同祖，《中國法律與中國社會》，上海：商務印書館，一九四七。

羅莎琳・邁爾斯（Rosalind Miles）著，刁筱華譯，《女人的世界史》，台北：麥田出版，一九九八。

羅雅純，《朱熹與戴震孟子學之比較研究：以西方詮釋學所展開的反思》，台北：秀威資訊，二〇一二。

羅蘇文，《女性與近代中國社會》，上海：上海人民出版社，一九九六。

靄理士原著，潘光旦譯著，《性心理學》，收入《潘光旦文集》，冊一二，北京：北京大學出版社，二〇〇〇。

David Gilmore 著，何雯琪譯，《厭女現象：跨文化的男性病態》，台北：書林出版有限公司，二〇〇五。

Johnson J.F. Christie、T.D. Yawkey著，郭靜晃譯，《兒童遊戲：遊戲發展的理論與實務》，台北：揚智文化，一九九二。

(2) 英文專書

American Medical Association ed. *Nostrums and Quackery: Articles on the Nostrum Evil and Quackery*. Reprinted from the Journal of the American Medical Association, Vol. 2（1921）.

Bakhtin, Mikhail. *Rabelais and His World*. Bloomington: Indiana University Press, 1984.

Berger, John. et al., *Ways of Seeing*. London: British Broadcasting Corporation; Harmondsworth, Penguin, 1972.

Bergson, Henri. *Laughter: An Essay on the Meaning of the Comic*. New York: Macmillian, 1911.

Berlin, Isaiah. *Four Essays on Liberty*. Oxford: Oxford University Press, 1969.

Bonnell, Victoria E. and Lynn Hunt, eds. *Beyond the Cultural Turn*. Berkeley: University of California Press, 1999.

Braudel, Fernand. *After Thoughts on Material Civilization and Capitalism*. Baltimore: The Johns Hopkins University Press, 1977.

Braudel, Fernand. *Civilization and Capitalism: 15th-18th Century*. New York: Harper & Row, Publishers, 1981.

British Medical Association ed. *Secret Remedies-What They Cost and What They Contain*. London: British Medical Association, 1909.

Byron, John. *Portrait of a Chinese Paradise: Erotica and Sexual Customs of the Late Qing Period*. London:

Quartet Books, 1987.

Chao, Yuen Ren. *Readings in Sayable Chinese.* San Francisco: Asian Language Publications, 1968, 3 vols.

Chapman, Antony J. and Hugh C. Foot, eds. *It's a Funny Thing, Humour: International Conference on Humour and Laughter*. Oxford: Pergamon Press, 1977.

Classen, Constance. *Worlds of Sense: Exploring the Senses in History and Across Cultures.* London: Routledge, 1993.

Cochran, Sherman. *Chinese Medicine Men: Consumer Culture in China and Southeast Asia.* Cambridge: Harvard University Press, 2006.

Crow, Carl. *Four Hundred Million Customs.* New York: Halcyon House, 1939.

Dahrendorf, Ralf. *Class and Class Conflict in Industrial Society.* Stanford: Stanford University Press, 1959.

Doane, Alfred Alder and Gilbert Jones Doane. *The Doane Family*. Boston, 1961.

Douglas, Mary. *Implicit Meanings: Selected Essays in Anthropology.* London: Routledge, 1999.

Elias, Norbert. *The History of Manners.* New York: Pantheon Books, 1978.

Elvin, Mark. *Changing Stories in the Chinese World.* Stanford: Stanford University Press, 1997.

Foucault, Michel. *The History of Sexuality*. New York: Vintage Books, 1980.

French, Paul. *Carl Crow-A Tough Old China Hand: The Life, Times, and Adventures of an American in Shanghai.* Hong Kong: Hong Kong University Press, 2006.

Freud, Sigmund. *Jokes and Their Relation to the Unconscious.* Trans. by James Strachey. Harmondsworth: Penguin Books, 1986.

Hinsch, Bret. *Passions of the Cut Sleeve*. Berkeley: University of California Press, 1990.

Hummel, Arthur W. *Eminent Chinese of the Ch'ing Period.* Washington: United States Government Printing Office, 1943.

Hunt, Lynn, ed. *The Invention of Pornography: Obscenity and the Origin of Modernity, 1500-1800.* New York: Zone Books, 1996.

Hunt, Lynn. *The New Cultural History*. Berkeley: University of California Press, 1989.

Jared Diamond. *Why Is Sex Fun?: The Evolution of Human Sexuality*. New York: Basic Books, 1997.

Kearney, Patrick J. *A History of Erotic Literature.* London: Macmillan, 1982.

Ko, Dorothy. *Teachers of the Inner Chambers: Women and Culture in Seventeenth-Century China*. Stanford: Stanford University Press, 1994.

Levy, Howard S. *Chinese Footbinding: The History of a Curious Erotic Custom.* New York: Bell Publishing Company, 1966.

Levy, Howard S. *Chinese Sex Jokes in Traditional Times*. Taipei : Chinese Association for Folklore, 1974.

Lin, Yutang, *A History of the Press and Public Opinion in China.* Chicago: The University of Chicago Press, 1936.

Liu, Lydia. *Translingual Practice: Literature, National Culture, and Translated Modernity—China, 1900-1937*. Stanford: Stanford University Press, 1995.

Louie, Kam and Morris Low, eds. *Asian Masculinity: The Meaning and Practice of Manhood in China and Japan*. London: Routledge Curzon, 2003.

Louie, Kam. *Theorizing Chinese Masculinity: Society and Gender in China.* Cambridge: Cambridge University Press, 2002.

Lukes, Steven. *Individualism.* Oxford: Basil Blackwell, 1973.

Maier, Thomas. *Masters of Sex: The Life and Times of William Masters and Virginia Johnson, the Couple Who Taught America How to Love*. New York: Basic Books, 2009.

Mann, Susan L. *Gender and Sexuality in Modern Chinese History*. Cambridge: Cambridge University Press, 2011.

Metzger, Thomas. *A Cloud Across the Pacific: Essay on the Clash between Chinese and Western Political Theories Today*. Hong Kong: The Chinese University Press, 2005.

Metzger, Thomas. *The Internal Organization of Ch'ing Bureaucracy: Legal, Normative, and Communication Aspects*. Cambridge: Harvard University Press, 1973.

Mill, John Stuart. *On Liberty and Other Writings*. Cambridge: Cambridge University Press, 1992.

Mittler, Barbara. *A Newspaper for China: Power, Identity, and Change in Shanghai's News Media, 1872-1912*.

Cambridge, Mass.: Harvard University Asia Center, 2004.

Mulkay, Michael. *On Humour: Its Nature and Its Place in Modern Society.* Cambridge: Polity Press, 1988.

Naquin, Susan and Evelyn S. Rawski. *Chinese Society in the Eighteenth Century.* New Haven: Yale University Press, 1987.

Neret, Gilles. *Erotica Universalis.* Köln: Taschen, 1994.

Richlin, Amy. *Pornography and Representation in Greece and Rome.* New York and Oxford: Oxford University Press, 1992.

Richlin, Amy. *The Garden of Priapus: Sexuality and Aggression in Roman Humor.* New Haven: Yale University Press, 1983.

Schwartz, Benjamin I. *In Search of Wealth and Power: Yen Fu and the West.* Cambridge: The Belknap Press of Harvard University Press, 1979 [1964].

Sontag, Susan. *Illness as Metaphor and AIDS and Its Metaphors.* London: Penguin Books, 1991.

Stearns, Carol Z. and Peter N. Stearns. *Anger: The Struggle for Emotional Control in America's History.* Chicago: The University of Chicago Press, 1986.

Stearns, Peter N. and Jan Lewis, eds. *An Emotional History of the United State.* New York: New York University Press, 1998.

Stearns, Peter N. *Jealousy: The Evolution of an Emotion in American History.* New York: New York

University Press, 1989.

Tave, Stuart M. *The Amiable Humorist: A Study in the Comic Theory and Criticism of the Eighteenth and Early Nineteenth Centuries.* Chicago: The University of Chicago Press, 1960.

Tsai, Weipin. *Reading Shenbao: Nationalism, Consumerism, and Individuality in China 1919-37.* London: Palgrave Macmilian, 2009.

Van Gulik, Robert Hans. *Erotic Color Prints of the Ming Period, with an Essay on Chinese Sex Life from the Han to the Ch'ing Dynasty, B.C. 206-A.D. 1644*. Tokyo, 1951.

Van Gulik, Robert Hans. *Sexual Life in Ancient China.* Leiden: E.J. Brill, 1974.

Vigarello, Georges. *Concepts of Cleanliness: Changing Attitudes in France since the Middle Ages.* Cambridge: Cambridge University Press, 1988.

Weber, Max. *From Max Weber: Essays in Sociology. Translated, edited, and with an introduction, by H.H. Gerth and C. Wright Mill*. Oxford: Oxford University Press. 1958.

Weinberg, Steven. *Facing Up: Science and Its Cultural Adversaries*. Cambridge, Mass.: Harvard University Press, 2001.

Wu, Cuncun. *Homoerotic Sensibilities in Late Imperial China*. London: Routledge Curzon, 2004.

Zeldin, Theodore. *A History of French Passions, 1848-1945.* Oxford: Oxford University Press, 1973-1977.

(3)日文專書

大木康，《中国明末のメディア革命——庶民が本を読む》，東京：刀水書房，二〇〇九。

井上章一，《パンツが見える：羞恥心の現代史》，東京：朝日新聞社，二〇〇二。

蕣露庵主人，《江戸の秘藥》，大阪：葉文館出版株式會社，一九九九。

四、論文

大木康，〈晚明俗文學的精神背景〉，收入胡曉真主編，《事變與維新：晚明與晚清的文學藝術》，台北：中央研究院中國文哲研究所籌備處，二〇〇一，頁一〇三—一二六。

王正華，〈生活、知識與社會空間：晚明福建版「日用類書」與其書畫門〉，《中央研究院近代史研究所集刊》，第四一期（二〇〇三），頁一—八七。

王汎森，〈近代中國私領域的政治化〉，《中國近代思想與學術的系譜》，台北：聯經出版公司，二〇〇三，頁一六一—一八〇。

王爾敏，〈王韜生活的一面——風流至性〉，《中央研究院近代史研究所集刊》，第二四期（上）（一九九五），頁二二三—二六二。

王鴻泰，〈青樓名妓與情藝生活：明清間的妓女與文人〉，收入熊秉真等編，《禮教與情慾：前近代中國文化中的後/現代性》，台北：中央研究院近代史研究所，一九九九，頁七三—一二三。

王鴻泰，〈流動與互動——由明清間城市生活的特性探測公共場域的開展〉，台北：國立臺灣大學歷史研究所博士論文，一九九八。
全漢昇，〈上海在近代中國工業化中的地位〉，收入《中國經濟史論叢》，冊二，香港：崇文書店，一九二七，頁六九七—七三三。
朱先華，〈清末的京城官醫院〉，《中華醫史雜誌》，十五卷一期（一九八五），頁三一—三二。
朱慧穎，〈民國時期小學衛生教育初探——以天津為例〉，《浙江社會科學》，第四期（二〇〇八），頁八三—八七。
何乏筆，〈能量的吸血主義——李歐塔、傅柯、德勒茲與中國房中術〉，《中國文哲研究集刊》，第二五期（二〇〇四），頁二五九—二八六。
余湘林、黃元熙，〈五種報紙的廣告分析〉，《清華學報》，二卷二期（一九二五），頁六四三—六四九。
吳方正，〈二十世紀初中國醫療廣告圖像與身體描繪〉，《藝術學研究》，第四期（二〇〇九），頁八七—一五一。
吳方正，〈裸的理由—二十世紀初期中國人體寫生問題的討論〉，《新史學》，十五卷二期（二〇〇四），頁五五—一一〇。
吳章（Bridie J. Andrews），〈血症與中國醫學史〉，收入余新忠編，《清以來的疾病、醫療和衛生》，北京：生活・讀書・新知 三聯書店，二〇〇九，頁一五九—一八八。
吳詠梅，〈銷售衛生及美的現代性：近代中國的日本醫藥和化妝品廣告〉，吳詠梅、李培德編，《圖像與商業文化：分析中國近代廣告》，香港：香港大學，二〇一四，頁一七三—二〇六。

巫毓荃、鄧惠文，〈熱、神經衰弱與在台日本人〉，《臺灣社會研究季刊》，第五四期（二〇〇四），頁六一—一〇四。

李孝悌，〈十八世紀中國社會中的情欲與身體－禮教世界外的嘉年華會〉，《中央研究院歷史語言研究所集刊》，第七二本第三分，二〇〇一年九月，頁五四三—五九五。

李敖，〈修改醫師法與廢止中醫〉，李敖，《傳統下的獨白》，香港：中華圖書出版公司，一九八〇，頁一四〇—一七五。

李豐楙，〈罪罰與解救：《鏡花緣》的謫仙結構研究〉，《中國文哲研究集刊》，第七期（一九九五），頁一〇七—一五六。

阮芳賦，〈從現代性學看「猥褻品」〉，《華人性文學藝術研究》，總第二期（香港，二〇〇九），頁五—一八。

定宜莊，〈清代滿族的妾與妾制探析〉，《近代中國婦女史研究》，第六期（一九九八），頁七五—一〇八。

林子儀，〈資訊與生物科技時代的隱私權難題〉，Ellen Alderman and Caroline Kennedy著，吳懿婷譯，《隱私的權利》，台北：商周出版社，二〇〇一，頁i-xii。

林明德，〈飲食男女之外：論張賢亮《男人的一半是女人》〉，載《民生報》，一九八八年四月二十六日，第九版。

林桂如，〈書業與獄訟——從晚明出版文化論余象斗公案小說的編纂過程與創作意圖〉，《中國文哲研究集刊》，第三九期（二〇一三），頁一—三九。
林煌村，〈臺北報紙不良醫藥廣告現狀之研究〉，台北：國立政治大學新聞研究所碩士論文，一九七一。
林滿紅，〈清末社會流行吸食鴉片研究——供給面之分析（一七七三—一九〇六）〉，台北：國立臺灣師範大學歷史研究所博士論文，一九八五。
林語堂，〈論幽默〉，林語堂原著，張明高、范橋編，《林語堂文選》下冊，北京：中國廣播電視出版社，一九九一，頁七九—八五。
邱澎生，〈明代蘇州營利出版事業及其社會效應〉，《九州學刊》，五卷二期（一九九二），頁一三九—一五九。
胡衍南，〈食、色交歡的文本——《金瓶梅》飲食文化與性愛文化研究〉，新竹：國立清華大學博士論文，二〇〇一。
胡適，〈鏡花緣的引論〉，《中國章回小說考證》，上海：上海書店，一九八〇，頁五一三—五六〇。
茅盾，〈中國文學內的性欲描寫〉，收入張國星編，《中國古代小說中的性描寫》，天津：百花文藝出版社，一九九三，頁一八—三〇。
孫秀蕙、陳儀芬、王湘婷，〈再現「現代女性」：日治時期臺灣婦人界的廣告圖像符號研究〉，吳詠梅、李培德編，《圖像與商業文化：分析中國近代廣告》，頁二〇七—二三二。
孫隆基，〈論中國史之傅柯化——評馮客（Frank Dikötter）〉，《中央研究院近代史研究所集刊》，第四四期（二〇〇四年六月），頁一五五—一六八。

孫隆基，〈「後現代史學」為名，「西方中心論」為實——馮客的中國研究背後是什麼？〉，李金強主編，《世變中的史學》，桂林：廣西師範大學出版社，二〇一〇，頁二八五—三二〇。

孫麗瑩，〈一九二〇年代上海的畫家、知識份子與裸體視覺文化——以張競生〈裸體研究〉為中心〉，《清華中文學報》，第十期（二〇一三），頁二八七—三四〇。

殷登國，〈色不謎人．人猜謎：香豔刺激猜葷謎別有異趣〉，《閣樓雜誌》，第二九期（一九九九），頁一二四—一二六。

祝平一，〈塑身美容、廣告與臺灣九〇年代的身體文化〉，收入盧建榮主編，《文化與權力：臺灣新文化史》，台北：麥田出版，二〇〇一，頁二五九—二九六。

翁文信，〈《姑妄言》與明清小說中的性意識〉，台北：淡江大學中國文學系碩士論文，一九九七年。

高彥頤，〈「空間」與「家」：論明末清初婦女的生活空間〉，《近代中國婦女史研究》，第三期（一九九五），頁二一—五〇。

許紀霖、王儒年，〈近代上海消費主義意識形態之建構——一九二〇至一九三〇年代《申報》廣告研究〉，收入姜進主編，《都市文化中的現代中國》，上海：華東師範大學出版社，二〇〇七，頁二四六—二六二。

張大卿，〈尼姑「思凡」與社會介入〉，《新雨月刊》，第二〇期（一九八九），頁一〇九—一一〇。

張哲嘉，〈《婦女雜誌》中的「醫事衛生顧問」〉，《近代中國婦女史研究》，第十二期，二〇〇四年十二月，頁一四五—一六八。
張哲嘉，〈民初報刊中韋廉士醫生紅色補丸面面觀〉，中央研究院歷史語言研究所講論會，二〇〇九年四月三十日。
張珣，〈臺灣漢人的醫療體系與醫療行為：一個臺灣北部農村的醫學人類學研究〉，《中央研究院民族學研究所集刊》，第五六期（一九八四），頁二九—五八。
張寧，〈阿司匹靈在中國——民國時期中國新藥業與德國拜耳藥廠間的商標爭訟〉，《中央研究院近代史研究所集刊》，第五九期（二〇〇八），頁九七—一五五。
張寧，〈腦為一身之主：從「艾羅補腦汁」看近代中國身體觀的變化〉，《中央研究院近代史研究所集刊》，第七四期（二〇一二），頁一—四〇。
張贊臣講述，王慧芳整理，〈上海醫界春秋社創辦的概況〉，《中華醫史雜誌》，十六卷四期（一九八六），頁二〇二—二〇四。
郭松義，〈清代的納妾制度〉，《近代中國婦女史研究》，第四期（一九九六），頁三五—六二。
陳益源，〈《姑妄言》裡的葷笑話〉，《小說與艷情》，上海：學林出版社，二〇〇〇，頁一六六—一八一。
陳萬成，〈西醫東傳史的一個側面：「腦筋」一詞的來歷〉，《自西徂東：中外文化交流史叢稿初編》，香港：嘉葉堂，二〇〇八，頁一一七—一四三。
陳學志，〈從「聽笑話」到「鬧笑話」——由幽默理解看幽默創作〉，《輔仁學誌》，第二四期（一九九九五），頁二四〇—二六一。
傅斯年，〈再論所謂國醫（上）〉，《獨立評論》，第一一五號（一九三四），頁二—八。
傅斯年，〈所謂國醫〉，《獨立評論》，第一一五號（一九三四），頁一七—二〇。
彭小妍，〈一個旅行的疾病：「心的疾病」、科學術語與新感覺派〉，《中國文哲研究集刊》，第三四期（二〇〇九），頁二〇五—二四八。
彭小妍，〈五四的「新性道德」：女性情慾論述與建構民族國家〉，《近代中國婦女史研究》，第三期（一九九五），頁七七—九六。亦收入《海上說情慾：從張資平到劉吶鷗》，台北：中央研究院文哲研究所籌備處，二〇〇一，頁一—二五。
彭小妍，〈評介Frank Dikötter: Sex, Culture and Modernity in China〉，《近代中國婦女史研究》，第五期（一九九七），頁二〇九—二一一。
華瑋，〈無聲之聲：明清婦女戲曲中之情、欲書寫〉，《明清婦女之戲曲創作與批評》，台北：中央研究院中國文哲研究所，二〇〇三，頁二九—九六。
費俠莉，〈再現與感知——身體史研究的兩種取向〉，《新史學》，十卷四期（一九九九），頁一二九—一四一。
項長生、汪幼一，〈祖國醫學對「神」與腦的認識〉，《中華醫史雜誌》，十六卷二期（一九八六），頁九三—九七。
馮客，〈對孫隆基先生「論中國史之傅柯化」的回應〉，《中央研究院近代史研究所集刊》，第四五期（二

○○四年九月），頁一九五—一九八。
馮唐，〈代跋：我為什麼寫黃書〉，收入《不二》，香港：天地圖書，二○一四，頁二七七—二八二。
馮翠珍，〈《三言二拍一型》戒淫故事研究〉，台北：中國文化大學文學研究所碩士論文，二○○○。
黃文焜，〈明清性小說性行為方式〉，高雄：樹德科技大學人類性學研究所碩士論文，二○○五。
黃克武，〈民不舉・官不究：從乾隆年間的一則刑案探測帝制晚期私人生活的空間〉，李長莉、左玉河編，《近代中國的城市與鄉村》，北京：社會科學文獻出版社，二○○六，頁四一九—四二七。
黃克武，〈白宮情色風暴——隱私權 每一個人的內在生活都是一個思想、情感、幻想與衝動的叢林：新聞自由、個人穩私、道德秩序能否得兼？〉，《聯合報》，一九九八年九月二十二日，第十五版。
黃克武，〈近代中國笑話研究之基本構想與書目〉，《近代中國史研究通訊》，第八期（一九八九），頁八五—九四。
黃克武，〈從《申報》醫藥廣告看民初上海的醫療文化與社會生活，一九一二—一九二六〉，《中央研究院近代史研究所集刊》，第十七期（下）（一九八八），頁一四一—一九四。
黃克武，〈從追求正道到認同國族：明末至清末中國公私觀念的重整〉，收入黃克武、張哲嘉編，《公與私：近代中國個體與群體的重建》，台北：中央研究院近代史研究所，二○○○，頁五九—一一二。
黃克武，〈欽天監與太醫院——歷代的科學研究機構〉，收入劉岱主編，《中國文化新論科技篇：格物與成器》，台北：聯經出版公司，一九八二，頁三一五—三三九。

黃克武，〈新名詞之戰：清末嚴復譯語與和制漢語的競賽〉，《中央研究院近代史研究所集刊》，第六二期（二〇〇八），頁一—四二。
黃克武，〈暗通款曲：明清豔情小說中的情慾與空間〉，收入熊秉真等編，《欲掩彌彰：中國歷史文化中的「私」與「情」——私情篇》，台北：漢學研究中心，二〇〇三，頁二四三—二七八。
黃克武，〈鏡花緣之幽默：清中葉中國幽默文學之分析〉，《漢學研究》，九卷一期（一九九一），頁三五三—三九九。
黃克武、李心怡，〈明清笑話中的身體與情慾：以《笑林廣記》為中心之分析〉，《漢學研究》，十九卷二期（二〇〇一），頁三四三—三七四。
黃金麟，〈醜怪的裝扮：新生活運動的政略分析〉，《臺灣社會研究季刊》，第三〇期（一九九八），頁一六三—二〇四。
黃慶聲，〈馮夢龍《笑府》研究〉，《中華學苑》，第四八期（一九九六），頁七九—一四九。
黃慶聲，〈論《李卓吾評點四書笑》之諧擬性質〉，《中華學苑》，第五一期（一九九八），頁七九—一三〇。
黃燦，〈女陰的力量——日本神話及民間故事中的女陰〉，《華人性文學藝術研究》，總第二期（香港，二〇〇九），頁九—三二。
楊芳燕，〈明清之際思想轉向的近代意涵——研究現狀與方法的省察〉，《漢學研究通訊》，二〇卷二期（二〇〇一），頁四四—五三。

詹文凱，〈隱私權之研究〉，台北：國立臺灣大學法律研究所博士論文，一九九八。
雷祥麟，〈負責任的醫生與有信仰的病人：中西醫論爭與醫病關係在民國時期的轉變〉，《新史學》，第十四期（二〇〇三），頁四五—九六。
雷祥麟，〈衛生為何不是保衛生命？民國時期另類的衛生、自我、與疾病〉，《臺灣社會研究季刊》，第五四期，二〇〇四年六月，頁一七—五九。
廖佩君，〈清潔、衛生與民國時期的消費文化〉，台北：國立臺灣師範大學歷史研究所碩士論文，二〇一〇。
翟本瑞，〈中國人「性」觀初探〉，《思與言》，三三卷三期（一九九五），頁二七—七五。
翟志成，〈宋明理學的公私之辨及其現代意涵〉，收入黃克武、熊秉真編，《公與私：近代中國個體與群體之重建》，台北：中央研究院近代史研究所，二〇〇〇，頁一—五七。
趙景深，〈中國笑話題要〉，收入楊家駱編，《中國笑話書》，台北：世界書局，一九八五，頁四七八—五二六。
趙毅衡，〈「性解放」與中國文化禮教下延活動〉，《當代》，第七七期（一九九二），頁一二二—一三九。
劉正剛、王強，〈明代成人性藥品探析〉，《醫學與哲學（人文社會醫學版）》，第九期（二〇〇六），頁六六—六七。
劉保慶，〈幽默的興起：從中國現代文學史上來談〉，上海：華東師範大學碩士論文，二〇〇六。

劉紀曜，〈鴉片戰爭期間中國朝野衍生的天朝意像（一八三九—一八四二）〉，《國立台灣師範大學歷史學報》，第四期（一九七六），頁二四一—二六三。

劉增貴，〈中國古代的「沐浴」禮俗〉，《大陸雜誌》，九八卷四期（一九九八），頁九—三〇。

劉瓊云，〈聖教與戲言——論世本《西遊記》中意義的遊戲〉，《中國文哲研究集刊》，第三六期（二〇一〇），頁一—四三。

蔡英文，〈公共領域與民主共識的可能性〉一文，收入江宜樺、黃俊傑編，《公私領域新探：東亞與西方觀點之比較》，台北：國立臺灣大學出版中心，二〇〇五，頁二二一—二四二。

蔡珠兒，〈不要傷了菩薩心懷——釋昭慧在「思凡」案中表現護教堅持立場〉，《中國時報》，一九八九年二月二日，第十二版。

鄭培凱，〈天地正義僅見於婦女——明清的情色意識與貞淫問題〉，《當代》，第十六期（一九八七），頁四五—五八，第十七期（一九八七），頁五八—六四。

蕭涵珍，〈晚明的男色小說：《宜春香質》與《弁而釵》〉，台北：國立政治大學中國文學系碩士論文，二〇〇四。

蘇玉芬，〈明代春藥研究〉，台北：國立政治大學歷史研究所碩士論文，二〇一一。

Barlow, Tani E. "Buying In: Advertising and the Sexy Modern Girl Icon in Shanghai in the 1920s and 1930s," in Alsy Eve Weinbaum, et al. eds., *The Modern Girl Around the World.* Durham and London: Duke University Press, 2008, pp. 288-316.

Bremmer, Jan. "Jokes, Jokers and Jokebooks in Ancient Greek Culture," in Jan Bremmer and Herman Roodenburg, eds., *A Cultural History of Humour: From Antiquity to the Present Day*. Cambridge: Polity Press, 1997, pp. 11-28.

Chiang, Howard Hsueh-Hao. "Why Sex Mattered: Science and Visions of Transformation in Modern China," Ph.D. diss., Princeton University, 2012.

Clastres, Pierre. "What Makes Indians Laugh," *Society against the State: Essays in Political Anthropology*. New York: Zone Books, 1989, pp. 129-150.

Davies, Christie. "The Irish Joke As a Social Phenomenon," in John Durant and Jonathan Miller eds. *Laughing Matters: A Serious Look at Humour*. London: Longman Group, 1988, pp.44-65.

Elvin, Mark. "Tales of *Shen* and *Xin*: Body-Person and Heart-Mind in China during, the Last 150 Years," in M. Feher with R. Naddaff and N. Tazi, *Zone 4: Fragments for a History of the Human Body*. New York: Zone Book, 1989, Part 2, pp. 266-349.

Elvin, Mark. "The Spectrum of Accessibility: Types of Humour in The Destinies of the Flowers in the Mirror," in R.T. Ames, S.W. Chan, and M.S. Ng, eds., *Interpreting Culture Through Translation*. Hong Kong: The Chinese University Press, 1991, pp. 101-117.

Goldstein, J.H., P.E. McGhee, J.R. Smith, et al., "Humour, Laughter and Comedy: A Bibliography of Empirical and Nonempirical Analyses in the English Language," in Antony J. Chapman and Hugh C.

Foot eds., *It's a Funny Thing, Humour: The International Conference on Humour and Laughter*. Oxford: Pergamon Press, 1977, pp. 469-504.

Hanan, Patrick. "Forward," in Li Yu, *The Carnal Prayer Mat,* tr. Patrick Hanan. London: Arrow Books, 1990.

Hsia, C.T. "The Scholar-Novelist and Chinese Culture: A Reappraisal of *Ching-hua Yuan*," in H. Plaks ed., *Chinese Narrative-Critical and Theoretical Essays*. Princeton: Princeton University Press, 1977, pp. 266-305.

Hsiung, Ping-Chen. "Recipes of Planting the Seeds and Songs of Sleeping Alone: A Profile of Male Body Culture in Ming-Ch'ing China,"收入熊秉真等編，《欲掩彌彰：中國歷史文化中的「私」與「情」——私情篇》，台北：漢學研究中心，二〇〇三，頁三四九—四一〇。

Hsu, Pi-ching. "Feng Meng-lung's *Treasury of Laughs*: Humorous Satire on Seventeenth-Century Chinese Culture and Society," *Journal of Asian Studies* 57.4（1998）, pp. 1042-1067.

Huang, Ching-Sheng. "Jokes on the Four Books: Cultural Criticism in Early Modern China." Ph.D. diss., University of Arizona, 1998.

Kohn, Alexander. "Humour as a Vehicle for Unconventional Ideas," in *Laughing Matters: A Serious Look at Humour*. Essex: Longman Scientific & Technical, 1988, pp. 121-134.

Loeb, Lori. "George Fulford and Victorian Patent Medicines: Quack Mercenaries or Smilesian Entrepreneurs?" *Canadian Bulletin of Medical History* 16（1999）, pp. 125-145

Mann, Susan. "The Male Bond in Chinese History and Culture," *American Historical Review* 105.5（2000）, pp. 1600-1614.

Messner, Angelika C. "On 'Translating' Western Psychiatry into the Chinese Context in Republican China," *Mapping Meanings: The Field of New Learning in Late Qing China.* Leiden: Brill, 2004, pp. 639-657.

Metzger, Thomas. "The Western Concept of Civil Society in the Context of Chinese History," in Sudipta Kaviraj and Sunil Khilnani, ed., *Civil Society: History and Possibilities.* Cambridge: Cambridge University Press, 2001, pp. 204-231.

Miller, Jonathan. "Jokes and Joking: A Serious Laughing Matter," in *Laughing Matters: A Serious Look at Humour.* Essex: Longman Scientific & Technical, 1988, pp. 5-16.

Mulkay, Michael. "The Social Significance of Sexual Jokes," in *On Humour.* Cambridge: Polity Press, 1988, pp. 22-38.

Porter, Roy. "History of the Body," in Peter Burke, ed., *New Perspectives on Historical Writing.* University Park, Pennsylvania: The Pennsylvania State University Press, pp. 193-205.

Rocha, Leon A. "Xing: The Discourse of Sex and Human Nature in Modern China," *Gender and History* 22, no. 3（November 2010）, pp. 603-628.

Shapiro, Hugh. "Neurasthenia and the Assimilation of Nerves into China," Unpublished paper presented in the 23rd International Symposium on the Comparative History of Medicine（Taniguchi Foundation）on

"Toward a Medical Historiography for the 21st Century." Seoul National University, Medical College, Seoul, Korea, 5-11 July 1998.

Special Issue on "Philosophy and Humor," in *Philosophy East and West*. Vol 39, no. 3 , July 1989.

Stearns, Peter N. and Carol Z. Stearns. "Emotionology: Clarifying the History of Emotions, *American Historical Review* 90.4（1985）, pp. 813-836.

Vitiello, Giovanni. "Exemplary Sodomites: Pornography, Homo-eroticism, and Sexual Culture in Late Imperial China," Ph.D. dissertation, U.C. Berkeley, 1994.

Wakeman, Frederic Jr. "Occupied Shanghai: The Struggle between Chinese and Western Medicine," in *China at War: Regions of China, 1937-45*. Stanford: Stanford University Press, 2007, pp. 265-287.

Wang, Richard G. "Creating Artifacts: The Ming Erotica Novella in Cultural Practice." Ph.D. diss., University of Chicago, 1999.

Wen, Jung-kwang and Ching-lun Wang. "Shen-K'uei Syndrome: A Culture-Specific Sexual Neurosis in Taiwan," in Arthur Kleinman and Tsung-yi Lin eds., *Normal and Abnormal Behavior in Chinese Culture*. London: D. Reidel, 1981, pp. 357-369.

Zarrow, Peter. "The Origins of Modern Chinese Concepts of Privacy: Notes on Social Structure and Moral Discourse," in Bonnie S. McDougall and Anders Hansson, eds., *Chinese Concepts of Privacy*. Leiden: Brill, 2002, pp. 121-146.

Zarrow, Peter. "The Real Chinese Man: Review Essay,"《近代中國婦女史研究》，第十一期（二〇〇三），頁三五一—三七二。

五、網路資源

"Cool Things–Pink Pills for Pale People," http://www.kshs.org/cool3/pinkpills.htm。（點閱時間：二〇一〇年八月一日）

"Priapeia", http://en.wikipedia.org/wiki/Priapus.（點閱時間：二〇一五年二月二十五日）

〈「馮客」〉，《維基百科》，http://zh.wikipedia.org/wiki/%E9%A6%AE%E5%AE%A2。（點閱時間：二〇一五年三月一日）

〈文字笑話或遊戲〉，http://blog.huayuworld.org/windwindteacher/31093/2013/11/20/1217097。（點閱時間：二〇一五年二月二十五日）

〈在家瀏覽色情網站算違法嗎？〉，http://news.sina.com.cn/s/2004-08-23/12133470499s.shtml。（點閱時間：二〇〇四年十一月三日）

〈李金鴻：談韓世昌先生《思凡》的表演〉，http://www.geocities.com/lliuviet/longing.htm。（點閱時間：二〇一四年三月三日）

〈狂歡節〉，《維基百科》，http://en.wikipedia.org/wiki/Carnival。（點閱時間：二〇一四年五月二十五日）

〈陰蒂〉，《百度百科》，http://baike.baidu.com/view/54895.htm?fromtitle=%E9%98%B4%E6%A0%B8&fro

mid=7563798&type=syn。（點閱時間：二〇一五年二月二十七日）

〈葫蘆巴〉，《維基百科》，http://zh.wikipedia.org/wiki/%E8%83%A1%E8%8A%A6%E5%B7%B4。（點閱時間：二〇一二年六月八日）

〈葫蘆巴的功效及來源〉，http://blog.yam.com/bsamsq/article/15176729。（點閱時間：二〇一二年二月二九日）

〈潮吹〉，《維基百科》，http://zh.wikipedia.org/wiki/%E6%BD%AE%E5%90%B9。（點閱時間：二〇一四年二月二三日）

《婦人大全良方》卷之四，http://www.theqi.com/cmed/oldbook/book111/b111_04.html。（點閱時間：二〇一二年六月八日）

James Cahill, Chinese Erotic Painting，http://jamescahill.info/illustrated-writings/chinese-erotic-painting。（點閱時間：二〇一五年二月二十八日）

中央大學性／別研究室，〈「性權就是人權」宣言〉，http://intermargins.net/repression/theory/t7.htm。（點閱時間：二〇一五年三月八日）

王友琴，〈一九六六：學生打老師的革命〉，http://blog.boxun.com/hero/wenge/75_2.shtml。（點閱時間：二〇一四年五月二十五日）

林富士，〈道教與房中術〉，http://www.ihp.sinica.edu.tw/~linfs/tao.PDF。（點閱時間：二〇一五年二月二十八日）

美國國會圖書館，〈Chronicling America 報紙檢索系統〉，http://chroniclingamerica.loc.gov/。

劉仰，〈大大小小的乳房〉，http://blog.sina.com.cn/s/blog_4134ba9001008igp.html。（點閱時間：二〇一五年二月二十五日）

索引

四劃

五劃

六劃

七劃

八劃

九劃

十劃

十一劃

十二劃

十三劃

十四劃

十五劃

十六劃

十七劃

十八劃

十九劃

二十劃

二十一劃

二十二劃

二十三劃

言不褻不笑：近代中國男性世界中的諧謔、情慾與身體

2016年4月初版　　定價：新臺幣690元
2016年7月初版第二刷

著者　黃克武
總編輯　胡金倫
總經理　羅國俊
發行人　林載爵

出版者　聯經出版事業股份有限公司
地址　台北市基隆路一段180號4樓
編輯部地址　台北市基隆路一段180號4樓
叢書主編電話　(02)87876242轉212
台北聯經書房　台北市新生南路三段94號
電話　(02)23620308
台中分公司　台中市北區崇德路一段198號
暨門市電話　(04)22312023
郵政劃撥帳戶第0100559-3號
郵撥電話　(02)23620308
印刷者　世和印製企業有限公司
總經銷　聯合發行股份有限公司
發行所　新北市新店區寶橋路235巷6弄6號2F
電話　(02)29178022

叢書主編　沙淑芬
校對　吳淑芳
封面設計　沈佳德

行政院新聞局出版事業登記證局版臺業字第0130號

本書如有缺頁，破損，倒裝請寄回台北聯經書房更換。
ISBN 978-957-08-4693-5 (精裝)
聯經網址 http://www.linkingbooks.com.tw
電子信箱 e-mail:linking@udngroup.com